城镇化与金融结构研究

主　编　范　嵩
副主编　刘淙淙　姬晓婷

·北京·

内容提要

“三农问题”是我国一直以来关注的重要问题，随着新农村建设和新型城镇化的不断发展，对农村金融的研究应该进一步加深。本书引入了当前农村经济发展的热门话题，基于城镇化建设，开展实证分析。论述农村城镇化和农村金融的关系，优化农村金融结构对于城镇化进程所产生的影响，探索农村金融结构的改善，并提出有针对性的改进措施。

本书可供研究农村金融、农村商业经济和城镇化建设的专业人士，以及对“三农问题”有所见解的专家、学者、从业者参考使用。

图书在版编目（CIP）数据

城镇化与金融结构研究 / 范嵩主编. -- 北京 : 中国水利水电出版社, 2021.8
ISBN 978-7-5170-9831-7

Ⅰ. ①城… Ⅱ. ①范… Ⅲ. ①城市化－关系－金融结构－研究－中国 Ⅳ. ①F299.21②F832.1

中国版本图书馆CIP数据核字(2021)第163264号

书　　名	**城镇化与金融结构研究** CHENGZHENHUA YU JINRONG JIEGOU YANJIU
作　　者	主编　范嵩 副主编　刘淙淙　姬晓婷
出版发行	中国水利水电出版社 （北京市海淀区玉渊潭南路1号D座　100038） 网址：www. waterpub. com. cn E-mail：sales@waterpub. com. cn 电话：（010）68367658（营销中心）
经　　售	北京科水图书销售中心（零售） 电话：（010）88383994、63202643、68545874 全国各地新华书店和相关出版物销售网点
排　　版	中国水利水电出版社微机排版中心
印　　刷	清淞永业（天津）印刷有限公司
规　　格	170mm×240mm　16开本　8.5印张　122千字
版　　次	2021年8月第1版　2021年8月第1次印刷
定　　价	**48.00**元

本书编委会

主　编　范　嵩

副主编　刘淙淙　姬晓婷

编　委　张敏敏　张伟芹　丁建波
　　　　邱卓娴　陈英楠

前言

从经济学研究的视角来看，连接乡村与城市的重要桥梁就是城镇，也是处于这两者之间的重要经济空间。一个地区的经济想要得到发展，必须要掌握充足的人力资源、生产要素等，将人力资源和生产要素有机结合起来，促进我国第二产业和第三产业结构的优化升级、现有经济规模的不断扩大等。城镇基于现有社会经济的发展而产生，是农村经济发展的一个阶段，也被称为农村城镇化。长时间以来，我国在经济发展当中都把以农村、农民和农业为主体的“三农问题”放在首要地位。在长期的发展当中，农村和城市之间在经济和其他方面的差距越来越大，导致我国出现了比较严重的城乡不均衡情况。

想要改善城乡发展不均衡的情况，需要促进农村地区的经济发展，提高农民的收入水平，这也是我国经济发展中的首要任务。农村金融在农村经济发展体系中占据了十分重要的地位，而当前又处于农村城镇化不断发展的阶段，对农村金融提出了一些新的问题和要求。想要更好地顺应农村城镇化发展的需求，需要不断改善当前的农村金融发展现状，完善相关的金融体系，应当格外关注农村金融结构。

雷蒙德·戈德史密斯是耶鲁大学的教授，他把金融现象分为三个不同的部分，分别是金融结构、金融工具和金融机构。关于金融结构，他认为包含了形式、性质和规模等内容，与金融工具、金融机构等形成了完整的整体。金融发展实际上是金融结构发生了变化，研究金融发展相关问题，本质上是研究分析金融结构问题。戈德史密斯所提出的相关观点当中就能说明，农村金融发展中的具体形式之一就是农村金融结构，因此开展农村金融结构分析有着十分显著的意义。在农村城镇化建设的整体背景下，研究分析我国现阶段农村金融结构特点、现状，结合金融结构本身变迁的规律，优化、调整我国农村金融结构，能充分发挥农村金融在农村经济发展的重要推动力量，同时也可以帮助解决在农村城镇化进程中出现的各种问题，支撑城镇化建设。

本书共 7 章。

第 1 章为绪论，主要讨论研究背景及其意义，回顾国内外关于城镇化和农村金融结构的研究文献，并提出本书的研究方法、创新点与不足之处。基于现有研究之上，结合农村城镇化背景，对农村金融结构优化问题作进一步的研究。

第 2 章为概念及理论基础，包括农村城镇化、二元经济结构、金融结构等相关理论。通过介绍以上理论，从理论分析角度了解和认识农村城镇化背景以及农村金融发展和金融结构特点，并作为本书中所提出的问题和结论的依据。

第 3 章为城镇化背景下我国农村金融结构现状、问题及原因分析，从金融机构、金融工具和金融市场等方面来了解城镇化背景下我国农村金融结构的现状与问题。并对存在的问题进行原因分析，以便提出调整和优化农村金融结构的有效方式和对策建议。

第 4 章为农村金融结构对于城镇化建设影响实证分析，从农村金融结构对城镇化建设影响的理论和实证分析方面体现农村金融结构与城镇化之间的关系，从而来验证农村金融结构的优化和调整对农村城镇化建设的重要性。

第5章为国外农村金融结构体制调整和成功经验借鉴。讨论国外农村金融结构调整方面的成功经验，通过借鉴发达国家和发展中国家在优化农村金融结构方面的成功经验和发展模式，对我国在城镇化背景下应如何优化农村金融结构形成新的构思。

第6章为城镇化背景下我国农村金融结构优化改善政策建议。通过结合以上章节中的现阶段城镇化背景下我国农村金融结构现状与存在的问题、农村金融结构与城镇化建设的实证分析以及国外农村金融结构方面的优化改善经验，对如何在城镇化背景下优化和改善我国农村金融结构提出相关政策建议。

第7章为结语。

本书在编写过程中参阅了许多同行及兄弟院校的学术研究成果，参考和引用了书后所列参考文献，谨向这些文献的编著者致以诚挚的感谢。

由于编者水平有限，书中难免会有疏漏之处，恳请广大读者批评指正。

范嵩

2021年5月

目 录

第1章

绪　　论

十七大报告指出："统筹城乡发展，推进社会主义新农村建设。解决好农业、农村、农民问题，事关全面建设小康社会大局，必须始终作为全党工作的重中之重。"也提出"推进农村金融体制改革和创新"。农村金融体系改革是整个金融体制改革中最重要但又最薄弱的环节，农村金融体系当中的各金融机构应当发挥各自的重要作用，充分利用在县城的资金、网络和专业等方面的优势，加大产品和服务创新力度，力争成为县城优质金融服务的提供者和新型金融产品的设计者、推广者。现在我国的农村金融体系当中包含不同的组织形态，如合作性、商业性、政策性和民间金融等。但现有的农村金融组织体系存在着开发性和竞争性不足、稳定性不佳、适应性差等问题。不仅对农村的金融供给产生严重的制约，也会抑制农村金融需求的发展。为了让农村经济能够得到更好的发展，需要研究在城镇化发展当中与农村金融结构相关内容。

1.1　研究背景

纵观世界上一些发达国家或地区经济发展的主要规律，我们发现，想要实现现代化的目标，就必须要达到城市化。而我国当前距离高度城市化的目标还有很大的差距，现有的城镇化道路有着十分明显的中国特色。加快城镇化发展，不仅让我国的经济指标得到显著提升，还可以吸引更多之前从农村转移出去的劳动力。城镇化在发展过程当中，也会出现农村不断消亡的情况。通过撤并村庄以及将农民住宅拆除的方式，为城镇化发展提供更多土地，但这种方式却让农村在发展当中遇到了很多问题。如农村的撤村合并和土地的收回，农民被迫改变了自己习惯的生活方式，但他们的生产方式并未随之发生改变，无法提升收入水平，面临的生活支出却显著增加，甚至还出现入不敷出情况，使得农民不得不外出打工。虽然我国也采取了各种惠农和支农的政策，但是因为受到生产力水平以及农业资源的限制，农产品供求矛盾突出。因为农产品价格的不断升高，居民个人的消费水平也被迫提高。另外，农产品的价格波动也比较大，很难调节。再加之受到病虫害、台风、泥石流等自然灾害，对农业生产所产生的不利影响就更大了。城镇化的发展必然会让农村很多的土地被占用，耕地面积会大大减少。这样一来，农产品的供需矛盾会变得更加严峻。之前农村发展中一些问题还没有解决，就又出现了一些新的问题。

与此同时，城镇化的发展也带来了一些经济的影响，促进了农村市场的繁荣。农村经济逐渐发展成为了商品经济，工、商、建、运全面发展，实现农商工种养等一体化经营的复杂经济体。在农村地区，资金要素分配当中农村金融是很重要的分配制度，在农村经济发展中，农村金融所发挥的作用也越来越重要。近些年，农村金融服务水平整体得到了提升，但是还无法满足当前农村和农业整体发展提出的新需求。农村金融体系仍然存在着不少的问题，比如金融服务体系不完善、农村金融市场发展不成熟。农村金融体制改革和农村资金在供求方面的矛盾比较突出，对于农民收入水平的提升、农业结构的调整以及农村整体经济的发展都会起到制约作用。现如今，我国的农村金融组织体系主要包含合作性、商业性、政策性和民间金融等几种不同的类型。还可以基于已有的农村金融组织分类，分为以下两种形式：一是基于合作性金融所形成的政策性和商业性金融；二是非正规金融，包含民间集资、私人钱庄以及民间借贷等。整体上，农村金融组织体系的适应性并不强，缺少竞争性和开放性，效率较低，稳定性比较差。在金融实体上，功能缺陷主要表现为以下几点：

(1) 政策性金融当前的功能比较单一。政策性金融所包含的不只有农业发展银行，还包含其他可以为农村提供相关政策性金融服务的金融机构。在我国，中国农业银行是和农业相关的政策性金融机构之一，在一些农产品的购买储蓄和销售等纯政策性方面发挥着重要作用，其所开展的相关业务中，有90%以上都是收购贷款相关业务。政策性金融机构对于改善农业生产方式和生产条件的相关支持力度比较小，无法让所具备的政策性金融支农功能得到最大的发挥。

(2) 商业性金融已经退出基层服务。商业银行认为农村市场利润水平比较低，因此不愿意提供更多的金融产品。在1997年召开的中央金融会议上，制定了各中小金融机构需要支持地方经济的发展相关策略。会议召开后，不少国有商业银行在县以下的分支机构越来越少。在“十五”期间，银行业金融机构的网点减少了24%，人员减少了14%。在县和县以下的一些网点中，所开展的贷存业务低于20%。很多行政村已经无法办理商业银行提供的贷款业务。2015年以后，农村的金融业务已经在明显萎缩，农业贷款在近些年则是出现了很明显的负增长情况。在正规的金融机构当中，农民和农村能够获得的贷款支持低于30%。

(3) 合作性金融无法发挥最大作用。合作性金融包含的金融机构不只有农村信用社，同时还有其他的一些合作性金融机构和合作银行，如农村商业银行、农村合作银行。当前，我国农村的信用社缺少与其本身相符合的良好外部环境。而且农村信用社本身也出现了一些问题，比如缺乏完善的管理体系，现有的管理人员素质水平比较低，信贷审批程序缺乏规范性，提供的服务受到地域限制，经营需要自负盈亏，追求利益的商业倾向。这些因素使得农村信用社在现有的业务当中做出了调整，把业务重点放到了非农业部门，使真正需要得到贷款的农民却没有办法获得需要的贷款。农村信用社本身应该为农民和农业发展提供更多的资金支持，但现状却是农村信用社无法把城市的资金流入到农村，达到工业反哺农业的目标。

反而让农村的一些资金流向城市，导致农村经济的发展、农民福利水平的提升以及农业的发展缺少资金支持，发展严重滞后。现有的农村信用合作社规模比较小，实力比较差，很难让自身具备的信贷支农效果得到最大限度的发挥。

（4）中国邮政储蓄银行采取了“釜底抽薪”的对策。随着国有银行对农村相关业务的收缩，给中国邮政储蓄银行提供了很好的机会，因为中国邮政储蓄银行的网点分布范围十分广泛，也有很大的吸储空间，可以把农村资金逐渐集中到中国邮政储蓄银行。根据相关统计数据发现，中国邮政储蓄银行有几万个营业网点，所吸纳的资金当中，县和县以下的资金占到了65%，乡镇以及乡村的资金占到了34%。但是中国邮政储蓄银行是不发放贷款的，而是把相关资金直接转入中国人民银行，导致这些从农村地区吸纳的资金直接流出农村。虽然之后中国人民银行会采用再贷款的方式将一些资金返还到农村地区，但是返还的部分很有限，和从农村地区流出去的资金相比差得比较大，也无法补偿农村在资金方面出现的流失问题，让原本对于资金需求比较大的农村地区得不到相对应的资金支持。农村资金存入到中国邮政储蓄银行，这些资金反而流向了城市，对农村经济提升、农业发展以及农民收入与的提升和福利的改善起到了严重的阻碍作用。

（5）民间借贷得到了极快的发展。统计数据显示，我国的基层金融网点分布整体上比较少，平均每个乡镇只有2.13个金融网点。在一些经济比较落后的地区，中央银行所采取的宏观信贷政策落实的并不到位，银行借款所花费的成本比较高，小额贷款的数目很少，贷款与还款的期限也不是很合理。银行贷款的门槛比较高，需要很多的手续，而且还要经过专门的申请，并对申请者开展资产评估，整体下来需要花费比较长的时间。还需要申请贷款的人员提供抵押物或质押物等，也要求专门的担保人来提供担保。国有银行退出了一些经济不发达的地区，上收信贷权限，使得信贷资金不断外流，让资金现有的供需矛盾不断加剧。加之当前因为受到比较严格的金融管制政策的限制，对创立新型的金融组织产生了比较大的阻碍作用。让农村所获取的资金来源大大减少，不少农民需要贷款却找不到贷款的地方。所以产生了民间借贷，这些民间借贷的贷款利率比较高，同时也有一定的负面作用，具体表现为：第一，冲击到国家制定的相关金融政策；第二，出现债务危机的概率比较大，对于社会整体的稳定性会产生不良影响；第三，可能会让一些企业或者经营者的资金出现恶性循环。

(6) 农业保险市场整体比较低迷。我国是农业大国，每年平均有0.3亿公顷的农作物会受灾，在全球农作物播种面积中占到了1/4。在受灾面积中，成灾面积占到了40%左右的比例。农业灾害的救助主要有两种常采用的方法，分别是民政部门实施农业灾害秋季措施和让中国人民保险公司采用商业化的方式来提供农业保险。结合具体的情况来看，这是属于具有补偿性质的一种灾害救济。在研究当中还发现：现有的国家财力限制补偿还存在着比较大的不足之处，无法顺应经济结构调整和经济的发展对于农业保险提出的新要求，对于农民参与保险的积极性提升会产生不利作用。这些情况对于农业保险事业的发展都会产生比较大的阻碍作用。虽然在1982年时，中国人民保险公司承办了农业保险业务，但是这项业务的发展一直都不尽如人意，出现了比较大的波动。农业保险业务开展缺少相应的补贴政策作为支持，加之农业保险的赔付率比较高，商业保险机构也很少再愿意为农业提供保险业务。

1.2 研究意义

我国仍处于并将长期处于社会主义初级阶段，这是我国面临的基本国情。我国是农业大国，农村人口在总人口中所占的比例很大。我国发展的首要问题是促进农村发展水平的提升。随着我国城镇化发展速度的加快，人们的生活水平得到显著提升。城乡之间存在着十分显著的差异，农村的投资和城镇相比较少，随着农村消费水平的不断萎缩，对农村的发展产生了比较大的不利影响。在我国，农村消费需求是总需求当中的构成部分之一。城镇化经过了十多年时间的发展，仍然有不少的人生活在农村。根据2019年国家统计局发布的数据，大约有5.5亿农村人口。这几年，我国加快了新型城镇化建设的力度，农村人口在这段时间当中会有很大的流动性。如果按照户籍来开展人口的计算工作，有9亿多和农村投资、消费相关的人口。在整个消费体系当中，农村消费所占的比例比较低。在国家统计局发布的《2020年上半年居民收入和消费支出情况》统计结果中显示，2020年上半年农村居民人均可支配收入的中位数为6682元，与2019年同期相比增加1.2%；人均消费支出为6209元，与2019年同期相比下降1.6%，扣除价格因素，实际下降6%。农村人口数量不少，但是带来的消费却比较少，由此可以看出农村的消费水平很低，农村的发展与城市地区相比很落后。鉴于农业在整个产业体系中的重要地位，我国在进入到新世纪之后一直将农业发展置于整个经济社会发展的重要位置。现代农业的持续发展，改变了传统农业发展的方式，让其呈现出很快的发展速度，但是其中存在的一些问题依然成为农业发展和农民收入增加需要及时解决的问题。若是不及时改善农业当前的发展方式，在今后农业发展的道路上，也会面临很多的困境，比如缺乏高素质农业劳动力，农业产业化水平欠佳等。整个国民经济当中，农业是第一产业，在现在及未来很长一段时间内其基础性地位都不会动摇。城镇化的发展不能以牺牲农村发展为代价。农村发展水平的高低会对我国整体社会水平的提升产生影响，城镇化的快速发展也会深刻影响到农村的发展，此种影响对于农村而言，是机遇也是挑战。

当前，我国农村的发展与城镇地区发展存在着很大的差别，不能为了缩小这些差别，盲目制定发展措施。必须要弄清楚农村在今后发展的主要目标、主要方向以及存在的主要问题，这样才可以做到对症下药，让农村整体得到快速发展。现在，农村普遍存在的问题是基础设施落后、农村的收入水平较低、生态环境较差、留守儿童人数增加等。这些问题都需要在短时间内得到快速解决。我国在不同的发展阶段制定不同的发展规划，在进入到21世纪以来就格外强调以人为本，关注人的重要价值。当然，不仅需要关注城镇居民，还要关注农民，要以全国人民为本，而不是以一部分人为本。统筹兼顾成为了我国近些年来所依据的主要原则，统筹城乡、区域发展都是关键内容。所以需要在城镇化发展背景下，持续重视农村的发展。

在上述分析过程中能够发现当前农村金融组织体系存在的一些问题。农村金融结构当中出现的各种问题和现存的这些缺陷都是有直接相关性的，现有相关问题的解决，需要对农村金融结构进行优化。开展关于农村金融结构的研究具有显著的理论意义和实践意义。

（1）理论意义。我国现在的社会主义市场经济体制已经进入到了新的发展阶段，对农村金融结构进行改革，这也是社会经济发展进入到新阶段的必然措施，也是我国改革当前金融体制的目标之一。对我国农村金融结构开展研究，可以从整体上意识到我国金融产业发展的现状和出现的问题，为农村金融体系朝着更加多元化与竞争性的发展奠定理论依据。也可以从微观视角对我国的农村金融结构进行把握，了解我国金融产业发展过程中的规律和整体现状，构建各种金融机构，通过不同的渠道和方法，实现国家货币政策的传递和落实，改善农业政策格局。

（2）实践意义。我国当前处于全面建设小康社会的背景下，国家制定的各种政策当中就有深化农村金融体制改革，对比较适合农村特点的金融组织进行规范，积极探索适合农村发展的农业保险，促进农村金融服务的改善。在本书中，引入了与农村金融相关的实际数据，将理论与实践结合起来，了解我国当前在农村金融体系当中存在的功能缺陷，明确农村金融与城镇化之间的关系。帮助找到农村金融结构出现的问题和导致这些问题出现的原因，同时介绍国外农村金融成功的经验，分析可以给我国农村金融发展提供的借鉴意义，提出改善当前我国农村金融问题的具体对策，帮助解决实际问题。

1.3 国内外研究文献

1.3.1 国外研究文献

国外关于农村金融所开展的相关研究比较多，起步比较早，有着比较丰富的研究结果。相关学者开展的研究结果如下：

Violaine Cousin[1]研究认为，长时间以来，农村地区正规金融服务机构主要有中国农业银行、农村信用合作社、中国邮政储蓄系统以及政策性银行——中国农业发展银行。它们的主要作用是为当地农民和农业企业提供金融服务，并支持农村地区的经济发展。由于农村地区的金融中介水平仍然很差，银监会向其他机构（如乡镇银行、贷款公司和互助金融集团）开放了竞争。同时，农村信用社的改革产生了农村商业银行和农村合作银行。

Subrata Ghatak 等[2]在其撰写的著作当中对农村的金融结构进行分析，研究主题是西方国家的农村金融结构。

Hong Zheng[3]在研究当中指出，自 1996 年以来，中国启动了新的农村金融体制改革，引入了许多新型的农村金融机构(NRFI)，如农村银行、（小型）信贷公司和信用合作社。改革的显著特点是这些金融机构所服务的只是少数私人企业和个人。通过比较它们的融资效率发现，商业银行在农村地区的运营成本较高，无法长期维持运营，而小额信贷公司的私人企业将拥有更加充分的资本。农村信用社的效率要比农村银行高得多，主要是因为信用社可以通过相互监督来达到较高的效率。他指出改革的逻辑在于：在隐性存款担保下，中国政府高估了金融机构的风险由私营企业运营，并选择现有的商业银行来主导 NRFI 的建立，这是由他们对新金融机构的特许权价值的考虑所支持的。

Wenner，Mark D 等[4]研究报告的目的是审查在具有农业投资组合的拉丁美洲金融机构的样本中使用的常见信用风险管理技术，确定一些成功的信用风险管理的因素，以帮助捐助者、政府和金融机构的所有者，以推广和采用最有效、最可靠的技术。报告中还研究了拉丁美洲42家拥有农业投资组合的金融机构的样本，并确定了它们的主要感知风险，它们如何评估和管理信贷风险以及关键财务绩效指标（如资产质量、投资组合增长和利润率）。

Khandker，Shahidur R.[5]指出穷人从经济增长中受益的机制仍然是发展文献中争论的话题。使用1991—2001年间三个家庭小组的汇总数据集，在孟加拉国农村地区解决了这个问题。灌溉的扩大、铺设的道路、电力以及获得正式和非正式信贷的途径（通过不同的途径）促进农村农场和非农业收入提高。这可以解释增长的大部分基础设施和信贷计划所发生的变化。

MA Zhou[6]研究认为农村家庭金融方面的需求很难从正规金融机构那里得到满足。研究当中采用信息成本理论和不完全契约理论分析这一问题。研究认为，正规金融机构和农户距离较远，农户获得融资的成本比较高，加之缺乏自我执行机制、质押和担保等，农村金融需求更难被满足。这就需要在之后改进当中，农村金融机构必须靠近农村家庭，以节省信息成本并充分利用自我执行机制。

OseiAssibey和Eric[7]研究分析了农业金融结构。越来越多的正规商业银行越来越有兴趣为加入到庞大的、服务不足、尚未开发的微型企业市场融资。但是，绝大多数人仍然不愿冒险进行小额贷款。利用来自广泛的农村金融机构的实地调查数据，分析正规银行与传统小额信贷机构在小额信贷方面的绩效［包括不良贷款(NPL)和管理者对增长绩效的理解］，也分析了强调激励和抑制措施以及降低风险的策略。该研究发现，因为受到市场不断变化和获利能力的影响，银行开展了小额贷款。但在实际业务开展中也遇到了很多不利的因素，如交易成本高，微型企业家风险高等，有研究结果显示，以资产为基础的抵押品，不会对金融机构的业绩产生影响。这位学者在研究中也搜集证据支持了这一假设，认为抵押品可以降低不良贷款率。

1.3.2 国内研究文献

我国国内当前关于城镇化与农村金融的研究成果也有不少，主要体现在以下几个方面。

(1) 与城镇化相关的研究。关于城镇化研究的内容，不同的学者从不同的视角出发进行研究，所得出的结果也有一定的差异。比如，刘慧琳[8]提出，从城镇化政策第一次提出之后，我国衡量城镇化发展的各项指标都得到了比较好的提升。基于这种大力推进城镇化的社会背景下，我国发生了一系列的改变，包含了因为城镇化带来的机遇与挑战；如何借助于城镇化提供的机遇弱化其自身存在的不足之处。其开展的研究就是基于这样的研究目的，从经济学相关视角，采用宏观理论研究概括我国在相关政策实施之后城镇化过程中出现的问题，尝试了解城镇化发展进程，希望在之后的发展当中提出合理性建议。王诵夏[9]在研究中试图阐释外商直接投资对我国新型城镇化发展所产生的影响。通过对我国长江经济带地区 11 个省（直辖市）近 10 年的外商直接投资状况进行探究，从人口、经济、社会、文化、环境五个方面探讨了外商直接投资对我国新型城镇化进程的影响，并提出相关政策建议，旨在加快我国新型城镇化的进程，推动我国各区域协调、可持续发展。孟玉龙[10]首先根据国内外相关文献对新型城镇化的概念和内涵进行阐述，获取国内外新型城镇化的研究现状的最新成果；其次，从人口城镇化、空间城镇化、产业城镇化、民生城镇化和可持续发展城镇化五个维度诠释新型城镇化的内涵意义及金融发展对各维度的驱动机理，再对比描述我国新型城镇化各维度发展状况和金融发展状况；最后，对金融发展驱动新型城镇化各维度的效果进行实证研究。赵凯[11]以我国改革开放的相关成果为基础，分析我国城镇化的整体发展现状，开展关于居民收入水平内容调研。结果表明，我国城镇化水平有十分明显的提升，城镇化率和城乡居民收入水平二者之间还存在一定的地区差异，即东部地区城镇化发展快，城乡收入差距较小，而西部地区城镇化发展较慢，且城乡收入差距较大。其所选取的样本为省级面板统计数据，时间跨度选择 1984—2016 年，并构建动态面板模型对理论部分所提出的倒 U 形假说进行分析验证。韩瑜荣、汪彦荣[12]研究指出，新型城镇化的快速发展虽然可以带来很明显的好处，但也会导致不少问题。比如盲目追求城镇化率，城市的综合承载力比较低，农民市民化过程率比较低，需要提供多样化的方法来进行解决。牛青颖、张和莉[13]基于云南省、贵州省、四川省三省城乡发展的实际情况，通过对2008—2017年的面板数据进行分析，阐述我国及三省“两化”发展现状，总结三省在“两化”发展中存在的问题，并输出结论性建议，为促进三省经济可持续发展，同时也为全面建设小康社会实现助力。罗梓宸[14]指出，在新时期开展的城镇化改革为我国城镇化建设提供了发展规划，所取得的成效很显著。但随之出现的各种问题，也需要在以可持续发展为前提的背景下，强化制度改革。

（2）农村金融发展研究。在我国已有的研究理论体系当中，也有不少关于农村金融相关的研究成果。比如董连红[15]在研究当中深入探讨我国农村金融服务的现状，农村金融服务的意义以及我国金融服务发展的对策，旨在为构建和谐社会营造一个良好的环境。迟到[16]研究指出，随着我国经济的不断发展和进步，农村金融的发展变成了我国经济发展当中十分关键的目标，也成为农村经济体制改革中的重点内容，推动农村经济收入水平的提升。但是农村经济在实际发展当中也出现了一些问题，比如金融体系存在比较多的漏洞，都是亟需要解决的问题。罗继红[17]认为农村金融创新是现在经济发展中重要的血脉，也是金融的天职，更是金融发展当中的宗旨。还要从市场需求、农村金融供给等方面进行分析。以广西农村为例，开展专门的金融创新，构建起更加完善的体制机制，为经济发展释放活力。康胜金[18]认为我国农业整体呈现发展趋势。农村金融和经济的发展存在着密切的相关性。若是农村金融发展的比较好，对于农村经济的发展也会起到比较大的促进作用。当然，若是农村金融发展不稳定，又会对农村经济发展产生阻碍作用。研究中分析了农村经济和金融之间的关系，基于制度变化和周围环境变化找到其中不和谐的因素，为其共同发展提供相应的建议。李桂峰[19]以农村金融扶贫制度为研究对象，引入了广西某银行的20个深度贫困县，研究分析了金融扶贫情况，围绕发现、分析与解决问题的过程，分析农村金融扶贫的理论，找到其中存在的问题，并提出公共优化对策。李闯[20]指出“三农问题”是国家领导人一直以来都十分关注的问题，国家也推出了农民增收以及农业经济发展和农村体制改革等各种措施，对农民生活水平的提升以及现代化农业的发展起到了促进作用。但是随着新农村建设和新型城镇化的不断发展，农村金融暴露出来的问题越来越多，对农村金融的研究也将进一步加深。主要研究了农村金融与农民收入之间的关系。梁谨谨[21]认为当前新型农村金融机构当中的问题很多，无法满足新时期农村经济发展所提出的多样化的金融需求。出现的这些问题，都需要及时有效解决，为我国农村金融机构的不断发展奠定基础。贺志建[22]分析了互联网背景下，金融行业呈现出的新特点。对当前互联网金融模式得到高速发展的原因展开分析，并依据当前农村金融发展中存在的问题有针对性地提出了解决方案，旨在运用互联网金融的优势带动农村金融体系的发展，使更多的农民朋友感受到社会主义现代化带来的便利和服务，进一步推动城镇化和农业经济的发展。

1.4 研究方法

本书研究当中，所采用的相关研究方法主要有以下几类。

(1) 文献分析法。需要查阅国内外与农业金融相关的文献资料，对搜集到的资料进行分析和归纳。对城镇化进程当中农村金融出现的问题进行汇总分析。

(2) 理论实践结合方法。在研究当中先分析了城镇化以及农村金融结构的研究背景，国内外研究现状以及基本概念和理论基础，这些都是理论内容。在后半部分的研究中，又引入了城镇化发展数据和农村金融发展相关数据开展实证分析。整体上就是将理论与实践结合起来。发现我国城镇化背景下农村金融出现的问题，并提出相对应的解决对策。

(3) 学科交叉方法。研究中对于城镇化和金融结构相关的内容研究，是金融学和城市经济学学科范畴内的内容。研究中采用的实证分析方法，是属于计量经济学领域的内容，所以学科交叉分析方法也是本次研究当中所需采用的一种分析方法。

（4）比较分析法。研究中对比了国内外和农村金融相关的研究现状，也介绍了国外和农村金融相关的成功经验，与我国农村金融发展情况形成对比，为我国农村金融结构的调整奠定基础。

1.5 本章小结

1.5.1 创新点

本书研究中呈现出的创新点主要包括以下几个方面。

（1）研究中所引入的内容都是当前比较热门的话题，和农村经济发展密切相关。研究中所提及的农村城镇化建设与农村金融问题和当前的农村整体发展呈现出密切的相关性。农村金融的发展需要相对应的金融结构作为支撑和保障。而在城镇化发展过程中，涉及了不少结构调整问题。农村金融的发展必须要重视农村金融结构。因此基于城镇化建设，探索农村金融结构的改善，也是本书当中的主要内容。

（2）农村金融包含的内容有金融结构、金融市场等。本书着重分析农村金融结构的内容，开展的实证分析也是城镇化建设和农村金融结构的关系，对在城镇化发展当中农村金融结构出现的问题进行分析。从城镇化背景分析我国农村金融结构的问题，提出了有针对性的改进措施。

（3）本书采用定量方法和定性方法相互结合来开展分析。这样让最终所得到的结果更具有说服力，也明确城镇化建设和农村金融结构之间的相关性，提出优化农村金融结构的重要性与必要性。

（4）本书先分析农村城镇化建设和农村金融的关系，再详细分析优化农村金融结构对于城镇化进程所产生的影响。在农村城镇化发展得到越来越多人的关注下，分析农村金融结构当中存在的问题，结合国外在这方面的成功经验和我国的实际情况提出调整优化金融结构的具体方法和对策。

1.5.2 不足之处

本书当中还有一些不足之处，主要体现为以下几个方面：

(1) 对于国内外相关文献的搜集不够全面，在一定程度上影响了全面有效分析的开展。

(2) 关于城镇化与金融结构的相关内容分析，涉及不少的解释变量、控制和被解释变量，这些都需要得到深入研究和拓展，让其更加真实、准确地反映出城镇化与农村金融结构之间的相关性。但是因为作者在实证分析方面还缺少一定的经验，引入的数据分析模型还需要得到进一步完善。

(3) 因为涉及的相关数据收集途径十分有限，所以会影响到实证分析的具体解决，也会使得实际得到的结果和预计结果存在一定的差别。

第2章

概念及理论基础

2.1　基本概念解释

在研究城镇化和农村金融相关问题之前，需要了解一些基本的名词含义。然后才可以开展更深入的分析，找到具体的问题所在，对症下药。

2.1.1　农村城市化和城镇化概念

农村城市化是人类社会历史进程中社会生产力发展到一定阶段后出现的由传统落后的乡村社会转变为现代先进的城市社会的自然历史过程。主要内容包括：农村人口向城镇人口转化，生产方式与生活方式由乡村型向城市型转化，传统的农村文明向城市文明转化等。关于城市化与城镇化的相关概念，从不同的视角开展研究进行分析，所得出的最终概念界定也不同，这样也可以得到更加多层次的概念。

城镇化是随着一个国家与地区社会经济的发展、科学技术的进步，以及产业结构的调整，社会从农业为主的传统乡村型社会朝着工业（第二产业）和服务业（第三产业）为主的现代城市型社会转变过程。主要特点是农村人口会大量聚集到城市。从世界整体人口数据看，在城市居住的人数已经超过了50%，因此可以认为世界整体的城镇化水平已经超过一半。

城镇化其实也是某个地区和国家社会生产水平得以提升、科技水平不断进步以及产业结构不断调整的过程。在这个过程当中，不少国家都想要实现工业化以及现代化的目标。随着城市人口数量的不断增加，城市的规模也在持续扩大。越来越多的农村人口迁移到了城镇，工业和服务业也逐渐拓展到了城镇甚至乡村。从农村转移出来的人口主要是集中在第二产业以及第三产业当中。

城镇化本质上属于历史范畴的内容。我国在“十一五”规划当中就已经明确指出，需要把城市群当做是社会经济发展当中的主要主题，为城镇化的改进起到推动作用。在“十二五”规划以及“十三五”规划当中，都提出需要构建起辐射功能足够强大的城市群。在发展中把大城市当做是重要的依托，将中小城市作为发展重点，让大中小城市以及城镇之间可以相互发挥协调作用。城镇化这个概念也是会随着城镇化的发展进程不断转变的。

近些年，为了加快我国社会和经济发展的速度，城市化被提上了日程。如何加快城市化的进程已成为很多人关注的问题。现如今，不管是学术界还是政府部门，在城市化相关问题的分析和解决当中，城镇化和城市化这两个概念的出现频率都很高。在对城市化和城镇化的基本概念进行分析和解释之后，我们发现这两个名词的概念之间存在着联系，但是也有一定的区别，具体表现在以下几个方面：

(1) 词源存在差异。国际上使用城市化的概念更多，乡村和城市这两个名词是相互对应的。按照国际上通用的说法，城市化本身就是社会转变的过程，也是城市在发展当中进一步完善，是乡村的人口变为城市人口的过程。在这个过程当中，社会类型会发生改变，从乡村型转变为城市型。而在我国比较常用的是城镇化，这个改变具有比较明显的中国特色。实际上城镇化在国际上是不曾出现的，因为有些国家并没有小城镇。我国出现城镇化这种说法的主要原因是通过建立小城镇，促进小城镇的发展来吸引更多的农村人口。在城市快速发展的情况下，加大小城镇的发展力度，推进城镇的快速发展，让城镇可以和城市的发展融为一体。

(2) 词性存在差异。城市化属于形容词，当城市发展到某个特定的水平和规模之后，才可以使用城市化来形容。城市化反映的是动态变化的过程，所反映的是在某个行政区域当中，让城市的整体水平得到提升，促进城市功能的增强，也让城市自身的辐射带动作用变得越来越强大。现代化推进当中包含了不同的层面，从城市化发展到工业化，再到信息化。我国所经历的就是这样的一个过程，不同特点之间相互影响，不断起到推动作用。想要达到现代化提出的相关目标，就必须要完成从农业化过渡到工业化、城市化，甚至还要完成信息化的目标。城镇化本身反映的是如何构建城市体系的过程，属于动词，也是向人们表达，需要采取怎样的方式来建设城镇。

（3）实质内涵存在差别。城市化的概念和信息化、工业化等相关概念本质上是一致的，所表现出来的是事物发展和变化的过程，同时也是反应事物最终目标的概念。而且这个概念还是不断变化的，所代表的是城市在今后发展的主要目标和方向。从最终构建起的目标来看，城市化的地区首先需要建立起具有规模化的城市体系，然后还需要把城市发展成为区域。城市的人口还需要达到一定的规模，有完善的城市功能和较好的社区环境。在区域经济发展过程中也可以起到更大的作用，也让城市可以发挥辐射带动的作用。城镇化本身就是一种比较常见的手段，也是城市化目标实现的重要过渡标准。加大建设城市以及小城镇的力度，加快城乡一体化的发展，对于城市发展进程可以产生更大的推动作用，最终达到城市化的发展目标。城市化代表着城市发展已经进入到了比较高的水平，人口不断流动到城市，从而让城市的规模不断扩大，增强城市自身的功能，完善城市的基础设施建设，也促进城市信息、社会以及金融等快速发展，对区域经济的发展，也可以产生比较强的带动作用，所以和城镇化的概念相比，城市化概念包含的内涵更加丰富。

（4）外延有比较显著的一致性。城市化是将不同地区的城镇体系融合起来，包含不同的城市规模。城市化并不只是表示城市规模得到扩张，或者是单纯地发展某种具体类型的城市，而是把小城镇的发展也纳入到了发展体系当中。城镇化关注的重点是小城镇，同时也会注意大城市、中等城市等的发展。城镇化的概念当中还包含了促进农村地区与城市地区协调发展的内容。

总而言之，这两个词语的概念，不仅有区别，也有联系，不能在具体分析的时候混为一谈，也不能过于简单地将其分开。

2.1.2 新农村建设和农村城镇化建设的概念

新农村建设和农村城镇化建设是一体化的建设过程，不是两种完全隔离开来的形式。新农村建设是开展城镇化建设的重要基础，同一个地区或者是跨区域的农村合并，也会合并一些村镇，在这个基础上完成新农村建设，或者推动一部分农村开展城镇化建设。

在我国城市不断发展的过程当中，文化也变得更加繁荣。有更多的农民选择离开农村，转移到城镇去创业或者居住。随着大量农村人口转移到城市，农村闲置的土地越来越多，创造了土地使用权流转的机会，让城镇规模扩大以及规模化经营用地的各种需求得到了满足。结合我国城乡住房和建设部门给出的统计结果，伴随着城镇化发展速度的加快，我国城市化率以平均每年1.4%的速度增长，至2020年已达63.89%，要知道，这个数据在2000年只有36.2%，2010年是49.9%。城镇化发展进程加快，农村人口不断减少，城镇人口不断增加。我国的人口总数多，尤其是农村人口数量比较多，而土地有限，人均占地面积更少。另外还遇到了其他的一些问题，比如农业整体效益比较低，农民综合素质水平比较低。即便是在今后可以超过60%的城镇化率，在农村地区的人口数量仍然有五六亿。所以，想要让我国整体经济水平得到提升，比较关键的是解决农村的问题，也就是现在党和国家都很关注的“三农问题”。由此可以看出，新农村建设和城镇化发展这二者之间是存在相关性的。应当结合实际情况，走具有中国特色的城镇化发展道路，让新农村建设与城镇化发展可以更加协调。

在我国农村城镇化发展进程中，农村地区提供了充足的劳动力和物质资源。可以看出新农村建设对于城镇化发展起到推动作用。

新农村建设为城镇化建设速度的增加提供了强大的支持力，让城镇所具备的经济辐射作用得到更大的发挥。实现农村人口以及产业的聚集，让城镇和农村可以达到互相促进的效果。促进城乡发展差距的缩小，让农村地区所具备的功能性得到更大程度的发挥，也让农村可以得到科学发展。

新农村建设以及农村城镇化的发展，需要多个主体参与其中并且开展良性互动，涉及的主体有政府部门、农民以及企业。对于那些符合条件的农村人口，可以让他们转移到城镇，这样农民也就有更多就业的机会，享受到更完善的服务和权益。除此之外，还要打破现有的城乡二元结构，促进现有户籍制度的改善，促进当前社会保障制度的完善。

2.2 相关理论基础

2.2.1 二元经济结构基本理论

二元经济结构指的是，在一些发展中国家，同时存在着具有现代化特点的工业和专业技术比较落后的农业。二元经济结构这一概念最早是由威廉·阿瑟·刘易斯提出的，他是荷兰的经济学家。我国当前是发展中国家，有着十分典型的二元结构特征，具体而言就是城乡二元经济结构，呈现出的特点为：城市经济发展当中有完善的交通系统和安保设施、教育培训资源作为支撑，主要产业为工业与服务业。农村地区虽然这些年国家加大了支持力度，完善医疗、交通和教育等基础设施体系，但是与城市地区相比仍然存在着比较大的差距。我国社会经济的发展需要对经济结构进行改革，改变之前的二元结构，让其变成一元结构。在这个转变的过程当中，我们需要借鉴国内外一些比较成功的经验以及结论，考虑到我国的具体情况，做到取长补短，积极探索和我国经济社会相符合的发展道路。关于二元经济模型，已经有不少学者开展了研究，得到的研究结果如下所述。

2.2.1.1 刘易斯二元结构模型

刘易斯是美国的经济学者，他是第一个系统阐述发展中国家二元经济结构的学者，他在1954年提出二元经济结构相关思想，也就是刘易斯模型。这个模型的设置需要有两个前提假设：第一，包含农业部门与工业部门在内的两部门经济，以传统生产方式为核心，农业部门劳动生产率比较低，收入水平也低，工业部门现代化生产方式、劳动生产率与收入水平都比较高。第二，劳动力无限供给内容。对于大多数的发展中国家而言，经济所需要的资本以及资源一般是多于资本和资源的供给水平。基于现有的收入水平，可以达到无限供给的目标。以这两种假设为前提，刘易斯指出，在发展中国家，虽然人口数量很大，但是他们的土地以及资本等都是有限的。劳动力的边界生产率处于比较低的水平，这就会使得有一些农业劳动者的边际生产率为零。由于他们的收入水平比较低，农业劳动者很多时候也只能够勉强维持自己的生活。在城市地区，人们的生活成本很高，人们的工资水平整体上高于农村的工资水平，会使得一些剩余的劳动力选择从农村到城市，也就从农业部门跨入到了工业部门。现代工业部门本身就拥有着十分先进的技术，所积累的资本也比较丰富。对于劳动力的需求不断增大，会吸引更多农村地区的人到城市工作。

2.2.1.2 拉-费二元经济结构模型

拉-费二元经济结构模型是由费景汉和古斯塔夫·拉尼斯两位经济学家共同提出来的，属于二元经济发展模式。拉-费二元经济结构模型指出，发展中国家二元经济结构包含三个不同的阶段：第一阶段，工业部门收入水平不是很高的情况下，可以提供无限的劳动力资源，这和刘易斯所提出的模型有点相似。第二阶段，当农村剩余的劳动力流入到城市之后，农村剩余的劳动力数量是很有限的，继而引起农村劳动力减少，降低了农业的总产量。农民收入水平降低，农产品的价格会提升。第三阶段，随着农村劳动力的不断转移，会大幅度提升农业劳动边际生产率，工业部门通过促进收入水平提升的方式，吸引更多农业劳动力参与到工业当中。

2.2.1.3 我国二元经济结构相关理论

当前，国内外经济之间的交往变得越来越频繁，学术上的交流和互动增加。我国在二元经济结构模型的分析过程中，借鉴了西方学者的一些理论成果，同时也结合我国的实际情况，提出了具有中国特点的二元经济结构模型。比如王俭贵先对刘易斯二元结构模型与拉-费二元结构模型进行分析，然后结合我国具体国情，指出我国当前的很多农村剩余劳动力是没有办法带来显著的边际生产率，需要将农村剩余劳动力转移到城市的工业部门，最终达到农业工业化的发展目标。张桂文在研究中认为，我国国民经济结构的具体表现是二元经济结构。但是不同国家的地理和文化环境都不同，使得我国的二元经济结构模型在转变的过程当中也会呈现出和其他国家不同的特点。因此，他在研究中指出，城镇化建设过程中，结合我国的实际情况，促进我国二元经济结构的转变，促进我国第三产业的发展，让非农业生产当中农村剩余的劳动力得到增加。

2.2.2 金融结构理论

2.2.2.1 理论的提出

耶鲁大学教授在1955年时，第一次提出了“金融结构”这一名词，之后便有越来越多人开始研究金融结构。美国的经济学家格利和肖在1960年时合作出版了《金融理论中的货币》[23]，在这本书中对金融和经济发展之间的关系进行汇总，重点研究了金融资产和机构、相关政策。虽然没有给出明确的金融结构定义，但是研究涉及的内容很多都是和金融结构相关的内容，如融资方式、金融工具、金融机构、金融政策等。他们在当时就已经注意到了，金融工具和金融机构都朝着更加多样化的趋势发展，为今后研究金融结构的相关问题也起到了重要影响。

雷蒙德·戈德史密斯在1969年从经济和金融相互结合的视角对金融发展和经济增长之间存在的关系开展分析，还在其出版的著作当中，对金融结构的概念进行了明确界定，描述金融结构变动的整体趋势。把金融现象划分成为了三个不同的方面，即金融结构、工具和机构等。金融机构指的是金融当中的中介机构，主要是由金融工具、负债以及资产构成的企业。金融工具指的是单位的所有权以及债权凭证。金融结构包含了金融工具和金融机构，是两者的总和。

2.2.2.2 理论的发展

金融结构理论的发展也经历了一定的时间。在1973年时，美国经济学家罗纳德·麦金农和肖提出了发展中国家普遍存在着金融抑制情况。想要解决金融抑制方面的问题，应当采取的措施是将金融资源化以及金融深化，确定金融发展相关理论。这两位学者基于已有的金融深化相关理论，对发展中国家的金融结构问题、金融抑制问题的形式与可能阐述的后果进行探讨和分析。通过研究认为，金融市场的完善很有必要。另外也认为深化金融本质上是动态调整和优化金融结构。

李茂生学者是我国第一个开始研究和分析金融结构相关问题的学者。在1987年时他出版了《中国金融结构研究》[24]一书，在书中提出了金融结构包含的五方面内容，分别是：金融机构、金融形式、金融调节机制、金融市场和金融从业人员方面的结构。2006年也有学者在研究中认为，想要促进金融服务业务的发展，需要调整和改善现有的金融结构，做到创新、协调与保障。

2.2.3 产业组织理论

产业组织理论也经历了不同发展阶段，分别是企业组织理论、系统性产业组织理论。在古希腊时期，已经有关于竞争性和垄断性市场结构的相关认识。关于“垄断”的描述，亚里士多德把商人占据了所有供应产品的情况界定为垄断。和企业组织理论相关的研究是从亚当·斯密开始的，之后又有其他的学者开展了相关的研究。

2.2.3.1 产业组织理论具体内容

哈佛大学张伯伦在1933年出版的著作当中提及了产业组织相关

理论，也代表着产业组织理论内容正式形成。张伯伦认为需要严格推理垄断竞争内容，提出更具体的假设，最终推导出确定的结论，称为产业组织理论。琼·罗宾逊也在其著作当中围绕着垄断和竞争的相关关系开展具体化的研究，对西方传统经济学当中的“竞争-垄断”理论进行发展和修正。

20 世纪 30—40 年代，不少经济学家都开展了和产业组织理论相关的研究，并且也取得了一定的成效。其中梅森、克拉克等都是在哈佛大学从事这些研究的，被称作哈佛学派。这个学派的研究基础是价格理论，基于前人的理论成果，从绩效、结构和行为三个方面开展分析。

进入 50—60 年代，芝加哥大学的相关学者也对产业组织理论开展了研究，被称为芝加哥学派。该学派认为市场绩效所产生的原因并非是市场结构，而是市场绩效所产生的结果。即便在市场当中存在着不完全竞争情况或者垄断势力，若市场可以开展自我调整和修正，是不需要政府去采取干预措施的。市场当中对于效率的分析十分重要，最终达到社会福利最大化原则。所以，效率是判断市场性质的重要标准，并非是市场结构。

80—90 年代，自由主义经济学家的代表人米塞斯和哈耶克等形成了新奥地利学派，这个学派提出的观点为：对于规模经济比较显著的企业，过于追求规模经济，他们也会增强集中的程度，但这并不代表着直接会引起垄断。垄断出现的真正原因是，政府部门借助规模经济的名义来限制某些产业进入到一些行业当中。企业的大小规模并非是最重要的，关键是对于市场有一定的话语权和支配权。该学派对于市场竞争当中的过程性和行为性关注力度比较大，对于市场的自组织能力信贷程度很高。主张所有的经济问题是可以通过市场来解决的，为了让企业家的一些创造能力得到发挥，不应该制定过多的限制性政策。这一相关理论和哈佛学派、芝加哥学派提出的思想大相径庭，所以，米塞斯和哈耶克被称为产业组织理论当中的“行为学派”代表人员。

70 年代之后，因为引入了博弈论、交易费用理论以及竞争市场理论等相关内容，产业组织理论的相关内容也得到了比较大的突破。在理论基础、研究的重点内容以及分析手段等方面都得到了实质性的突破，让产业组织理论得到了极大的变化，所以有人把出现了改变之后的产业组织理论前加了“新”字。新产业组织理论呈现出的特点具体表现为三个方面：第一，从之前的结构主义转变成为了现在的行为主义；第二，打破了传统产业组织理论当中的静态以及单向研究，构建起动态和双向的研究体系；第三，在引入了博弈论之后，促进了市场行为相关分析体系，在理论研究当中定量分析的作用越来越凸显。

在最近开展的和产业组织理论相关的研究当中，呈现出明显的融合趋势。不同的研究学派之间互相借鉴，引入了一些具有现代特点的分析方法。整体上产业组织理论融入更多现代特色，内容和形式都得到了发展和改善。

2.2.3.2 金融产业组织理论

产业组织理论之前在很长一段时间所服务的都是第二产业，几乎不会涉及金融产业与农业，所以和金融产业组织相关的研究成果一直是比制造业产业组织相关研究更落后的。在金融业当中应用产业组织理论，最早是在 20 世纪 50 年代，而且现有的研究很少会全面分析金融产业整体结构、行为和绩效，而是具体分析某个金融细分市场当中的动态平衡。比如研究银行产业组织的相关理论，在国外已经开展的研究得出成果当中，不少是分析银行的市场结构、绩效和行为之间的相关性。在研究方法当中还纳入了现代计量及经济学和信息经济学相关的内容，最终得到了微观经济学、管理学关于银行和产业组织相关的雏形。

国内从 20 世纪 90 年代才引入产业组织理论，开展的不少研究和证券、保险以及银行等具体领域相关，同时也有和市场退出机制、金融机构风险等相关的问题研究。

2.2.3.3 农村金融产业组织理论相关内容

在国内其实也有一些学者对农村金融产业组织理论的相关内容进行分析，比如有人认为当前还远远无法满足农民的贷款需求，国家需要针对农村地区实施专门的金融约束政策，给农村金融机构的发展创造更加宽松的竞争环境。也有人认为在非公有制的部门当中出现了中小企业融资难度很大、农民资金贷款难度大等问题。想要改革农村金融体制，关键的是让农村金融的进入以及退出壁垒被放开，拓宽基层金融的业务范围，让国家对农村的金融制度外部供给可以转交给一些自发的农村金融机构。也有人认为，农村的经济社会发展本就有着比较明显的特殊性，增加了农村的金融风险，农村金融信息逆向不对称的情况越来越明显。在农业的信贷当中出现的风险对农村金融组织的农业信贷投入产生了很严重的制约作用。

2.2.3.4 产业组织基本理论评价

产业组织理论所研究的主要内容是产业内部的不同企业出现的垄断或者竞争关系所涉及的相关理论。所开展的研究是基于产业既定的条件下，怎样在产业内部配置相关资源，得到最佳的市场结构和最佳绩效。核心是找到对资源合理配置最有效的市场秩序。在产业组织理论当中，竞争和垄断是重要的核心，也是经济学研究当中比较关注的问题。关于产业组织基本理论的评价，主要从以下几点进行分析：

（1）企业自身的规模和组织情况。企业的组织与规模情况和市场竞争之间存在着某种特殊的矛盾。对于市场竞争以及规模经济产生的影响原因是，市场内能够容纳的企业的数量，产品本身的类型、差别程度，以及市场进入机制、生产成本曲线差异、买方能力的增强等。企业的规模确定离不开市场的选择。在形成了规模经济之后，企业需要不断地适应市场的相关竞争，这是有意识的战略性整合。

（2）在产业组织理论当中，进入机制以及退出机制都是研究的重要内容。进入机制指的是企业在进入到某种产业时遇到的一些障碍，包含制度和技术方面的壁垒。通常情况下，每种行业都会设置行业准入机制，这样对于行业内部相关企业的效益可以起到保护，避免出现租金耗散的情况。退出机制并非是在所有行业当中都存在的，只有在那些包含在沉淀成本的产业当中存在，比如破产或者倒闭等，需要重新投入大量资金，企业也就遇到了退出障碍。

（3）垄断和竞争措施。各种产业组织政策制定的主要目的是让竞争变得更加科学合理，得到有效维护，也为公正交易和反垄断起到保护作用。将反垄断法当作是核心内容，制定竞争促进政策，帮助市场机制可以正常运行。对企业所采取的不公正竞争手段以及企业的垄断行为采取系列的限制性政策，对于反垄断法没有覆盖到的领域，针对过度竞争、自然垄断等问题，需要制定干预政策，通过财务会计合并、投资以及进入和退出等方式开展直接干预，确保市场处于有序竞争的状态。产业组织政策首先需要构建起一般性规则，比如市场秩序的规范措施，为企业可以平等竞争提供良好的市场环境。对于一些科技行业的进入机制降低，鼓励适当竞争，打破垄断。改变不同所有制企业采取的不同政策，最终形成各企业平等竞争环境。另外，对政府管制政策具体实施的路径进行改革，采取一些比较透明的政策，如拍卖投标、公众听证等方式来进行管制。

2.2.4 农业金融理论

农业金融理论指的是以金融发展理论为基础所发展起来的，阐述了发展中国家农村地区金融业的发展情况以及非农产业发展、农业发展、农村居民收入增长、消除贫困等之间的相关性，同时还分析了发展中国家农村地区金融发展理论的实际应用情况。在农村金融理论当中，比较具有代表性的理论是农村金融市场理论和农业信贷补贴理论。随着相关研究方法的不断改进，在这两种理论的基础上，又有学者提出了不完全竞争等新的相关理论。

2.2.4.1 农业信贷补贴理论相关内容

20世纪80年代，整个农村金融理论中，农业信贷补贴理论是处于主导地位的。所依据的假设主要有两个，分别是：第一，农村当前面临着比较严重的慢性资金不足问题，主要原因是贫困阶层与农村居民等都是没有什么储蓄能力的。第二，农业始终不能成为商业银行融资业务的对象，因为这类银行的主要目标是获取更大的利润。农业自身的收入水平比较低，收益率比较低，需要长期投资，不确定性明显。金融机构对于农业的融资利率与其他产业相比更低。所以可以得到最终的结论：为了让农业的生产效益得到提升，缓解农村的贫困，有必要从外部注入相关资金，尤其是政策性资金，还要构建起非营利性的专门金融机构，完成资金的分配。根据这一相关理论，促进其他产业和农业之间的结构性差距缩小。

因为在假设方面存在错误，农业信贷补贴理论是存在一定缺陷和问题的，具体表现为：第一，若是农民能够持续得到廉价资金的预期，便会缺少储蓄资金的激励，这就会让信贷机构无法确保农村资金的具体来源是什么，让农村信贷最后变成了财政资金的重要压力。第二，因为利率上限比较低，使得农村贷款机构无法补偿为农村小农户提供货款产生的高交易成本。官方信贷在资金分配的过程中，会选择性地去照顾大农户。使得最终获得大笔贷款的只能是比较富裕的农民，真正需要贷款的人却根本享受不到这些贷款。第三，政府部门所支持的没有经营特性的农村信贷机构，因为缺少了完善的监督机制，导致借款者的偿债行为和投资行为没有法律约束，这样可能会让借款者出现故意拖欠贷款的情况。

实际上，即便是对于一些经济比较困难的农民，他们在储蓄方面也是有需求的。不少发展中国家已经积累的经验说明：第一，若是提供了相应的储蓄机会和比较完善的激励机制，不少的贫困阶层的人会选择储蓄行为。第二，现有的低息贷款政策，很难推动农业生产，在实际分配的时候也很难做到向贫困阶层的人倾斜。

2.2.4.2 农村金融市场理论

20 世纪 80 年代，农村金融市场论越来越重视市场机制作用，反而对于农业信贷补贴理论内容的关注度在降低。在农村金融市场理论的产生当中，所依据的就是对于农业信贷补贴理论的批判，所提出的相关理论前提和农业信贷补贴理论完全相反。第一，贫困阶层的人以及农村居民都有一定的储蓄能力。有研究学者认为各种发展中国家的农村地区，只要提供存款机会，即便是贫困地区的小农户也可能会存储大数量的存款，没必要从外部引入相关资金。第二，低利息的政策对人们到金融机构存款起到了一定的妨碍作用，对于金融行业的发展产生了抑制作用。第三，对于资金外部的依存程度比较高，成为了贷款回收率明显降低的关键因素。第四，因为农村资金的机会成本比较多，所以非正规的金融具备了高利贷的一些特点。

这一理论提出的主要观点是，农村金融机构的重要职能应该是动员储蓄，市场是决定利率的主要因素，实际存款利率也不可能是负数。农村金融是否可以取得成功，需要结合金融机构的具体成果以及经营的可持续性和自立性等内容进行判断，确定是否需要实施具体的贷款制度。还提出非正规的金融市场也有其存在的合理性，不应当全部取消，应当将正规和非正规的市场机制有机结合起来。

2.2.4.3 不完全竞争理论

20世纪90年代，苏联在朝着市场经济转变的过程当中出现了各种各样比较混乱的情况，而在东南亚地区以及拉美地区都有着比较严重的金融危机。这些危机的出现都说明了市场机制并非是万能的，也无法解决所有的事情。想要让市场的稳定性增强，采取政府干预对策是十分关键的。同时农村金融理论也出现了很明显的变化。有些学者认识到市场现有的局限性，若是培育效率更高的金融市场，需要更多非市场以及社会性的要素给予相应的支持。斯蒂里兹在2000年时获得了诺贝尔经济学奖，在他的研究结果当中，就提到了信息不对称以及不完全竞争市场相关内容，成为了农村金融当中不完全竞争市场的重要基础。最为重要的内容是发展中国家现有的金融市场并非是完全竞争，贷款一方也就是金融机构对于借款人的相关信息及情况也没有办法充分掌握。如果只依靠市场机制，肯定是没有办法培育出社会需要的金融市场。若有必要，让政府部门适当地介入到金融市场当中。

不完全竞争理论中提出，在发展中国家的金融市场当中介入非市场要素，首先需要对农村当前的金融机构建设进行改革，排除农村金融市场运行过程当中遇到的阻碍。相关政策性建议主要有：在金融市场发展到某种程度之前，需要使用专门的政策手段，让存款利率保持在某个范围之内，对于利率增长起到抑制作用。由此而产生的一些信用需求过度或者是信用分配方面的问题，可以让政府部门从外部适当引入一些供给资金，让金融机构可以得到可持续发展。或者指定特殊的政策，将实物买卖与融资方式相互结合，为贷款回收提供资金支持。通过借款人联保小组和借款人互相帮助的合作方式，避免农村金融市场当中因为信息不完全而带来的贷款回收率低等问题。非正规金融市场的效率比较低，也需要政府部门适当介入。

2.2.4.4 局部知识理论

在农村金融相关理论当中，上述三种理论都是比较常见和流行的。而局部知识理论是哈耶克提出的，在农村的金融实践当中也有一定的影响。局部知识理论强调竞争属于发现的过程，竞争的过程需要发现相关信息，降低信息不对称以及不完全信息的发生率。这一理论主要观点是农村金融发展过程当中，政府在对局部知识进行利用的过程中所产生的效能是比不上市场主体的。所以，信息不对称不应当成为政府采取干预措施的理由，而是应当借助于相关的市场机制来解决出现的问题。农村金融市场当中有不少分布在特定时间、地点的零散内容。在特定条件的约束下开展现场交易最能够体现局部知识理论的作用。从农村经济内生出来，借助于农村局部知识来开展正式或者是非正式的金融业务，让不同类型的业务主体能够开展相互竞争，促进金融资源以及金融体系效率的配置效率得到提升。农村金融机构有着多样化的特点，可以对创新现有的金融工具有促进作用，让金融市场和完全竞争市场之间的差距变小。借款人和借款模式的合作和互助，可以帮助实现知识分工，尤其是可以强化那些分散知识的利用，帮助克服不完全信息。政府可以积极培育这方面的农民组织。对于非正规的金融市场，交易成本比较低，信息呈现出对称情况，可以充分发挥局部知识的相关特点，效率比较高。但也存在一些不规范的情况，可能会产生比较大的负面影响，这要求政府部门构建起某种程度比较低的运算秩序框架。因为政府借助于局部知识效能的效果比不上市场主体的效能，政府面临的失灵风险更大。政府部门所提供的信贷补贴以及金融供给等只能够在市场机制失灵的地方使用。

2.2.4.5 农业金融理论整体评价

农业信贷补贴理论支持在农村发展当中提供信贷支持。因为这一理论所提出的假设前提出现了错误，被一些学者批判。农村金融市场论内容对于市场机制的依赖性很大，对于政策性金融所导致的市场扭曲情况反对声音较高，认为应当更加强调利率市场化，取消信贷补贴政策。在已有的相关研究当中，如果只是将信贷补贴政策取消，是没有办法解决发展中国家农村信贷体系当中存在的低效能问题的。想要培育更加稳定的金融市场，让金融风险降低，仍然需要各种非市场因素。

不完全竞争市场理论为政府部门再一次介入到市场提供了良好的理论基础，但和农业信贷补贴理论相比存在一定的差别。不完全竞争市场理论当中指出，虽然农村金融市场当中可能会出现市场缺陷，需要提供贷款的企业和政府部门都介入其中。不管哪种具体的介入方式，都需要让现有的体制结构得到完善。这样对市场缺陷带来的弊端起到一定的克制效果。

局部知识理论是从知识论视角来提出信息不完全与不完全竞争当中的金融局部知识分析方法，和斯蒂里茨所提出的不完全竞争市场理论的出发点之间存在着一定的相似点。从政策与理论方面给农村金融市场发展提供支持。政府部门在局部知识理论当中仍然发挥一定作用，比如可以提供授能环境、监督农村正规金融机构实际运行情况、建立可以帮助维护市场秩序的结构框架。

在对上述和农村金融理论的内容进行分析之后，可以得到以下几方面内容：

(1) 即便是比较贫困的农户也有资金储蓄方面的需求，利率不能太低，最好通过市场来决定，这样才能够达到融通资金和储蓄动员。农业补贴只能够在金融市场机制失灵的地方使用。

（2）采取竞争对利用局部知识有比较好的促进作用。比如那些为地方经济提供服务的金融机构，不管其规模的大小，让农村的金融结构变得更多样化，帮助提升农村金融机构的效率，优化现有金融资源的配置。

（3）政府部门不能忽视农村金融市场的稳定性和规范性，适当介入其中。

（4）对于比较完整的金融机构，应当包含合作性、商业性和政策性金融机构，除了基本的存贷款业务之外，还应当提供租赁、抵押以及担保方面的金融业务。

2.3 农村发展的意义分析

我国本就是农业大国，农业也是整个经济体系当中的基础产业。因为我国是从传统的农业社会发展过来的，受到过去农耕文化的深刻影响，一些思想根深蒂固。从古代到现代，农业的发展都是十分重要的。在现代社会自然也需要首先解决“三农问题”。只有“三农问题”得到有效解决之后，才可以为国家的稳定发展奠定基础。在20世纪我国就制定了要在2020年达到全面建成小康社会的目标，而农民小康目标的实现是全国人民小康建设目标实现的基础。农业、农村以及农民的问题不仅是我国经济与社会发展当中不可或缺的重要基础部分，同时也是我国在国际竞争当中提升综合竞争力的重要基础。但实际情况却是：我国的现代化农业发展水平比较低，虽然党和国家也制定了一些政策，如“新农村建设”和“精准扶贫”等，这些都是针对农村的发展提出的政策，也在这些年得到了十分显著的成效，帮助解决了不少农村存在的问题。但还是有一些问题无法得到有效解决，仍然需要在今后持续关注。加之，当前我国存在着比较严重的发展不均衡情况，表现为东西部经济发展不均衡以及城乡经济不均衡等，想要实现经济社会的全面发展，必须要想办法解决这些不平衡问题，这就需要加快农村的发展。加快农村发展进程的意义具体有如下表现。

2.3.1 利于农业发展

农村发展可以帮助吸收更多的财政资金和社会资金，让其朝着农村地区倾斜。让农村现有的基础设施得到不断完善，让农业科技水平得到提升，改变传统农业当中对自然条件依赖程度过高的窘况，最终促进农产品产量的提升。

人们得以生存的根本便是农业。农业在国民经济当中又是处于基础性地位。在三大产业当中，农业是第一产业，是所有产业当中生产基础物质的生产部门。农业在国民经济当中的特殊地位，会对国民经济产生直接的影响作用。

农业对于国民经济的发展也会产生比较大的推动力量。第一，工业等一些非物质生产部门想要长时间保持比较好的共同发展，需要将农业作为先决条件和基础。农业本就是其他产业发展的基础，不管是轻工业还是重工业商品，都需要农业提供基本的原材料。由此能够发现，发展工业可以给农业的发展提供更广阔的市场。第二，在国家建设积累资金的过程当中，农业也起到了十分重要的作用。在发展中农业需要上缴农业税，这是国家积累资金的来源之一。农产品是轻工业的主要原材料来源，这些原材料在被收集之后投入到生产使用当中，间接给国家资金积累做出了比较大的贡献。第三，农业能够给国民经济的发展提供比较充足的劳动力。现在科学技术水平整体上得到提升，农业也引入一些先进的科学技术，逐步走向了现代化。各种农业机器的推广应用，增加了农村当中的剩余劳动力。国民经济当中其他的部门就可以积极利用这些剩余劳动力。不仅可以帮助解决农村劳动力剩余过多的问题，同时还能够降低用工成本。第四，出口需要的很多物资都来自于农业，虽然每年在所有出口产品的占比中，工业品占比不断增加，但是在出口中，农副产品与加工品占据了比较重要的地位。商品的出口创汇当中，农业所做出的贡献比较大。总体上来说，农业对于我国的国民经济发展与进步发挥了较为显著的作用。

鉴于农业在整个国民经济发展当中的重要作用，不管在任何阶段都不能够忽视农业的发展，只能增强农业的基础地位，不能削弱。农业发展的顺利与否，还会对整个国民经济的发展起到制约作用，制约国民经济当中其他相关部门的发展情况。若是农业发展处于停滞不前的情况，便会丢掉国民经济发展的动力。若是农业发展的速度很快，就会推动国民经济的整体发展。由此可见，农业发展的作用很强大，农业的发展可以通过农村发展来实现。

2.3.2 利于农村社会管理

随着农村经济的快速发展，中国城乡一体化建设的步伐取得了突破性进展。对于新时代的农村来说，加强农村财务管理对确保新格局的建设非常重要。农村经济发展实力必须要足够强大，这样才可以让农村基层党组织的凝聚力、战斗力以及号召力变得更强。在强化建设农村基层党组织的过程中，首先需要做到发展。在发展当中需要充分认识到农村经济在农村社会管理中的重要作用。所以必须要明确第一任务是发展农村经济。需要坚持市场的导向作用，结合不同地区农村的实际情况，因地制宜。充分借助于农村地区的河流、矿产以及土地等各种优势资源，让农村经济的新路子得到拓宽，将丰富的资源转变成为经济方面的优势。

2.3.3 帮助提升农民生活水平

在我国发展的历史当中，不管是小康社会目标的实现还是现代化的建设，“三农问题”都是十分重要的问题。与此同时，党和国家的工作重点关注的问题也是“三农问题”。国家想要达到经济社会自立发展，工业得到更好发展，必须要让农业的基础地位得到巩固，得到农业方面的支持与积累。整体上而言，社会的全面和稳定发展，必须要让农业得到稳定发展。提升农民生活水平，加快实现整个社会小康目标实现的进程。我国是传统农业大国，在总人口当中，农业人口占绝大多数。农业若是得不到好的发展，农民就没有办法过更好的日子，其他的相关产业发展会失去农业的支持与保障。农业若得不到发展，也无法得到足够的粮食，全国人民都没有办法吃饱。只有农业得到了更好的发展，基础才会牢固，农村经济发展才会更加稳定，社会也会更加安定。农民富裕之后，国家也会更加繁荣昌盛。由此可见，需要充分调动农民参与的积极性，让他们也参与到国民经济建设当中来，这样可以帮助推动国民经济的快速发展，有可能实现可持续发展目标，改变农村落后的面貌，提升小康社会发展水平。

因为我国农村人口基数比较庞大，随着整个社会水平的不断提升和农村产业化的快速发展，农村剩余的劳动力会更多。若是只通过城镇来吸收这些剩余劳动力，是无法解决这些剩余劳动力的。必须要发展农村经济，提升农村的整体发展水平，这样才可以让农民的收入水平不断提升，促进农民生活质量的改善。农村经济的发展以及农民整体生活水平的提升，这些都是农村建设当中的关键环节，也是农村其他相关环节发展当中的重要基础。积极调整农村的经济结构，深化改革农村现有的经济管理方式，促进农村集体产业层次的提升，让农产品的市场竞争力得到提高，这样才可以根本提升农民收入水平和农民的生活水平。

在新农村建设当中，不仅需要发展农村经济，另外还要构建农村文明，促进农民素质水平的提升，促进村容的整洁和干净，最终达到人和社会、自然环境协调发展的目标。改善农民的精神生活，针对农民开展宣传教育工作，采用农村图书馆以及远程教育等方法，给农民传播新的文化和知识。给农民提供更多进步、健康和科学的现代理念，让传统农民转变成为新型农民。建设农村精神文明，能够不断丰富农民的业余时间，促进农民文化素质和修养的提升，反过来也会推动农村经济的发展。另外，农村民主建设是建设农村政治方面的保障，给予农民群众所享有的政治权利，提供更多的维护与尊重。让农村基层组织的民主监督、管理、决策和选举等得到更好的推进，加大农村普法的范围，让农民维护自己的权利意识得到增强，同时也强化他们的责任感，给农民创建更加祥和和稳定的社会环境。

2.4 本章小结

本章主要阐述的是理论方面的知识，先是介绍了城镇化和金融结构的基本概念，然后阐述了相关的基本理论，具体包含二元经济结构基本理论、金融结构理论、产业组织理论和农业金融理论等内容。另外还分析了农村发展的重要意义，具体意义表现为利于农业发展、利于基层政权巩固、帮助提升农民生活水平。对这些理论方面的研究，都可以为后续的实证分析奠定重要的理论基础。

第3章

城镇化背景下我国农村金融结构现状、问题及原因分析

3.1 城镇化背景下我国农村金融结构现状分析

3.1.1 农村金融机构发展现状分析

在现阶段，我国农村金融体系当中包含了中小型银行、国有银行，这些都是具有合作性、政策性以及商业性等特点的正规机构。另外，我国农村地区还有不少非正式的金融机构。农村信用合作社是农村金融体系的重要核心，还有一些新型农村金融机构可以作为正式金融机构的补充。根据数据统计显示，截止到2018年年初，全国有1262家农村商业银行，33家农村合作银行，965家农村信用社。从2001年到2018年十多年的发展，农村信用社制度改革的进度已经完成了57.3%。

3.1.1.1 农村政策性金融机构发展现状

农村政策性金融所产生的功能主要是推动三农建设，给我国农村地区的经济社会发展提供更多的资金支持。在现有的农村金融市场当中，存在着比较多的问题，比如成本和风险控制难度比较大，业务面临的风险更高，收益存在严重的不对称情况。商业性金融本就具有比较明显的营利性，这就使得他们更不愿意进入到农业金融领域，从而限制和约束了农村金融的进一步发展。政策性农村金融

可以弥补商业金融在农村金融方面存在的不足之处，确保金融资源可以流向农村和农业领域。

中国农业发展银行是我国比较关键的农村政策性金融机构。在1994年11月正式挂牌成立，该银行的主要职责是按照国家发布的相关法律法规以及政策等，以国家信用为基础完成资金的筹集，承担的是农业政策性金融业务，代理拨付相关财政支农资金，给农村以及农业经济的发展提供相关的服务。该银行的业务范围是需要按照国民经济的具体情况，采取宏观调控需要，承办相关的业务。该银行成立之后，国务院多次调整了其业务范围。最新的业务范围是：办理烟叶、肉类以及化肥等储备贷款；办理农林牧副渔业的产业贷款；办理油料、棉花以及粮食种子的贷款；办理棉花企业技术设备以及粮食储备设施等改造的贷款；办理支持农村基础设施建设的贷款，如信息网络、水网、电网以及路网等建设；办理农业综合开发贷款，支持的范围只局限在农田水利基本建设。中国农业发展银行在各省都设置有分行，另外还有省级分行、地级分行及营业部、支行等。为了让政策性银行的功能得到增强，该银行在农村经济发展以及农业经济发展过程中产生了比较重要的作用，基于现有对粮棉油收储的基础，拓展相关的业务范围，慢慢涉及农村基础设施建设、综合开发以及扶持中小企业和县城建设等相关领域。近些年以来，中国农业发展银行加大了企业内部的改革力度，坚持采取“两轮驱动”发展策略，坚持信贷业务的拓展，主要业务还是收储与加工粮棉油；加大在新农村建设上的支持力度，如为农村的水利建设提供长期的信贷业务，让农村的基础设施建设进程得到促进。

3.1.1.2 农业商业性金融机构发展现状

在当前的发展阶段，中国农业银行是我国农村金融体系当中商业金融机构的典型代表，和其他的商业性银行相互配合和协调发挥各自的作用。涉及农业金融的商业性银行包含了股份制、国有商业银行以及非银行的商业机构以及新型的农村金融机构。

中国农业银行在五大国有商业银行中是农村商业金融机构的核

心银行。中国农业银行在境内所设置的分支机构已经超过了3万个，包含了本部、营业部、专营机构以及各级分行和基层营业机构、其他机构等。按照国务院提出的相关要求，为了给三农提供更好的服务，该银行从2008年3月之后，就在东部、中部和西部地区，分别设置了1级分行与2级分行，开展了关于三农金融事业部的试点改革工作。这一部门的设置与试点主要目的是为了让该行对于三农金融服务的水平得到提升，同时也扩大他们在农村金融市场当中的竞争力，是一种内部组织管理优化的模式，主营业务为县域金融业务。2010年，已经有包含湖北、重庆、山东等8个省（直辖市）以及下辖的区县成功开展试点，第二年又增加了4个省及下辖县的试点。中国农业银行也加大了推动县域公司业务转型的力度，不断完善以及探索集约化三农服务模式，旨在给农村城镇化发展提供更加优质的服务，让县域个人金融服务的整体水平得到提升。中国农业银行开展了“惠农通”工程，并且取得了一定的成效，还努力让惠农卡的功能得到拓展。

中国邮政储蓄银行是在2007年3月成立的，在市场上的定位是，借助于网络的优势，完善和提升在城乡服务方面的功能，也促进基础金融服务水平的提升；和其他的商业银行相互支持与互补，为农村城镇化建设提供支持和推动力量。中国邮政储蓄银行需要把涉农业务和其他的业务区分开来，让支农服务力度得到增强，最终达到可持续发展的目的。同时，中国邮政储蓄银行还坚持了“善汇金融”相关理念，坚持充分发挥网络的优势和价值，创新现有的金融服务模式，为弥补农村偏远地区金融服务方面出现的空白不断增加更多的服务网点，提升针对农村和社会弱势群体的服务质量。

截至2019年9月得到的相关统计，中国邮政储蓄银行的营业网点数量有4万多个，已经覆盖了中国99%的县（市），个人客户的数量已经超过了6亿多户，在全中国人口当中占比有40%，资产总额已经超过了10.11万亿元，在中国银行业当中排名第5位。在2019年的前三个季度，中国邮政储蓄银行的净利润达到了

543.44亿元，与上年同期相比增加了16.33个百分点。同时，中国邮政储蓄银行的不良贷款只有0.83%，与行业平均不良贷款率相比明显更低。

2013年，中国邮政储蓄银行坚持推动“三农”金融服务的转型，确定银行的主要服务对象为农户，把金融服务领域变得更加全面化，实现农村新型化、农民市场化以及农业现代化的目标。近些年来，其他商业银行也在努力拓展自己的支农服务渠道，对县域机构的网点以及布局进行调整。根据已有的数据统计显示，中国工商银行的县域机构网点数量在不断增加。针对涉及农业相关的区域信贷政策，创新涉农信贷产品。中国银行在县域机构的网点早已经突破3000家，在中国银行全部的营业网点当中占到了30%左右的比例。而且中国银行在2010年时已经退出了个人涉农信贷产品，基于农业银行的实际需求，针对不同地区的行业特点，设计产品。中国建设银行也确定了三农服务的重点，对于涉及农业领域的，可以优先提供信贷方面的支持，让新农村的金融服务部门以及村镇银行等变得更加专业化。

2006年，为了弥补农村金融在服务供给方面存在的不足，银监会针对村镇银行、资金互助社以及贷款公司等农村相关的金融机构开展了专门的试点工作。经过多年的不断努力，农村的新型金融机构也取得了不小的成就，在农村发展当中，乡村金融服务也起到了越来越明显的作用。

同时，部分保险、证券以及担保公司也给农村经济提供金融服务，但是农村地区的证券金融机构数量是很少的。随着农村整体经济水平的提升以及现有经济结构的改变，证券业务将会有很大的发展空间。证监会在2010年时已经调查了农村地区在证券投资方面的需求以及整体发展现状，调研了农村地区证券商设置的网点数量、农村地区对于证券投资需求的程度、券商给农村投资者所提供的证券服务种类。2013年，各地的证监局已经发布了监管证券公司分支机构的内容，提出需要放开证券公司分支机构设置时的主体资格、设立的地区以及数量等，让证券投资在农村发展有更加明确的前景。

农业保险在近些年也得到了比较快的发展。2007年，国家财政开展了农作物的专项补贴，包含6个省份的5大类粮食，改善农业保险经营的外部环境。2008年，初期农业保险试点只有5个省份，在现阶段的试点范围已经广泛分布在各个地区，涉及农林牧渔不同方面。我国开展农业相关保险业务的公司数量不断增加，但是现有的农业保险很多都属于政策性保险，基本的经营模式是把业务委托给商业性保险公司，然后再给予相应的补贴。

当前在农村金融服务当中存在的问题，可以通过构建信用担保体系、将给农村经济和农民提供服务、通过第三方的方式参与到金融交易的农村经济主体和金融机构交易中这三种方式，帮助有效缓解中小企业融资难等相关问题。在农村金融发展的过程中，信用担保体系的构建为积极发挥融资性担保业务提供更大的推动作用。为了完善现有的相关担保体系建设，国家也制定了一系列措施。从2006年起，财政部实施了中小企业信用担保业务相关的鼓励政策，支持信用担保机构以及再担保机构的业务能力不断增强。在部分地区还成立了一些专门的农业担保机构，专门给涉及农业的项目提供贷款服务，让中小企业以及农户可以得到正规的融资渠道。

3.1.1.3 农村合作性金融机构现状

我国的农村合作性金融机构主要有农村合作银行、农村商业银行以及农村信用社。首先，农村商业银行是在对之前的农村信用社以及一部分的农村合作银行改制的基础上发展起来的。农村合作性金融机构和其他的金融机构相比，在一些领域具有比较大的优势，比如支出区域经济发展以及三农服务。农村合作性金融机构分支数量比较多，和小微企业、农村农户等开展的信贷业务也比较广泛，给农民以及农村的发展提供了比较显著的金融服务。

在我国农村金融体系当中，农村合作性金融机构的作用越来越明显，在农村金融领域当中的地位也越来越明显，成为了连接农业领域当中“三农”最为紧密的金融纽带，对于农业、农村经济发展以及农民收入水平的提升起到了比较显著的推动作用。

3.1.1.4 农村非正规金融机构的发展现状

在我国的农村地区除了一些正规的金融机构之外，还存在着一些非金融机构，也就是不在国家监督管理的范围之内。主要存在的形式包含：在农村的个人或者是企业之间开展的有偿或无偿的借贷；有组织没有机构的金融会等或者是有组织有机构但是没有得到国家的正式认可，比如典当行、私人钱庄等；不在国家监督范围之内的合作基金会等。

3.1.2 农村金融工具发展现状分析

在我国农村地区，最为常见的金融工具形式是贷款、存款以及汇款等，银行在其中发挥了十分重要的作用。

从农村贷款情况来看，已经有 21 家上市银行在 2018 年的财务报表当中披露了与普惠型小微企业贷款的相关数据。其中 9 家银行的贷款余额占比是两位数，在所有贷款余额当中占比最高的是浙商银行。国有大行当中，因为自身的特殊性，中国邮政储蓄银行在普惠贷款占比达到了 12.74%，中国建设银行和中国农业银行在普惠型贷款余额占比上分别为 4.58%和 4.13%。其他的国有大型银行，如中国工商银行、中国交通银行以及中国银行在普惠型小微企业贷款的余额上占比都没有超过 3%。普惠型小微企业贷款业务占比比较靠前的银行以及贷款余额情况见表 3.1。

表 3.1 普惠型小微企业贷款银行及业务占比统计

银行名称	普惠型小微企业贷款余额/亿元	占总贷款余额比重/%
浙商银行	1405.78	16.25
中国邮政储蓄银行	5449.92	12.74
中国建设银行	6310.71	4.58
中国农业银行	4937.00	4.13

注 数据资料来源中国人民银行。

另外，根据统计的数据发现，在 2019 年上半年，农村有 63.5 亿笔网银支付业务。2017—2019 年上半年，在农村地区发生网银支付的数据统计结果以及支付业务金额情况见表3.2。

表3.2　2017—2019年上半年农村地区网银支付统计结果

年　份	网银支付业务量/亿笔	网银支付业务金额/万亿元
2017	94.7	152.7
2018	102.1	147.5
2019（上半年）	63.5	74.3

注　数据资料来源中国人民银行。

在2019年前两个季度，农村地区发生的移动支付业务总数为47.4亿笔，移动支付业务的总额有31.2万亿元。具体数据统计结果见表3.3。

表3.3　2017—2019年前两个季度农村地区移动支付统计结果

年　份	移动支付业务量/亿笔	支付业务金额/万亿元
2017	91.1	38.9
2018	93.9	52.2
2019（前两个季度）	47.4	31.2

注　数据资料来源中国人民银行。

其实整体上来看，农村地区的农户贷款整体呈现出不断增加的趋势，金融机构的储蓄金额等也都有一定程度的增长。在农村金融行业的发展过程当中，农村金融存款占据了一定的比重，但同时也反应出了一些问题，比较明显的就是金融工具呈现出很显著的单一化特点。

为了在农村建设以及经济发展过程当中发挥农村金融机构的有效作用，银监会以及各地区的银行业金融机构也针对各个地区的农村经济主体以及农户制订了相应的措施，让农村的金融服务水平得到提升，创新现有的农村金融工具。比如有的地区，调研了农村金融机构在金融方面的需求，让农村客户的目标变得更加细化，设计出联保贷款或者是农户小额信用贷款，加大推广力度，让更多民众可以接触到新的贷款模式。

在农村保险业务的开展上，政府部门会直接参与其中，对我国农业发展过程中的非营利性相关保险产品进行保护和扶持，制订了政策性农业保险措施，已经取得了一定的成效。当前，我国农村保险市场当中和农业相关的保险服务类型就超过了160个，涉及渔业、养殖业、种植业以及经济作物等。除了以上这些内容之外，不同地区，还需要结合实际情况，结合烟叶、瓜果、林木等设计出更加特殊的农业保险类型，让农业保险服务涉及的范围得到进一步扩大。我国相关的政策性农业保险组织形式主要有合资公司、外资公司、股份制商业保险公司以及政策性保险公司等。政策性农业保险的相关主体，其类型与规模都得到了十分显著的发展与扩大。

在我国有的地方还存在着少量的银行票据或者是商业票据流通的情况，在农村金融机构当中流通，比如村镇银行、农村商业银行等。在中小企业当中，农村地区的票据业务开展是完成短期融资的关键渠道。但是在现阶段，整体的发展水平以及规模都需要得到进一步的提升与增长。整体上来看，我国农村的金融工具发展和开拓呈现出了比较多样化的发展趋势，可以更好地满足农户以及农村在金融方面的需求。

3.1.3 农村金融市场发展现状分析

在中国报告大厅统计的数据中发现，在我国整体经济水平不断发展，人们生活水平得到显著提升之后，人们的消费水平和观念也发生了明显的改变。在这种发展背景下，农村金融服务行业的发展很快。图3.1为2013—2018年农村金融服务行业整体市场规模变化趋势图。

图3.2为农村金融服务行业企业的地区分布情况，从图中可以看出，东北地区与西部地区的金融服务行业企业分布比较多，占比较大。

从资金的长期与短期情况来看，货币市场、农村合作性金融、商业性、政策性和非正规金融等，分别从不同的发展角度与层面促进了农村的经济发展与金融发展，慢慢形成比较完整的农村金融体

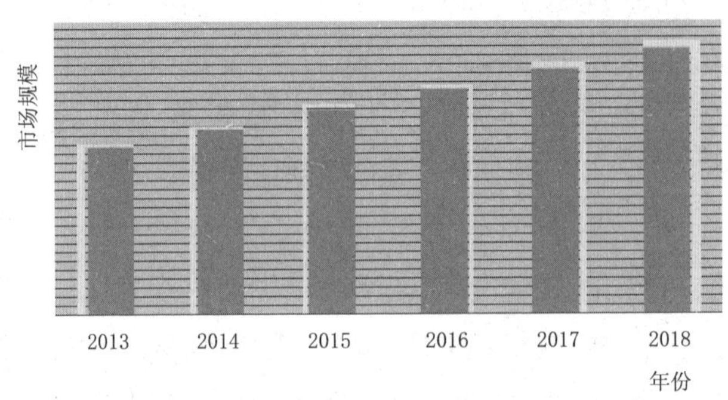

图 3.1　2013—2018 年农村金融服务行业市场规模变化趋势图

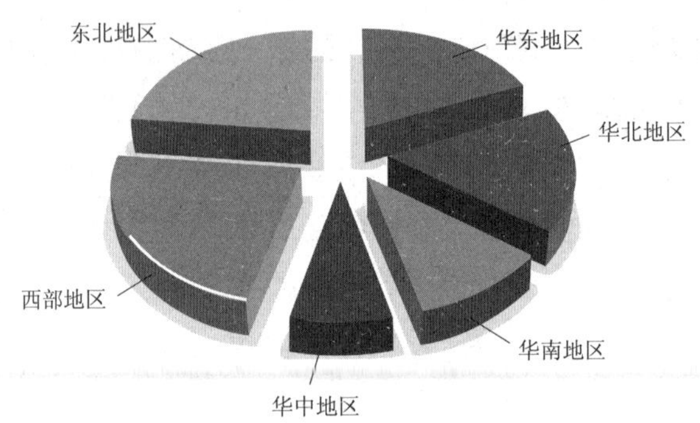

图 3.2　农村金融服务行业企业地区分布情况

系。在资本方面，现在有一些涉农企业通过债券以及发行股票的方式，吸引更多的社会资金，达到融资的目标。

农村金融机构的目标是服务三农，解决三农方面的问题。当前，我国经济改革传统农村金融机构体系，积极开发农村金融市场，努力建设农村城镇化。但是在当前阶段，农村金融在我国整个金融体系当中始终处于比较薄弱的地位，农村金融机构出现了不少问题，需要进一步提升金融服务水平。

3.1.4　农村金融机构的 SWOT 分析

采用 SWOT 方法来分析农村金融机构的情况，可以了解农村金融机构的发展现状。

3.1.4.1 农村金融的优点分析

在农村信用社不断深化改革的过程中，农村金融服务以及金融制度开展了多次改革。在现阶段，逐渐开始围绕着村镇银行、农村信用社等相关的农村金融组织，建立了专门的农村金融机制。同时还坚持了中国农业发展银行在政策上的导向作用，中国邮政储蓄银行起到辅助作用。基本上已经形成了相对完善的分工协作模型，而且构建的这种新的农村金融体系具有比较明显的创新性特点。随着这一体系的不断发展，在关注农民、农村和农业经济发展当中所起到的作用越来越明显。在现有的农村金融体系当中其实是包含了正规农村金融机构、非正规金融机构以及新兴农村金融机构等，让农村各项金融业务的开展可以落到实处，帮助涉农业务进一步开展，全面深化农村金融服务以及金融产品的创新，不断优化农村现有的支付和信用体系、金融基础设施等。与此同时，银行加大了农业贷款款项支持力度，农业贷款余额在剩余贷款总余额当中的占比也逐渐增加。可以给三农问题的解决提供金融方面的支持。从近些年农村金融体系的发展来看，现有的农村金融机构存在的优点主要如下：

（1）在客户资源方面有一定的优势。因为农村信用社、农业发展银行和中国邮政储蓄银行长时间在农村地区开展金融方面的活动，已经积累了不少农民客户，而且和这些农民客户之间也构建起了比较强大的感情联系，客户群体相对稳定。

（2）机构网点具有一定的优势，网点分布的范围比较广泛。经过多年时间的发展，机构网点已经逐渐变成了农村金融体系当中的主力军，给农村发展提供完善的金融服务，已经在不少农民心中留下了比较好的印象。而且它们在农村金融市场当中的市场信誉比较高，品牌忠诚度以及认知度都比较高。

（3）具有丰富的市场资源。我国的农村人口占比较大，农村地区分布范围广泛，在已有的资料和文献当中发现，在全部机构农业贷款余额当中，农村信用社的农业贷款余额所占的比例超过了9成，在农村贷款户数当中超过了9成。这就说明了在农村市场当中，农村信用社所占的市场份额是绝对多数。

3.1.4.2 农村金融的缺点分析

我国农村金融服务在具体改革当中，面临着农村大面积资金缺乏的困扰，具体表现为资金供需没有办法得到平衡、供应资金的对象很单一、农村现有的融资渠道十分有限，导致金融服务没有办法得到充分发挥。农村资金供需难以维持平衡主要表现为：当前在国内农村信用社所发放的贷款，只能够让 50%左右的贷款需求得到满足，由此发现可以提供的贷款支持力度没有办法追赶快速增长的资金需求，也难以跟上农村市场发展的步伐，尤其是没有办法满足农民在增收方面的资金需求，也很难满足城镇一体化以及农业产业化发展进程当中的各种需求。农村现有的融资渠道十分有限，资金供应对象主要指向了中国邮政储蓄银行、中国农业银行、中国农业发展银行以及农村信用社等。如果从金融供给的视角来看，这些机构都还没有发挥自己最大的作用。而我国那些具有商业性质的银行，如中国工商银行、中国建设银行等，在即将完成股份制改造的情况下，基本上已经明确了市场地位，加速推进了商业化发展进程。商业化进程的加快，会使涉农贷款不断缩水。表现在：在农村地区得到了数额比较大的存款，但是却把贷款业务的关键放到了城市地区。即便是发放贷款，也是只针对那些可以提供担保以及有抵押物质的个体农户。最近的这些年，农村信用社逐渐变成了主导市场的主要力量。在尽可能得到最大增值空间的过程中，农村金融网点可以获取更大量的资金，从农村地区流入到城市的利润，推动了城市的繁荣发展和工业领域的进步。这就让本来农村信用社给农业发展提供的服务贷款资金不断流失，让本来应当满足的农民贷款需求得不到有效满足。

金融服务无法发挥最大功能与作用具体表现为以下几点：第一，我国在政策方面就倾向于在农村获得大量的资金，然后再用这些资金支持城市的发展，推动工业的繁荣发展，导致本应该支持农村发展的资金不断流失。在农村金融网点当中获得的资金，不少是借助于一部分的金融组织开展系统内的城市转移。农村现有的信贷服务体系中缺少专门的资金支持，使得这部分内容很难得到有效满足。第二，农村地区当前的金融布局以及服务模式都比较落后。从现在的金融服务设置情况来看，因为金融机构数量出现了快速缩水的情况，导致大多数的金融机构网点最低只在县城设置。但是不少农民所生活的农村、乡镇缺少金融服务网点，在给农村提供金融服务的过程中出现了很大的不便。另外，从金融服务模式来看，农村信用社的金融业务整体构成情况比较简单，都是一些比较基础的业务。同时办理贷款需要的手续却十分烦琐，让整个农村信贷的发展出现了比较大的阻力。总结起来呈现出的特点主要有：①供求比较单一；②现有的机制与体制都没有顺应发展需求；③人力资源管理的基础比较薄弱；④现有的金融产品缺乏创新力；⑤财务的风险管理模式比较落后；⑥缺少先进的科学技术作为支撑。

3.1.4.3 农村金融的机遇分析

在我国国内，农村信用社经过了不断的深化改革，给农村金融组织也创造了比较大的发展空间。金融服务在城乡一体化发展、农村信用社改革和农业现代化发展当中都起到了比较重要的作用。另外，在农村基础设施的建设和完善、农村流通机制的发展等过程当中都存在着比较大的潜力，具有良好的发展前景。当前我国农户的数量虽然有所减少，但是有接近一半的农户都是需要贷款的，每年三农问题涉及的资金缺口就已经很大了。此种需求巨大的供给缺口，让农村的金融机构得到了比较大的利润空间。2020 年，政府部门在新农村的建设过程中新增加的资金由 15 万亿元提高到 20 万亿元。农村地区投入资金中，如信贷资金、财政资金和社会资金等，与往年相比，主要是由金融机构来提供。虽然当前我国国内不少农村地区都有金融机构，且金融机构在农村地区的覆盖率呈现出逐年增长的趋势，但是还是没有办法满足新农村建设过程当中提出的金融需求，要求金融机构必须要呈现出接近农业、农村和农民，金融网点众多的特点，从而在社会经济事业的发展当中发挥更大的作用和价值。

现在我国的县城数量大概有2000多个，城镇有24000个左右。在农村金融机构持续改进的过程中，每年也有不少的农村人口转移成为了城镇人口，这部分转移人口的数量少说上百万人，多则上千万人。在农村建设与发展的过程当中，会涉及更多信贷方面的需求，为金融机构的发展创设了良好的机遇。比如在基础设施建设以及农村金融机构改革的过程中，便会出现更多信贷方面的需求。另外大量建设房地产、买卖房地产都会涉及很多的信贷需求。农村信用社制度不断改革，有一部分农村地区变成了城区，农民也跟着变成了市民，他们传统的消费观念与消费方式都发生了改变，也学会了采用信用卡的方式提前消费，或者是通过网上银行、手机银行等方式来完成消费。在个人的理财上也增加了一些需求，为金融机构创造了更多的商业机遇。总结起来面临的机遇主要是：①市场需求量比较大；②越来越公平有序的竞争环境；③国家给予政策方面的扶持和优惠；④加快建设起来的农村征信系统。

3.1.4.4 农村金融的挑战分析

因为受到自然风险和市场风险双重作用的影响，让农村金融本来就具有不稳定性和弱质性的特点变得更加明显，还加大了我国农村金融所面临的挑战。首先，农村金融会面临一定程度的自然风险，此种灾害会危害到农业生产。若是发生了自然灾害，农作物会减产甚至是被破坏，让农户的收入水平不断减少，最终会对农户偿还贷款的进度产生不良影响。其次，因为农产品的特殊性，导致农村金融面临着较大的市场风险。对于一些规模比较小的涉农企业，受到外部市场环境带来的影响比较大，因为受到信息不对称的影响，还没有办法及时掌握准确的市场需求信息，导致对农产品种类以及生产调整的过程中缺乏科学性，出现生产远远超出供求的情况。让生产的产品价格不断降低，这样也会让农户还款的能力被削弱。

目前农村金融发展还面临诸多矛盾和挑战，具体表现在：一是尚未建立有效风险分摊的机制，农村担保体系建设还是相对滞后，农业保险的深度和广度还有待提升，农村金融风险仍然高度集中在银行，制约银行和银行信贷投放的能力和积极性。二是农村合格的承贷主体不足，农业的科技化、商品化、市场化和规模化程度还不够高，农民财产性收入还受制于农村产权制度。三是不同程度地存在着资金的外流现象，目前农村存款总量在不断增加，但是由于在制度安排上没有明确金融机构的金融责任，导致农村地区的信贷投放激励不足。四是农村金融环境有待改善，农村客户信息还很不完善，金融基础的设施建设相对滞后，农民风险意识淡薄，信用意识有待改善。

3.2 城镇化背景下我国农村金融需求情况分析

3.2.1 金融需求关键类型分析

农村金融需求主要包括以下三个方面。

（1）农民生活需求。也就是农民的生活需求，包括农民的日常生活消费、应急性消费以及临时消费等。其中应急性消费包含突发事件、意外事件等的花费，还有一些金额比较大的消费，比如住院看病费用、婚丧嫁娶费用和子女教育费用等，这些都会产生资金方面的需求。

（2）农业生产方面的需求和乡镇企业发展方面的需求。首先农业生产方面的需求指的是在实际开展农业生产活动当中，购买生产设备、原材料等对于金融服务和资金方面的需求。乡镇企业发展方面的需求则是在乡镇企业以及发展当中的资金融出、融入、结算等方面的需求。

（3）农村发展方面的需求。指的是农村基础设施建设需求，还有农村社会事业建设和发展过程当中的资金需求以及金融服务方面的需求，主要包含了医疗保健、电网改造、社会保障以及义务教育等不同的方面。这些金融服务可以帮助满足农村地区的公共产品、服务方面的供给。需求的主体主要是村级组织以及乡镇的政府部门。

3.2.2 当前农村金融需求发展现状

在农村经济活动当中最基础以及最活跃的因素就是农户，农户在农村生产关系当中起到主导力量。在农村整体金融需求当中，农户贷款需求在其中占到了十分重要的作用。大量的研究结果发现，农户在金融方面的需求，和他们的财富水平以及整体收入水平之间存在着密切的相关性。如果农户的财富水平以及收入水平都处于比较低的时期，在金融需求方面的要求主要集中在生活性消费短缺等方面。伴随着整体收入水平的显著提升，在金融方面的需求逐渐转变成为了生产性资金短缺。

经过40多年改革开放不断发展，我国农村的经济水平得到了比较快速的发展，农户的收入水平也显著提升。同时，从总体上来看，农户在金融服务方面的需求总量不断增加。但是我国的地域十分广阔，自然条件与经济条件的差异很大，不同地区的农户收入以及生产经营活动等都存在着很大的差异。这需要进一步细分研究差异化的金融需求。结合农户的具体收入和生产经营活动差异，大致上把我国的农户划分为三种不同类型，分别是市场型、温饱型以及贫困型。每种类型的农户贷款需求特点存在着一定的差异。

（1）贫困型农户在贷款方面的需求。贫困型农户本身就是一种比较特殊的金融需求主体，指的是在小商品经济和自然经济条件下，仍然需要国家进行扶持的农户，一般集中在我国经济比较落后的西部地区。贫困型农户各种经济活动的开展比较简单，最基本的要求就是要满足基本的生活需求。具体的收入表现形式是实物，很少会出现现金收入，贫困型农户一般缺少生活资金和生产资金。虽然他们在贷款方面有需求，也会讲信誉，但是因为缺少抵押物品，收入的预期也比较低，对不少金融机构来说，他们的不确定性和风险性都比较大。贫困型农户也很难从将利益放在最高位置的商业机构中获取贷款。贫困型农户在资金方面的需求，需要以比较特殊的方式来满足。加上其本身就比较缺少资金，很难改善现有的生产经营情况，农业生产长时间都维持在比较低的水平。

（2）温饱型农户贷款方面的需求。温饱型农户指的是基本上已经摆脱了贫困方面的需求，从之前的自然经济或者是小商品经济，转变成为市场经济的过程涉及的相关农户。温饱型农户开展的生产经营活动是我国农村经济活动当中的主体，一般会拥有比较少的自由资金。所开展的生产经营性活动，已经不再单纯局限在简单的农业生产活动当中，而是那些可以利用闲暇时间打工或者是从事小规模的农业或者非农业的生产投资活动。这种类型的农户有传统的负债观念和意识，也是比较讲信誉的。金融机构在这种客户的贷款资金发放当中，通常是采用信用放款方式。

（3）市场型农户在贷款方面的需求。市场型农户指的是基本上已经融入了现代市场经济环境当中的农户，开展的各种生产经营活动，也是以市场为导向的技能型和专业型生产活动。这种类型的农户一般分布在东部经济比较发达的地区，开展的各种生产经营活动帮助推动农村经济的快速发展，也是农民收入水平提升的主要推动力量，促进了农业经济结构的调整与发展。这种农户的生产规模比较大，有一些生产活动还需要专门雇佣劳动力资源。这些农户不仅会参与到农业生产当中，还会参加到加工制造、物流等活动当中，对于贷款的需求比较大。但是因为受到了承贷机制的限制，尤其是缺少商业银行贷款所需要的各种抵押担保产品，很难符合商业银行贷款的相关条件，这也就使得这部分农户很难从银行当中申请到足够的贷款。加之农村信用社现有的信用规模比较小，而资金缺口却比较大，对于民间借贷以及自有资本的依赖程度比较高，也严重阻碍了这种类型农户的进一步发展。

在近期开展的调查当中，发现当前农村金融需求方面出现了一系列新的变化，具体体现在产品用途、类型，金融知识的宣传方式等。具体变化如下：

第一，金融需求变得更加多元化。随着当前我国新农村建设进程以及城乡一体化进程的不断加快，农村群众的生活水平得到了十分显著的改善。经济收入水平也得到了明显的提升，出现了各种各样的商业化行为。农村金融需求出现了担保见证、资金信贷、金融代理、银行卡使用情况、个人理财等多元化的局面。

第二，信贷需求朝着更加实用化的方向发展。在近些年以来，国家相继出台了各种政策，比如“汽车下乡”“小型农机具下乡”和“家电下乡”等，很大程度上刺激了农村的消费需求，促进了农户消费观念的转变。加上，农户在生产与生活方面观念的更新和改变，农村的资金信贷需求从单一农业用途变成了涉及医疗卫生保健、生产活动、子女教育、通信以及娱乐等多个领域。

第三，金融的服务方式面临着一些新的要求。近些年来，金融改革的进程不断加快，金融服务方式和服务设施都变得更加人性化、科技化以及多样化。但是在农村地区的投放上，现有的服务设施整体上处于水平和层次比较低的阶段，和现代农村经济发展所形成的各种需求也是不适应的。有些农村地区没有设置自动取款机，给农村农民的生活带来了很大的不便。

第四，和金融相关的知识需求得到了明显增强。在农村经济水平快速提升之后，农户兜里的钱越来越多，农户更加希望自己兜里的钱能够保值以及增值，所以他们也更愿意学习金融方面的知识。

3.3 城镇化背景下我国农村金融问题分析

3.3.1 农村金融整体问题表现

3.3.1.1 农村金融机构出现地区分布不均衡的情况

现代农业与经济发展过程中需要金融服务给予相应的支持，因为农业自身的弱质性特点，农村长期处于弱势地位。农村当前的生产要素不断集中到城市地区，形成马太效应。农业与农村发展处于停滞不前的地位。大型的商业、国有银行不愿意为农村地区提供服务。尤其是在1997年东南亚金融危机爆发之后，国有商业银行撤并县城及以下的机构，只剩下了农业银行。农业银行对于农村只提供存款服务，不提供贷款服务。撤销了农村合作基金会之后，农村主要金融机构变成了农村信用社。

传统银行金融机构主要有中国邮政储蓄银行、中国农业银行以及农村信用社等。新型的农村金融机构包含小额贷款公司、村镇银行、农村资金互助社等。有一部分的农村信用社完成了改制，比如上海、北京以及天津地区，先后成立了农村合作银行。在研究中统计了六大银行的营业网点分布数据以及地理位置情况，具体有中国农业银行、中国邮政储蓄银行、中国交通银行、中国建设银行、中国工商银行与中国银行。统计时间为 2018 年 10 月至 2019 年 7 月，六大行网点总量及变化趋势，见表 3.4。

表 3.4　　六大行网点总量和变化情况统计结果

时间	总量/个	变化量/个
2018.10	10884	−161
2019.1	108653	−218
2019.4	108435	−187
2019.7	108248	—

（1）按照银行的类别来看，在网点数量上，六大银行呈现出比较大的差异。截止到 2019 年 7 月，中国邮政储蓄银行网点的数量已经有 39971 个，中国交通银行的网点数量却只有 3189 个，这两大银行的网点数量差别很大。

（2）从银行网点数量的变化情况上看，六大银行数量在不断减少，中国农业银行减少的网点数量有 336 个。和 2018 年 10 月相比，降低了 1.42 个百分点。中国邮政储蓄银行已经终止营业的网点有 72 个。

（3）六大银行地理位置分布差异。受到宏观经济条件以及人口数量等因素的影响，六大银行建设网点的主要地区是中南地区与华东地区。在 2019 年 7 月，中南地区与华东地区的网点总量在所有的网点当中占据了 55.3%。在西北地区和东北地区，六大银行的网点总量比较少，只占到了 18.1%。从地区的分布来看，不同地区的六大行网点总量明显缩减，中南地区和华东地区的数量减少比较少，总数减少了 370 多个。在总量当中，网点减少量减少了 65.7%，其他地区的网点缩减数量减少整体占比较小。表 3.5 为六大银行在不同地区网点变化情况。

表 3.5　　六大银行在不同地区网点变化情况

网点分布地区	网点分布数量变化	网点分布地区	网点分布数量变化
东北地区	−71	华北地区	−30
华东地区	−201	西北地区	−28
中南地区	−171	西南地区	−65

(4) “长珠环”地区在我国的经济发展当中起到了十分关键的作用，在早期阶段抓到了三大经济圈的发展机遇。借助于资源方面的优势，六大银行抢占各种市场份额，加大网点的设置。随着互联网金融技术的不断发展，冲击到了传统的物理网点，在科技水平比较显著的情况下，“长珠环”地区表现得十分明显。这个地区的六大银行网点数量呈现出十分明显的降低趋势。六大银行所有减少的总网点数量，占比为 50.5%。通过对比分析“长珠环”地区和其他地区六大行营业网点数量的变化情况，可以发现表现为：

第一，长江三角洲增长与减少的趋势十分明显，六大银行的网点数量降低了 95 个，但是其他的银行数量却增加了 144 个。说明在长江三角洲地区，其他银行的业务有所扩展。

第二，珠江三角洲地区都存在着十分明显的缩减情况，六大银行网点减少的数量有 40 个。

第三，环渤海地区，六大银行的缩减数量为 151 个，其他银行的网点数量增加 8 个。

整体上看，六大银行整体上的网点数量不断缩减。华东地区是我国经济发展水平比较高的地区，和其他银行的网点数量增减情况之间呈现出比较大的差异。说明了六大银行地区之前都是在华东地区重点部署网点，所以网点的密度比较高。而现在，因为市场的饱和以及互联网技术的发展，需要大量减少营业网点的数量。之前网点数量最多的华东地区自然也就成为了网点数量减少最多的地区。反而是在华东地区，其他种类的银行增加了大量的网点。长江三角洲地区是华东地区最具有代表性的区域，和华东地区的整体变化趋势相一致。

3.3.1.2 农村金融市场缺少竞争力

近些年，我国的农村金融改革不断深化，农村金融得到了进一步的发展，在各个农村地区出现了一些新型农村金融机构，并且发展良好，消除了过去农村地区金融服务方面的空白。在农村金融市场当中，非正规金融机构的活跃程度不断提升。在当前这个阶段，正规金融当中的中国邮政储蓄银行、中国农业银行、中国农业发展银行以及农村信用社和新型金融机构，都给中小企业以及农民等提供金融服务。从整体上来看，和其他的正规金融机构相比较而言，在农村的金融供给当中，农村信用社和中国邮政储蓄银行都占据了比较大的分量，也是在所有农村金融机构当中占比最大的。

虽然在农村金融服务机构体系当中，以村镇银行、贷款公司为主的新型农村金融机构弥补了一定的空白。但是怎样达到长期稳定的可持续发展目标，是需要不断思考的重要问题。对于非正规金融机构，因为缺少了合适的法律环境作为支持与保障，在农村金融市场的竞争过程中可能会面临一定的阻碍和隐患。因此从金融整体发展情况来看，农村地区当中出现的金融机构在短时间之内并不会威胁到中国邮政储蓄银行以及农村信用社的市场。但是这种情况会让中国邮政储蓄银行以及农村信用社缺少良好的竞争理念，使得农村金融市场在实际发展的过程当中缺少良好的外部竞争环境，对金融产品以及服务的创新起到了阻碍作用。

3.3.1.3 农村金融市场外部环境不佳

农村金融外部环境的考量一般会包含农村的信用水平、法律建设情况以及具体的经济基础几个方面。从城市金融的整体发展情况来看，我国的农村金融发展还处于相对落后的地步，不管是在发展总量或者是速度上都与城市地区存在着比较明显的差异。在整个产业经济体系当中，农业不仅是基础性产业，同时也是弱势产业，经济基础很薄弱。已经设立的一些农村金融机构，它们渐渐将自己的业务调整到了非农业领域，出现了脱农情况。就我国现在的农村金融法律法规体系而言，基础还是比较牢固的。在《中华人民共和国宪法》当中对农村金融的职能以及合法地位进行明确，另外在其他的法律当中也给出了规定和指导，为商业保险公司以及商业银行开展好农村金融服务体系提供法律基础。

农村金融市场外部环境不佳也体现在农村的信用体系建设速度比较缓慢，缺少相对科学且规范的评定标准与机构。若是外部环境不健康，会对农业金融的发展产生一定的不利影响，对农村经济的发展也会产生阻碍作用。

3.3.1.4 城镇化带来的其他经济和社会问题

近些年以来，我国加快了建设农村城镇化的发展进程，但是随着城镇化进程的加快，也出现了一些弊端。越来越多优质的年轻人选择离开农村地区到城市发展，农村地区剩下了儿童、妇女以及老人。这样不仅会减少农村的人口数量，同时还会让农村的人口结构发生变化，让农村的老龄化情况进一步加剧。农民慢慢地开始流向城市，让农村的劳动生产力减少，也会让大量的农村资金被带走。虽然政府部门已经制定了一系列优惠政策，但是在具体的农村金融机构当中，有些金融政策的实施效果不容乐观，是因为一些金融机构没有制定相对应的农村金融体制，依然存在着农村资金外流的情况。虽然也有从城市地区流入资金，但是从农村地区流出的资金显然要比流入的资金总量更多。和城市地区相比，农村地区虽然有着比较良好的优势和自然资源条件，但是自身缺少开发和利用这些资源和条件的优势，使得农村自身的各种资金没有办法满足农村地区发展的需求，也让农村和城镇的经济水平差距不断扩大，城乡经济结构不平衡的情况变得越来越严重，随之出现了农村养老问题。农村地区的主要养老方式是家庭养老，但是农村地区出现了严重的年轻人外流、地区资金流失以及现有相关养老保障制度不完善等情况，让农村老人养老的相关问题变得越来越严重。

城镇化建设在某种程度上会让工农业本身的地位被削弱，让农村劳动力过剩的问题变得更加严重，引起农民的失业问题。如果城镇化建设的模式和农村可持续发展的方向之间相互偏离，那么农村金融行业是很难得到良好的发展的，甚至会出现更加严重的农村金融问题。如果不及时发现与解决这些问题，会随之而来出现其他的一些经济问题，比如农民失业问题、老龄化问题都会变得越来越严重，也会让原本比较严重的三农问题变得更加严重，拉大不同区域之间的差距。

3.3.2 不同农村金融类型的问题表现

3.3.2.1 政策性农村金融机构存在问题

当前在我国的农村的政策性金融体系当中，中国农业银行的性质是国有性质，也是唯一具有国有性质的政策性农业类银行。这一银行的主要目的是基于国家的信用，遵循国家制定的相关法律规范和方针政策，开展棉油粮食等的收购资金管理和供应工作。确保各种政策性的收购工作可以顺利开展，在农村生产、农业进步以及增收的过程当中提供金融服务。中国农业发展银行从最初成立到现在，政策性金融服务在其中发挥了十分明显的作用，取得了比较明显的成绩，但由于受到各种主客观因素的影响，导致我国当前的政策性金融银行当中也出现了不少的问题。具体为：

（1）资金来源不够稳定，负债权益所占比例较大。在中国农业发展银行成立的初期阶段，注册的资本是200亿元。但是到1998年初期阶段，实收资本只有125多亿元，在全部资本当中占到了6成以上的比例。所有的资金来源局限在国家财政部门发放的有偿和无偿贷款，该银行自身并没有其他获取资金的渠道，常年的财政积累出现了收支不平衡的情况。对于中国农业发展银行所需要发放的资金，没有办法按时发放。中国农业发展银行迫不得已向央行申请贷款，然后提供各种业务所需要的资金，让筹资的成本大大增加。这也会带来很大的金融资金缺口。

（2）现有业务功能较为单一。在早期，中国农业发展银行所承担的贷款功能主要有各种农业开发的固定资产、生产性资产贷款、技术改造贷款以及扶贫项目贷款等。主要的目的是给贫困地区的农村生产和生活条件改善起到促进作用，帮助增加农民的收入。但是后期因为政策的调整，中国农业发展银行所承担的责任逐渐减少，不需要再承担农业开发相关的生产性贷款、固定资产贷款的主体技术、扶贫贷款等，只需要承担收购农产品相关贷款责任。从之前汇集多种不同业务的情况，变成了承担比较少责任的粮食银行。

(3) 资金应用效率较低。中国农业发展银行的相关资金，主要是为了支持农村各种生产活动的开展，让农村粮棉油等相关产品在生产和流通过程中的各种需求得到有效满足。但是因为农业的生产周期比较长，见效也比较慢，获取的相对效益比较低，投入到农村的资金回收时间比较强且稳定性差，对于资金的良性循环会产生不良影响。导致出现各种坏账、死账、呆账等，让资金的运行效益降低了。从中国农业发展银行投入农村的资金和农业生产的主要用途相互背离，转而投入到一些非农业生产的投资活动当中。农民本身对于非农业生产活动并不熟悉，导致他们在不了解真实情况的时候胡乱投资，使得银行放出的各种贷款很难收回来，也让银行资金的运行效益以及农户的自身信用不断降低，从长期来看，对农村金融的可持续发展产生了比较大的不利影响。

因为以上这些方面因素的影响，导致我国的政策性金融银行，不管是从范围方面还是总量方面，都很难满足农村经济发展当中对于资金所提出的迫切要求。

3.3.2.2 农村商业金融主要问题分析

(1) 中国农业银行存在问题。

第一，农村商业金融业务的整体情况。在我国，中国农业银行属于中国四大银行之一，银行的网点分布范围十分广泛，有着较为雄厚的资金实力，服务功能和管理制度也都比较完善，是中国农村金融体系当中的重要构成环节。长时间以来，该银行在我国农村发展和农业水平提升的事业开展当中提供了比较多的金融服务。但是在1994年之后，中国农业银行将原本的政策性金融业务给剥离出去，还取消了和农村信用合作社之间在行政方面的隶属关系。从之前的国有专业银行逐渐转变成为了商业银行。其经营机制也发生了很大的改变，开始具备了商业银行的典型特点，那就是以经济利益为导向。金融业务的领域也不断扩大，业务经营范围从农村拓展到了城市地区。毕竟在过去，中国农业银行在农村地区积累了经验和拓展了市场，开展的不少业务都是和农村地区相关的。和城市业务相比，中国农业银行显然对于农村业务更加擅长。而且城市金融市场面临的竞争很大，有很多商业银行的主要市场都是在城市地区。这些商业银行在城市中的业务已经开展了很多年。中国农业银行进入城市市场比较晚，和这些商业银行相比，没什么优势。过去在农村积攒下来的优势，逐渐被其他的金融银行替代。这些出现的问题，都是中国农业银行在发展过程当中遇到的问题，而这些问题的出现则是会对我国农村商业银行的持续发展产生比较大的阻碍作用。

第二，农村商业金融业务的问题很大。首先，在发展观念上存在错误。盲目地对比我国和国外商业银行，片面认为商业银行发展的根本道路是进入城市，盲目追逐国外的商业银行成功经验。还放弃了不少潜在效益的组成部分，背离了当初以农为本的目标以及最初坚持农业的发展道路。近些年以来，中国农业银行在具体发展过程当中，撤销了那些存款量比较少的县级和县级以下的机构。其次，现有的资产存在着比较大的安全隐患。虽然将中国农业银行当中一些不良资产给剥离掉，也局部优化了资产的结构与质量。但是因为当前不同银行之间的竞争十分激烈，加之历史遗留下来的问题，农业银行信贷资产的质量不断下滑。

按照中国农业银行 2020 年 3 月 1 日发布的全年业绩报告当中显示，截至 2019 年 12 月，该行的不良贷款的余额为 1872.10 亿元，较上年末减少 27.92 亿元；不良贷款率 1.40%，较上年末下降 0.19 个百分点。从按行业划分的公司类不良贷款结构来看，房地产业、交通运输、租赁和商务服务业的不良贷款率有所上升。

我国农村地区的金融市场结构最基本的特点是垄断程度比较高，现有的组织结构相对单一，金融企业规模分布不均衡。导致这些问题出现的原因是不同方面的，不仅和我国过去所采取的计划经济密切相关，和产业自身的具体发展特点以及农村金融目标和任务等之间都存在着十分密切的相关性。表3.6为中国农业银行2018年与2019年不良贷款情况的发生率。

表3.6　　中国农业银行不良贷款率

类　型	2019年年底		2018年年底	
	不良贷款额/亿元	不良贷款率/%	不良贷款额/亿元	不良贷款率/%
次级贷款	1872.10	1.40	1900.02	1.59
可疑贷款	664.62	0.50	453.88	0.38
损失贷款	169.85	0.12	183.40	0.15

中国农业银行的不良贷款，按照结构划分可以发现交通运输、商务服务行业、租赁行业以及房地产业的不良贷款率都明显提升。表3.7为与2018年相比不同行业不良贷款率的变化情况，可以发现：房地产行业的不良贷款与2018年相比，增加了15.88亿元，不良贷款率增加了0.07%。交通运输、邮政行业和仓储行业的不良贷款和2018年相比增加了55.85亿元，不良贷款率增加了0.26%。租赁和商务服务行业的不良贷款率和2018年相比，增加了72.79亿元，不良贷款率增加了0.6%。

表3.7不同行业不良贷款发生率统计结果：

表3.7　　与2018年相比不同行业不良贷款发生率统计结果

行　　业	不良贷款增加/亿元	不良贷款率增加/%
房地产行业	15.88	0.07
交通运输、邮政行业和仓储行业	55.85	0.26
租赁和商务服务业	72.79	0.6

表3.8为业务类型不良贷款率的发生情况，在公司类的贷款当中，不同类型的贷款不良贷款的发生率不同。比如短期贷款的不良贷款和2018年相比减少了166.96亿元，不良贷款率降低43.5%。中长期贷款额和2018年相比增加了108.43亿元，占比上升35.9%。个人不良贷款增加15.03亿元，占比上升16.9%。

表 3.8　　不同类型贷款不良贷款发生率

贷款业务类型	不良贷款金额/亿元	不良贷款率/%
短期贷款	−166.96	−43.5
中长期贷款	+108.43	+35.9
个人贷款	+15.03	+16.9

第三，提供的金融服务比较落后。就当前的分业管理体制来看，中国农业银行与其他商业银行的经营范围相比，比较狭窄。金融产品的价格比较生硬，缺少灵活性。利率所发生的变化难以顺应市场变化的需求，所采取的金融工具也比较落后。这些因素对于中国农业银行的壮大以及发展都会产生很大的制约因素。虽然近些年该银行积极改革了经营机制和体制，也取得了相应的成效。但是自身的发展不乐观，尤其是在农村金融体制改革当中存在的问题比较严重。结合制度经济学的相关理论来看，当前我国农村的金融制度变迁已经形成了比较强的依赖性，而且路径也在发生变化。中国农业银行是农村金融制度变迁过程当中的既得利益者，为了维护其在金融体系当中的垄断地位，采取一些手段排斥外来的竞争者。在这种情况下，想要进入农村金融市场的中国邮政储蓄银行、中国农业发展银行等都被严重制约。在比较长的一段时间当中，中国农业银行形成了垄断地位，竞争比较弱，对农村金融服务质量的提升产生了很大的制约作用。中国农业发展银行是我国政策性银行，现如今只在收购农产品过程中发挥相应的作用，从之前提供综合性农业服务转变为现在的单一的粮食银行。中国邮政储蓄银行只提供存款业务，不提供贷款业务，让原本就很严峻的农村金融资源不断外流。

（2）中国邮政储蓄银行的负面作用。在 1986 年中国邮政储蓄银行被批准建立，从社会上吸收了各种闲散资金，在政策上给予一定的优惠和利率倾斜。但中国邮政储蓄银行只有存款业务，并没有贷款业务。近些年以来，中国邮政储蓄银行得到了比较快的发展。当前中国邮政储蓄银行已经变成了我国营业网点最多，覆盖范围最为广泛的金融机构。但是在得到快速发展的同时也带来了不少的问题。比如因为设置的“只存不贷”的制度，让中国邮政储蓄银行变成了“抽水机”，把农村本身的资金都给吸引走了，无法为三农事业的开展提供充足的资金制度。让原本已经失衡的农村资金，在农村的金融市场上失衡问题变得更加严重，让农村金融生态环境不断恶化。

3.3.2.3 农村合作金融出现的问题

20世纪50年代，农村信用社正式成立，让农民自愿入股，然后再由入股的社员完成民主管理。给这些入股的社员们提供一些金融性服务，这一合作金融机构，具有一级法人资格。从农村信用社成立到现在，已经经历了半个多世纪，虽然在其发展的历程中经营和管理制度都发生了变化，但是最初的合作制度本质是没有发生改变的，仍然保留了为三农提供服务的宗旨。与农村信用社开展合作关系的仍然是分布在广大农村地区，从事各种各样生产活动的农民。在1984年，党中央发布的《中共中央关于1984年农村工作的通知》中提到了要把农村信用社办成真正的具有合作性质的金融组织，真正在组织上达到群众性目标，在管理上体现民主性，在经营上体现灵活性特点。在这一方针的指导和作用下，在之后很长的一段时间当中，农村信用社的各项制度得到了不断地深化与发展，各项业务也都迅速成熟与发展。1996年，国务院做出决定，把农村信用社从中国农业银行中脱离出去，农村信用社的发展也正式进入到新的阶段。同年国务院下发的决定指出，改革农村信用社管理体制的主要目标是，要把农村信用社转变成为真正具有合作性质的金融组织。从1999年到现在，农村合作社的范围不断扩大，尤其是在广大农村地区设置了不少的营业网点。加之中国银监会制定的各种支持措施，比如放宽了银行业进入农村地区的条件和资格，在很短的时间当中，各种新型农业金融机构出现。在后续改革与发展当中，农村合作金融出现的一些旧的问题没有得到及时解决，又出现了一些新问题。

(1) 农村合作金融组织现有的产权比较模糊。农村信用社1996年从中国农业银行中脱离，恢复了其最开始确定的合作金融地位。

但是因为历史方面的因素，导致在最开始建立农村信用社的时候，在产权制度上就存在着一定的缺陷，现有的产权界定不够清晰。实际起到操作地位的产权所有者是国家或者集体，而出资的全体社员，他们所担起的只是名义上的合作社，导致社员所享有的权利被架空，基本上是名存实亡。农村信用社的产权被人为地虚置了，本来应当明确界定的产权关系，也变得很模糊。因为我国大多数的农村信用社产生的基础都是中国农业银行，分不清楚在过去那些年出现的亏损应当由谁来承担。也就是意味着，在当时农村信用社的产权体制并不独立，也并未构建起让农村信用社和社员利益良好匹配的方法。

（2）法人治理结构存在残缺。农村信用社产权方面存在的问题，因为特殊的原因变得不是很清晰，导致在法人治理结构当中隐藏了比较大的金融风险。农村信用社法人治理结构方面出现的不完善情况具体表现为以下几个方面，分别是：第一，在实际操作过程中设置的社员大会、监事会以及理事会制度停留于形式，这些制度形同虚设，并没有发挥管理和执行约束作用。第二，所采取的民主管理方式形同虚设。一方面是因为在股金的比例方面存在着问题，在现有的股金当中，法人股所占的比重比较少，而职工股以及个人股所占的比例比较大，这对于股东参与到民主管理以及实现良好发展的积极性会产生不良影响。另一方面，入股对象更多的是农村信用社的职工以及农民，这些人群的普遍特点是自身的文化水平普遍比较低、缺少完善的管理理论和金融知识，导致他们在很多方面的认识不到位，比如民主管理、维权意识以及市场意识等都比较淡薄，和农村信用社对于治理结构法人要求的股东素质相差比较大。第三，农村信用社制度构建的比较粗犷。很多农村信用社的管理人员都没有真正理解自己的角色，在平时开展的工作当中，弄不清楚自己的工作职责范围，出现争权夺利的情况，在遇到问题之后又相互推脱责任，非但没有形成比较大的合力，反而出现了内耗。

（3）缺失完善的竞争主体和竞争机制。在中央制定的相关政策的作用下，不少国有商业银行都退出了农村市场。中国农业银行作为政策性银行，也因为自己经营目标的调整，慢慢退出了农村市场。因为宏观政策和银行自身业务的调整，都让农村信用社变成了在农村市场当中为数不多的正规金融。从表面上来看，这是农村合作社发展的良好时机，但是因为农村信用社自身出现的先天缺陷以及后天出现的问题，制约了其进一步生长和发展。农村信用社的经营目标当中，不仅包含了政策性目标、合作制目标，还有营利性目标和自身经营的目标。这些目标在某种程度上可能很难达到有效协调，导致银行精力分散，不但没有办法为三农任务提供良好的金融服务，而且银行自身的发展也受到了比较大的限制。

(4) 现有的管理体制不够顺畅。因为农村信用社的产权结构比较特殊，加之历史方面遗留下来的问题，客观上导致管理体制出现了不顺畅的情况。虽然我国的农村信用合作社从产生发展到现在，管理制度经过了多次比较彻底的改革，但是因为在整个运营以及决策管理系统当中仍然存在着比较大的缺陷，不同地区县市级以上的农村信用社管理机构的信贷审批制度和管理机构部门设置不同，在有些市州或者是省级的农村信用社之间存在的差异更大，为了更好地行使农村信用社的行业管理职能，在县市级有的地方成立了一些县市联社，也有成立了行业协会。这样的管理方式，其实让统一管理农村信用社的目标很难实现。首先，没有办法让农村信用社在农村经济发展当中的整体优势得到最大限度的发挥。其次，农村信用社以及服务范围的拓展受到了比较大的局限性。最后，更大范围调整农村信用社的资金，对区域经济以及规模经济发展中的优势很难发挥出来。

(5) 农村信用社现有的资产质量比较差，需要承担严重的历史包袱，面临比较大的潜在风险。我国农村信用社所承担的历史性遗留问题比较多。在最近的这些年，净资产值几乎是负值，而且负值还呈现出一定扩大的趋势。导致这种情况出现的主要原因如下：第一，内部因素有农村信用社的产权不够清晰、被内部人员控制、经营管理不善等。除了这些内部因素之外，还有一些外部相关因素起到了催化作用。第二，党中央和国务院等机构针对农村信用社的实际情况制定了一些经济政策，虽然从出发点上来看是好的，但是在实际执行的过程当中很多措施却没有执行到位，导致农村信用社很多的贷款出现损失。在农村信用社与农业银行脱钩改革的过程当中，农村信用社不得不承担了中国农业银行留下的不良贷款或者死账和呆账等。这种做法所带来的后果是有的集体资产和国有资产流失。第三，在实际执行国家平衡物价等各种宏观政策的过程当中，农村信用社创办了保值储蓄，需要垫付保值补贴利息。第四，一些地方政府部门在经济发展过程中的行政贷款产生了呆账和死账。这些问题长期无法得到解决，成为了之后农村信用社改革过程中的重要历史包袱。这些没有被解决的问题也成了悬而未决的问题。第五，在农村金融制度的变迁过程当中，对于路径有很明显的依赖性，对于制度变迁的强制约束作用比较强。政府部门作为决策者，成为了资金大量从农村流向城市的推动因素，这些导致农村金融服务严重缺失。

长期以来，我国农村正式金融因为受到路径方面依赖的限制，导致各项措施都朝着非农领域以及国有经济倾斜，忽视了农村地区农户以及农业领域在金融方面的需求。加之农村地区的交通、信息以及区位方面的限制，农村金融行业的执行以及监督成本都要比城市金融成本更高，带来的收益却要比城市地区低很多。受到成本收益的驱使，不少正规的金融机构选择退出农村市场，最终转入到城市市场。金融部门从农村地区吸纳很多的资金，转而将这些资金转入到非农领域以及城市领域。因为正式金融机构没有办法满足金融方面的资金需求，乡镇企业以及广大农户都把自己的目光转移到了非正式金融组织当中，为民间金融的进一步发展提供了良好的空间。

3.3.2.4 农村非正规金融机构主要问题分析

虽然在农村民间出现了各种非正规金融形式，让农村金融体系得到不断完善。但是因为非正规金融形式的特点以及自身存在的相关原因，也导致出现了不少的问题。因为非正规金融存在的规模以及范围是局限在比较小的范围当中，使得非正规金融自身潜在的风险被局限在很小的空间当中。若是在某个具体的环节当中出现了债务危机，可能就会像多米诺骨牌一样，带来一系列的连锁反应，也会引起更大的金融风险。所带来的严重后果甚至可以对整个社会的正常生产秩序产生不利影响。一些农村非正规金融机构具有一定的诈骗性质，他们开展的金融活动会直接对社会信用产生直接损害作用。

3.3.2.5 农村小额信贷相关问题分析

小额信贷是针对低收入农村居民开展的小规模金融服务方式。目的是通过金融机构提供的金融服务，为贫困农户以及微型企业提供短期的资金服务，让其获得自我生存以及发展的机会，让其走向自我生存和自我发展。推动农业以及农村经济的快速发展。这方面的业务开展顺应了党中央制定的新农村发展措施，帮助拓展和创新金融服务。就我国当前具体的国情来看，小额信贷可以更好地满足当前的实际需求，是一种比较切合情况的重要扶贫方式。因为受到多种因素的综合影响，小额信贷的实施效果以及支农作用的进一步发挥都会受到影响。在我国的小额信贷具体实践活动当中还存在着一些矛盾与问题，表现在以下几个方面：

（1）当前就我国农村信用社的发展情况来说，农村信用社片面认为对于从事农业生产农民发放的信贷业务单笔的金额比较小，导致金融机构承担的财务成本和经营成本比较高，这样会让本身的利润空间被缩小，增加资金回收的风险。工作人员对于这种类型的信贷工作不积极也不主动。而对于长时间从事农业生产的农民而言，因为受到了传统封建思想的影响，他们不愿意去背负利息比较高的农业信用社贷款。或者受到一些其他原因的影响，让他们产生了一种有偏差的思想，认为贷款的过程很困难，也很烦琐，不敢贷款。因为宣传力度比较小，在信用观念方面出现了缺失，使得农民不主动还款，甚至还会出现故意躲避债务的情况。得到了贷款之后，农民本身缺少扎实的资金分配知识和经验。也有一些农民把通过支农贷款得到的资金用于其他，让支农贷款无法发挥本身的作用，导致贷款到期之后无法按时偿还。

（2）小额信贷的行政化色彩十分浓厚，资金配置的效率很难提升。从2010年之后，党中央国务院以及中国人民银行就已经多次下发了通知，要求政府部门加大对小额信贷业务的支持力度，更好地解决农民在生产过程中存在的一系列资金问题，同时还要给予相应的资金支持。农村信用社也把小额信贷业务当作了自己所有业务当中的中心工作来开展。但是分布在基层的信用社，有些为了追求自身的工作数量与业绩，忽略了贷款发放的质量，过于强调推广小额信贷的面积和速度，不按照制定好的规章制度来办事，也没有按照制定好的信用等级评定标准执行贷款流程，让小额贷款的风险被人为地扩大了。

3.4 城镇化背景下农村金融出现问题主要原因分析

3.4.1 历史原因分析

从我国农村金融市场发展的整个过程中可以发现，在过去我国采取了计划经济，计划经济的显著特点是集中程度很高，也就决定了金融市场整体上具有高度行政垄断特点。

在新中国成立的初期阶段，国家所采取的国民经济发展战略是首先发展重工业，然后是轻工业、农业；在经济方面，重视城市，各种资源都先集中到城市，农村需要在利益上服从城市，为城市提供服务。当然在农村的信贷资金发展上，同样需要先发展城市。从1951年开始，为了和我国高度的计划管理经济体制相吻合，国家按照所有信用都归国家银行的相关原则，让人民银行变成了结算、现金以及信贷中心，构建起了集中化程度很高的国家银行体系。1953年，建立了集中而且统一的计划管理体制，所采取的管理方法是“统存统贷”。在国家经济计划当中纳入银行信贷计划，在经济建设的过程当中，提供更加全面的服务和监督。此种状况一直持续到了20世纪70年代末期。为了顺应新中国成立初期阶段，农业生产恢复以及初步发展提出的新需求，适合人民公社集体单一化的特点，国家分别成立和撤销 3 次专门为农村提供金融服务的农业银行。在农业合作化发展进程当中，农村信用社建立并且得到了发展，变成了农村金融发展中十分关键的基础力量。

在实施了改革开放政策之后，我国开始实行家庭联产承包责任制，让我国经济的持续发展有了更加坚实的基础，也为改革农村金融体系创造了更宽阔的背景。随着农村金融体制改革以及经济体制改革进程的加深，出现了政策性与商业性金融机构并存的情况，共同发挥不同类型金融机构在农村金融体系当中的作用。虽然农村金融规模正在不断地扩大，但是高度集中的计划经济时代对农村金融市场结构的发展起到了一定的限制性作用，使得农村金融结构并未发生实际性的改变。

与此同时，农村的金融管理体制也得到了比较显著的完善，在农村地区资金借贷利率以及信贷管理内容都发生了很明显的改变。但是在农村地区仍然存在着很明显的金融抑制情况。经济发展与金融服务水平之间存在的问题，将从两个方面分析具体的影响原因：

第一，现代市场经济所产生的影响。应当及时吸取国际金融危机方面的经验教训，更应当深刻反思国际社会呈现出的市场经济弊端。对我国而言，一方面会受到市场经济快速发展带来的不利影响，另一方面则是会受到市场经济发展水平还比较低，应当继续坚持社会主义市场经济发展的重要改革方向不动摇的目标。

第二，社会公平正义所产生的影响。从我国的具体国情来看，我国仍然是处于社会主义初级阶段，想要让当前所有问题得到更好的解决，关键是要发展。因此需要制定各种有效的改革措施，用来满足人们越来越多样化的物质需求和文化需求。所制定的各种改革战略，应当更强调解决人民群众最为关注的问题，比如公民权利如何保障、收入的分配以及腐败问题等。

3.4.2　现实原因分析

影响到农村金融结构的现实原因，具体表现为以下几个方面：

第一，国家宏观政策。农村金融市场呈现出的高垄断性特点是农村经济各项政策发展的必然要求。按照经济增长相关理论以及现代金融发展相关理论当中的内容，能发现科技创新以及资本积累都是金融促进经济增长的重要影响因素。在欠发达地区，经济增长呈现出十分显著的恶性循环特点，想要打破这种恶性循环需要形成资本。而农村资本的积累需要金融部门提高当前的服务效率与服务水平，让农村经济发展积累更多资本，也让农村经济发展可以尽快跳出资本贫困以及资本短缺的恶性循环状态。国家一直以来都在制定的农村相关政策当中引入金融工具。借助于金融工具来强化农村金融的货币资金流动性，对资金流向进行引导，为农业生产提供扶持作用，为农村提供公共物品，解决农产品流动环节过程中所需要的资金，完成资源的优化配置环节。正是因为这些宏观调控方面的目的，金融长期都被当作是重要的政策手段，并非是一般的服务行业。此种力量必须要掌握在政府部门的手中，这样才能更好地落实农业政策，导致农业金融市场出现垄断与集中。

第二，农村经济发展的现实情况。经济和金融之间的关系本就十分密切。经济发展水平比较落后的地方，在发展当中需要的金融支持比较少；经济发展水平比较高的地方对于金融的发展需求就比较高。经济在不断发展的过程当中，推动了金融行业的发展。比如经济规模不断扩大，调整现有产业结构，创新技术等，对于金融服务与产品等提出了新的需求，让金融行业得到更好的发展，这是金融行业发展的内在要求。对于投资者而言，金融服务以及产品的价格水平必须要是在可接受范围之内的，否则投资无法得到有效的需求，这是金融行业发展的外在条件。所以，经济发展程度以及人均收入水平从某种程度上决定金融整体发展水平，决定了金融服务以及产品的质量和数量。我国农村经济发展水平本身就比较低，基于需求方面来看，农村金融产品整体上比较单一，使得农村金融市场的均衡化、多元化受到了制约。

第三，金融市场方面的壁垒。在前面的分析当中，市场壁垒比较高导致农村的金融市场呈现出高度垄断的状态很难被打破。由于市场壁垒比较高，农村金融的进入以及退出变得越来越难。此处的进入机制与退出机制，指的是在原本金融企业分支机构的进入机制以及退出机制。在当前农村金融市场的发展当中，企业的规模以及数目都没有发生十分明显的改变，整个农村的金融市场发展也比较缓慢，处于静态发展的状态。已经形成的垄断形势，很难在短时间之内得到显著改变。

第四，信贷管理机制不够完善。因为农村资金的需求具有粗放性特点，信贷管理则具有集约化特点，这两种特点之间存在着很大的矛盾。农业生产当中呈现出来的分散性、高风险性以及波动性特点，和商业金融的营利性、流动性以及安全性特点等相互矛盾。对于借款一方而言，当前农村企业以及承包者因为自身的资金比较少，现有的经营销售规模比较小，很难达到农村金融机构制定的信用等级标准，所以也就无法得到金融机构的支持以及帮助。对于提供贷款的金融机构而言，当前的贷款责任追究制度具有明显的刚性特点，各大金融机构普遍采用贷款第一责任制度以及贷款责任终身追究制度，现有的制度比较呆板，会让金融机构担心贷款出现坏账、呆账情况，在贷款发放的过程中过于谨慎，也会对资金的正常发放产生比较大的影响。农村小额信贷所提供的资金贷款额度本来就比较小，对于农户扩大再生产所需要的资金其实也是无法提供比较大的支持作用。另外需要格外重视的原因是，当前农村金融的贷款期限和农村的生产周期之间不够匹配。实际生活当中，农业的生产周期很长，最终得到的成效很小。农业投资本质上属于长期投资，不是中短期投资类型。但是在当前的农村金融体系当中，很多农业投资贷款还款的期限是在 1 年，没有考虑到农业生产的各种规律，导致不少优质的农业项目因为得不到足够的资金支持而不得不放弃。

第五，金融服务体系在资源配置方面出现了严重的失衡情况。在我国当前农村金融体系中，农村信用社是主要的主体，现有的发展缺少强大的后劲。虽然，在我国现有的农村金融体系当中，有三种不同的方式（农村信用社、中国农业银行和中国农业发展银行等），但是有不少之前开设农业业务的银行选择慢慢退出农村，将业务中心转移到了城市。中国农业发展银行在资金方面的来源受到了比较严重的限制，在现实当中该银行已经变成了简单的粮食银行。农村地区的金融需求不断增长，现有的金融机构显得力不从心。因为多方面的影响因素，在我国的农村地区农村金融服务当中，农村信用社成为了占据绝对地位的金融机构，也是农村金融体系当中比较关键的既得利益者。但是即便是农村信用社也没有动力和力量促进金融服务的提升，现有的金融产品很难有效创新。反而凭借着自身在农村金融体系当中的优点，阻碍其他的外来者进入到农村金融体系中，对农村金融的不断发展产生严重的阻碍作用。中国邮政储蓄银行并未提供贷款服务，只提供存款业务，把从农村吸引的大量资金转移到了城市，让农村金融供给市场变得更加严峻。

第六，农村资金出现比较严重的外流情况。现在我国新农村建设的力度不断加快，对于各个方面的资金需求都比较大，需要从多个途径向农村地区注入相关的资金。但就当前的具体现状来看，因为受到了我国农村金融体制的限制以及资金自身所具有的趋利性特点，农村非但没有办法注入各种资金，反而农村的资金出现了不断外流的情况。

3.5 本章小结

本章主要介绍了城市化背景下我国金融结构发展的现状，存在的问题以及问题的相关原因。在我国农村金融机构的现状分析当中介绍了政策性、金融性以及合作性金融机构的发展现状。在分析存在的相关问题时发现农村金融机构存在的问题比较多，比如农村金融机构出现分布不均衡的情况、农村金融市场缺少竞争力、农村金融市场的外部环境不佳以及城镇化带来的经济和社会问题。另外还从历史原因与现实原因两个层面出发分析阐述了导致农村金融存在问题的主要原因。

第 4 章

农村金融结构对于城镇化建设影响实证分析

4.1 选择变量

4.1.1 衡量农村金融结构变量

金融发展表现在很多个不同方面，比如金融规模的增加、提升金融效率和改变当前的金融结构等。结合已有的研究文献和研究结果，发现国内外不少学者在开展关于金融发展相关问题的过程中，很多都是从金融结构、金融效率以及金融发展规模角度进行分析。在金融发展研究中，金融结构属于其中的实质性内容。因此本书中不仅会考虑农村金融发展的效率同时也会考虑到农村金融发展的整体规模，分析和研究城镇化建设与农村金融结构之间的相关性。研究中所涉及的对农村金融情况进行衡量的变量有：

（1）金融规模。对于农村金融发展整体规模的衡量所采用的是金融机构贷款总额和国内生产总值之间的比例结果。具体到农业领域，就是农业方面贷款的总额和 GDP 之间的比值，用 rfd 来表示。

（2）金融效率。农村金融效率所采用的衡量指标是储蓄和贷款比值，这是对金融中介效率水平进行衡量的指标，对农村金融发展的效率进行表示。具体选择的指标是农业储蓄金额与农业相关贷款之间的比值，用 rfe 来表示。

（3）金融结构。所采取的是我国不同区域贷款数额当中农业贷款所占的一部分结果，来反映农村的金融结构情况，指的是农业贷款在所有贷款总额当中占据的比例，用 rfs 来表示。

4.1.2 衡量城镇化建设变量

当前我们生活的社会当中，工业化发展的速度越来越快。工业化的发展，推动了空间中大量要素的聚集，而且伴随出现了大量的人口转移，形成了城镇化发展现状。城镇化水平其实是对某个地区是否达到城镇化以及城镇化程度的衡量标准，也是对某个区域经济发展程度的关键指标。城镇化水平包含的具体指标可以通过城镇人口在总人口当中所占的比例进行衡量，也就是城镇化率。用这个指标当作衡量城镇化水平的主要变量。

4.1.3 变量控制方法

在现实生活当中，城镇化实际发展的水平会受到很多种不同因素的影响。若是只考虑到农村金融发展因素和城镇化建设之间的因素，那么是无法完全忽视掉其他一些因素对于解释变量所产生的影响，减少对于城镇化影响的解释力，使得模型估计出现了比较大的偏差。

基于产业结构分布情况视角，可以发现第一产业是城镇化的主要产业结构，当前正在逐渐朝着第二产业和第三产业进行转变。产业结构的调整以及变化对于城镇化的整体发展都会产生影响。一般情况下，想要让城镇化更好地发展，必须要依托合理的产业结构。本书所选取的控制变量指标为：

（1）教育水平情况。当前我国的城乡教育水平之间存在着比较大的差距。城镇化建设过程中逐渐改变了农村居民的生活方式，慢慢朝着城镇化方向发展。在具体转变的过程当中，如果只改变表面，而不做出实质性以及思想上的改变，就没有办法真正实现城镇化的目标。教育会在科学技术的发展、人力资源的拓展以及劳动者综合素质水平提升这些方面影响到城镇化建设。教育水平的衡量所采取的指标是教育投入在财政支出当中所占的比例。具体指标为教育指标和普通预算支出之间的比值，用 edu 来表示。

（2）城乡收入水平差距。提高城镇居民的收入水平，在某种程度上会让城镇化建设的进程不断加快。在设定衡量城乡收入差距指标时，不少学者都选择城乡收入比重进行表示。也就是城市和农村地区人均纯收入的比值结果。在本书研究中对于城乡收入水平的差距也采用这一比值进行衡量，用 gap 表示。

（3）人均生产总值。城镇化的发展是需要在规模经济与聚集经济的作用下产生的结果，可以将其当作是在某个特定的空间下，经济发生转变的过程。因此，经济发展会让城镇的发展水平与规模得到拓展。在不同省份地区，城乡人口结构不同、经济发展水平不同，应该结合具体地区的情况制定差异化的对策。在本书研究当中就选择了我国不同区域内不同地区的经济发展水平，用 agdp 来表示。

（4）产业结构指标。基于产业结构的视角，发现城镇化从之前的以第一产业为主发展到了第二产业和第三产业快速发展的结果。城镇化建设的进展会受到产业结构的调整与变化的影响。想要让城镇化得到更好的发展，是需要构建起更加科学且合理的产业结构。因此对于产业结构指标的衡量采用的是在生产总值当中第一产业 GDP 所占的比重，用 is 表示。

4.1.4 变量主要定义

表 4.1 为研究中相关解释变量、控制变量和被解释变量名称和具体说明。

表 4.1 解释变量、控制变量和被解释变量的界定和说明

变 量	变量指标	变量名称	具 体 说 明
解释变量	rfs	金融结构	农业贷款总额占总贷款总额比例
	rfe	金融效率	农业储蓄金额在贷款总额当中所占的比例
	rfd	金融规模	农业贷款总额在农村 GDP 当中所占的比例

续表

变 量	变量指标	变量名称	具 体 说 明
控制变量	is	产业结构	第一产业 GDP 在总 GDP 当中所占比重
	edu	教育水平	教育指标和普通预算支出之间的比值
	gap	城乡收入水平差距	城市和农村地区人均纯收入的比值
	agdp	人均生产总值	GDP 与总人口数量之比
被解释变量	Ci	城镇化率	城镇人口占总人口比例

4.2 数据来源和处理方法

在本书研究当中开展实证分析所采用的是面板数据分析法。样本的时间维度是从 2007—2018 年。因为数据收集方面的问题，只有一部分的省份可以收集到比较全的数据，所以选择我国不同区域内比较具有代表性的省份进行分析。

变量数据来自于中国统计年鉴以及金融年鉴等。结合样本的数据来得到变量的具体结果，描述见表 4.2。

表 4.2　　2007—2018 年变量统计描述统计结果

变量指标	最大值/%	最小值/%	平均值/%	标准差/%
rfs	0.75	0	0.09	0.07
rfe	69.90	0.45	3.15	6.60
rfd	4.15	0.08	0.77	0.68
is	37.03	0.66	12.71	6.51
edu	0.23	0.11	0.15	0.03
gap	5.13	2.07	3.03	0.59
agdp	95172.52	3672.51	26879.65	18357.33
Ci	90.25	14.78	49.75	25.68

根据表 4.2 中的统计结果可以发现，从 2007—2018 年期间，我国的城镇化率为 49.75%。从全国整体发展水平来看，城镇化率最

高是 90.25%，最低城镇化率是 14.78%。最高城镇化率来自上海。在 2007 年时的最大城镇化率是 53.42%，超过了平均值；在 2018 年时的最大城镇化率是 91.33%，也明显超出平均值。从时间线来看，从 2007 年到 2018 年我国整体的城镇化率在不断提升，说明城镇化的进程也在不断加快。

从表 4.3 分布的区域来看，可以发现在 2007—2018 年，我国东部、中部以及西部的城镇化率存在着比较大的差别，其中东部地区的城镇化率更高，达到了 62.33%，中部地区与西部地区分别为 45.21%与 38.23%。也能够发现，在我国的城镇化发展过程中，已经有一些地区的城镇化水平超过了平均城镇化率，而有些地区的城镇化率却依然很低，这就使得不同地区的城镇化率出现了比较大的差异。农村地区的金融结构、金融效率与金融规模平均值分别为 0.09、3.15、0.77。这三项指标当中的最大值分别是 0.75、69.9、4.15，这三项数据都是来自于我国的东部地区。最小值分别是 0、0.45、0.08，这几项数据则是来自于西部地区。根据这一数据就发现我国农村地区金融结构以及发展水平之间存在着比较显著的差异。农村的金融结构变量、效率变量以及金融规模变量的标准差数值都超过了 0.045，这就说明了在近些年，我国的农村金融其实发展是比较不稳定的，会让农村城镇化建设当中农村金融的作用被削弱。

表 4.3　2007—2018 年变量描述统计结果地区分布

地　区	城镇化率/%	地　区	城镇化率/%
东部	62.33	西部	38.23
中部	45.21		

4.3　检验方法与结果

4.3.1　面板单位根检验及结果

为了让最终检验结果的可信度以及稳健性得到增强，在本书研究当中使用到了四种不同的检验方法，分别是 LPS 方法、LLC 方法、PP－Fisher 方法以及 ADF 方法。借助于数据分析软件来处理本次收集到的不同地区的数据，针对教育水平、人均生产总值、城乡收入差距、产业结构、农村金融发展效率、金融结构以及发展规模等进行处理，开展面板单位根检验。表 4.4 为城镇化率的面板单位根检查结果。

表 4.4　　城镇化率的面板单位根检查结果统计

变量指标	PP－Fisher 方法	LPS 方法	LLC 方法	ADF 方法
lnCi	132.54 (0)	−2.78 (0)	−7.89 (0)	59.34 (0.46)
ΔlnCi	163.54 (0)	−5.06 (0)	−12.41 (0)	132.54 (0)

表 4.5 为城乡收入水平差距结果，发现在显著性水平为 5％的情况下，所采取的这四种检验方法都拒绝存在面板单位根建设，而所选择的其他变量总有一个或者多个是不拒绝原假设的，这就需要对包含的所有变量开展一阶差分。在对所有变量开展一阶差分之后，在显著水平为 5％的情况下，所采取的这几种检验方法都拒绝存在面板单位根原假设情况，因此也认为并不存在面板单位根的情况，各个变量都属于平稳序列。

表 4.5　　城乡收入水平（lngap）指标

变量指标	PP－Fisher 方法	LPS 方法	LLC 方法	ADF 方法
lngap	94.37 (0)	−3.187 (0)	−8.001 (0)	95.92 (0)
Δlngap	416.32 (0)	−15.30 (0)	−29.29 (0)	294.54 (0)

4.3.2　协整检验方法及结果

在开展单位根检验之后，说明了在对不同变量开展一阶差分处理之后所得到的数据是同阶单整的，因此可以对这些数据开展协整检验，用来验证各个变量之间所存在的关系是否是均衡且稳定的。如果存在稳定均衡的关系，可以开展协整检验，方程回归残差也属于比较平稳的状态。

在对面板数据开展协整检验的过程中可以使用两种方法。第一种是engle和grangeer两步法，包含两种检验方法——Kao检验与Pedroni检验方法。第二种方法的基础是Johansen方法，因为Pedroni的检验方法对于样本数量的要求比较高。而此种检查方法对于滞后项的要求需要达到11项，考虑到本次所选择的样本情况，选择检验面板数据协整性检验方法为Kao方法，所得到的检验结果见表4.6。

表4.6　不考虑控制变量Kao检验面板数据结构协整性检验结果

ADF	*P* 值	*T* 值	ADF	*P* 值	*T* 值
	0.030	−1.885		0.030	−1.885
HAC		0.003	Residual		0.001

表4.6中的数据没有考虑到控制变量，分析了城镇化水平和农村金融结构、效率以及金融规模之间的协整性检验结果。从表中能够发现，城镇化水平和农村金融结构、效率以及发展规模之间存在着长期的协整关系。

表4.7则是在考虑控制变量的情况下，所得到的城镇化发展水平和农村金融结构、效率以及发展规模等方面的协整性检验结果。根据结果能够发现，所得到的 T 值为−4.972，P 值为0，明显低于0.05。说明在引入控制变量的情况下，城镇化发展水平和农村金融结构、效率以及发展规模之间存在着长期稳定的协整关系。

表4.7　考虑控制变量Kao检验面板数据结构协整性检验结果

ADF	*P* 值	*T* 值	ADF	*P* 值	*T* 值
	0	−4.972		0	−4.972
HAC		0	Residual		0.001

根据以上统计分析结果，可以看出不管是否考虑控制变量，城镇化发展水平和农村金融结构、效率以及发展规模之间都是存在着长期稳定的均衡关系，因此可以开展之后的回归方程分析。

4.3.3 Hausman 检验方法及结果

在构建面板数据模型的过程中，开展 Hausman 检验的主要目的是为了选择效应模型，也就是检验面板数据是适合哪种效应模型，随机效应模型或固定效应模型。为了开展 Hausman 检验，可以先提出假设，设定为随机效应模型，然后再对变量开展 Hausman 检验，所得到的检验结果见表 4.8。

表 4.8　Hausman 检验统计结果

检验指标	T 值	Sq. D. F	P 值
面板数据	88.687	8	0

根据表 4.7 的数据发现，P 值低于 0.05，最终结果是拒绝原假设，因此需要选择固定效应模型。

4.3.4 固定效应模型系数与模型估计

结合模型形式来假设最终的检验结果，构建起的模型相关形式为

$$CIit = a + a_0 + b1i + b2i \times RFEit + b3i \times RFSit + \cdots + b7i \times ISit + \mu it,$$
$$i = 1,2,3;\ t = 1,2,3,\cdots,t$$

式中：a 为我国三大区域的省（自治区、直辖市）平均截距项，a_0 表示第一个地区的平均截距偏离情况；bi 为第 i 个地区变量系数。a 和 bi 表现出不同地区和省（自治区、直辖市）在结构以及个体影响方面的差异。

对于模型的估计所采取的软件是 eviews6.0，面板数据模型估计所得到的相关数据见表 4.9。

表 4.9　模型平均截距统计结果

Variable	Std. Error	P 值	T 值
C	0.401	0	7.002

不同地区平均截距偏离的结果和各个省（自治区、直辖市）地

区农村金融规模（$b1i$）、金融效率（$b2i$）、金融结构系数（$b3i$）之间的相关性见表 4.10。

表 4.10 不同地区平均截距偏离程度与金融系数关系分析

地区	a_0	$b1i$	$b2i$	$b3i$
东部	−0.185	0.523	0.465	0.155
中部	−0.652	0.341	0.243	0.031
西部	−0.742	0.215	0.123	0.005

从表 4.10 中的统计结果可以发现，从 2007—2018 年的平均数据来看，我国在三大区域的平均截距项偏离程度出现了比较大的差别，在不同地区的农村金融发展和城市化的影响存在差别。另外从表中的数据还可以看出，东部地区的城镇化发展水平和当地的农村金融规模、效率和结构系数之间存在着十分密切的关系。西部地区的金融结构系数和城镇化率之间的影响关系比较小，因为金融结构系数低于 0.1。

整体来看，不管是农村金融规模，还是金融效率与金融结构系数，对于城镇化的建设都会产生正向的影响，农村金融发展与城镇化的建设也呈现出正向的发展趋势，在我国的中部和西部地区表现得十分明显。农村金融规模、效率水平以及农村结构的完善性对于城镇化的建设都会产生更加突出的影响，因此，需要更加合理地调整与优化农村金融结构，让农村金融服务水平得到提升，促进城镇化建设的进程，同时也促进各个地区经济发展不均衡的问题得到有效改善，让我国的社会经济朝着更加协调、稳定和健康的方向发展。

4.4 本章小结

本章主要选择了我国不同区域的省（自治区、直辖市）数据，所研究的时间范围是 2007—2018 年。纳入的样本数据有城镇化发展水平数据，包括农村金融规模、金融发展效率、金融结构、城乡教育水平、收入差距以及产业结构和生产总值等，采用面板数据模型进行分析。在通过 Hausman 方法检验之后，采用固定效应系数模型分析面板数据。研究结果发现，在我国东部、中部和西部地区，平均截距项的偏离情况差距比较大，而且不同地区的农村金融结构对于城镇化建设所产生的影响也是不同的。整体上来看，绝大多数的影响系数是在 0.1～0.8 的范围之间。调整和优化现有的农村金融结构，对于城镇化的建设也会起到更加积极的促进作用。

第5章

国外农村金融结构体制调整和成功经验借鉴

对于发达国家和发展中国家来说，在经过了较长时间的发展之后，大多数的国家都已经构建起了和本国的农业经济比较相吻合的农村金融结构，同时也在较长的发展历程中积攒了丰富的经验。因为国外的农村金融开展得比较早，也构建起了较为完善的农村金融结构，并多次调整结构，所以本章选择了一些具有代表性的国家，介绍这些国家的主要农村金融机构和调整对策、法律方面的制度等。从中找到可以为我们国家提供借鉴的经验。

5.1 国外农村金融结构体制调整阐述

5.1.1 美国农村金融体制

美国是当今世界上农业现代化发展水平最高、科学技术应用广泛且农民组织化程度很高的一个国家。美国农村经济处于比较高的发展水平，这与该国农村相对完善的金融服务体系之间存在着十分密切的关系。美国当前的农村金融组织体系主要特点如下。

5.1.1.1 复合多元化体系

美国农村的金融体系有着复合多元化的特点，其中包含了农村合作金融机构、政府农村信贷机构和商业金融机构等。

（1）人寿保险公司、商业银行等都是美国农村的主要商业金融机构。在美国经营农贷业务的银行有 90％以上，尤其是有 4000 多家银行在小城镇设置了营业点。在所有的贷款业务总额当中，农业贷款所占的比重超过了 50％。美国的商业银行已经在很多农村地区设置了比较多的分支机构，更加全面有效地掌握农民的信用情况。

美国农业保险体系中包含了保险查勘人、保险代理人、私营保险公司等。商业保险公司会开展商业保险业务代理，在经营管理费用以及保险费用方面，政府给予补贴与支持。

（2）农村合作金融机构包含了美国的合作社银行、联邦土地银行、联邦信贷银行、农业信贷管理局等，由美国政府直接开展监督管理和领导。1916 年，美国政府创建联邦土地银行，在该银行的服务范围之内建立了农业信贷区，数量有 12 个。农村合作金融机构中，把联邦土地银行协会当作是最为基础的组织，所提供的服务当中就包含长期贷款服务。1923 年，美国每个农业信贷区域成立了联邦中间信贷银行。农业生产信贷协会是联邦中间信贷银行的基础性组织，给农民提供的贷款服务类型是短期贷款。在同一年，分别成立了不同的合作社银行，为合作社提供运作资金以及固定资产等服务。美国的农村合作金融机构在为农村提供金融服务当中，始终坚持互助合作的基本原则，最大限度地帮助营造良好的金融服务环境。图 5.1 为美国农村合作金融体系的整体结构示意图。

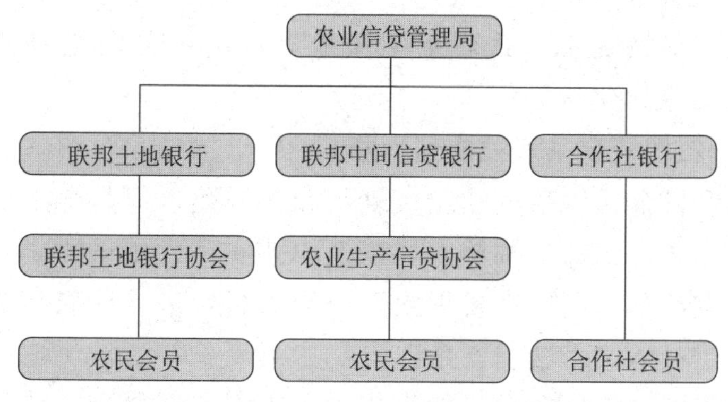

图 5.1　美国农村合作金融体系结构图

(3) 美国政府农村信贷机构包含了小企业管理局、农场主家庭管理局、农产品信贷公司等。主要目的是给农业生产以及相关业务提供专门金融服务和信贷资金支持等，借助于信贷活动对农业发展的方向和规模进行控制与调整。

5.1.1.2 政府给农村金融的支持力度比较大

美国的农业已经发展到了十分先进的水平，但是仍然出现了一些风险因素，比如受到季节的影响比较大，有比较高的生产成本，投资回报整个回收期比较长。这些因素的存在都会让农村的经济与社会发展面临较大的困境，从而对农村的金融服务供给以及农村的金融市场整体发展情况产生不良影响。在农村信贷业务发展的初期阶段，美国政府给予了大量的资金支持，目的就是大力发展农村信贷事业。美国联邦土地银行在发展早期阶段，政府拨款是银行的主要股金，在所有股金当中政府拨款占到了 80% 的比例。政府在农业信贷机构方面的资金，很多都是来自政府部门的借款和拨款。为了促进农村地区信用社更好的发展，1937 年美国在相关法案当中给出了明确规定，对于信用社收入所得税以及信用社社员的个人所得税采取免征措施。正是因为信用社具备了两个免税方面的特点，让其在和其他商业银行开展竞争的过程中有了比较大的优势。另外，美国为了让农村农业收入水平得到提升，采取直接补贴方法，在农村金融发展当中起到补充作用。在缴纳存款准备金方面，美国允许农村金融机构缴纳的比例低于城市商业银行缴纳比例，这就很明显地显示出了美国在农村金融管理中采取的差异化措施。

5.1.1.3 农村资金采取独立运行模式

美国农村金融体系虽然比较复杂和多样化，但是金融机构所开展的各种业务始终都是按照农村以及农业实际发展的需求，提供的各项资金也都是专门用来发展农业以及农村，最终让农村资金可以达到独立运行情况。这主要是因为：

(1) 美国政策性金融机构直接由美国农业部管理，政府制定的各种农业政策不需要经过其他部门的参与和干涉，对农村金融可以直接起到支持和推动作用。对于农村的商业性金融机构，为了确保这些金融机构提供的资金的确是用于农村和农业发展，切实做到专款专用，美国政府部门制定明确法律规范补贴农村商业银行，对农村商业银行使用资金的行为进行约束。同时给予的补贴政策可以避免商业银行因为过于追求高利益水平，把农业信贷专款资金用到其他领域。在农村合作金融领域，在农业信贷体系当中涉及的农业信贷资金，其管理和获取渠道都是单独开展，和联邦储备系统之间并不构成隶属关系。联邦储备系统可以对农业信贷体系进行宏观调控。

（2）美国农业在资金方面的独立性特点，对于农村金融的发展能够产生十分显著的支持效果。另外，美国的农村金融资金的独立性并不代表着与城市金融之间是绝对独立的，城市与农村金融市场之间存在着密切的相关性，在获取资金以及发展业务方面找到更多市场空间。

5.1.1.4 美国农村金融体制的整体特点

美国农业金融体制发展的基础是农村商业性金融，主导是农村合作金融，辅助为农村政策性金融，这三种类型的金融共同发展。美国农村金融呈现出的主要特点是：

（1）具有比较浓厚的政治色彩。美国农村的政策性金融机构包含了小企业管理局、农村电气化管理局、商品信贷公司和农村合作金融机构等，如合作社银行、联邦土地银行以及联邦中间信贷银行等，这些都是美国联邦政府投入资金所建设的。美国政府还会在农村金融机构当中给予比较多的优惠措施，如规定在合作金融机构经营当中可以免缴纳存款准备金，也不用缴税，对于涉及的商业银行涉农贷款可以开展利差补贴的方法。

（2）美国的金融机构分工相对明确且合理，发挥不同金融机构各自的优势。商业银行一般会提供短期贷款业务以及时间不是特别长的中期贷款业务，在中短期贷款业务当中有着明显的优势。而长期贷款的主要提供者是农村合作金融机构，尤其是可以提供那种长期不动产贷款的长期贷款业务。具有社会公益性质的农业项目，可以由政策性农村金融机构进行办理。

(3) 农村金融市场有着比较高的融资水平。美国金融市场整体上就比较发达，农村地区的金融机构不少资金都是从金融市场当中获取。借助于金融市场，出售一些有价证券，然后筹集到相应的信贷资金。

(4) 农村保险体系层次十分鲜明。美国当前在农业保险体系当中包含了三个层次，分别是联邦保险公司、私营保险公司和农作物保险代理人。联邦保险公司所负责的是全国性险种条款的制定以及风险控制，可以向私营保险公司提供再保险的相关支持。私营保险公司则是需要按照承诺来遵循联邦保险公司规定可以开展的相关农业保险业务，同时可以享受到政府部门给予的补贴政策。农作物保险代理人所负责的是保险单的销售和各种保险业务的具体落实。

(5) 农村金融有着比较健全的信用担保体系。美国农村金融的担保体系当中也包含了三个不同的方面，这样可以给农村金融提供更加全面有效的担保支持。第一，农场主通过抵押自己的实物资源；第二，政府构建起专门的中小企业负责给农业小企业以及农户提供专门的担保；第三，资产管理公司可以给农业小企业提供针对性的贷款业务。

(6) 有比较完善的法律提供支持。美国制定了针对农村金融的法案，比如《农业信用法案》，给农村金融各项活动开展提供了比较扎实的法律支持与保障。

5.1.2 法国农村金融体制

20世纪50年代，法国还是农产品的进口国，之后农业得到了较快的发展。在60年代末期，法国的农产品已经基本上达到了进出口平衡的状态。在70年代之后，法国变成了主要出口农产品的国家之一。在短短的几十年时间之内，法国的农业经济得到了全面的发展，这与法国稳定和统一的农村金融体制之间存在着密切的相关性。法国农村金融体制的特点主要体现在以下几个方面。

(1) 农村金融体制的形成过程是自下而上，具有长期稳定性特点。1880 年，法国农民为了抵制高利贷对于他们的剥削，成立了负责农业信贷业务的农业信贷合作社。法国在 1894 年和 1899 年所颁布的相关法令当中，成立了地方农业信贷银行以及互助银行。1920 年，法国政府部门将不同地区的农业互助信贷相关业务进行统一管理，成立农业信贷管理局，1926 年时，将其更名为农业信贷银行，构建起了具有全国性的农业互助信贷系统。

（2）法国农业信贷银行在机构的体制上虽然属于多层级的机构，但是从法律上来看，是相互独立的存在，具有半官半民的特点。农业信贷银行的设置划分为三个层次：第一，法国农业信贷银行的总行属于国家银行。在乡村法法律条文当中规定了该银行的性质，将其界定为公法机构，是可以拥有财政自治权的国家机关，也具有其他国家机关的行政管理性质。该银行的主要作用是监督、协调农业互助信贷银行各种业务的开展。第二，在每个省设定了多个地区银行。地区银行和地方银行都属于股份制的信贷合作社，具有多方面的特性，分别是信贷农业专业特点、非营利性特点以及民事性特点，其业务范围当中包含了中小企业发放贷款等，在不同地区所设置的营业网点负责具体业务的办理。第三，所设置的地方性银行主要是在全国不同的村镇，不办理银行相关业务，只负责审查与发放贷款。

（3）农业金融体制具有一元化的特点。法国农业信贷银行总行对于法国境内各地区的农业银行可以进行监护与监督，地区对于地方的农业银行也享有一定的监护权利和监督权力。法国农业信贷银行，不仅需要承担商业性贷款，还会承担利息比较低的政策性贷款。从 20 世纪 60 年代之后，每年都会从农业预算当中划拨专门的资金支持农村金融行业的发展，主要是支持中长期低息贷款利息方面的一些补贴。

（4）所采用的是上国营下民办管理方法。总行对于信贷资金的运营起到统筹管理作用。为了让法国农业信贷银行可以吸引更多的存款，扩大现有的信贷业务范围，该银行每年都会借助于各种不用的名目来吸引存款，主要吸引的存款类型是发行债券、股金等。在筹集到这些资金之后，总行需要结合国家制定的农业发展政策给农业发展提供信贷服务。存款主要是由不同地区的银行筹集得到，活期存款上交一半。一部分地区的银行可以开展短期贷款服务，开展长期定期的储蓄存款都需要全部交给总行来处置。总行再从筹集的资金当中划拨部分给某些地区进行长期放款。总行需要支付各地区各种筹集资金的手续费用，让下级部门可以从组织储蓄的过程当中获得更大的收益。还需要给法兰西银行上缴储蓄存款准备金，准备金率为 4%，最终汇兑到总行，统一完成上交。

（5）在内部系统中采用总行和地区银行联合的方式，构建起农业信贷银行联合会。此种联合会产生的主要方法是：由 94 个地区银行的理事会主席以及行长参加代表大会，负责选举中央委员会，再由选举出的中央委员会开展常务委员会的选举，从中选举全国联合会主席。在常务委员之外，还需要另外设置经理、秘书长以及总经理等，负责常委会日常工作的开展。在成立了联合会之后，需要明确各自的主要任务：①代表着不同地区银行和政府部门开展对话，需要对不同地区银行人员的要求以及意见进行反馈；②管理全国不同地区的银行人员；③和农业信贷银行总行之间开展有效的合作，负责不同地区银行人员的培训工作；④需要针对地区银行开展税收法等建议和咨询；⑤参加农工会或者是农会所建立的全国联合会，每个月还需要派专门的代表去参加联合会的例会，商讨农民在实际生产与生活当中遇到的问题，给出解决对策和方法。

（6）法国农业信贷银行所构建起的财务管理体制采取的是两级独立核算的方法，自负盈亏。各自需要编制所在银行的年度预算和决算数据。地区行属于独立核算单位，有权对自己的收益分配情况进行决定。总行只是依据法律来对地区行进行审核与监督。若是某个地区的银行出现了亏损情况，总行可以通过低利息贷款的方式给地区银行资助，或者是给予补贴。按照具体贷款的对象来测算发生风险的概率，从利润当中进行提留。

法国政府部门对于法国农业信贷银行开展的长期信贷业务，采取利息补贴的方法，加之在纳税的方面也给了一定的优厚待遇。因此，法国农业信贷银行的各项业务也得到了较快速的拓展，在世界上也成为排名比较靠前的大型商业银行。

通过对法国农村金融体系特点的分析，可以发现其存在着比较明显的优点，具体有：①全国农业信贷联合会以及总行牵头，对农村金融业务进行协调和统筹管理，避免出现不必要的内耗以及相互扯皮情况；②法国农业信贷银行当中采用上国营下民办相互结合的体制，资金是从基层分散筹集，但是总行对于资金由营运和管理的权限，可以让整体支农功能得到更好的发挥，也让法国的农业生产得到更好发展，促进农村经济的繁荣；③法国农业信贷银行在省级以下的地区以及地方银行之间是有合作性质的，农民需要向银行缴纳会费，也就是股金，每个会员所缴纳的会费占到了所需要贷款总额的1%～2%；在1982年，所拥有的会员超过了386万人；因为银行的合作性质，和农民比较接近，也更加了解农民，也帮助更好地扶持农民，让贷款的效益得到提升；④该银行兼具政策性和经营性贷款业务，政策性贷款需要通过财政补贴利差的方法来解决相关问题，说明了一套机构能够承担起不同性质的金融业务，这样可以让之前那种多层重叠以及多元化的行政管理机构，大大节省行政管理的费用，降低经营成本，促进银行盈利水平以及经营效率的提升，为财政收入的增加做出更加突出的贡献。

5.1.3 德国农村金融体制

在世界上，最早建立农村金融制度的国家是德国，已经有200多年的发展历史。在18世纪后期，德国遭受到了比较大的战乱，逃亡的农民数量显著增加，出现了很猖獗的高利贷活动，让农村本来就有的问题变得更加严重。为了摆脱困境，1770年，德国成立了第一个抵押土地的信用社。政府部门可以授权发行公债，土地债券的发行需要以社员的土地来作为抵押，这样能够获得更加长期和低利息的资金，将资金借给社员。

在世界上，世界合作金融的发源地也是德国。早在19世纪50年代德国就构建起了农村信用社；1889年，开展合作社立法工作；1895年，德国中央合作银行组建起来，同时也建立了德国合作协会。所以，合作金融是德国农村金融制度当中的关键。德国农村的银行服务体系可以分为三级，不同级别的主体都具有法人资格，而且也都是经济实体。地方合作银行的数量有2500多家，包含了城市与农村的居民，合作社企业，以及个体私营企业、中小企业的入股组成等。区域性合作银行有3家，三级合作银行之间并没有隶属关系，中央合作银行对于地方合作银行也不具备行政管理方面的职能，但是有比较丰富的金融服务职能，比如调剂银行的资金、融通服务、合作银行系统和支付结算服务等，提供租赁、保险、证券以及国际业务等各种服务。

合作银行体系所开展的持股是从下到上，服务是从上到下，在经济上达到了联合的目标，构建起了比较强大的系统，这也就决定了农村存在多种不同金融形式并存是合理的。在德国农村地区，合作金融的基础十分雄厚，也是欧洲地区合作银行当中体系最大的。德国合作银行系统获得的总资产已经超过了16000亿马克，在德国总资产当中占到了20%左右的比例。从国别结构的情况上来看，德国对于金融机构的干预很少，只有在外部监督管理的过程当中，才会依托中央银行以及合作银行完成审计。

5.1.4 日本农村金融体制

在第二次世界大战之后，日本政府采取了比较系统的政策措施，积极构建起适合本国国情的农村金融体系。日本农村金融体系可以划分为两个构成部分，分别是政策性金融与合作性金融。其中具有民间合作性质的合作性金融在农村占据了绝对的主要地位，政府的政策性金融则是比较重要的补充。合作性金融通常情况下是对农村当中的一般资金需求提供服务，所解决的问题是那种收益较低、风险较高、资金需求量比较大、融资时间比较长的融资需求。政策性金融与合作性金融的分工十分明确，还会互相配合。此种合作性金融与政策性金融相互结合的方式，在日本农业发展过程中提供了比较扎实的保障。

5.1.4.1 合作性金融基本情况

(1) 日本农协是合作性金融开展的重要基础。农协的全称是农业协同组合。1947年，日本颁布了与农村协同相关的法律，界定了农协的性质。认为农协本质上属于非营利性质的组织，可以给农协当中的成员提供各种各样不同的帮助，让全体成员的农业整体经营情况可以得到更好的改善。因为农户对于资金方面的需求量比较大，也就推动了农协中金融部门的建立。所以一般把农协当作是合作性金融的重要基础，而合作性金融则是农协体系中的构成部分。

(2) 合作性金融包含了四个层次，分别是基层农协会、都道府县农业信用联合会、全国信联协会、农林中央金库。

基层农协会相当于金融组织当中的市町村一级，要和农户发生直接的信贷关系，农户和其他的社团入股需要登记。这一组织的目的不是营利，而是为农户办理贷款、存款以及结算性贷款等。值得关注的是，基层农协会对于农协会员采用强制保险。农协会员不需要支付任何的费用，自动会变成保险对象。吸收存款利率通常会比普通银行的存款利率更高，贷款利率和其他银行的贷款利率相比享受到的优惠程度也更高。除了以上的这些措施之外，日本政府还给农协贷款提供利息补贴。

都道府县农业信用联合会主要接受所在县域范围之内的农业团体、基层农协的存款以及入股，给他们提供资金管理服务，而且还在县级范围之内完成农业资金的结算和后期应用。

农林中央金库属于金融体系当中中央级别的金融组织，在整个合作性金融体系当中所占据的地位也是最高的。该机构对于都道府县农业信用联合会以及基层农协会都可以起到一定的协调作用。对于系统内部的资金可以开展清算、调剂以及融通，按照国家的相关法令来完成资金的运营。另外，对于信农联以及基层农协的工作还可以起到指导作用，给他们提供专门的信息咨询。

全国信联协会属于中央联络机关，帮助联系分散在全国各地的信联协会。其中的成员包含了两种不同的类型，分别是县级信农联和农林中央金库。通过调查农村金融活动的基本情况，给会员提供丰富的情报与信息，还可以对成员的关系进行调整。

虽然划分为了四级，但是这四级机构之间并不存在着上下行政隶属关系。上级组织可以指导下级组织工作，在整个体系内，所形成的资金运行体系有很明显的独立性，确保合作金融体系的运行效率处于较高的水平。

(3) 日本合作性金融的优势以及劣势分析。优势表现在可以把国家制定的各种产业政策与合作性金融密切结合起来，及时得到政府的信息。而且日本农村的合作性金融所服务的领域有比较强的固定性，通常都是在本县级范围之内以及市町村范围之内，可以很好地掌握各种具体的情况，贷款的成功率也比较高。农村合作性金融机构有十分显著的独立性特点，享有经营独立权，可以做到自负盈亏，与市场经济的发展规律比较吻合。但是在日本农村金融体系当中也存在着一定的缺陷，合作性金融机构现有的业务范围比较狭窄，几乎没有涉及农业之外的领域；存款的利差比较小；资金的利润也比较薄；政府部门提供了比较大的财政支持，给财政带来了比较大的压力。

5.1.4.2 政策性金融体系基本情况

1953年，日本成立了专门的农林渔业金融公库，这就代表着正式成立了政策性金融机构。在成立了这一部门之后，成为了农林渔业到食品产业当中独一无二的政策性金融机构。农林渔业金融公库结合了日本的具体国情，很好地执行了日本政府部门在不同时期所制定的不同农业政策，在日本不同的时间段所起到的作用也不同，但整体效果比较显著。

农林渔业金融公库所提供的主要是渔业、林业以及农业相关的企业和个人融资需求服务。具体贷款的内容主要包含了农业现代化资金贷款、技术培训、农业土地改良以及流通市场批发，促进农业经营贷款的扩大和改善，也促进自然灾害救济贷款等的扩大。和其他金融机构相比，农林渔业金融公库有着更加优惠的资金使用政策。贷款整体特点是低息、长期，贷款期限可以延长到四五十年。与其他金融机构相比，这类银行的贷款利率更低。与此同时，贷款管理制度更加严格和高效。农林渔业金融公库贷款通常是委托农协组织开展代办流程，还要给予相应的委托费用，这样会让贷款的高效性得到保障。

近些年以来，日本政府改革了已有的政策性金融体系。2008 年，日本政府部门颁布了政策金融相关法律，在同年 10 月，成立了专门的日本政策性金融公库，也是日本位移政策性金融机构。

5.1.4.3 日本金融体系特点分析

日本的金融业务是按照行业分别开展办理的，服务的领域比较广泛，比如农村合作性金融组织所提供的信用业务是按照渔协与农协分别开展的。每个行业都会划定特定的经营范围，选择专业化的运作方式。服务领域所涵盖的范围十分广泛，包含丧葬、卫生保健、生产、文化教育以及社会保障等。

农村资金的使用从之前的“支农”到现在的“富农”。农村金融机构不仅会向成员提供利息比较低的贷款，为农业生产提供服务。主要业务也发生改变，转向了系统外部的其他部门。拓宽农民富裕资金出路，与此同时，基层农协会中的信用组织还把一部分的资金转投到农业信用联合会中，将这些资金转入到社会其他机构当中，提供专门的金融服务。

5.1.5 印度农村金融体制

印度地区的农村金融体制特点具体表现为以下几个方面。

（1）覆盖率比较高，有广泛的再融资渠道。为了让农村金融得到更好的发展，加大农村基础设施建设的力度，印度的农村地区不仅设置有针对监督管理和信贷的专业机构和金融开发机构，还设置了能够提供存款、贷款与农业保险相关的投资机构。印度制定了专门的法律给予界定，认为商业银行必须要把分支机构以及服务的网点建立在农村信贷服务比较薄弱的地区，让农村居民的金融需求得到更好的保障。另外，商业银行还要为农村提供相应比例的贷款，支持农村地区的发展。印度还采用法律手段，保障了农村金融机构的覆盖面积。为了给农村地区提供充足的资金，印度储备银行和其他一些金融机构为农村信用合作银行和农村银行提供可以再融资的渠道。国家农业农村开发银行每一年也能够从储备银行与其他金融银行当中直接得到融资，还可以在国内外债券市场当中募集相关资金。印度还采取了不同的方式拓展再融资渠道。

(2) 国有与专业银行共同为农村提供金融服务。印度农村的居民以及企业居民获取资金的方式主要是商业银行。印度商业银行体系当中包含地区农村银行以及私人、国有商业银行。印度很重视在农村金融当中国有商业银行的作用和价值。通过各种不同的法律政策约束力，让国有商业银行给印度的每个村庄提供金融产品与金融服务。在国有商业银行的市场当中纳入农村地区作为潜在的市场。还通过更加先进的管理服务和经验，帮助促进农村金融服务水平的提升。另外，为了满足印度农村地区金融市场的需求，印度地区成立了专门的银行，包含土地发展合作银行与农村银行。农村银行所针对的是水平比较落后的贫困农民群体，土地发展合作银行所针对的是农民土地开发和生产产品方面的资金需求，给他们提供资金支持。印度的国有商业银行与专业银行之间的良好结合，对于农村金融结构的发展起到了有效的促进作用，让农村金融的支持力度不断加强。

(3) 促进农村金融服务的创新。1992年，印度农业农村发展银行制订了专项计划，涉及自主团体和银行联系计划，对于有贷款需求的农户可以直接成立自主团体，向商业银行提出更加有效的贷款申请。银行把贷款借贷给已经成立起来的自主团体，然后自主团体把资金转贷给每个具体的农户。此种方式会让商业银行贷款的对象最终成为特定的整体。通过团体担保代替抵押的方式，在自助团体内部共同压力下，监督团体当中每个借款人的具体情况，让还款率得到保证，让银行可能面临的不良贷款风险得到有效分散。另外，在给自主团体提供贷款的过程中，还要承担起为每个农户普及金融信息的业务，提供金融方面的培训机会。在新的农村金融计划制定的过程中奠定坚实的基础。1998—1999年，印度推出“Kishan”信用卡计划，允许农村地区的农民按照自身的实际需求，安排具体的时间到特定的银行支行网点凭借着手里的信用卡来完成提现。同时，为了照顾到农村地区中低下收入水平的农民信贷需求，印度也积极拓展“微型信贷计划”，但是因为贷款的额度比较小，在贷款的过程中流程比较简单，还需要进行抵押，让农村地区的弱势群体在资金方面的需求得到更好的满足。

5.1.6 孟加拉国农村金融体制

孟加拉国是南亚国家，该国的国民经济体系当中对于农业的发展依赖程度比较高，贫困成为了当地的重要问题。孟加拉国的经济学家在调查当中得出了结论，认为在农村地区最底层的弱势群体，他们之所以只能有贫困的生活，并不是因为他们自身的努力和工作技能缺乏，而是因为他们缺少银行贷款机会。从此种情况来看，有学者提出“乡村银行”发展模式，这是一种非政府组织小额信贷模式。孟加拉乡村银行模式所针对的是穷人，大多都是农村贫困的人口，尤其是贫困妇女，因此此银行被称作是“穷人银行”。贷款对象是村中五个人自愿组建起来的小组，一个中心当中包含了6个小组、贷款的时间比较短，一般为1年。乡村银行所采用的贷款方式为无抵押和无担保，借助于激励政策以及信任最大限度减少管理层面的风险。

小组内部的成员，还可以针对贷款行为开展专门的评估与监督，以道德作为内部驱动力，让激励和信任机制在慢慢发展当中替代抵押担保制度。孟加拉国在小额贷款的发展过程中离不开政府部门的支持。在政策上，政府部门不仅需要给予更多的支持，还要积极参与到小额信贷项目的具体运作当中。

5.2 国外农村金融体系可借鉴的方法

通过上述对国外一些不同国家地区的农村金融体系进行介绍与分析，可以发现国外农业金融体系当中存在的一些可以被我国农村金融体系发展当中能够借鉴的地方，将其进行总结，主要经验如下：

(1) 实现多层次发展。农村金融体系当中应当包含合作性金融、商业性金融以及政策性金融，把合作性金融当作是主导，不同层次的金融机构确保有合理的分工，形成更大的优势。可以美国的农村金融体系为借鉴。

(2) 政府给予农村金融的支持比较大。在上述介绍的这几个国家的农村金融体系当中，都发现了政府部门投入专门的资金帮助建设农村合作金融机构，或者是在农村金融机构的业务方面制定不同的优惠政策，如利差补贴等，给予比较大的支持。国家所实行的税收和财政优惠政策，各个地方也十分重视，这些对于农村金融体系的建设和完善都起到了很关键的作用。甚至在某种情况下，某个国家和地区政府部门甚至成为了农村金融体系构建的决定性因素。虽然我国政府部门也制订了相关的措施，但是并未给予太多的支持和关注，政府部门在农村金融体系构建当中所起到的作用，仍然显得不那么充分。另外还有一个问题是，政府部门的支持并不是一味地对比不同地区的规模与效益，而是需要对金融体系以及效率进行对比。政府的支持表现为发展方向、渠道以及机构等，很显然我国在这些方面所做的工作还不到位。政府部门采取科学有效的支持途径，会直接影响到我国农村金融事业的长期发展。

(3) 农村金融有着较为完善的法律。印度、美国、日本、法国和德国等国家都针对农村金融制定了专门的法律法规，用来约束与规范农村金融。

(4) 在农村金融机构当中开展的融资需要通过金融市场。比如在金融市场上，可以借助于有价证券的出售来筹集相关的信贷资金。

(5) 给农民提供富裕资金使用渠道。日本的基层协会组织就借助于农业信用联合会组织，向社会当中其他的一些组织提供金融服务，给开拓农民富余资金提供渠道。

(6) 健全现有的农村金融信用担保体系和农业保险体系。通过对不同国家和地区的农村体系架构开展分析，发现发达国家与发展中国家，农村金融体系具备综合性特点。不仅分层严格，也会出现欠缺凝聚度的情况；不仅有比较独立且单纯的金融体系，也有综合性质的金融体系。不管是哪种形式的金融体系架构，必须要具备更大的灵活性，不能局限在某种具体的形式，还要考虑到自身的具体情况，为本国农村金融市场的健康发展奠定基础。日本就构建起了“三级制”的农村保险体系，这是一种存款保险制度和村民共济制度，印度采取了“自主团体联系计划”，所采用的是团体担保方式代替之前的抵押方式，让之前的信用风险可以被有效分散。这样构建起来的农村金融体系才可以推动本国农业经济的快速发展，切实承担起在我国新农村建设过程当中金融支持者应当承担起的重要责任。我国农村金融体系具体建设当中，必然会出现一些问题，具体表现在业务分工、农业担保机制、业务范围划分、金融机构协调以及风险抵御能力等。从更加长远的目标来看，农村金融体系的长久发展，需要不断改革现有的金融体系，建立的框架也应当是多渠道、多层次的。

（7）重视创新农村金融服务体系。法国农村金融机构就允许在商业店铺附近设置银行服务点，可以提供“绿点”相关服务。孟加拉国有个格莱珉银行，该银行针对贫困人口提供小组联保贷款制度。

5.3 本章小结

在本章中所介绍的主要是国外在农村金融制度方面的现状和可以为我国农村金融发展提供借鉴的内容。所介绍的国外农村金融制度主要是美国、法国、德国、日本、印度以及孟加拉国，总结这些国家在农村金融制度中的成功经验，找到其中值得借鉴的内容，结合我国的实际情况来帮助解决在农村金融制度发展中出现的问题。

第6章

城镇化背景下我国农村金融结构优化改善政策建议

6.1 优化我国农村金融结构所需遵循的原则

6.1.1 差异性原则

我国幅员辽阔，因为受到地理位置以及政治、经济等方面因素的影响，使得我国不同地区的经济发展水平存在着比较大的差别，这就要求在发展农村金融的过程中也应当遵循差异化原则。在前面章节当中也分析了城镇化背景下农村金融结构出现的问题，在重新开展优化与调整的过程中，需要引入差异化原则。从整体视角出发，做到因地制宜，结合不同农村金融市场发展的具体情况以及差异化的农村金融需求开展地域化、差异化的分析。比如农村金融服务小组在实际调查农村地区的情况时，需要纳入农村地区的经济发展水平以及居民的收入水平，从政策性、非正规金融、合作性与商业性金融的实际情况出发，研究分析当前的农村金融供给情况和结构现状是否可以满足农村经济主体的金融需求。针对其中存在的不足之处，需要重新设计和调整农村金融结构。在完善现有的农村金融结构当中，需要结合对农村金融需求的差异以及主体自身的实际担负能力，把农村经济主体划分为不同的层次，按照这些层次的差异设计出更加具有针对性的农村金融产品，提供更加具有互补性质的金融服务产品。让处于不同地区和不同生活水平的居民可以享受到更加便利的投资渠道与获取资金的方式，这样才可以帮助真正实现普惠金融的目标，促进农村金融结构对于城镇化进程所起到的作用，让农村金融服务和城镇化建设可以达到共同发展的目标、

6.1.2 整体性原则

农业、农村的发展问题，直接关乎社会发展大局，关系到我国在早期制订的一些目标是否可以顺利实现。在我国颁布的与农村改革相关意见中，就提出了若是无法达到农业现代化水平，就无从谈起国家现代化目标的实现。没有农村经济的繁荣发展，也不会有全国经济的稳定和繁荣。没有农民的小康社会，也无法实现全国全面小康目标。所以，在农村金融体系的建设当中也需要树立起大局观。比如需要做到跳出农村范围之外去看农村，跳出金融圈外去看金融，不能只把研究视角停留在区域金融和产业金融的范畴之内。

传统农业在发展到现代农业的过程当中，是离不开金融提供相应支持和服务的。传统农业阶段对于人力投入以及经验的依赖程度比较高，目的只是做到自给自足。在这个阶段，金融对于农业的生产并没有产生明显的影响，更不是可以起到决定性作用的因素。但是随着农业现代化进程的推进，农村地区商品的市场化和商品化程度不断提升，我国和世界农产品市场之间的联系变得越来越密切，农产品流通、农业科技水平的提升对于农业生产所产生的影响越来越大。若是缺少了强大的金融支持，就不能够建设成具有中国特色的现代化农业。若是缺少了农村金融的支持，农业的现代化目标很难实现，也就更难实现健康、持续、稳定的小康社会奋斗目标。

在进入到21世纪之后，我国更加强调城乡统筹协调发展的内容，需要为农村地区和农民提供更加合适的金融服务。在过去的半个多世纪，农业、农村与农民为了我国城镇化和工业化水平的提升，提供了很多廉价的劳动力与充足的资金，做出了不少的贡献。新时期，我国提出了工业反哺农业，城市支持乡村的发展战略，适

度向农村地区倾斜金融资源，这不仅是对之前历史账务的一种偿还，也是达到城乡统筹协调发展目标的重要对策。在社会主义市场经济发展背景下，农业自身有着明显的外部特征，更需要得到农村金融政策的支持，这是国民经济达到稳定发展目标需要支付的重要代价。作为重要的资源，商业金融会借助市场机制，把从农村聚集到的相关资金，投入到城市发展以及工业建设当中，获取更加丰厚的利润。此种行为不是天经地义的，忽视了商业银行应当承担的社会责任。合作金融看起来是支持农业发展，其实本质上属于一种被动垄断，当然这也不是造成其管理和经营效率低下的主要原因。我国在建设农村金融体系的过程中，必须要设计完善的制度和机制，让各种不同类型的金融机构在农村金融服务过程中最大限度发挥各自的作用。

农村金融体系在实际构建过程中，不能够单独局限在以金融论金融内，而是应当综合分析农村农业当中的风险管理情况与资金流动情况。在经济运行当中，金融与财政是风险管理以及调控资金的关键渠道。现有的经济体制本就存在着比较大的差别，在不同的经济体制情况下，金融财政在风险管理和资金调整当中的地位也存在差别。20世纪我国处于计划经济背景下，风险管理和资金调控过程中的主要渠道是财政。进入到市场经济背景下，风险管理和资金调控的主要渠道是金融。我国当前的市场化金融已经发展到了新的阶段，金融业成为了调控资金的重要渠道，但是必须要明确金融和财政之间的界限。想要构建起可持续性、覆盖范围更广泛和多层次的农村金融体系，必须要得到财政方面的支持，财政与金融资金以及风险管理必须要密切配合。

6.1.3 独立性原则

当前我国农业整体发展水平正处于传统农业向现代农业转变的重要过程。但是在不同区域之间，区域内部还存在着很大的差别。农业区域产业化已经取得了一定的成效，但是仍然存在着明显的小且散的产业布局特点。农业生产还存在着组织化、产品标准化水平比较低，产品生产、供销环节差异存在着严重脱节情况。我国东部、中部以及西部地区的劳动整体素质、县乡财力、基础设施以及农村社会事业之间存在着很大的差异。在设计农村金融体系与制度的过程中，必须要考虑到农村、农业发展的基本特征，还要构建起可以更加灵活地自适应机制，避免制度变化带来更大的振荡。

在社会主义市场经济下，构建起的农村金融体系，需要综合发挥合作金融、政策与商业金融、民间金融各自的作用和价值，还要让这些金融机构的综合作用得到最大限度发挥。我国现有的农村金融服务需求形成了多样化、多层次的特征，不同金融机构组织可以在农村金融市场当中找到适合自己的定位和优势，不同金融组织之间的关系不仅是竞争也是合作的。在建设农村金融体系当中，不仅要强调竞争机制的建设，还要重视培养合作精神。在市场经济背景下，竞争的作用愈加明显。但是在市场经济发展和转轨当中，可能会过度竞争，忽视了不同机构之间的必然合作。不管是区域内部还是行业内部，呈现了很多“诸侯经济”，也就是“小而全”，金融体系开展当中，体系内部各种要素之间存在着十分密切的关联性，不仅需要让农村金融市场竞争得到提升，还需要对各种金融组织的良性和适度竞争进行引导，加大在清算、结算、资金融通以及风险管理方面的合作，最终可以达到共赢的目标。

基于农村金融管理的视角来看，因为农业农村区域发展水平存在着比较大的差异，应当对高度集中的管理结构、层级结构、管理规模等进行改革，适当下移管理中心，便于因时制宜和因地制宜管理。2003 年，在改革农村信用社的“县级法人”以及“省级政府负责”相关制度设计过程中就充分体现出了这方面的原则。但是在实际运行当中缺少了政策方面的支持，风险管理也不到位，几乎所有的金融管理权限高度集中在最高的领导层，省级政府部门能够发挥的作用十分有限。在设立了如资金互助社等新型农村金融机构之后，让金融管理规模不断扩大，也让管理的复杂性显著增加，对于之前那种集中程度很高的管理体系提出了新的挑战。在设计金融管理体系当中，不仅需要考虑到历史方面的因素和现实层面的需求，同时还需要有更加明显的前瞻性，对农村农业的稳定发展起到一定的引导作用。

基于金融工具、金融市场以及金融机构的发展情况来看，今后农村金融体系必然会朝着差异化和多样化的方向发展，要发挥各种金融主体在金融市场当中的创新积极性。基于金融功能的视角来看，除了需要提供传统的存贷汇金融服务之外，在农村经济和社会快速发展的背景下，农村金融服务的需求内容也发生了比较明显的变化。现在人们个人的保险意识没有明显提升，农业生产当中的种植和养殖大户对于农业的发展提出了更高的要求，对于农村金融的要求也更高。尤其是在我国东部沿海的一些地区，一些近郊地区富裕起来的农民产生了理财、投资等金融方面的需求。对于中部与西部地区的大多数农村而言，因为农业所产生的贷款仍然在金融服务需求当中占据核心地位。在最大限度有效控制的情况下，需要鼓励各种不同的金融组织，结合具体金融服务方面的需求重点、特点开展金融创新服务，满足不同地区的特色化以及多样化的金融需求。

不管是发达国家还是发展中国家，农村的发展都是重要的难题，也是急需要解决的重要问题。在农村经济发展过程当中，与其相匹配的农村金融体系也是重要的难题。在农村金融体系建设与研究当中，这些年来比较重要的问题是国别对比，也为我国农村金融体系的构建提供了很好的借鉴。整体上来看，我国不同地区的农业农村具体发展情况存在着很大的差异，我国农村经济金融体系的构建只能够借鉴部分的金融体系和成功经验，不能照抄照搬。

我国的农业生产模式和发达国家的大农场生产模式相比存在很大差别，而且在今后很长的一段时间中，都会以“小规模”生产模式为主。发达国家之所以可以实行“大农场”农业发展模式，主要是因为他们是人少地多。农业发展需要劳动力替代资本。在“小规模”生产模式下，生产活动对于资本与保险的要求是分散和小额的，缺少抵押品，抗风险能力也比较低。对于发达国家已经采取的“大农场”生产模式当中金融体系的借鉴，主要是集中在怎样让农村商业金融的作用和价值得到更好的发挥，更好地配合财政机制与商业金融机制。

和一部分发展中国家相比，虽然整体发展水平比较接近，农业资源状况和生产模式也都接近。但是因为社会制度和乡村文化之间存在着比较大的差别，决定了我国对于国外的农村金融体系借鉴十分有限。孟加拉乡村银行的创始人在得到了诺贝尔和平奖之后，其创立的小额信贷模式引起了金融界很多人的关注。农户贷款引入了“多户联保”以及“正向激励”措施，尤其是针对扶贫开展的贷款有很显著的借鉴价值。但是在那些非农收入在农民总收入当中占比比较大的农户不适合，劳动力从事农业生产机会成本比较高的情况下，孟加拉小额信贷当中的高利率并不适合非农业生产以及农业扩大再生产当中的融资需求。在帮助贷款可得性与贷款覆盖面扩大的同时，孟加拉的小额信贷并未真正达到财务可持续的目标。

我国和那些人少地多的部分发达国家相比，因为经济发展总量和所处的具体阶段不同，我们只能借鉴其中一些相对合理的成分。在农业现有的自然资源、生产条件以及人口密度方面，我国和日本、韩国等地区有着相似之处。韩国和日本的农业基本上已经发展成为了现代农业，现有的金融体系也比较完善。因为我国与这些国家的农村和农业整体发展情况存在差异，也只能借鉴这些农村金融体系当中比较合理的因素。比如可以借鉴农村合作社完成农村金融的合作问题。但是我们很难应用韩国那种通过农村金融机构存款利率比城市利率更高的方式完成资金的引流。另外，我国的地域广博，不同区域之间存在着很显著的差异，想要构建起具有全国统一的金融体系，显然存在着比较大的问题，也已经证明了我国已经实施的农村金融措施和我国农村的具体情况之间存在着比较大的差别。

在已有的经济制度和农业农村的经济社会条件上，世界上没有一个国家和我国是完全相同的。这也就决定了我国必须要结合自身农村的实际情况，构建起一条具有中国特色的道路。对于不同经济体中农村金融体系构建过程中一些成功的经验可以借鉴，但是不能与我国农村的实际情况相互背离。

6.1.4 与时俱进原则

在建设我国农村金融体系的过程中，需要坚持尊重历史和面向未来的原则，重视以及鼓励制度方面的创新。其中尊重历史和面向未来指的是，在建设农村金融体系的过程中不仅需要考虑到历史因素，同时还需要考虑到体制、机制的持续性。在国家经济金融体系当中，农村金融体系是其中十分重要的构成部分。经过了半个多世纪的发展，积累了不少的历史问题需要慢慢解决。比如想要解决农信社政策性业务损失可以采用央行票据置换不良贷款。另外在农村金融机构内部也存在着其他的一些问题，比如现有的内部治理机制不完善，内部人员控制不到位等方面的问题和农信社发展历史之间存在着密切的相关性。有学者提出了历史的问题要历史解决的原则。农村金融体系当中出现的历史问题，采用历史来解决。所谓历史解决方式指的是扫除发展历史当中遇到的障碍，而扫除障碍是一种条件而不是目的。在基本上已经确定了社会主义市场机制的基础上，农村金融体系不但需要解决当前的迫切问题，还需要构建起一个发展能力更好、自我调整以及稳定且持续的长效机制。

另外，还需要做好制度方面的创新，重视防范风险。在建设农村金融体系当中，不仅需要把防范金融方面的风险当作是首要目标，同时还要做好金融制度的不断创新。防范可能出现的金融风险，这样不仅会对经济稳定产生积极的保障作用，同时也会影响到社会的整体稳定性。不管在什么时候，设计金融制度都要把风险防范放在首要位置。金融活动本身开展的过程中就会涉及风险管理的相关内容，不可能会有那种任何风险都不存在的金融活动。当然也不能一直停留在某个阶段，现有的金融制度也需要创新，便于及时顺应时代发展的需求。若是缺少了制度创新，农村金融制度就会缺少活力，无法打破原有体制和机制的制约。即便是改革了原有金融体制，也只能在某个特定的范围之内改革，无法实现更大的突破。如果依据审慎原则，采取先试点，后推广的改革方法，不仅需要鼓励创新现有的金融制度，还需要做好系统性风险防范。

以增量来促进存量。在农村金融体系当中，存量改革是其中的重点和核心，还采取了一些专门的手段来促进存量改革。当前，我国的农业金融体系中，监管、组织和制度体系等已经形成了基本的框架。农村金融组织体系已经从之前的“大一统”转变成为了多层次发展。对于某个发展中的农业大国以及采取渐进式改革路径的国家来说，农村金融体系在经过几十年的改革与发展后，已经得到了一定的成效，也为下一步继续改革和发展奠定了重要基础。但是当前因为农村金融制度在机制和制度设计方面存在的问题，导致现有的金融体系没有办法很好地顺应新时期农村发展的具体需求，这也让农村金融体系改革的进程不断加快。改革增量是推动改革存量的具体方法。但就当前农村金融市场的实际容量情况与发展的速度来看，在今后很长的一段时间当中，增量都没有办法代替存量的地位。虽然和增量改革相比，存量改革的难度更大，也更加困难。但是就我国农村金融具体的发展情况来看，农村金融体系的进一步发展，必须要改革现有的存量制度，这也是整个农村金融体系改革当中的重点。

6.2 优化我国农村金融结构的具体方法分析

“三农问题”也就是农民、农村以及农业问题，与党和国家事业的整体发展之间有密切关系。改革开放了40多年以来，每次农村改革都处于十分关键的阶段。党中央会召开专门的会议研究与三农相关的问题。适当发挥政府部门对于农村金融的作用。在三农问题的解决当中，农村金融会产生很大的作用。首先，对于某个国家而言，农业不仅仅属于支柱产业，同时也是重要的战略产业。国家对于农业经济采取的各种措施，如保护措施、支持措施以及发展措施三个不同层面的目标是比较连贯和连续的。在整个过程中，农业发展的核心是农村金融，也是整个农业发展中的重点。政府部门对于农村金融所提供的支持，最终都会转变成为农村金融顺应农村经济稳定发展的新需求。然后，农业所具有的强外部性和多功能性特点，决定了农业属于基础产业，也是需要扶持的产业。所有的实践结果都证明了，农业需要全民给予关注，也需要社会各方力量参与其中，尤其是需要政府部门给予相应的支持。

随着农村社会结构的分层更加明显，生产关系以及生产力发生了明显的变革，农村的金融问题得到了许多人的关注。探索农村金融思想和理论，不同理论之间的碰撞都产生了新的光芒和智慧。农村金融经过了多年的实践与发展，充分发挥了农村金融对于农村经济发展的促进作用。在设计农村金融制度的过程当中，不时反映出农村社会转型需求点。

6.2.1 政府部门介入农村金融的理论基础

在农村金融当中，政府部门如何发挥作用，发挥多大的作用，和其所依赖的相关理论之间存在着密切的关系。在金融和政府的相关关系讨论过程中，不同的学者所提出的主张是不同的，对于政府部门的作用以及作为产生直接影响。世界上当前比较流行的手段是美国经济学家所提出的理论，认为金融是从抑制转化成为了深化理论，指出政府部门制订的干预措施是金融抑制最为直接的影响因素。反对在金融当中，政府部门过于干预，减少政府部门的过多管制措施。在市场机制中，让金融资源可以发挥更大的作用与价值。不管是凯恩斯主义需求管理政策，还是新凯恩斯主义理论，都坚持政府干预经济的相关理论。认为在农村金融中，政府部门所起到的作用以及地位都是很重要的。农村金融理论在实际演变的过程当中，从之前的农业信贷货物补贴理论发展到现在的农业金融市场理论，再持续发展到不完全竞争市场理论中，我们能够发现农村金融市场当中对于政府基本诉求的基本脉络与研究主线。回顾过去的学术纷争，能够发现政府为农村金融服务提供支持的依据和理论基础。

（1）在农业信贷补贴理论当中，认为农村居民，尤其是经济十分贫困的阶层，他们基本上是没有储蓄能力的。农业本身所具有的回报低收益性、弱质性以及投资长期性特点，让农业很难成为格外关注利益的商业银行的融资对象，所以就十分有必要借助于政府部门的力量，把农村外部的一些资金引入到农村，也就是向农村地区注入政策性资金。农村金融市场理论当中对于市场机制的作用比较看重，认为在实践中，政策性金融的作用或许并没有我们想象的那么大，反对政策性金融对于市场的扭曲作用。诺贝尔经济学奖 2001 年的获得者发表了关于信息不对称以及不完全竞争市场相关问题的研究结果。农业信贷补贴理论内容就成为了农村金融不完全竞争理论形成的重要基础。研究者指出，在发展中国家，尤其是，经济发展水平比较落后的农村，市场可以发挥的作用很少。发展中国家已经构建起的市场也并非是完全竞争市场，现有的信息表达与沟通机制都不是十分有效。想要完全依靠市场机制，很难构建起有效性很高的金融市场。所以政府部门需要在整合信用力量、表达机制建设以及社会信用生态建设等方面充分发挥自己的作用。在不完全竞争理论当中，政府部门的介入也给金融市场的发展提供了更多扎实的理论基础，为之后构建起具有中国特色的农村金融体系带来了新的理论指引与启发。

（2）实际上不管理论是怎么演变的，都认为在农村金融中轻视政府部门的作用是不可取的。很多国家与地区在农村金融实践活动当中也都会格外重视政府部门在农村金融领域的政策引领作用和主导作用。因为农业本身具备了高成本、高风险的弱势，不管是发达国家还是发展中国家，各个国家都会强调政府部门的作用。政府制定农村金融政策比较常见的方法包含了债务担保、税收优惠以及无息或者低息贷款，设立专门的政策性金融机构等。比如美国会针对农业开展高额补贴，加大农业基础设施方面的投入。在日本，政府也设立了专门的农林渔业信用基金，给农民的融资提供相应的担保，让农民的信用度得到提升。在孟加拉国，政府也会设立专门的资金，把资金批发给一些小额贷款公司，这些公司再把获取到的资金贷款给需要资金的农民。在不少国家，都会针对农业金融体系制定专门的优惠政策。比如美国政府就规定了，在商业银行当中，农业贷款占所有贷款 25％以上的比例，可以在税收方面给予一定的优惠。法国针对农业贷款的银行所提供的利率水平是一般银行利率的一半左右，贴息资金则是由农业部门统一支付。

我国很多学者都比较看重政府部门的政策性金融对于农村地区，尤其是对于经济不发达地区的农村经济的促进效果。有研究学者认为，在中国某些贫困地区，经济活动产生的经济效益以及资金流量都没有办法支撑各种商业性金融机构的发展，这些地区农民对于资金的需求问题只能够通过政策性金融机构来完成。也有学者研究认为，中国农民属于“道义小农”类型，所从事的生产属于安全性与生存性生产，并不属于经营类的生产，没有办法支撑商业银行运行。国务院在农村综合改革过程中制定的总报告当中，得出结论：农村金融所存在的问题不仅仅是怎么把资金引入到农村地区，为供给提供保障。更重要的是，怎样让金融服务惠及更多的农村低收入群体，达到更加公平的状态。单纯凭借市场机制是没有办法完全达到公平与有效配置金融资源的目标。

我国属于发展中国家，现有的农村金融制度出现的很多问题，是金融制度本身的缺陷所导致的。也正是因为金融制度所依赖的信用体系、法律制度、产权制度和行政管理体制不够完善，所以想要克服农村金融领域当中出现的市场失灵情况，是离不开政府部门的支持。

6.2.2　政府部门加大支持力度

我国农村金融机构在具体建立的过程中，需要充分发挥政府部门的主导和支持力度。在很多国家与地区，政府部门在农村金融当中所占据的重要地位都是比较重要的。在我国，因为农村的经济水平和市场化水平比较低，农业生产很难有效地积累自我效益，在形成的投资收益下，无法很快地弥补前期投入的相关成本。导致不少金融机构等投资主体缺少对于农村经济主体投资的热情。在这种背景下，政府部门需要构建起和农村实际发展情况相匹配的利益补偿机制，让农村农业经济在发展当中可以获取充足的资金，吸引更多的商业银行给农村经济投资，保障农村经济发展有更好的持续性。

政府部门也应当加大对于农村农业经济发展和农村金融奖励措施的支持力度，鼓励更多金融银行增加对农村金融的有效供给行为。还要求政府部门制定更多具有针对性的法律法规，采取强制性手段让商业银行给农村经济提供更多的服务，还要选取一部分比例的贷款用来支持农村经济主体的发展，让农村金融的相关需求得到满足。还可以借助于法律途径，规范当前农村金融体系当中的正规金融机构与非正规金融机构，加大政府部门对于农村金融部门的监督管理力度。

6.2.3 强化城乡金融机构合作力度

农村地区与城市地区的金融组织和结构之间存在着比较大的差别，这两者之间存在着十分密切的相关性，可以实现资源互借和信息共享，也可以让农村与城市的金融机构实现更好的合作，弥补各自发展当中存在的局限性，还要在服务供给方面给予相应的补充。比如农村的信用合作社、商业银行以及村镇银行等，都可以申请和城市国有银行或者股份银行构建合作关系。借助于城市金融机构得到更加规范且有效的理财门户、代理支付等相关金融服务，为农村地区经济主体提供更加良好的信贷和交流平台，让农村地区的金融服务网络得到进一步的拓展。

为了推动城市金融与农村金融机构之间的合作，也可以结合城市银行机构与农村金融组织，比如可以把农村的资金合作社和小额贷款公司当作是城市金融机构的零售商，可以承接大中型金融机构当中的金融服务或者代理服务，促进农村金融市场以更加快的速度发展，也帮助农村新型金融产品的设计以及服务模式的更新提供更大的灵感和契机。

6.2.4 构建良好外部生态环境

从理论上来看，农民金融需求以及相关产品和服务可以划分为公共服务与产品、私人服务与产品、混合服务与产品三种不同的类型，这就需要构建起包含有更多丰富内容的金融体系，比如政策性金融、商业性金融以及合作性金融等。需要充分利用完善的税收和财政政策，构建起地方政府部门对于支农金融机构的常态化财税减免制度，加大财政资金支农的力度。农村金融想要得到更好的发展，最根本的是需要发展农村经济。农村经济得到发展之后，才可以为更大限度发挥农村金融职能，起到更好的推动作用。所以，需要加快农村金融职能发挥的作用，重点支持农村基础设施的建设，夯实农村金融和经济发展的基础。按照风险分担的相关原则，采取互助性、商业性以及政策性等多种不同形式共存的担保体系，给商业银行的贷款服务开展提供担保，让银行面临的贷款风险可以适度被分散。构建起针对性的风险补偿机制。政府部门可以从财政预算当中划拨专门的资金，用于补偿农村金融机构在农村信用贷款业务开展当中出现的损失，这其实也是政府部门支持农业发展应尽的责任。近些年以来，我国有不少地区也在农村金融环境的改善上做出了不少努力，加大力度推进农村金融体系的改革，取得了一定的成效。

农村金融生态环境所反映出的不仅仅是某个地区特定的经济水平和金融发展水平，同时也代表着某个地区的竞争力水平。当前农村金融市场环境背景不断变化，想要构建起良好的农村金融生态环境，需要构建起农村征信系统，完善现有的农村法律建设，为农村存款利益提供有效的保障。这些措施可以帮助农村金融，形成更有效的竞争环境。农村金融生态环境的优化与改进过程中还需要做到以下几个方面：

（1）解决农村在金融立法以及执法方面的问题。农村的经济基础与金融基础都比较薄弱，必须要制定特殊的法律政策给予专门的保护。尤其是应当注意怎么保护农村主要的经济主体的合法利益，还要关注到农村金融对于农村经济所产生的影响的程度。制定为农村经济提供综合保障的法律政策，明确提出不同金融机构在“三农问题”当中应当承担的责任，同时还需要设定在总贷款当中农业贷款最低应当占的比重，并且完成考核。以此来确保农村金融供给，给农村金融发展的资金需求提供保障。对于农村出现的新型金融形式和民间金融形式，应当制定具有独立性的法律，完善现有的法律与法规。在实际执法的过程中，需要做到公平、公正和严格惩处。

（2）构建完善的农村征信体系。当前的农村金融市场中存在着信息不对称的情况，这就导致农村在融资过程中的难度比较大，遇到的问题也比较多，让农村信用水平有所降低。如果某个地区农村的企业和个人信用缺失，会对某个地区的金融结构产生比较大的不利影响，政府部门需要到农村地区大力宣传征信体系的重要价值，让农民与企业的信用意识可以得到增强。针对农村地区的具体情况建立起完善的金融数据共享平台，借助于信用网络将农村的税务、工商以及金融机构等都连接起来，形成更加完善的征信体系数据库，同时还要配备与其相适合的信用评估指标体系。在建设农村征信体系的过程当中，是需要农民、政府金融部门以及各金融机构的共同支持和参与的。

（3）实施存款保险制度。为了保障存款人的利益，所建立起的存款保险制度，也能够有效防范农村金融机构的系统性风险。在现阶段，我国农村中小金融机构的规模比较小，缺少比较强的抗风险能力，让其在中小企业、农村居民当中的信任程度直线降低，也让不少资金都外流。如果实施了存款保险制度，将会给引入到农村金融结构当中的存款提供保障，而且还让其朝着更加稳定和健康的方向发展。建立存款保险制度，应当对各种金融机构采用强制保险的方式。针对农村金融的具体特点以及环境方面的约束，在利率市场化的背景下，可以提供相应程度的费率优惠。

6.2.5 促进农村老龄金融事业

当前我国面临的比较严重的社会问题之一就是人口老龄化。农村老龄化问题现在也变得越来越严重。在农村城镇化发展进程当中，人口老龄化相关的问题是不能被忽视的。怎么借助于金融手段和工具来解决老龄化相关问题，达到老有所养、老有所依，这是在调整和优化农村金融结构过程中必须要面临的关键问题。现如今，包含养老储蓄在内的传统老龄金融服务在老龄金融产品当中所占的地位依然很重要，社会基本养老保险有比较明显的强制性和普遍性。传统金融机构主要包含了保险与银行，他们给农村提供的养老金融服务现在已经取得了比较大的成就。加之相关创新措施的发展，农村养老金融应当朝着更加广泛的领域拓展，比如信托、保险、银行、证券和基金等，拓宽金融业务范围，帮助平衡养老金融的支持力度，减少农村对于基础养老金融的依赖程度。

可以在农村地区成立起专门的社区老龄服务机构或者是老龄工作委员会，各个村的农村金融与社区老龄服务机构之间开展有效合作，给农村老人提供更多样化的服务，还需要增加对老龄服务机构的资金支持力度。也可以借助于社区老龄平台以及老龄服务机构，向老年人开展相关金融知识的宣传与普及，让农民对于金融知识有更加全面的了解，提升他们自己的自我保护意识，加快改变传统的养老方式，让其朝着社区养老的方式转变。但是在开发农村老龄金融产品的过程中，必须要结合农村老龄金融的实际情况以及当地养老保障体系，还要考虑到农村经济水平和老龄人群的实际需求，设计出更有可持续性的金融产品。比如可以设计“储蓄＋保险”模式，针对老年人的特殊性，设置意外伤害、财产和医疗方面伤害保险，提供更多可供选择的金融产品。另外，可以选择把自己的子女当作是投保人，发展父母贷款、子女担保的方式，形成连带偿还贷款的方式。让构建起的各种新模式可以推动农村养老金融事业的发展，减少城镇化进程中给农村带来的各种问题。

6.2.6 规范民间金融的发展

民间金融的随意性、风险性容易造成诸多社会问题。向私人借钱，大多是半公开甚至秘密进行的资金交易，借贷双方仅靠所谓的信誉维持，借贷手续不完备，缺乏担保抵押，无可靠的法律保障，一旦遇到情况变化，极易引发纠纷乃至刑事犯罪。由此看来，民间借贷也必须规范运作，逐步纳入法制化的轨道。

把合理的民间资金引导到投资类民资类管理公司，由地方金融办（金融管理局）对其资金账户进行监管并让其依法纳税，以此把民间资本做到其监管范围之内并引入实体经济中去，规范民间借贷市场秩序，注重对民间资本的法律保护，减少其所带来的暴力催收等不安定因素。对民间借贷的法律界定不应该是模棱两可的，应当是明确的，对其合理的解释、合法的保护是引导其正确发展的必要举措，也是推动民营企业发展的良好条件。

6.2.7 处理好两种关系

6.2.7.1 效率和公平

公平和效率是用来形容资源配置的情况。公平指的是在对收入分配的过程中所依据的合理、客观规则或者原则，比如等价交换原则、按劳分配原则等。效率指的是让资源的配置可以达到帕累托最优状态，具体是：第一，对于任何资源进行重新配置，都没有办法让某个人的收入增加，而不让某个人的收入减少。第二，分配原则一般是先考虑效率然后再兼顾公平，打破过去在资源分配当中依据的平均主义。效率优先是资源分配当中首先考虑的。而当前社会当中收入差距不断扩大的背景下，其实更加需要考虑公平问题。

我国经济在不断发展的过程当中，长期出现的二元经济情况，导致城市和农村在经济发展水平、收益分配以及教育卫生资源等很多方面产生了比较大的差距。在农村金融的公平与效率相关问题上，一些农村金融机构却是过分强调效率，脱离了和农业、农村相关的金融服务。在县级以下地区不断压缩机构、撤销营业网点、压缩农业贷款，导致个体农户在贷款方面存在着比较大的难度，农民无法享受到公平的金融服务。现在我们处于社会主义新农村建设的关键阶段，如果农民没有足够的资金种植粮食、读书看病、盖房等，那么在资源分配上公平和效率基本上是都没有办法实现的。所以，在公平得不到保障的情况下，应当更有效地去维护公平，让农民可以享受到更加公平的金融服务。对于我国农村金融结构的优化，首先就需要处理好公平和效率之间的问题，各大金融机构，尤其是涉及农村金融业务的正规金融机构，有责任也有义务给农村金融发展提供成本更低的金融服务与金融产品，给城乡差距缩小、实现协调发展提供更大的金融支持。

6.2.7.2 主体和辅助

农村金融体系中除了要发挥农村信用社，中国农业银行等金融机构的主要作用，还要关注到其他一些金融机构的辅助作用，充分发挥民间资本的优势，让农村供给不足的矛盾得到有效缓解，如可以发挥农村民间金融体制中的合法金融机构作用。

政府部门应当始终坚持明确相关标准，鼓励竞争以及细化监督等原则，制定出更加符合中国具体国情的民间金融法律规范。另外，还需要鼓励当前的地方性商业银行给农村地区提供专门的服务，给农村地区的中小企业以及专业合作社、产业当中的龙头企业，提供和他们自身特点更加符合的金融服务与金融产品，鼓励规范多样化形式的，适合农民各种需求、农业发展以及农村经济的新型农村金融机构，为农村地区的社区性中小银行提供服务。还需要大力发展小额信贷组织、贷款子公司、村镇银行、农村资金互助社等各种新型的农村金融机构，允许那种条件比较好的农民开展合作社等。

6.2.8 基于城镇化背景新需求创新金融体系

我国新型城镇化的发展经历了比较复杂的背景，加之因为长时间受到计划体制的影响，导致社会对于金融业的依赖程度很高。在新时期各种方式都发生了改变，金融行业也将会面临很大的挑战。尤其是在我国召开了十八届三中全会之后，就确定了在资源配置当中，市场所起到的是决定性作用，标志着我国的改革已经进入到了新的发展阶段。金融业的改革以及发展都成为了全社会关注的热点和重点，面对着改革的不断深入和全面推进，城镇化都得到了快速的发展。金融行业需要在金融产品、金融政策以及服务体系等方面积极改进，最终达到转型发展的目的。

6.2.8.1 全面适应新型城镇化金融政策

我国金融行业长期以来都出现“准财政”的角色，在历史上也曾经出现过与政府职能相关的定位，要让我国的银行转变成为真正的银行，当然还有不少其他的路要走。在新型城镇化发展过程当中，政府所发挥的作用和职能仍然比较多，具有我国特色的城镇化道路是需要发挥政府部门的主导作用的。但是，政府部门现在对于新型城镇化建设的干预，已经不再是过去那种直接分配金融资金，而是需要通过政府部门的引导，促进经济社会可以实现均衡发展。政府部门所起到的主导作用，主要定位在政府部门给城镇化建设所提供的各种支持，包含基本的公共服务支持以及财政支持等。还表现为可以给各级政府部门和农户、金融资本、产业资本等的沟通合作，制定针对性的法律规范与政策。

金融机构的创新和发展一般是需要通过金融手段来实现，依靠金融产品和机制等的创新以及运作，为城镇化的发展提供金融方面的支持和帮助。同时还需要遵循基本市场化原则，充分考虑到利润最大化以及风险防范原则。很显然，我国新型城镇化发展目标想要实现，需要大量的资金，单纯依靠政府部门给予的财政投资以及金融业的负债情况是很难实现的。根据中国社会科学院所给出的研究报告，在2012年之后的20年当中，我国会有5亿多的农民真正实现城市化的生活，每个人所需要的市民化成本大约为10万元，整体需要的市民化成本为40万亿～50万亿元。在最近有的研究当中发现，到了2020年，仅仅是市政方面的投资都已经增加到了16万亿元。市政投资已经在很多领域实际投入，比如宽带中国、美丽中国等一些主体功能区建设。现有的资金仅仅是依靠政府部门或者是金融机构还无法实现，需要国家层面出台专门的金融、税收和产业相关的配套政策，让金融产业可以更加广泛地组织社会投入资金，为城镇化建设起到推动力量。

6.2.8.2 构建新的金融服务体系

就我国当前的金融服务体系来看，尤其是，广大农村地区的服务体系，无法适应新型城镇化发展所提出的目标。主要原因是当前的金融体系是长期在农村支援城市的背景下产生的，也是银行给国家现代化发展筹措相关资金的情况下布局的。对于基层网点而言，最为主要的工作是吸收存款，然后将这些资金集中起来让上级银行进行支配资金。基层网点最为中心的要务是资产负债，基层网点本质上变成了抽取农村资金的抽水机。虽然在近些年以来，基层网点从农村建设以及三农视角考虑，开发出了不少的新产品。但是不少产品只是体现在了“态度”方面。尤其是对于基层网点的考察更加关注业绩考察，在这种环境的激励下，涉及农业发展的相关资金量比较少，抵押担保的过程也比较复杂，存在着比较大的安全回收风险，不可能成为城镇化建设过程中主要资金来源。在这种情况下，村镇银行更加能够满足农民和农村的需求，所以在农村地区有了比较好的发展空间。希望通过此类传统体制之外的金融机构，给新型城镇化的建设提供更多的资金服务。

通过采取改革措施的方式来改变之前高度垄断的金融行业状态，加大对民间银行的支持力度，想要通过建立村镇银行的方式来解决城镇化建设相关资金，还很难实现。城镇化建设过程当中，很多投入的资金期限都比较长，资金数额很大，回报率相对较低。

为了让新型城镇化在发展当中的资金需求得到有效满足，当前可以选择的方法主要可以分为两种，分别是：第一，国家层面需要尽快制定相关政策，建立起像韩国那样的政策性银行，按照政府引导以及市场运作的方式构建新型城镇化金融服务体系。在布局金融体系的过程当中，可以借助于基层当前拥有的商业银行，代行政策银行当中的一些服务和职能，不用再去新建一些政策性银行。可以考虑在省级以上的商业银行当中专门划分出专门的政策性银行职能。没有理由直接放弃过去所构建起的金融服务网络和体系，通过对我国当前的金融体系进行有效改革与整合，构建起职能更加明确、边界更加清晰的专事政策性金融服务机构。在业务创新以及改革的过程当中构建起合作金融为主导，政策性金融作为导向，将民间金融和商业银行当作是补充的农村金融服务体系。第二，基层商业银行面对着新型城镇化提出的新要求，应当积极顺应此种要求，调整现有业务的重心和重点。在业务开展中，必须要认清楚当前城镇化建设背景下，经济社会的整体格局已经发生了变化。有不少的政策都会伴随着城镇化的发展而不断出台，也会在今后有专门的资金通过银行体系发挥作用。基层银行在整个银行体系当中需要发挥的作用也会越来越大，承担起如基础设施建设相关资金、社会化养老政策性金融以及生源地贷款等相关的管理工作。

随着城镇化发展进程的不断加深，越来越多的城镇经济发展速度会不断加快，也会出现更多信用更好、更有发展前景的中小企业。商业银行应当及时了解这些企业发生的变化，给他们提供更多更有效的服务，构建起共生和共长的新型银行企业关系。

在上述构建基本金融服务体系的基础上，为了适应当前政策中给予农民更多财产权利的相关要求，顺应农村土地产权改革所提出的新要求，还需要通过村镇银行、小贷公司、股份制银行以及土地银行等社会服务机构和金融机构等，在新型城镇化发展以及产业发展的过程当中，提供更加便捷的金融服务。

6.2.8.3 不断创新现有金融产品

新型城镇化建设中，对于资金的需求量是很大的，仅仅依靠当前的财政资金以及土地出让金很难完成相关的使命，金融行业必须要借助于自身融资方面的业务优势，最大限度地动员社会资金参与到新型城镇化建设当中来。

近些年以来，金融行业也在这些方面取得了一定的成效。比如在2000年时，中国农业银行就已经为了推动城镇化的发展，成立了“绿色家园”新产品，在股权改革之后，按照市场化的相关原则又提出了“农村城镇化”贷款等系列产品。其他的商业银行也按照这种思路，推出了一些新的产品，努力为城镇化的发展提供更多的资金。在资产的监督管理难度较大以及资金回收难度大等问题上，都会面临着商业银行最大化利润带来的严峻挑战。若是按照当前的情况，在城镇化建设当中，发挥金融行业的作用，最终的结果要么是力度很有限，要么是当前的经营风险会变得越来越高。这就需要不断开发新的产品，争取得到国家更多的政策鼓励和支持，为城镇化建设提供发展资金。

至于城镇化建设所需要的相关资金，可以借鉴国外征收城市建设税务的方法，在区域内部征收税务，或者是把政府基础设施投资纳入到基金统一管理和使用当中，或者是制定城镇土地出让金提留等方式筹集相关的资金。在建立城镇化发展基金之后，管理方面也可以借鉴欧美国家的建议。市政建设中，通过委员会投票的方法实现民主管理。在基金实际使用中，需要依据特定的原则，比如有偿使用或按照轻重缓急使用原则，解决商业银行当中无法解决的一些资金需求。考虑到我国城镇化建设过程中面临的巨大资金需求，市政公共服务制订付费制度，可能和过去城市化建设存在着比较大的不同，对现有的抵押担保方式进行创新。在建设城镇化的过程中，资金需求无法得到很好满足的关键原因是，在市民化发展进程中，广大农民缺少有效性更强的抵押担保物。虽然在十八届三中全会的决定当中，对林业、承包经营土地、大型农用设施、宅基地等抵押物都做出了原则性的规定。但是在实际操作过程当中，还是存在着法律方面的障碍，而且在后续的价值评估、资产的流转以及变现方面都存在着比较大的难度。在打破原有法律政策的限制之后，还可以构建起第三方的流转、抵押和评估服务体系。近些年以来，有一些地区就开展了“土地银行”，在土地使用权方面给予担保，这是一种很好的方式。相信在之后农村土地改革不断加速的过程当中，尤其是随着电商行业的不断发展，带来了各种机遇，可以打破过去工厂化、集中化生产当中的一些弊端，改为小规模以及分散化的生产方式。随着城镇化发展进程的不断发展，基础交通设施也得到了比较大的改善。在不少城镇当中，出现了一些围绕着新型经济模式的中小型企业。之后，这些新型的中小企业会成为最具有创新以及最具有活力的新群体。根据相关报道数据显示，在全国已经有不少的淘宝村。在淘宝网，每10位卖家，就会有一位网商是农民。想要顺应新经济发展需求，金融行业必须要开展更加快捷、方便的金融产品，为出现的新型中小企业提供各种服务。

6.2.9 基于国外成功经验，探索我国有效市场机制

在上述分析中介绍了国外在农村金融机构方面的基本体制和农村金融制度改革中的成功经验。根据已有的这些经验，我们能够发

现，在现代化建设的起始阶段，工业化的发展会集中各种力量，包含金融资源的集中，可以帮助加速工业化的发展进程。但是当工业化发展到某个特定阶段之后，就必须要制定专门的政策，帮助城市、农村、农业和工业，社会经济之间的协调发展。在第一个阶段，配置金融资源的过程中主要是以政府部门为主导的，实现金融资源的集中。在之后的阶段转型当中，政府部门所起到的主导是有限的，市场所起到的是分散配置的作用。

同时我们能发现，我国城镇化建设的背景比较复杂。我国现代化建设当中汇集了农业现代化、城镇化以及工业化和信息化等很多的特点，而且城镇化建设还是在超多人口大国当中开展的。在工业革命时期，英国只有1000多万的人口。法国在18世纪转型时期的人口也只有2500多万人。在我国14亿人口当中，开展城镇化、工业化的难度以及复杂性都是很大的。在党的十八大会议之后，我们对于新型城镇化建设的认识变得越来越深入和全面，也更加清楚地认识到了新型城镇化建设的困难性和复杂性，在改革的过程中变得更加坚定。改革中明确提出了在深化经济社会发展的过程中，最关键的突破口是城镇化建设，也帮助破解中等收入陷阱的重要措施。金融行业需要不断适应国家社会的发展战略调整做出的新变化，积极借鉴国外一些国家和地区的成功经验，顺利建立起和我国城镇化目标更加适合的金融支持体系和服务体系。关于借鉴国外或者地区的城镇化金融支持体系成功经验借鉴中，只选择和我国具体情况比较接近的国家和地区，比如韩国、日本，这些地区的城镇化建设与农村金融体系建设当中政府部门起到了主导作用，同时还发挥了市场的推动作用，希望借助这些国家和地区的成功经验，可以帮助我国构建起更加有效的农村金融制度。

(1) 日本城镇化建设目标的实现方式是农村工业化。有研究学者分析了日本工业化的发展情况，认为可以把第二次世界大战作为时间分割点，将日本工业化发展划分为两个阶段。第一个阶段是从日本的明治维新到第二次世界大战开始之前，日本的工业化是通过农村工业化实现的。在明治维新之后，日本所面临的国情是农业人口在所有人口当中占比有80%以上。日本通过在农村建立工厂，或者开展农业生产，通过工业化的方式来组织生产，让国家的工业化进程可以加快。明治维新的开展，让日本走上了工业化的发展道路。此种发展道路在选择财政金融政策的过程中，所选择的方针是牺牲农业发展工业。通过改革传统的地税制度，增加各种地税方式，促进明治政府财政收入增加。根据统计发现，在明治政府的财政收入中抵税收入占到了8成左右。政府使用这些现有的资金完成工厂的开设，实现资源的配置。忽视了农业的发展，使得大量的农民因为地租过高，交不起地租直接破产。第二个阶段是在第二次世界大战结束之后，日本有大量的失业工人和复员军人都重新回到了农村。1940年，农村的劳动力是836万人，第二次世界大战结束之后，农村的劳动力增加到了1162万人。为了让原本越来越大的城乡差距得到有效缓解，日本政府部门还制定了专门的咨询报告，提出了要把功能和城乡收入水平的平衡当作是首要问题。在20世纪60年代末期，日本的政府官员、社会各界著名人士以及日本的企业财团等发起了农业问题恳谈会。针对农村的工业化问题，达成了一定的共识。在这个基础上，1969年，日本内阁制订了全国综合开发计划。1971年，日本政府部门又通过了《农村地区引进工业促进法》，之后制定的相关法案当中也都具有比较大的法律约束力，这就给日本工业化以及城镇化的发展起到了比较大的推动作用，让广大乡村朝着城市化发展的进程不断加快。纵观日本制定的这些政策措施，主要集中在以下几个方面，分别是：

1）通过财政出资的方式，帮助农村地区改善当前的交通条件和通信条件等基础设施，为农村工业化的发展创设了比较好的外部条件。日本政府部门另外还投入了比较多的资金来帮助农村地区建设铁路、高速公路、机场和港口、通信系统、公共福利设施等，让农村地区的投资环境以及生活条件等可以得到有效改善，也让城乡差别有效缩小。

2）给农村工业企业的发展提供了比较好的金融和税收方面的优惠政策。日本政府部门采取了国家引导和干预的方法，让国家与地方的公共团体、民间金融机构等构建起完善的农村工业融资体系，通过无息贷款、低息贷款等方式，给农村农业企业的发展提供充足的资金帮助。为了方便中小企业从民间贷款机构当中贷款，1958年，日本政府部门实行统一管理信用保证和保险制度。1961年，日本政府针对落后地区工业开发所制定的相关优惠法当中，就列出了105个经济发展水平落后、产业开发水平低的地方，针对这些地区日本政府制定了一系列的优惠政策，比如可以免除地方税、减免租税等方式，吸引更多企业的投资；允许一些地区的发行地方债券；国家财政也会给予这些地方相应的补贴利息。制定的这些优惠政策的实施，让工业化发展的进程不断加快。根据已有的统计学数据发现，1975年日本有97%以上的农村居民点具有现代化的道路，这些道路是可以和城市相通的。农村有98%以上的比例通了火车和公共汽车，有6成左右的农村已经可以使用自来水了。

(2) 在20世纪60年代，韩国还是经济很落后的国家，主要发展小农经济。1962年，韩国的人均国民生产总值也只有82美元。在国民生产总值当中，农业生产总值占到了43%的比例。在全社会劳动力当中，农业劳动力占到了63%的比例。从1962年之后，韩国政府部门调整了经济发展战略，开始以出口为导向，让韩国的城市化和工业化发展进程得到了迅速的推进。在城镇化快速发展的初期阶段，韩国政府部门成立的政策性金融机构只有5家，分别包含了进出口、企业、农协银行、水协银行、产业银行。这些银行的定位十分清晰，分工也很明确。不同的银行，主要业务围绕着制定的产业政策，在相关产业范围之内来开展业务活动。产业银行所起到的是核心作用，主要为出口导向型企业、石化企业等提供金融方面的支持。中小企业银行为韩国中小企业提供信用担保以及长期信用服务，这些中小企业在韩国所有企业当中占到了95%的比例。农协银行则是需要为基层的农协组织提供一些优惠措施，比如，低息贷款服务、免税服务，同时也在农村的水利工程、信息化服务以及道路建设过程中提供资金服务。

基于上述国家和地区在城镇化发展中所得出的主要经验，我们能够发现两个比较鲜明的特点。第一，城镇化发展一般是某个国家与地区经济社会发展到某种程度以后得到的结果。在城镇化发展初期阶段，政府主要是借助于工业化集中发展，最终达到人口聚集和产业聚集的目标。等到这些聚集到某种程度之后，城市与乡村的社会矛盾便会激化，政府部门会把重点内容转移到城乡的协调发展。在前者当中，政府发挥的是主导作用，后者政府部门起到的是引导作用，市场反而是起到了主导作用。第二，在城镇化发展的加速阶段，金融业必须要做出方向性的选择，借助于金融转型的方式，让城镇化可以得到更加健康的发展。

6.3 本章小结

在本章节中主要是针对我国农村金融结构当中存在的问题提出相应的改进措施。首先确定需要遵循的基本原则，有差异性、独立性、整体性以及与时俱进的原则。然后，还需要确定优化我国农村金融机构的具体方法，政府部门要加大对农村金融体系的支持力度，强化城乡金融机构合作，构建更好的外部生态环境，促进农村老龄金融事业的发展，规范民间金融发展，处理好两种关系，基于城镇化背景的新需求，创新金融体系，另外还需要积极借鉴国外的成功经验，探索适合我国国情的有效市场机制。

通过提出这些改善措施，帮助推动我国农村金融体系的完善，为各项农业的开展奠定坚实的基础。

第 7 章

结　　语

农村城镇化是推动我国三农问题得到有效解决的重要方法，同时也是社会经济发展过程中必须要经历的过程。在农村城镇化建设的过程中也会涉及农村金融结构相关的问题，农村金融以及农村经济发展的实质是需要解决农村金融结构方面的问题。因此，在本书研究当中，从城镇化背景的视角出发，研究我国农村金融结构情况，得到了以下几方面的结论。

在对农村金融结构的发展现状进行分析，发现其中存在的主要问题是：农村金融结构在区域上分配不够均衡，比如在我国偏远的地区，农村经济水平发展落后，缺少农村金融机构的支持。现有的农村金融市场缺少有效的竞争力，垄断明显。在农村金融体系中，占据主要地位的仍然是中国邮政储蓄银行以及农村信用社，缺少了其他金融机构与其开展强烈竞争。农村金融结构的发展缺少良好的生态环境；现有的信用水平比较低，缺少完善的、具有针对性的法律体系。

同时在研究当中也引入了具体的数据，分析发现我国东部、中部以及西部地区，平均截距项的偏离情况差距比较大，而且不同地区的农村金融结构对于城镇化建设所产生的影响也是不同的。整体上来看，绝大多数的影响系数是在0.1～0.8的范围之间。调整和优化现有的农村金融结构，对于城镇化的建设也会起到更加积极的促进作用。

所开展的实证分析是从我国农村金融结构现存的问题出发，分析农村城镇化和农村金融体系之间的相关性。另外还结合了国外在农村金融结构方面积攒的成功经验，考虑到我国的具体国情提出了一些改进措施：第一，需要遵循基本原则，如差异化原则、独立性原则以及独立性原则等；第二，创新农村现有的金融结构体系；促进城镇化的健康发展，规范民间金融等。

虽然在本书研究中对城镇化和金融结构开展了较为详细的分析，但是仍然会有一些不足之处。比如在开展实证分析当中所引入的一些数据无法更新到最新数据，这是因为具体省份的数据收集难度比较大，这需要在以后的研究中进行不断的完善和更新。

参 考 文 献

[1] Violaine Cousin. Rural Financial Institutions [M]// Banking in China. Palgrave Macmillan UK，2011，43-44.

[2] Subrata Ghatak. Sánchez - Fung. Rural financial institutions [M]// Monetary Economics in Developing Countries，2007，65-66.

[3] Hong Zheng. Is the Reform of New Rural Financial Institutions Feasible? ——Analysis from the Perspective of Monitoring Efficiency [J]. Economic Research Journal，2011，19.

[4] Wenner，Mark D，S Navajas，et al. Managing Credit Risk in Rural Financial Institutions in Latin America，Research Gate，2007，24.

[5] Khandker，Shahidur R，Koolwal G B. How Infrastructure and Financial Institutions Affect Rural Income and Poverty：Evidence from Bangladesh [J]. J Dev Stud，2010，46（6）：1109-1137.

[6] MA Zhou，Jinqian X. Information Cost，Incomplete Contract and Rural Financial Institutions Arrangement [J]. China Rural Survey，2004.

[7] OseiAssibey，Eric. Microfinance in Ghana：A Comparative Study of Performance of the Formal vs Informal Rural Financial Institutions，2011.

[8] 刘慧琳．基于经济学视角探究我国城镇化发展进程 [J]．大众投资指南，2018（9）：17.

[9] 王诵夏．FDI 对我国新型城镇化发展的影响 [J]．商讯，2019.

[10] 孟玉龙．我国新型城镇化发展的金融驱动研究 [D]．乌鲁木齐：新疆财政大学，2018.

[11] 赵凯．城镇化发展如何影响我国城乡收入差距？[D]．济南：山东大学，2018.

[12] 韩瑜荣，汪彦荣．我国新型城镇化发展现状及对策分析 [J]．中外交流，2018（15）：19.

[13] 牛青颖，张和莉．云贵川新型城镇化与农业现代化发展现状 [J]．可持续发展，2020.

[14] 罗梓宸．我国新型城镇化发展现状及对策 [J]．乡村科技，2018，170（2）：28-29.

[15] 董连红.我国农村金融服务现状及发展对策 [J]. 经贸实践，2018.

[16] 迟到.农村金融发展对农村居民收入的影响研究 [J]. 山西农经，2018，222 (6)：41-41.

[17] 罗继红.深化农村金融创新助力乡村振兴战略 [J]. 桂海论丛，2018，34 (1)：68-72.

[18] 康胜金.农村金融与农村经济发展不协调的制度分析 [J]. 智富时代，2018 (3)：8.

[19] 李桂峰.公共政策视角下农村金融扶贫路径研究 [D]. 南宁：广西大学，2019.

[20] 李闯.农村金融发展对农村居民收入的影响研究 [J]. 现代交际：学术版，2018 (1)：240-241.

[21] 梁谨谨.我国新型农村金融机构发展研究 [J]. 纳税，2018，188 (8)：147-148.

[22] 贺志建.互联网金融对农村金融的启示 [J]. 全国流通经济，2018 (10)：78-79.

[23] 格利，肖.金融理论中的货币 [M]. 上海：上海三联书店，2006.

[24] 李茂生.中国金融结构研究 [M]. 北京：中国社会科学出版社，1987.

CSSCI 来源集刊
中国核心期刊(遴选)数据库

浙江大学公法与比较法研究所　主办

公法研究

第19卷

主编　章剑生

目　录

专题论文

判例评析

域外公法

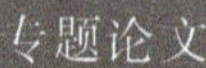

行政诉讼原告资格判定标准研究

——王春等诉环境保护部环境影响报告书批复案评释

余雅蓉*

内容提要 原告资格是起诉人成为原告的主要条件。原告资格判定是行政诉讼的基础问题，也是难题，其标准随着法律规范的演变而不断发展，且呈现范围逐渐扩大的趋势。2014年《中华人民共和国行政诉讼法》(以下简称《行政诉讼法》)在法律上确立了“利害关系”标准，但对于“何为利害关系”“如何判定利害关系”，理论和实务上存在诸多见解。对主要观点进行梳理发现，行政行为、权益和因果关系构成了利害关系判定的基础框架，但上述三要素本身的不确定性增加了利害关系判定的难度。

在王春案中，最高人民法院的利害关系判定思路是：第一，确定原告诉请保护的利益；第二，确定行政机关作出被诉行政行为时所适用的实体法律规范；第三，通过法律解释判断原告诉请保护的利益是否在法律规范所保护的范围内。其通过增加行政机关所适用的法律规范这一“转接装置”，将利害关系判定的重心从因果关系判断转移到法律规范所保护利益的解释上来。此判定思路更具操作性，亦兼顾了灵活性，为审判实践提供了有益的参考。在学理发展上，王春案以判例引入保护规范理论，这将有助于引导行政法学研究更加注重解释论的发展，强调行政诉讼保护合法权益的立法目的。最后，本文指出王春案对法律发展可能的意义，提出通过司法解释完善“利害关系”标准的建议。

关键词 原告资格；利害关系；王春案；保护规范理论

---

* 余雅蓉，浙江大学宪法学与行政法专业2018届法学硕士。

一、引 言

根据我国《行政诉讼法》第1条〔1〕的规定,我国行政诉讼的目的主要有:解决行政争议、保护权益、监督行政机关依法行使职权。前两者主要侧重于对个人权益的保护,具有主观面向,基于此目的形成的是主观诉讼;后者则更关注行政行为的合法性和客观的法秩序,具有客观面向,基于此目的形成的是客观诉讼。不同类型的行政诉讼在具体的制度设计上存在诸多不同,"原告资格"就是其不同点之一。行政诉讼的目的决定是否要对原告资格进行限制,一般认为,只有在主观诉讼下,即行政诉讼制度以保护个人利益为目的时,对原告资格的限制才有必要和意义;若以保障行政合法性、维护客观法秩序为目的,则无须对"谁来提起行政诉讼"进行过多的讨论和限制。

在上述三项行政诉讼的立法目的中,个人权益保护应当是最重要的目的,即在行政诉讼中,"保护个人利益是其旨趣所在"〔2〕。因此,我国行政诉讼以主观诉讼为主。〔3〕在主观诉讼下,原告作为启动行政诉讼程序的一方当事人,就显得极为重要。在行政诉讼程序中,解决了行政行为可诉性问题之后,紧接着就要回答"起诉人是否能够成为本案的原告"的问题这一问题。这是行政诉讼中的基础问题,也是难题,不仅在我国行政诉讼中如此,纵观

〔1〕《行政诉讼法》第1条:"为保证人民法院公正、及时审理行政案件,解决行政争议,保护公民、法人和其他组织的合法权益,监督行政机关依法行使职权,根据宪法,制定本法。"

〔2〕参见王振宇:《行政诉讼制度研究》,中国人民大学出版社2012年版,第406页。

〔3〕虽然我国行政诉讼以主观诉讼为主,但是保障行政行为合法性和维护法律秩序的客观目的也同样存在于我国的行政诉讼中。一方面,司法权在完成个人权益救济的过程中,间接地实现了对行政的监督作用;另一方面,《行政诉讼法》第25条第4款规定:"人民检察院在履行职责中发现生态环境和资源保护、食品药品安全、国有财产保护、国有土地使用权出让等领域负有监督管理职责的行政机关违法行使职权或者不作为,致使国家利益或者社会公共利益受到侵害的,应当向行政机关提出检察建议,督促其依法履行职责。行政机关不依法履行职责的,人民检察院依法向人民法院提起诉讼。"根据这一规定,人民检察院可以提起公益诉讼,直接实现客观诉讼的目的。在此规定之前,行政审判实践中也已经出现公益诉讼的案例。本文所要研究的是主观诉讼下原告资格的判定标准,未进一步涉及客观诉讼中原告资格的问题,在此予以说明。

其他国家亦然。

要回答"起诉人是否能够成为本案的原告"的问题，需要解决行政诉讼中的原告资格问题。之所以称其为难题，首先就难在对于"原告资格"及相关概念，学界尚无共识。[4] 本文采用学界的多数观点，将原告资格界定为起诉要件之一，主要基于《行政诉讼法》第 49 条关于起诉条件[5]的规定。但需要明确的一点是，原告资格虽然是起诉要件之一，对其进行审查却不仅限于立案阶段，它贯穿于诉讼程序始终，只是在不同阶段审查的程度和作出处理的方式有所不同。其次，原告资格问题还难在其不仅是一个法律技术问题，更是一个社会价值判断问题，它受行政诉讼立法目的的影响，也与政治、经济、法律文化、社会公众的心理和权利意识等社会因素相关。因此，原告资格的判定标准往往随着社会的发展而有所改变，具有流变性。为了应对这种社会的变化，原告资格的判定标准在立法上的规定都较为原则，这可能为司法实务留下了适用的难题。

目前我国行政诉讼原告资格的判定标准规定在《行政诉讼法》第 25 条第 1 款[6]，即"利害关系"标准。但法律上的明确规定却在学界引发了讨论。何为"利害关系"？具体到个案中，"利害关系"的判定又该如何操作？学界对上述问题众说纷纭，未能给法官在审判实践中提供统一、有益的指导，甚至在一定程度上造成了实务中的混乱。基于此现状，本文先对原告资

---

〔4〕 对于"原告资格"与"原告"之争，多数观点认为，原告资格是起诉人成为原告的主要条件，在原告资格之外，还需要满足《行政诉讼法》第 49 条所规定的其他条件，起诉人才能成为真正意义上的原告，即公民、法人或者其他组织向法院提起行政诉讼，其身份变换过程应当是"起诉人——具有原告资格＋其他起诉条件——原告地位"。参见高家伟：《论行政诉讼原告资格》，《法商研究》1997 年第 1 期；王颖：《一公墓审批行政案件原告资格析——行政诉讼原告资格标准的客观性解析》，《行政法学研究》2003 年第 2 期；刘志刚：《中国行政诉讼法专题》，复旦大学出版社 2014 年版，第 67 页。另一观点认为，原告资格是裁判要件，而不是起诉要件；在行政诉讼程序中，公民、法人或者其他组织的身份变换过程应当是"起诉人——原告地位——原告资格"，特别是在立案登记制下，将原告资格作为起诉条件来把握并不适合。参见章剑生：《现代行政法总论》，法律出版社 2014 年版，第 361 页。

〔5〕 《行政诉讼法》第 49 条规定："提起行政诉讼应当符合下列条件：(一)原告是符合本法第二十五条规定的公民、法人或者其他组织；(二)有明确的被告；(三)有具体的诉讼请求和事实根据；(四)属于人民法院受案范围和人民法院管辖。"

〔6〕 《行政诉讼法》第 25 条第 1 款规定："行政行为的相对人以及其他与行政行为有利害关系的公民、法人或者其他组织，有权提起诉讼。"

格判定标准的历史发展进行梳理，并整理了“利害关系”标准的学说观点。之后本文将目光转向审判实践，选取了王春等诉国家环境保护部环境影响报告书批复案〔7〕(以下简称“王春案”)进行评释。“在我国事实上大多数下级法院的法官都有遵循上级法院判决的倾向。”〔8〕作为最高人民法院作出的裁判，王春案具有实际的影响力。通过对王春案的评释〔9〕，本文尝试：(1)提炼出更具操作性、可供推广适用的“利害关系”标准判定思路；(2)分析王春案在审判实践、学理发展和法律发展中可能的意义。

二、案情整理

(一)基本案情

2010年3月23日，中华人民共和国环境保护部(以下简称环保部)对河北省高速公路管理局作出环审〔2010〕83号《关于大广公路蒙冀界至承德段工程环境影响报告书的批复》。在批复中，环保部明确了工程项目位于河北省承德市以及主线、围场支线和连接线的基本情况，并认为：“工程建设在设计、施工、营运阶段全面落实报告书和本批复提出的各项防治生态破坏和环境污染措施后，我部同意该项目建设。”环保部还在批复中就项目建设与运行管理中应重点做好的工作进行了说明。〔10〕

原告王春等人于2013年10月经申请政府信息公开知悉上述批复的内容，遂以环保部为被告，向北京市第一中级人民法院提起行政诉讼。原告在起诉书中载明：“因该批复中的建设项目用地涉及原告所在的八里庄村第

---

〔7〕〔2016〕最高法行申172号行政裁定书。

〔8〕参见侯勇：《重构我国行政诉讼原告资格制度的思考》，《行政法学研究》2004年第4期。

〔9〕在评释中笔者也适当梳理了王春案之外的其他案例作为参考。笔者从最高人民法院公报案例和指导案例中，整理出与原告资格形塑相关的案例32个；同时，笔者在“中国裁判文书网”上(http://wenshu.court.gov.cn/，最晚访问日期：2018年2月28日)，以案件类型“行政案件”，关键词“利害关系”进行检索，得到最高人民法院2016年裁判文书311份，2017年裁判文书340份。

〔10〕笔者于2017年6月1日向环境保护部申请政府信息公开，并于2017年6月14日收到《环境保护部政府信息公开告知书》(2017年第180号)，文中摘要内容来自环保部在信息公开中提供的批复原文。

三、第四、第九、第十村民小组集体所有的土地，其中既涉及征收原告承包的耕地，也涉及征收用于农田灌溉的河套、河坝、水渠，故原告与该具体行政行为存有法律上的利害关系。”一、二审人民法院认为王春等人与被诉环境影响评价批复（以下简称“环评批复”）不具有法律上利害关系，一审人民法院裁定驳回起诉，二审人民法院裁定驳回上诉。〔11〕 原告王春等人不服，向最高人民法院申请再审。

（二）问题提出

从一审到再审，本案的争议焦点都非常明确，即原告王春等人与被诉环评批复是否具有利害关系。

一、二审人民法院认为：本案中，环境影响报告书以及关于环境影响报告书批复的内容，针对建设项目实施后有关环境影响的评估，不会对建设项目实施前在拆迁范围或征收范围内有土地或房屋相关权利的被拆迁人或者被征收人的权利义务产生影响。鉴于王春等人承包的耕地及用于农田灌溉的河套、河坝、水渠位于涉案项目的土地征收范围内，故其与被诉环评批复不具有法律上利害关系。一、二审法院对本案争议焦点进行分析的切入点是被诉环评批复的针对对象和范围：环评批复的内容针对的是项目实施后产生的环境影响，这种影响往往是对项目范围周边、在项目范围外的影响；而原告主张的却是项目实施前、项目范围内土地或房屋的权利，这两者明显不一致，故被诉环评批复不会对王春等人的权利义务产生实际影响，王春等人与被诉环评批复不具有利害关系。上述分析对“利害关系”的判定采用的是“实际影响”的判定思路。

再审中，最高人民法院在裁定书中就利害关系的判定思路写道：“如果行政机关作出被诉行政行为时，所适用的行政实体法律规范要求考虑原告诉请保护的利益，或者要求行政机关在行政程序中依法征询或听取原告的意见，应当认为原告与被诉行政行为有利害关系。”〔12〕据此裁判要旨，最高

---

〔11〕 一审裁定书：北京市第一中级人民法院〔2014〕一中行初字第 6847 号行政裁定；二审裁定书：北京市高级人民法院〔2015〕高行终字第 1000 号行政裁定。

〔12〕 本文将最高人民法院在裁定书中的这段表述作为王春案的裁判要旨，下文若述及王春案裁判要旨，即指此段表述。

人民法院经审查认为，王春等人诉请保护的土地权益，并非环境保护部门在作出环境评价批复时依法所应考量和保护的权益，原告王春等人与被诉环评批复不具有利害关系。原告仅以其承包的土地等处于建设项目征收范围内，即提出被诉环评批复侵犯其权益的主张，明显不能成立。故裁定驳回王春等人的再审申请。

最高人民法院虽然最后得出了同样的结论，但是却呈现出了完全不同的“利害关系”判定思路。最高人民法院在王春案中给出的裁判要旨以及“本案认为”部分的具体分析，让最高人民法院的这份裁定书在“态度”和“内容”上都令人眼前一亮，与当前我国审判实践中常见的裁判文书“说理不足”形成了鲜明的对比。

细酌最高人民法院的裁判理由，笔者认为有如下问题值得我们研究思考：(1)王春案中所适用的“利害关系”判定思路是什么？本文尝试进行提炼概括，并对判定思路的各要件进行详细的分析；(2)反映到审判实践、学理发展中，王春案有何影响或意义？更进一步，此影响或意义是否可能推进我国行政诉讼原告资格法律规定的发展？对此，本文将结合王春案和相关判例、学说理论进行阐述。

三、原告资格判定标准的变迁

在对王春案进行评释之前，本文先对原告资格的既有学理框架进行整理，主要包括原告资格判定标准的历史发展以及现行“利害关系”判定标准的相关学说观点。

(一)法规范的演进

如引言中所述，原告资格的判定标准并非一成不变，其随着社会的发展而不断有所调整。此部分将主要基于不同时期的法律规范，对我国行政诉讼原告资格判定标准的历史发展进行梳理。在梳理中，本文重点关注原告资格判定标准变化所呈现的历史发展趋势。

1.1982 年《民事诉讼法(试行)》规定下(1982—1990)

1982 年 3 月,《中华人民共和国民事诉讼法(试行)》(以下简称《民事诉讼法(试订)》)正式发布,并于同年 10 月 1 日起实施,其第 3 条第 2 款规定:“法律规定由人民法院审理的行政案件,适用本法规定。”学理上对原告资格判定标准发展的梳理也多起始于此条规范。〔13〕

基于对上述条文的理解,学界对当时行政诉讼原告资格判定标准的观点主要有:第一,“直接利害关系”标准,即将民事诉讼上原告资格的判定标准直接适用于行政诉讼中。这一标准着眼于条文中的“适用本法规定”,根据《民事诉讼法(试行)》第 81 条第 1 项〔14〕的规定,将民事诉讼中所采用的“直接利害关系”标准确定为行政诉讼原告资格的判定标准;第二,“法律规定”标准〔15〕,这一标准根据条文中“法律规定”的表述,认为只有在法律有规定的前提下,才有行政诉讼原告资格的存在,法无规定则不具有原告资格;第三,将上述两种观点结合,认为是“以民事诉讼原告资格标准为基础、单行法律中的相关规定为补充”〔16〕,《民事诉讼法(试行)》提供原告资格的主体条件,单行法律确定被诉行政行为条件。

无论观点有何差异,我们都可以看出,此时期对行政诉讼原告资格的判定是极为严格的,这一“严格”主要体现在“直接利害关系”和“单行法律规定”这两项限制上。但原告资格在此严格规定下,其范围也有拓宽发展的趋势。根据最高人民法院在 1987 年作出的《关于地方人民政府规定可向人民法院起诉的行政案件法院应否受理问题的批复》(现已被废止),前述《民事诉讼法(试行)》中的“法律规定”被扩展至“法律、行政法规、地方性法规、自

---

〔13〕 也有少数学者认为 1982 年《民事诉讼法(试行)》之前为行政诉讼原告资格的“无标准时期”,相关的法条为 1954 年《中华人民共和国宪法》第 97 条,该条规定:“中华人民共和国公民对于任何违法失职的国家机关工作人员,有向各级国家机关提出书面控告或者口头控告的权利。由于国家机关工作人员侵犯公民权利而受到损失的人,有取得赔偿的权利。”该规定为行政诉讼原告资格提供了可能性,却缺少具有操作性的规定。参见高新华:《行政诉讼原告论》,中国人民大学出版社 2006 年版,第 44—45 页。本文认为,当时尚无行政诉讼制度,更遑论行政诉讼原告资格问题,故未纳入本文的整理。

〔14〕 《民事诉讼法(试行)》第 81 条第 1 项规定:“原告是与本案有直接利害关系的个人、企业事业单位、机关、团体。”

〔15〕 夏锦文、高新华:《我国行政诉讼原告资格的演进》,《法商研究》2001 年第 1 期。

〔16〕 刘志刚:《中国行政诉讼法专题》,复旦大学出版社 2014 年版,第 68 页。

治条例和单行条例规定”；而在此时期，这样的法律、法规有130多部〔17〕。这说明在此时期，原告资格范围实际上有所拓宽。

2.1989年《行政诉讼法》规定下(1990—2000)

1989年制定的《行政诉讼法》于1990年10月1日正式实施，这标志着行政诉讼在我国取得了独立的地位，行政诉讼原告资格标准也有了新的规定。1989年《行政诉讼法》中与原告资格相关的条文主要是第2条、第24条第1款，第41条第1项。〔18〕围绕上述法律条文，学界对原告资格判定标准为何展开了激烈的讨论，大致形成如下两种观点：

其一，“合法权益”标准，即以1989年《行政诉讼法》第2条和第41条第1项的规定为原告资格判定的主要依据。主张“合法权益”标准的学者在如下两个问题上又有观点之争：第一，对于合法权益，起诉人是否只要“认为”受到侵犯即可？第二，行政诉讼所保护的“合法权益”是否有范围限制？对于前者，有学者认为，只要起诉人认为自己的合法权益受到侵犯，就有资格提起行政诉讼，法律条文中并未对此作出限制〔19〕；但也有学者认为，起诉人认为其合法权益被侵犯，需要有具体的诉讼请求和事实依据〔20〕。对于后者，学界亦大致有两种观点：一是认为结合1989年《行政诉讼法》中关于受案范围的规定〔21〕，“合法权益”限于人身权、财产权，超出这一范围的，应当有法律、法规的明确规定〔22〕；二是认为“合法权益”就是“权利”和“利益”，权

〔17〕 同前注〔16〕，第69页。

〔18〕《行政诉讼法》(1989年)第2条规定：“公民、法人或者其他组织认为行政机关和行政机关工作人员的具体行政行为侵犯其合法权益，有权依照本法向人民法院提起诉讼。”

《行政诉讼法》(1989年)第24条第1款规定：“依照本法提起诉讼的公民、法人或者其他组织是原告。”

《行政诉讼法》(1989年)第41条第1项规定：“提起诉讼应当符合下列条件：(一)原告是认为具体行政行为侵犯其合法权益的公民、法人或者其他组织。”

〔19〕 参见周虞：《行政诉讼的原告应包括非行政管理相对人》，《人民司法》1993年第6期。

〔20〕 参见郑永强、贾怀廷：《试论行政诉讼的原告资格》，《河南大学学报(社会科学版)》1996年第5期；朱剑锋《行政诉讼中原告资格的认定与思考》，《当代法学》2000年第4期。

〔21〕 1989年《行政诉讼法》第11条第1款第8项规定：“人民法院受理公民、法人和其他组织对下列具体行政行为不服提起的诉讼：(八)认为行政机关侵犯其他人身权、财产权的。除前款规定外，人民法院受理法律、法规规定可以提起诉讼的其他行政案件。”

〔22〕 参见周汉华：《论行政诉讼原告资格审查》，《中国法学》1991年第6期。

利的合法性取决于法律的明确规定，利益合法则只要不违法即可〔23〕。

其二，延续1982年《民事诉讼法(试行)》下的“直接利害关系”标准，但对“直接利害关系”有了行政诉讼上特别的理解与思考。何为行政诉讼中的“直接利害关系”？学界将其等同于“行政相对人”，并据此发展出了行政诉讼原告资格的“行政相对人”判定标准。此标准又有“狭义”与“广义”之分。狭义的“行政相对人”标准认为，起诉人必须是被诉行政行为所直接指向的行政相对方。〔24〕这一观点在《行政诉讼法》实施之初对行政审判有较大的影响，使得原告资格局限于“行政行为中指名道姓的那个人”。〔25〕学理上对此标准多有批评意见，认为“行政相对人”这一概念在法律条文中并无规定且学理上对其也缺乏研究〔26〕，实际上缩小了行政诉讼诉权的范围〔27〕。于是有学者认为，应当将合法权益受到行政行为不利影响的人都作为行政相对人，包括“行政对象人”和“行政相关人”，此即广义的“行政相对人”标准〔28〕。审判实践中对此也有回应，如在“梁宝富不服治安行政处罚复议决定案”〔29〕中，原告梁宝富系对被告安徽省安庆市公安局对第三人汪××作出的处罚复议决定不服而提起行政诉讼，其并不是该复议决定所直接指向的人，但一审和二审人民法院都承认了梁宝富的原告资格，对其诉请进行了实质审查。在“行政相对人”标准之外，对“直接利害关系”标准也有其他角度的理解。如认为可以从行政行为的“针对关系”和行政行为设定的权利义务的“承担者”来进行理解〔30〕；或将其理解为一种特殊的权利义务关系，具体表现在“受约束”或“承担法律后果”〔31〕。此时期已有学者关注到了“直接

---

〔23〕 同前注〔15〕。

〔24〕 参见罗豪才主编：《行政审判问题研究》，北京大学出版社1990年版，第66-71页。

〔25〕 同前注〔2〕，第51页。

〔26〕 参见邹荣：《“行政诉讼的原告资格研究”学术讨论会综述》，《法学》1998年第7期。

〔27〕 参见沈福俊：《论对我国行政诉讼原告资格制度的认识及其发展》，《华东政法学院学报》2000年第5期。

〔28〕 参见章剑生：《论行政诉讼中原告资格的认定及其相关问题》，《杭州大学学报》1998年第4期。

〔29〕 《最高人民法院公报》1991年第3期。

〔30〕 参见隆及之、李季：《关于行政诉讼原告资格的探讨》，《政法论坛(中国政法大学学报)》1993年第3期。

〔31〕 参见王呈虹：《行政诉讼原告资格确立规则探讨》，《杭州大学学报》1997年第5期。

利害关系”与“间接利害关系”之间的区别，并主张两种情况都可以成为判定原告资格的依据〔32〕。

1989年《行政诉讼法》为行政诉讼原告资格判定标准提供了新的规范基础，呈现了扩大的发展趋势，这体现在“合法权益”标准的大胆突破中，体现在学理和实践对“行政相对人”标准的发展中，也体现在对直接利害关系和间接利害关系的思考中。不过，虽然学界对原告资格标准放宽这点达成了共识，但在具体的判定标准上却一直未能形成较为统一的意见。

3.2000年《执行解释》规定下(2000—2014)

2000年3月，最高人民法院《关于执行〈中华人民共和国行政诉讼法〉若干问题的解释》(法释〔2000〕8号)(本文简称《执行解释》)发布实施。《执行解释》第12条规定：“与具体行政行为有法律上利害关系的公民、法人或者其他组织对该行为不服的，可以依法提起行政诉讼。”同时，《执行解释》第13条至第18条对特别情况下的原告情形进行了列举规定。

以《执行解释》第12条为界分，我国行政诉讼原告资格判定标准进入了“法律上利害关系”时期，学理的通说观点认为《执行解释》第12条即为对原告资格的概括规定。于是，学者们围绕“法律上利害关系”进行了充分的讨论，主要围绕两个问题：在行政诉讼中，“法律上利害关系”该作何理解？以及“法律上利害关系”如何判定？具体的学理观点将在下文进行梳理。

“法律上利害关系”标准对行政诉讼原告资格的发展有二：一是明确突破了狭义的“行政相对人”标准，避免了原告范围失之过窄；二是相对于“认为合法权益受到侵犯”，“法律上利害关系”标准更加客观。〔33〕本文认为可以用“稳中求进”来评价“法律上利害关系”标准，此时期原告资格判定标准在客观化中进一步扩大。

在通说的“法律上利害关系”标准之外，此时期也有学者提出其他主张。如有法官提出应当重构原告资格制度，以“权益损害”标准取代“法律上利害关系”标准〔34〕；也有观点认为，“利害关系”难以界定，应当以“法律利益标

〔32〕 参见吴偕林：《行政诉讼原告资格新论》，《行政法学研究》1993年第4期。

〔33〕 参见王颖：《一公墓审批行政案件原告资格析——行政诉讼原告资格标准的客观性解析》，《行政法学研究》2003年第2期。

〔34〕 同前注〔8〕。

准”取而代之[35];再如认为“合法权益”标准与“法律上利害关系”标准并存[36];还有学者指出了“法律上利害关系”标准的不足。[37] 不同观点的存在,正好反映了原告资格问题的复杂性。但这些观点在学界并未得到过多的回应和支持。

4.现行《行政诉讼法》规定下(2015 至今)

2014 年 11 月,新《行政诉讼法》发布,并于 2015 年 5 月 1 日实施。现行《行政诉讼法》第 25 条第 1 款明确规定原告资格判定标准:“行政行为的相对人以及其他与行政行为有利害关系的公民、法人或者其他组织,有权提起诉讼。”此外,第 2 条第 1 款[38]、第 49 条第 1 项亦与原告资格判定相关。

现行《行政诉讼法》将行政诉讼原告区分为“行政行为相对人”和“行政行为利害关系人”两类。“行政行为相对人”的概念出现在了行政诉讼的法律规范中。此处的“行政行为相对人”自然应作狭义理解,即行政行为的直接对象,其与行政行为一般都具有利害关系。2014 年《行政诉讼法》第 25 条实际上在法律上确立了原告资格的“利害关系”标准,“利害关系”标准成为原告资格判定的主流标准。

对比 2000 年的《执行解释》,现行《行政诉讼法》在原告资格判定标准中去掉了“法律上”三个字,这一修改自然引发了讨论:现行的“利害关系”标准是否就是之前的“法律上利害关系”标准?立法观点认为,“利害关系”就是“法律上利害关系”,全国人大法工委曾明确作出过这样的解释[39]。这一观点在审判实践中也得到了回应:在刘广明诉张家港市人民政府再审一案[40](以下简称“刘广明案”)中,最高人民法院认为:“法条规定的‘有利害关系的

〔35〕 参见刘澍:《法律利益标准:我国行政诉讼原告资格标准的恰当选择》,《广东行政学院学报》2005 年第 2 期。

〔36〕 参见蔡金荣、张明华:《我国当前行政诉讼原告资格之若干缺陷》,《重庆工商大学学报(社会科学版)》2008 年第 6 版。

〔37〕 参见高新华:《我国行政诉讼原告资格制度发展的社会背景及其得失评价——以最高人民法院 2000 年有关司法解释为对象》,《西南政法大学学报》2004 年第 6 期。

〔38〕 《行政诉讼法》第 2 条第 1 款规定:“公民、法人或者其他组织认为行政机关和行政机关工作人员的行政行为侵犯其合法权益,有权依照本法向人民法院提起诉讼。”

〔39〕 参见袁杰主编:《中华人民共和国行政诉讼法解读》,中国法制出版社 2014 年版,第 135 页。

〔40〕 〔2017〕最高法行申 169 号。

公民、法人或者其他组织’,不能扩大理解为所有直接或者间接受行政行为影响的公民、法人或者其他组织;所谓‘利害关系’仍应限于法律上的利害关系,不宜包括受到反射性利益影响的公民、法人或者其他组织。”这样的观点在最高人民法院的裁判理由中出现并非个例〔41〕,甚至在最高人民法院2016年的一个案件〔42〕中,最高人民法院援引的仍然是2000年《执行解释》中关于“法律上利害关系”的规定。学界对上述观点则既有认同也有反对。〔43〕

本文认为,虽然从文义上看,“利害关系”这一表述为进一步拓宽原告资格标准提供了解释空间,如可以将事实上的利害关系纳入行政诉讼的保护范围;但是,结合《行政诉讼法》中的相关规定,特别是在“保护公民、法人和其他组织的合法权益”的立法目的下,对利害关系的解释仍应当在现有的法律框架内进行,而不能是漫无边际的。不同的表达可能更多的是基于立法技术上的考量,“利害关系”标准应当理解为“法律上利害关系”,在目前的法律规范体系下,两者的含义、判定思路应无本质区别。

5. 小结

上文的梳理展现了我国行政诉讼原告资格的发展趋势:第一,原告资格范围不断扩大,从最初的需要单行法律明确规定,到当下的“利害关系”标准,这是一个从严格到宽松的发展过程;第二,从1982年《民事诉讼法(试行)》和1989年《行政诉讼法》规定时期的诸多观点并存,到目前以“利害关系”标准为主流,原告资格判定标准从“分立”变得较为“统一”。

在原告资格判定标准逐步拓宽又渐趋统一的发展趋势下,学理和实务中自然要面对的问题是:如何理解“利害关系”的内涵,为“利害关系”设计怎样的判定思路,使其在具有操作性的同时,又能应对原告资格范围未来可能存在进一步拓宽的需求。

---

〔41〕　笔者在案例整理中发现,〔2017〕最高法行申4295号、〔2017〕最高法行申4983号裁定书也有与刘广明案类似的表述。

〔42〕　〔2016〕最高法行申475号。

〔43〕　参见何海波:《行政诉讼法》,法律出版社2016年版,第194页;张扩振:《论行政诉讼原告资格发展之历程与理念转换》,《政治与法律》2015年第8期,第87-95页。

(二)既有学理框架整理

要回答前文提出的问题,不妨先关注目前理论和实务中已有的关于"利害关系"的学说观点。在此部分对既有学理框架的梳理中,本文重点关注在不同的观点中是否存在出现率较高甚至均要求予以考虑的要素或构成要件,对这些要素应当给予重点关注。一方面,这些要素可能是"利害关系"判定的基础,另一方面,想要进一步发展"利害关系"标准,也需要对这些要素进行新的思考。前文已述,判定原告资格现行的"利害关系"标准同"法律上利害关系"标准无本质区别,故本文对现行判定标准的梳理也借鉴了学界对"法律上利害关系"的讨论,以下统一用"利害关系"表述。学界的讨论分析,主要从"利害关系"的内涵和判定思路两个角度展开。

1. 何为"利害关系"

对于利害关系的内涵,学界的主要观点有:

影响说。早期有学者认为利害关系应当是一种"直接影响","起诉人本人的权益受到被诉行政行为的直接影响"即为"利害关系"。〔44〕立法上持"实际影响"的观点,认为利害关系是指"行政行为对公民、法人或者其他组织的权利义务已经或者必将产生实际影响"。〔45〕这一观点很大程度上是因为2000年《执行解释》第1条〔46〕中将可诉的行政行为界定为对公民、法人和其他组织的权利义务产生实际影响的行为。"实际影响"也常见诸法院的裁判文书中,如沈阳模具技术开发公司友谊商场诉辽宁省沈阳市于洪区人民政府、沈阳市于洪区商业网点规划建设办公室再审一案〔47〕中,最高人民法院以被诉的会议纪要对友谊商场的权利义务不会产生实际影响为由,认为其不具有原告资格。

权益(利益)说。有学者认为,利害关系是"被诉行政行为对行政相对人

---

〔44〕 参见高家伟:《论行政诉讼原告资格》,《法商研究》1997年第1期。

〔45〕 参见江必新主编:《新行政诉讼法专题讲座》,中国法制出版社2015年版,第110页。

〔46〕 《执行解释》第1条第2款第6项规定:"公民、法人或者其他组织对下列行为不服提起诉讼的,不属于人民法院行政诉讼的受案范围:(六)对公民、法人或者其他组织权利义务不产生实际影响的行为。"

〔47〕 〔2016〕最高法行申572号。

已经拥有或者将来必然拥有的权益所产生的影响”[48]，这种影响表现为法律上权益的减损或丧失；也有观点指出，利害关系的实质就是利益关系[49]。审判实务对此学说也有回应，如在赵亚利、李永强等诉陕西省永寿县人民政府、永寿县国土资源局再审案[50]中，最高人民法院认为，利害关系是指“原告与被诉行政行为之间存在的利益关系”。

因果关系说。该学说主张利害关系是“公民、法人或者其他组织的合法权益与行政行为之间存在的一种因果关系”。[51] 在最高人民法院公报案例黄陆军等人不服金华市工商行政管理局工商登记行政复议一案[52]中，二审人民法院认为：“上诉人所主张的权益损害与涉诉公司工商登记的具体行政行为不存在因果关系，上诉人与涉诉公司工商登记具体行政行为没有利害关系，故上诉人不具有申请复议的主体资格。”因此，在人民法院看来，“行政法上的利害关系就成为因果关系的认定”[53]。

权利义务关系说。此观点很大程度借鉴自最高人民法院《关于贯彻执行〈中华人民共和国行政诉讼法〉若干问题的意见（试行）》（法〔1991〕19号）对1989年《行政诉讼法》第27条所规定的第三人“利害关系”作出的解释[54]，其认为利害关系是指“与被诉具体行政行为有法律上的权利义务关系”。学界观点认为，“利害关系”应当是法律意义上的，法律上的“利”指“权

〔48〕 参见章剑生：《现代行政法总论》，法律出版社2014年版，第362页。

〔49〕 参见王亚利：《法律上的利益：行政诉讼原告资格新标准》，《山西高等学校社会科学学报》2012年第12期。

〔50〕 〔2017〕最高法行申3773号。

〔51〕 参见张旭勇：《“法律上利害关系”新表述——利害关系人原告资格生成模式探析》，《华东政法学院学报》2001年第6期。

〔52〕 《最高人民法院公报》2012年第5期。黄陆军案涉及的是行政复议中利害关系的判断。行政复议的申请人资格与行政诉讼的原告资格在法定的标准上是相同的。参见王贵松《行政法上利害关系的判断基准——黄陆军等人不服金华市工商局工商登记行政复议案评析》，《交大法学》，2016年第3期，第175-176。本文对行政诉讼原告资格“利害关系”标准的研究，也参考了部分有关行政复议申请人资格的论文和案例。

〔53〕 参见王贵松：《行政法上利害关系的判断基准——黄陆军等人不服金华市工商局工商登记行政复议案评析》，《交大法学》2016年第3期。

〔54〕 该司法解释第21条规定：“行政诉讼法第二十七条中的‘同提起诉讼的具体行政行为有利害关系’，是指与被诉具体行政行为有法律上的权利义务关系。”

利”,“害”指“义务”,所以“法律上利害关系”即为“权利义务关系”。〔55〕权利义务关系说对利害关系的理解,已经与“行政法律关系”的概念等同。〔56〕

2. 如何判定“利害关系”

对于利害关系的判定,学者们多以要素或构成要件进行分析。主要观点有:

二要素说。如认为利害关系的构成要件为“权益”和“因果关系”〔57〕或“合法权益”和“行政行为与权益之间的关联性”〔58〕,也有认为“起诉人拥有合法权益”和“该权益受被诉行政行为的侵犯”为利害关系的基础要件〔59〕。

三要素说。持“直接影响说”的学者认为利害关系的判定规则应当是:起诉人具有本人所特有的权益,该权益受到行政行为的直接影响,这一影响与行政行为有直接因果关系;〔60〕持“因果关系说”的学者则归纳出利害关系的构成要件为:利害关系人在公法上的权利,成熟的具体行政行为,以及两者之间在法律上的因果关系;〔61〕实务中,最高人民法院认为,利害关系通常要考虑的要素是:是否存在一项权利,该权利是否属于原告的主观权利,该权利是否可能受到了被诉行政行为的侵害。〔62〕

四要素说。有学者认为,判定利害关系应当从以下四个构成要件着手:存在行政行为相对人,相对人的合法权益受到不利影响,相对人对该合法权益有所有权,行政行为与合法权益的不利影响有因果关系。〔63〕

---

〔55〕 参见吴万秋:《对行政诉讼原告主体资格法律规定的理解与适用》,《山东审判》2005 年第 5 期。

〔56〕 参见梁凤云:《最高人民法院行政诉讼批复答复解释与应用·诉讼程序卷》,中国法制出版社 2013 年版,第 116 页。

〔57〕 参见李晨清:《行政诉讼原告资格的利害关系要件分析》,《行政法学研究》2004 年第 1 期;宋雅芳:《行政诉讼原告资格的生成模式剖析》,《贵州社会科学》2007 年第 10 期。

〔58〕 参见斯金锦:《行政诉讼原告资格——“法律上利害关系”要件研究》,《公法研究》2005 年第 2 期。

〔59〕 参见刘井玉:《行政诉讼中债权人的原告资格分析》,《人民司法·案例》2007 年第 22 期。

〔60〕 同前注〔44〕。

〔61〕 同前注〔51〕。

〔62〕 熊荣光诉洛阳市人民政府再审行政裁定书,〔2017〕最高法行申 1173 号。

〔63〕 参见章剑生:《现代行政法基本理论(下卷)》,法律出版社 2014 年版,第 789-802 页。

3. 小结

不同的观点侧重从不同角度来理解利害关系的内涵，如影响说侧重的是利害关系所呈现的结果状态，权益（利益）说和权利义务关系说侧重的是利害关系的实际内容，因果关系说则重在阐述利害关系是一种联系。对利害关系内涵的不同理解和行政诉讼原告资格的立法变迁，使得学界对利害关系如何判定也众说纷纭。遗憾的是，丰富的学说未能给法官在审判中提供统一、有效的指导。原告资格判定，特别是行政行为直接相对人之外的第三人原告资格判定，仍是法官经常面对的难题。

没有统一的内涵理解，没有统一的判定思路，审判实践中判定原告资格难免出现混乱。这种混乱在本文将要评释的王春案中也可见一斑：在王春案中，一、二审人民法院实际上采用的是“实际影响”的观点，但最高人民法院在再审裁定中却以完全不同的论证思路得出了与一、二审人民法院相同的结论。笔者在阅读其他案件的过程中也发现，即使是最高人民法院近两年作出的裁判，对于利害关系的判定，也呈现出多种思路。这势必会减小最高人民法院判例的裁判观点、思路对下级法院的参考价值。

虽然经过前文的分析，我们未能看到“理论指导实践”的理想局面，我们也不能仅凭上述梳理就得出各学说观点孰优孰劣的结论。但是我们可以从中提取出学界普遍认为的较为重要的几个利害关系判定要素——行政行为、权益和因果关系，其中，因果关系构成了行政行为与权益之间的关联。这三者形成了如图1中所示的利害关系基础判定框架：

被诉行政行为——因果关系——权益（受到侵犯）

图1

将上述各学说观点放置于该判定框架中稍作分析即可发现，学界之所以会就“利害关系”标准各抒己见，原因在于以下三点，即对于上述三个要素来说：第一，其各自的内涵是什么？第二，是否有主次之分？第三，相互之间是否需要添加其他的要素进行连接？

“利害关系”标准的判定思路要想有新的突破，使其更具有操作性和指导性，则必须直面解决上述问题。但直面解决问题难免会回到上述众多概

念、学说的理论探讨中去。那么是否可以尝试将上述问题予以转化解决?笔者在梳理学理观点时发现,已有一些学者通过借鉴国外理论或基于个案的评析,提出了以"保护规范理论"来解决利害关系判定问题的思路。这一思路在我国审判实践中的适用也已经初现端倪,本文所选取的王春案即是一个较为典型的案例。

四、王春案判定思路的解释

最高人民法院在王春案中对王春等人与被诉环评批复是否具有利害关系,即王春等人在本案中是否具有原告资格进行了较为充分的论证。王春案中利害关系的判定思路在前述基础判定框架中如何展开?本部分将结合王春案的裁判理由,进行具体的解释说明。

(一)王春案裁判要旨解读

判例的裁判要旨有助于我们更好地解读判例、把握一个判例的参考价值。对王春案裁判要旨进行分解、提炼:"作出行政行为时"是限定时间的条件,"所适用的行政实体法律规范"是考察对象,"考虑原告诉请保护的利益"和"依法征询或听取原告的意见"是考察内容,最后的"应当认为"是判定结论。就考察内容而言,"依法征询或听取原告的意见"实际上体现的是行政机关在作出行政行为时对原告程序利益的考虑与保护,故考察内容也可以"原告利益"统一概括。将这些要素放置于前文所述的利害关系基础判定框架中,完善得到图 2:

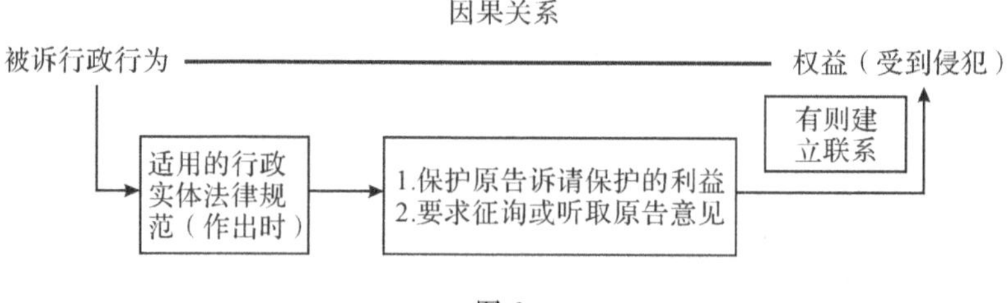

图 2

原告资格问题的本质是一种"关联度","利害关系"作为原告资格的判定标准,其实质也是对起诉人与被诉行政行为之间关联性的形容。[64] 从上图可以更直观地发现,与以往依靠因果关系来判断关联性不同,王春案的判定思路借助对法律规范内容的考察,在被诉行政行为与原告权益之间建立一种联系,如此便将判断的重点转化为对法律规范的解释,而法律规范的解释或许更能得到法官的青睐。这与日本行政诉讼在保护规范理论下,将"行政诉讼(特别是撤销诉讼)原告适格作为系争行政处分所依据的行政法律规范的解释问题来处理"[65]具有共通性。

那么,王春案的判定思路在个案中如何适用?本文从最高人民法院在王春案的裁判要旨中提取出如下要件:第一,利益要件,明确"原告诉请保护的利益";第二,规范要件,确定本案中行政机关作出被诉行政行为"所适用的行政实体法律规范";第三,连接要件,考察前述"利益"与"法律规范"之连接。下文将对上述三要件进行逐一分析。

(二)利益要件:"原告诉请保护的利益"

最高人民法院在概括说明了本案利害关系判定思路后,马上结合具体案情对王春案进行分析。其首先指出:

"原告王春等人是基于其承包的耕地及相关的河套、河坝、水渠等位于涉案项目的土地征收范围内,而认为其土地相关权益遭受了侵犯。即本案中原告诉请保护的利益是'土地相关的权益'。"

利益是行政诉讼存在的前提和基础,在主观诉讼中更是如此。要对原告诉请保护的利益进行判断并不困难,在起诉书中的"事实与理由"部分一般有直接的表述,或者对起诉人主张的事实理由稍加分析即可。如在王春案中,最高人民法院在裁判理由中将原告诉请保护的利益确定为"土地相关的权益",其依据在于:王春等人在递交给一审法院的起诉书中,以涉案项目涉及其承包的耕地及农田水利设施为主要理由;在再审申请中,王春等人更

〔64〕 同前注〔57〕。

〔65〕 参见王天华:《行政诉讼的构造——日本行政诉讼法研究》,法律出版社2010年版,第58页。

是直接在事实与理由中明确指出"环评批复直接侵犯申请人的土地使用权等合法权益"。

问题是:对原告诉请保护的利益,是否要做一定的限制?对此问题的回答应当是肯定的。对"原告诉请保护的利益",本文认为应当从以下四方面进一步理解:

1. 正当的利益

在裁判要旨中,最高人民法院所用的表述是"原告诉请保护的利益",但是在案件的具体分析中,最高人民法院使用的是"土地相关权益""土地使用权益""所应考量和保护的权益"等。无论是有心之举还是无心之失,这一细微差别给我们提出了如下问题:"利益"和"权益"是否一致?如果不一致,原告应当以"利益"还是"权益"为诉请保护的对象呢?

权益并非一个法律专业术语,学界观点经常将"权益"拆分解释为"权利"和"利益",认为权利是经过法律规范确认的利益,属于主观意志的范畴,利益则相对来说是客观的。〔66〕 最高人民法院曾经作出批复〔67〕,认为土地的实际使用人对行政机关出让土地的行为不服可以提起行政诉讼。"该批复实际上对主张法律权利之外利益者的原告资格问题作出了肯定回答。"〔68〕可见,"利益"和"权益"所划定的"最大范围"应当是一致的,此处无须对两个概念区别使用。

那么,原告诉请保护的利益必须是"合法"的吗?根据《行政诉讼法》第2条的规定,公民、法人或者其他组织在认为行政机关和行政机关工作人员的行政行为"侵犯其合法权益"时,有权提起诉讼。从字面上很容易解读出的一种观点是:原告诉请保护的利益必须是"合法"权益。但有学者指出,权益是否合法,并非利害关系的要件,也即合法权益不是判定原告资格的标准,将其理解为原告可以胜诉的要件更为合适。〔69〕 本文赞同此观点,因为

〔66〕 参见高新华:《行政诉讼原告论》,中国人民公安大学出版社2006年版,第48-49页;应松年:《〈中华人民共和国行政诉讼法〉修改条文释义与点评》,人民法院出版社2015年版,第63页。

〔67〕 参见最高人民法院《关于土地实际使用人对行政机关出让土地的行为不服可否作为原告提起诉讼问题的答复》(〔2005〕行他字第12号)。

〔68〕 同前注〔2〕,第54页。

〔69〕 同前注〔48〕,第366页。

起诉人所主张的利益是否为合法权益，需要结合案件的事实与相关的法律规范进行实质判断，在审查起诉阶段仅依据起诉人提出的主张和初步的证据材料尚不足以进行判断。虽然“合法”的限制条件不宜在此予以适用，但是其向我们传递的信息是——行政诉讼对权益的保护并非是“来者不拒”的。本文认为，在此阶段，法院应当对原告诉请保护的利益性质以“正当”作为标准进行初步的判断，而不是以“合法”为标准。即排除那些明显非法的、与社会公序良俗相违背的利益诉求，比如“赌博权”等不具有正当性的利益，显然不应当在行政诉讼的保护范围之内。

对原告诉请保护的利益在性质上不宜以“合法”为标准进行取舍，那么在利益的类型上是否需要筛选？前文在学理观点梳理时已提到，早期有观点认为权益应当主要限于人身权、财产权或者法律明确规定的权益。这种限制显然是错误的。上述观点的主要依据来自于《行政诉讼法》关于受案范围的规定。但是受案范围与原告资格是两个不同的问题，前者是客体条件，解决的是被诉的行政行为是否可诉、司法是否适宜对行政进行干预的问题；而后者则是主体条件，其要回答的是当事人是否适格的问题。[70] 因此，这一观点所谓的“法律规范依据”并不能为其证成。故对于原告诉请保护的利益，在原告资格审查时不需以类型进行筛选。

2. 该利益由原告所有

利益是衡量诉权的尺度，无利益者无诉权。本案中，原告王春等人向法院主张的是其所有的土地等相关利益受到了侵害，其从保护自身的权益出发，是一个主观诉讼。在主观诉讼中，原告诉请保护的利益必须是原告自己所有的，而排除了他人的利益或者一般的社会公共利益。《行政诉讼法》第2条第1款“侵犯其合法权益”的表述也是对此问题的明示。

若利益本不是原告所有，则无进一步探讨是否受行政行为侵害的必要。一般来说，起诉人在提起诉讼时都应当提供相应的证据，证明其诉请保护的利益为其所有。比如原告诉请保护的利益是房屋的所有权，则应当提供房产证或其他相关的证明材料。最高人民法院在一个判例[71]中，以原告未提

〔70〕 同前注〔36〕。

〔71〕 〔2016〕最高法行申2560号。

交其对涉案房屋和土地享有使用权的证明材料为由，认为原告不能证明其所主张的权利有受到被诉行政行为侵害的可能。

此处需要注意利益转移与灭失的情形。笔者在阅读最高人民法院的案例时发现，这一问题在征收、拆迁和补偿的行政案件中是影响原告资格判定的关键因素。如在张世义、肖振东等诉辽宁省鞍山市岫岩满族自治县人民政府再审一案[72]中，最高人民法院对国有土地上房屋征收案件的原告资格进行了概括总结：一般情况下，此类案件中被征收人与征收决定存在利害关系。但是，如果被征收人经征收补偿决定或协议获得补偿，且该补偿决定或协议经法院审判发生法律效力，或者超过可争议期限而实际上发生法律效力时，被征收人就因此丧失了对涉案土地和房屋的权利，也就不再具有原告资格。

3.该利益受被诉行政行为侵犯

首先，原告诉请保护的利益应当呈现出“受侵犯”的状态。“受侵犯”是利益受到影响的一种状态，但此处的“影响”并不包括所有的影响。如将影响划分为“有利影响”和“不利影响”，则“受侵犯”是对起诉人的一种不利影响。此处需要注意的是，不能简单地以利益的增减来判断其是否受到侵犯。本文认为，“侵犯”的情形主要包括如下三种：(1)原告原有的利益减少，如因为行政征收，原告失去原有的土地或房屋等相关权益；(2)行政行为使原告负有一定的义务，原告为承担此义务需要付出一定的时间、金钱甚至会限制原告的自由，此时实际上是一种间接的利益减损，典型的情形如罚款或者拘留等行政处罚；(3)利益虽有增加，却未达到应有的程度，如给付行政中，原告认为行政机关发放的补贴低于法律法规的规定，再如行政许可涉及公平竞争权的案件中，原告未获得许可(利益零增加)，但是认为按照规定应当由其获得该行政许可。

其次，原告利益受侵犯的状态与被诉行政行为之间要有因果关系。对因果关系有多种分类，如根据关联的程度分为直接因果关系和间接因果关系，融入价值判断则可分为事实上的因果关系和法律上的因果关系。在分析利害关系时需要重点关注的是事实上的因果关系和法律上的因果关系。

---

〔72〕〔2017〕最高法行再1号。

在以往利害关系的判定框架中,"因果关系"这一要素是指法律上的因果关系[73],该框架下利害关系判定的难点之一也即事实上的因果关系如何上升为法律上的因果关系,因为法律上因果关系的判断涉及事实判断和法律价值判断等多方面,十分复杂。但此处所说的原告利益受侵犯的状态与被诉行政行为之间的因果关系,只需要做事实上的判断即可。在王春案的判定思路中,与法律价值相关的判断会在之后的要件中进行。在判断事实上的因果关系时,一般采取"相当因果关系"的标准,即:如果没有行政行为,起诉人主张的损害一定不会产生,但是有了这个行政行为,一般都会产生这种损害,即为有因果关系;而如果没有该行政行为,起诉人主张的损害一定不会产生,而即使该行政行为存在,通常也不会发生这种损害,即为无因果关系。[74]

4. 原告初步证明责任

最高人民法院在王春案中指出:"对行政行为所载明的当事人之外的公民、法人或者其他组织的起诉,人民法院可以根据《最高人民法院关于行政诉讼证据若干问题的规定》第 4 条第 1 款的规定,要求其提供符合起诉条件的相应证据材料,初步证明其与行政行为存在利害关系,存在需要通过本次诉讼保护的具体利益。"《行政诉讼法》第 49 条第 3 项规定原告提起行政诉讼应当"有具体诉讼请求和事实依据"。上述条文说明原告在起诉阶段负有一定的举证责任,而涉及举证责任,则需要解决证明对象和证明程度问题。

就证明对象而言,结合王春案的裁判理由和法律条文的规定,原告需要对"存在利害关系"和"存在需要通过本次诉讼保护的具体利益"提供事实依据。据此,本文认为,原告需要证明的具体事项主要包括(1)原告诉请保护的利益由其享有并真实存在;(2)被诉行政行为存在;(3)原告诉请保护的利益因被诉行政行为而受到侵犯。即前文对于"原告诉请保护的利益"的限定都需要原告在起诉时予以证明。上述证明事项是对原告诉请保护利益的直接证明,也是利害关系判定的基础事实依据。

在原告举证责任上,更为重要的是证明程度问题。王春案中,最高人民法院提出了"初步证明"的标准。显然,"初步证明"并不要求原告提供的证

〔73〕 同前注〔51〕。

〔74〕 同前注〔59〕。

据材料在审查起诉时就能让法院作出确定的实质判断。“受理阶段还没有进入诉讼程序,因为不存在一个与起诉人相对立的当事人与之抗辩。”〔75〕此时法院并不具备进行实质审查的客观基础。目前学界的普遍观点是,在诉讼的不同阶段采取不同的审查证明标准,在审查起诉、决定是否受理时,只需要进行形式审查,即完成“初步证明”。那么,“初步证明”应当使法官达到何种程度的确信?德国行政法就原告主张自己权利受到不法侵害的陈述说明问题,发展出了“主张理论”、“可能性理论”和“正当性理论”,〔76〕前述三种理论对证明程度的要求依次提高。根据《行政诉讼法》第 49 条第 3 项的规定,我国行政诉讼中所采取的是“可能性理论”,即原告在提起诉讼时,需要陈述事实依据,原告所陈述的事实能证明原告的主张“可能存在”即可。在本案中,原告王春等人诉请保护的是与土地相关的权益,从涉案建设项目的范围来看,原告所主张的利益被侵害是可能存在的。

5. 小结

对此部分内容进行小结,即王春案利害关系判定思路中的“利益要件”即:确定原告诉请保护的利益,判断该利益是否为原告所有的正当利益,且原告能初步证明该利益因被诉行政行为受到侵犯。对原告诉请保护利益的界定主要是依据事实判断,这一事实判断是利害关系判定的基础。

(三)规范要件:所适用的行政实体法律规范

明确王春等人诉请保护的利益为“土地相关权益”后,最高人民法院在裁判理由中写道:“而本案被诉环评批复系环保部依据《中华人民共和国环境影响评价法》和《建设项目环境保护管理条例》作出。”

---

〔75〕 同前注〔28〕。

〔76〕 “主张理论”认为,“原告仅需以言辞主张因系争行政处分致其权利遭受损害”即可,对原告主张责任要求最为宽松;“可能性理论”认为“原告需要就自己的权利受到损害为一定主张,且原则上只需要为具体化之主张”,即原告需要陈述事实向法院展示这种可能性,这是德国目前的通说;“正当性理论”对原告主张责任的要求最为严格,其内容是:“倘若该项行政处分或其拒绝或不作为经证明客观上确实违法时,则原告将因该项处分或其拒绝或不作为致其权利遭受损害,于此情形,原告的权利保护主张即具有正当性。”其注重的是“行政处分违法与权利遭受损害之间的因果关系”。参见方颉琳:《行政诉讼制度的解释学发展进路——以行政诉权为视角》,中国政法大学出版社 2017 年版,第 195-200 页。

此为王春案利害关系判定思路的第二个要件，即明确本案中行政机关作出被诉行政行为时“所适用的行政实体法律规范”。

与民法的“法无禁止则自由”不同，行政法对行政机关提出的要求是“法无规定即禁止”。法治国家和基本人权的宪法基点要求行政机关必须“依法行政”，“合法性”是对行政机关作出的行政行为最基本的要求。根据《行政诉讼法》第69条、第70条第2项[77]的规定，行政行为所适用的法律、法规是否正确是法院本案审理中的重要部分，行政诉讼审查也以合法性审查为主要原则。所以，确定行政行为所适用的法律规范，不仅在审查起诉阶段，而且在案件实质审理中都是至关重要的。

对王春案裁判理由中提出的“所适用的行政实体法律规范”，有以下几点需要进一步思考、探讨：

1.“所适用”

通常，确定行政机关作出被诉行政行为的法律规范依据并不是难题，行政机关作出的决定书、告知书等书面形式的材料中会写出其所依据的法律规范。有的法律明确规定了行政机关须将作出行政行为的规范依据明确告知行政相对人。如《中华人民共和国行政处罚法》(以下简称《行政处罚法》)第31条规定，“行政机关在作出行政处罚决定之前，应当告知当事人作出行政处罚决定的事实、理由及依据”；一个最高人民法院公报案例的裁判要旨中也明确指出[78]，《行政处罚法》中所规定的作出行政处罚决定的必要内容，应当载明在行政处罚决定书中，此“必要内容”中包括行政处罚作出时所适用的法律规范依据。但有两种情况应当特别注意：

第一，行政机关作出被诉行政行为时未告知或明示所适用的法律规范时，法院该如何查找确定？如王春案中的被诉环评批复就没有明确指出所适用的法律规范。本文认为，此时可以从以下两个角度考虑：一是，看作出

---

〔77〕《行政诉讼法》第69条规定：“行政行为证据确凿，适用法律、法规正确，符合法定程序的，或者原告申请被告履行法定职责或者给付义务理由不成立的，人民法院判决驳回原告的诉讼请求。”

《行政诉讼法》第70条第2项规定：“行政行为有下列情形之一的，人民法院判决撤销或者部分撤销，并可以判决被告重新作出行政行为：(二)适用法律、法规错误的。”

〔78〕上海金港经贸总公司诉新疆维吾尔自治区工商行政管理局行政处罚案，《最高人民法院公报》2006年第4期。

的行政行为的类型和性质，如环评批复属于环境保护性质的行政行为，自然可以首先确定《中华人民共和国环境保护法》（以下简称《环境保护法》）是其作出的依据，根据行政行为的名称可以确定《中华人民共和国环境影响评价法》（以下简称《环评法》），再与“建设项目”联系又可确定《建设项目环境保护管理条例》等；二是，根据行政机关的职权、主管范围等查找被诉行政行为的规范依据，在王春案中，被诉的行政机关是环保部，据此可以首先确定《环境保护法》，然后再结合其他事实进一步查找。这一过程考验的是法官“找法”的能力。但要注意，法官在审查起诉时只能基于原告提供的初步证明材料进行判断，所以此时并不要求法官能确定行政机关所适用的所有规范依据，一般能找到相关的法律、法规即可，不需要再进一步详细到行政规定等内容。根据《行政诉讼法》第 67 条第 1 款〔79〕的规定，行政机关在诉讼中有义务提交作出行政行为的规范依据，法院在案件实质审理阶段还可以据此对原告资格再作进一步的审查。

第二，此处的“所适用”是指“实际适用”还是“应当适用”？即虽然行政机关明示了作出被诉行政行为所适用的法律规范，但如果法律适用出现了错误，此时该如何处理？本文认为应当根据错误的程度分别进行处理，并非所有的错误都需要、都能够在审查起诉阶段进行判断。如果适用法律出现了根本的错误，如本来应当适用《行政处罚法》，在作出的决定书中却明示依据的是《中华人民共和国行政许可法》（以下简称《行政许可法》），这类明显的错误根据行政行为内容、行政机关的职权等即可判断，此时应将“所适用”理解为“实际适用”和“应当适用”。但如果适用法律错误是不明显的，如本应当适用此条文，明示的依据却是同一法律规范中的彼条文，或者同一条文中不同款、项之间的适用错误，此种错误需要对案件进行实质审查才可作出最后的判断，且可以通过对法律规范目的和宗旨的解释，将“应当适用”的规范条文所要保护的利益纳入，所以此时将“所适用”理解为“实际适用”即可。

2.“作出时”

对于“行政机关所适用的行政实体法律规范”，最高人民法院在裁判理

〔79〕《行政诉讼法》第 67 条第 1 款规定：“人民法院应当在立案之日起五日内，将起诉状副本发送被告。被告应当在收到起诉状副本之日起十五日内向人民法院提交作出行政行为的证据和所依据的规范性文件，并提出答辩状。人民法院应当在收到答辩状之日起五日内，将答辩状副本发送原告。”

由中对其作出了一个限定，即应当是“作出被诉行政行为时”所适用的。此处可能会出现的特殊情况是：行政机关作出被诉行政行为时，适用的是法律规范A，但是在提起诉讼时已经被修改成为新的法律规范B，或者增加了法律规范C对作出该类行政行为进行规定。此时是否需要将B和C也纳入考虑范围？本文认为在利害关系判定中应当将新法也纳入考虑范围。起诉人与被诉行政行为之间是否具有利害关系应当基于起诉时作出判断。〔80〕如果起诉人在起诉时已不与被诉行政行为具有利害关系，行政诉讼即无对其保护的必要。《中华人民共和国立法法》(以下简称《立法法》)第93条〔81〕在法律规范的时间效力上确立了“法不溯及既往”原则，同时也规定“为了更好地保护公民、法人和其他组织的权利和利益而作出的特别规定”是法不溯及既往的例外。此意味着可能存在这样的例子，其在被诉行政行为作出时尚未得到法律的明确保护，但是在当事人起诉时其却在法律规范的保护范围之内。因此，将旧法与新法都纳入考虑范围，能更全面地保护公民、法人和其他组织的权益。至于是依据新法还是旧法来评价被诉行政行为的合法性与合理性，可以在案件实质审理中进行判断。

3.“行政”

还需探讨的一个问题是，行政机关所适用的实体法律规范必须是“行政”的吗？是否会存在其他性质的法律规范？回答此问题可以从“行政行为”的定义着手。

有学者认为，行政法学上的“行政行为”是指“行政主体基于行政职权，为实施国家行政职能而作出的，能直接或间接引起法律效果并受行政法规制的法律行为”。〔82〕这一定义特别强调了行政行为应当是受“行政法规制”的，最高人民法院在裁判理由中的“实体法律规范”前加上“行政”二字，有可能是受此类定义的影响。此定义中的其他要素是否合理本文不予讨论，但是对于“行政法规制”这一点，实践中已经有不同的情况。如在前文所述的

〔80〕 最高人民法院持有这一观点，判例如刘明祥诉黑龙江省哈尔滨市南岗区人民政府再审案，〔2017〕最高法行申1347号。

〔81〕 《立法法》第93条规定：“法律、行政法规、地方性法规、自治条例和单行条例、规章不溯及既往，但为了更好地保护公民、法人和其他组织的权利和利益而作的特别规定除外。”

〔82〕 参见胡建淼：《行政法学》，法律出版社2010年版，第147页。

黄陆军一案中，二审人民法院认为："对案件进行考量分析，第一，被上诉人东阳市工商行政管理局在对涉诉公司进行工商登记审查时，其按照公司法、企业登记相关法律、法规的规定，审查公司设立（变更）是否符合法定条件……"

在此案中，被告作出行政行为所适用的法律规范中包括了公司法和企业登记相关的法律、法规，这些法律规范是"行政"的吗？虽然有一定的社会性，但是对于公司法等法律规范其"商法"的性质更强于"行政法"。再如，在行政机关依据职权对民事纠纷进行裁决时，民事法律规范自然应当是行政机关裁决的重要规范依据。实践中的情况也反映到了学理上，对"行政行为"的定义有了更新的观点："在现代行政法上，行政机关对外实施的行为可以统一称为'行政行为'，即使是行政机关基于私法规范作出的行为也不例外。"〔83〕新的定义依然注重行政机关主体和职权的要素，但对行政行为所依据的规范性质不再做"行政"的要求，这与实践是一致的。

因此，本文认为此处加上"行政"的限定并不妥当，应当将其去掉。

4. 小结

对此部分内容进行小结，即王春案中利害关系判定思路的"规范要件"是：通过原告提供的材料与法院的初步判断，确定行政机关作出被诉行政行为所适用的实体法律规范。此处应当注意行政机关作出行政行为时未明确适用或错误适用法律规范的情形以及行政行为作出后修改或新增的法律规范；同时，此处的"实体法律规范"并不一定是"行政"的，其只要是行政行为作出的依据即可。

（四）连接要件："利益"与"法律规范"之连接考察

王春案利害关系判定思路中最为重要的一步是通过法律解释在确定的"原告诉请保护的利益"和行政机关"适用的实体法律规范"之间建立联系。在王春案中，最高人民法院就此连接考察展开了如下论证："依据《环评法》第二条，环境影响评价制度的立法目的，重点在于对建设项目等建成后对环境所造成的影响进行分析、预测和评估；建设项目所占土地的征收补偿问题，一般不属于环境影响评价范围。考察《环评法》和《建设项目环境保护管

---

〔83〕 参见章剑生：《现代行政法基本理论（上卷）》，法律出版社 2014 年版，第 247 页。

理条例》的规定，也无在作出被诉环评批复时必须考虑建设项目占地范围内土地使用者权益的特别规定。本案原告一审起诉状诉请人民法院保护的并非《环评法》调整和保护的环境权益……土地使用者的土地使用权益，并非环境保护部门在作出环境评价批复时依法所应考量和保护的权益……"

根据王春案的裁判要旨，原告只有在具有相关法律规范所保护的利益时才与被诉行政行为具有利害关系。人民法院的上述论证实际上是在考察：王春等人诉请保护的土地相关权益是否在作出被诉环评批复所依据的《环评法》和《建设项目环境保护管理条例》的保护范围之内。

这一考察过程可进一步细化为两个环节：第一，整理相关法律规范；第二，解释相关法律规范。

1. 整理相关法律规范

虽然王春案判定思路的第二步明确了生态环境部作出被诉环评批复所适用的实体法律规范依据是《环评法》和《建设项目环境保护管理条例》，但该法律规范的明确仅是进一步考察的基础。在此环节，法院还需要通过法律规范的扩充和条文筛选对法律规范继续进行整理。

首先是扩充。王春案中最高人民法院直接将整部法律规范作为依据，但实践中很多时候行政机关作出行政行为会明确列出所依据的某一法条或者数个法条。此时人民法院在原告资格审查阶段应对规范依据进行扩充。如何扩充？扩充的范围应至多大？对此问题，最高人民法院在刘广明案的裁判理由中有详细的论述："对行政实体法某一法条或者数个法条保护的权益范围的界定，不宜单纯以法条规定的文意为限，以免孤立、割裂地'只见树木不见森林'，而应坚持从整体进行判断，强调'适用一个法条，就是在运用整部法典'。在依据法条判断是否具有利害关系时存有歧义，可参酌整个行政实体法律规范体系、行政实体法的立法宗旨……"

从最高人民法院的这段论述中，可以梳理出法律规范的三个范围——"某一法条或者数个法条"、"整部法典"和"整个行政实体法律规范体系"。人民法院可以按照这三个范围对相关法律规范进行逐步扩充。但上述三个范围下的法律规范的地位或说对其考察的程度应当是不同的：行政行为明确依据的"某一法条或数个法条"应当是重点解释、考察的对象，其是行政行为作出的最为重要的基础，也是此处法律规范扩充的基点；法典次之，对法

典的考察主要是强调应当在整体中理解、判断前述规范条文的意义；而“整个行政实体法律规范体系”则是在判断存有异议时“可参酌”的。在参酌整个行政实体法律规范体系时，应当主要从立法宗旨出发，参考与行政机关所适用法律立法宗旨相同或相近的有关法律规范。法律规范扩充的越为全面，能解释出的法律保护的利益便越多，为公民、法人和其他组织可能提供的保护也越全面。

在王春案中，虽然最高人民法院在裁判文书中所明确适用和解释的法律规范是《环评法》与《建设项目环境保护管理条例》，但笔者在梳理中依据环境影响评价制度的规范体系，补充了《环境保护法》和《环境影响评价公众参与暂行办法》。

其次是规范条文的筛选整理。为了尽可能多地解释出作出行政行为时所应保护的利益，应对法律规范的范围进行扩充。但是对法律规范进行扩充仅是扩大了可能的考察范围，并非法典或者实体法律规范体系中的每一条文都会与原告诉请保护的利益相关。因此，在完成法律规范扩充后，需要对其中的条文进行筛选，找到其中与被诉行政行为相关的具体规范条文。根据王春案裁判要旨中的考察内容，本文认为应当筛选出“立法目的”“要求考虑利益”“提出程序要求”这三类规范条文。在王春案中，笔者对相关规范条文的整理如表1：

表1　环境影响评价制度相关法律规范内容要点

规范名称	立法目的	要求考虑利益	提出程序要求
《中华人民共和国环境保护法》(1989)	第1条：为保护和改善生活环境与生态环境，防治污染和其他公害，保障人体健康下促进社会主义现代化建设的发展	第13条第2款：建设项目的环境影响报告必须对建设项目产生的污染和对环境的影响作出评价	无
《中华人民共和国环境影响评价法》(2003)	第1条：预防因规划和建设项目实施后对环境造成不良影响促进经济、社会和环境的协调发展	第2条：环境影响评价的定义，指出环评的对象可能对造成的环境影响 第27条第1款：建设项目环境影响报告书的内容，除了第1项“建设项目概况”外，均是关于环境的内容	第21条第1款：建设单位报批建设项目环评报告书前应当征求有单位、专家和关公众的意见

续表

规范名称	立法目的	要求考虑利益	提出程序要求
《建设项目环境保护管理条例》(1998)	第1条:为防止建设项目产生新的污染、破坏生态环境	第8条第1款:同前述《环评法》第27条第1款	无
《环境影响评价公众参与暂行办法》(2006)	第1条:为推进和规范环境影响评价活动中的公众参与	无	第5条:环境保护行政主管部门审批环境影响报告书应当征求公众意见

2.解释相关法律规范

第二环节主要是对前述梳理完成的法律规范进行考察。这一考察主要通过法律解释来完成。根据王春案的裁判要旨,对实体法律规范的考察主要从两方面着手:第一,法律规范中有无考虑原告诉请保护利益的规定?第二,法律规范中有无提出与原告相关的程序要求?

(1)利益考虑的规定

第一个问题实际上是:法律规范要求行政机关作出被诉行政行为时考虑的利益是什么?如果原告诉请保护的利益也是行政机关应当予以考虑的利益,则原告与被诉行政行为具有利害关系。

在王春案中,最高人民法院认为环保部在作出被诉环评批复时,应当考虑的利益是项目建成后对环境所造成的影响,这是一种环境利益,而不需要考虑王春等人所主张的土地相关利益,因此王春等人不具有原告资格。再如在聂延飞诉中国证券监督管理委员会再审一案〔84〕中,最高人民法院认为,"证监会在批准公司合并时,法律规则的重点是审查公司公开发行股票的条件,而并不要求直接考虑股票持有人的利益",因此原告聂延飞仅作为股票持有者,与证监会就其投资的公司与其他公司合并所作批复的行为并无利害关系。在一个关于举报人资格的案件〔85〕中,最高人民法院认为,根

〔84〕〔2016〕最高法行申4727号。

〔85〕赵幸峰诉河南省人民政府再审案,〔2017〕最高法行申4076号。

据《中华人民共和国企业国有资产法》第66条第2款关于"任何单位和个人有权对造成国有资产损失的行为进行检举和控告"的规定，对国有资产流失问题进行举报，是每个公民应尽的职责，但是，"该条规定的目的在于维护公共利益，并非保障举报人自身的权益"。所以，公共利益才是上述关于检举和控告的规范条文重点予以保护的，举报人举报的权益包含于这一公共利益之中，如果起诉人仅以其举报人的身份主张自身的权益，并不属于行政机关在处理检举和控告中需要特别考虑的利益，此时就不存在利害关系。至于与举报类似的投诉行为，最高人民法院最新发布的《关于适用〈中华人民共和国行政诉讼法〉的解释》中明确规定〔86〕，必须是"为维护自身合法权益"向行政机关投诉的，才可以被认定为与行政行为有利害关系，因为此时行政机关在处理投诉事项时，需要对原告所要维护的权益进行考虑。而此处的"自身合法权益"显然排除了一般的社会公共利益。

从上述最高人民法院的判例和有关司法解释的规定可得，原告诉请保护的利益必须是行政机关作出行政行为时需要"直接"或"特别"予以考虑的，若仅主张一般的社会公共利益，并不足以构成原告资格中所要求的"利害关系"。

(2)程序要求的规定

而对于第二个问题，应注意在实体法律规范中除明确规定的程序要求外，也应将正当程序纳入考量范围，以更多地保护公民、法人和其他组织的利益。正当程序是"最低限度的程序正义线"，具体包括听取意见、防止偏见和信息公开。〔87〕与原告相关的程序要求，一方面有利于保障原告相关的实体权益，另一方面也可能有其独立的价值，如听证的程序要求就保障了当事人陈述申辩的权利。与上述利益考虑的要求相同，无论是案件相关法律规范中明确规定的，还是基于正当程序原理得出的程序要求，都必须是与原告相关的"特别"或"直接"的程序要求。如果仅仅笼统地要求行政机关要面向社会公众征求意见，而起诉人仅以社会公众中普通一员的身份向法院提起

〔86〕 最高人民法院《关于适用〈中华人民共和国行政诉讼法〉的解释》(法释〔2018〕1号)第12条第5项规定："有下列情形之一的，属于行政诉讼法第二十五条第一款规定的'与行政行为有利害关系'：(五)为维护自身合法权益向行政机关投诉，具有处理投诉职责的行政机关作出或者未作出处理的。"

〔87〕 同前注〔48〕，第234页。

诉讼,就很难说其基于此程序利益具有原告资格。但是如果法律明确规定作出行政行为时要征求某人或某些人的意见〔88〕,而起诉人又在上述范围之中,则此程序利益可以成为起诉人主张利害关系的基础。

遗憾的是,在王春案中,最高人民法院对作出环评批复的利益考虑的论述是较为充分的,但是对比裁判要旨,其却没有对程序要求的检讨,或者最高人民法院将原告可能具有的程序性利益概括地包含在了"土地使用者权益"之内。笔者在阅读相关判例的过程中,也没有发现有判例对此问题在裁判理由中作特别的论述。对于王春案中程序要求的考察,根据表1,《环评法》和《环境影响评价公众参与暂行办法》中对征求意见部分实际上也作出了规定。《环评法》第21条第1款规定了建设单位在制作环境影响报告书时应当"征求有关单位、专家和公众的意见"。王春等人在建设项目范围内,如其不因拆迁、征收而迁出或迁出后距离该建设项目不远仍在可能的环境影响范围内,则在制作环境影响报告书时,其应当属于"有关公众",建设单位应当征求其意见,因为其生产、生活将受到该建设项目的影响。但是,这是对建设单位提出的程序要求,是本案中环保部作出环评批复的前一阶段,是环保部需要审查的一项内容,并不能直接据此对环保部提出该征求意见的程序要求。而《环境影响评价公众参与暂行办法》对环保部所规定的征求公众意见,其更多是从保证行政程序的公开、保护公共利益的角度出发,并未对征求意见的对象做特别的限定。这类似于前文所分析的举报人的原告资格,举报人单纯的"举报权"被消解在涉案法律规范所要保护的公共利益中。因此,在王春案中,相关法律规范并未对环保部在作出被诉环评批复时提出关于王春等人的特别程序要求。

(3)解释思路与方法

对上述两方面内容的考察主要通过对法律规范的解释来完成。在王春案中,最高人民法院的具体解释思路是:首先,通过解释《环评法》第2条环境影响评价制度的定义,得出环境影响评价制度的立法目的和重点内容是"对建设项目建成后对环境造成的影响进行分析、预测和评估";其次,考察

---

〔88〕 如《行政处罚法》第42条第1款规定:"行政机关作出责令停产停业、吊销许可证或者执照、较大数额罚款等行政处罚决定前,应当告知当事人有要求举行听证的权利……"

《环评法》和《建设项目环境保护管理条例》的具体规定，未发现要求考虑原告诉请保护利益的特别规定。因此，王春等人向人民法院主张的土地使用权益并未落入环保部作出本案被诉环评批复时所应考量和保护的范围，其不具有利害关系。在上述从“立法目的与重点”到“具体规定”的解释思路中，最高人民法院主要运用了文义解释和目的解释两种法律解释方法。

在刘广明案中，最高人民法院对解释方法做了更加全面的论述，其要点是：(1)在“整部法典”中对相关的实体法规范条文进行文义解释，此暗含了体系解释的方法；(2)解释中可以参酌行政实体法律规范体系、行政实体法的立法宗旨；(3)被诉行政行为的目的、内容和性质，也应当在判断时予以考虑；(4)在对行政实体规范未明确需要保护、但又的确值得且需要保护的权益进行扩张解释时，仍应以限定于通过语义解释法、体系解释法、历史解释法、立法意图解释法和法理解释法等法律解释方法能够扩张的范围为宜。在对案件的具体分析中，刘广明案的裁判理由也体现了从“立法目的与重点”到“具体规定”的解释思路。

在上述解释方法中，最为重要的应当是文义解释和目的解释的方法，其次是体系解释。文义解释是首选的解释方法，即按照法律规范通常的语义来理解，看其有无保护原告利益的规定。目的解释主要是指以法律规范目的作为判断的依据，看立法目的中所能涵盖的规范意义。体系解释则要求“联系上下文”，包括联系同一法典中前后不同的条文，以及联系同一实体法律规范体系中其他相关法律规范的规定。在具体进行解释时，为了更充分地保障相对人的权益，人民法院可能会尽量对法律规范所保护的利益作扩张解释。对此，最高人民法院在刘广明案中已经给出了明确的态度：这种扩张应当限于法律解释方法能够扩张的范围。换言之，法院在解释法律规范所保护的利益时，其扩张的限度不能超越法律规范文本可能承载的意义范围，不涉及法律漏洞补充和一般价值条款的补充，而只限于对法律规范意义内容的解释。[89] 上述解释方法和解释的“界限”，也反映了目前我国行政诉

---

〔89〕 在法解释学上，广义的法律解释包括确定法律规范意义内容、法律漏洞的补充、不确定法律概念即一般条款的价值补充；狭义法律解释的方法包括文义解释、论理解释(具体又包括体系解释、法意解释、扩张解释、限缩解释、当然解释、目的解释和合宪性解释)、比较法解释和社会学解释。参见梁慧星：《论法律解释方法》，《比较法研究》，1993 年第 1 期。

讼对权益的保护，仍限于“法律所保护的利益”，即法律规范必须明确规定对此利益进行保护，或者通过解释可以得出法律规范的这一保护意图。

3. 小结

在此部分论述中，本文在王春案之外还结合了其他类似判例进行补充说明。王春案判定思路的第三个要件，即“连接要件”，其主要考察行政机关在本案中所适用（包括明确适用和扩充整理）的法律规范，判断规范中有无直接或特别规定考虑原告诉请保护的利益、提出与原告相关的特别程序要求，如有，则原告与被诉行政行为具有利害关系。考察通过解释相关法律规范来完成：法院往往采用从“立法目的与重点”到“具体规定”的解释思路；在解释方法上则以文义解释为基础，以论理解释方法（特别考虑目的解释和体系解释法）为补充，同时考虑被诉行政行为的目的、内容和性质。可见，法官整理和解释法律规范的能力是极为重要的。

（五）“王春案”利害关系判定思路小结

提炼王春案判定思路的步骤和要点，对前文利害关系判定框架进一步完善，得到图3。

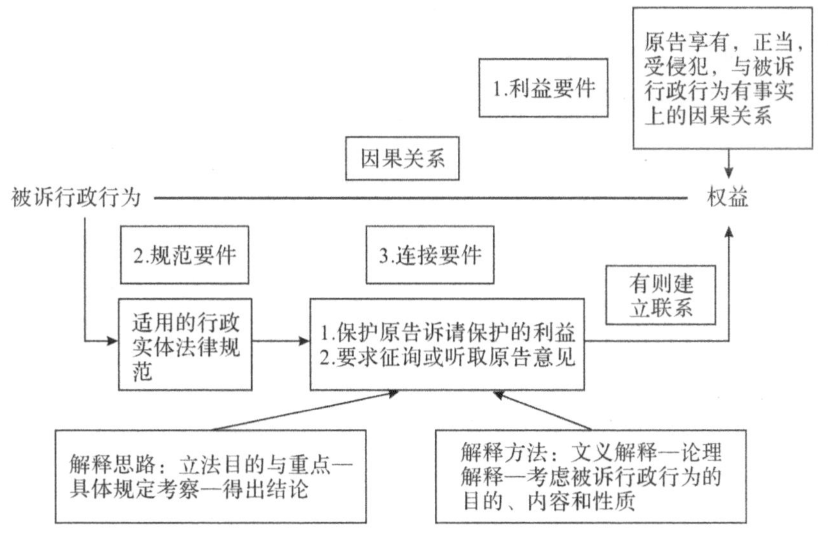

图3

从图3可以直观地看出，在以往的判定框架下，因果关系连接了被诉行政行为与权益，成了利害关系判定的核心；而王春案的判定思路是通过增加一个“转接装置”——行政机关作出被诉行政行为所适用的实体法律规范，将利害关系判定的重心转移到法律规范所保护利益的解释上来。这一转变让王春案的判定思路具有如下优势：

首先，更具有操作性。在以往的判定框架下，“合法权益”和“因果关系”都是不确定概念，其不仅涉及对事实问题的判断，也涉及对法律价值的考量。而在王春案中：第一步对利益的界定只涉及一般社会认知观念下的正当性判断以及对是否受侵犯的事实上因果关系的判断，相较于“合法权益”和“法律上因果关系”都更为简单、客观、明确。第二步确定行政行为所适用的法律规范可以通过原告提交的初步证据以及对被诉行政行为的性质、类型等进行简单分析作出判断；涉及法律价值判断的主要在第三步即对法律规范所保护利益的解释中。因此，王春案实际上将事实判断和法律判断予以划分——“利益要件”和“规范要件”是基础，主要确定与案件相关的事实要素。第三步以“连接要件”为核心，主要通过法律解释解决法律问题。这样的思路更加清晰，也更易于法官掌握。王春案并不是对以往利害关系判定思路的完全摒弃，而是在之前的基础框架上，对相关要素进行更加合理的界定和联系，从而发展出新的判定思路。

其次，在增强操作性的同时，王春案的判定思路也保留了一定的灵活性。这一灵活性主要通过法律解释来实现——对法律规范的扩张或限缩解释，这将影响法律所保护的利益范围，从而影响原告资格范围的大小。前文梳理得出我国行政诉讼原告资格范围有逐渐扩大的发展趋势，王春案的判定思路在未来一段时间内都可以通过采用扩张解释的方式，将更多值得法律保护的利益纳入其中，从而扩大原告资格范围。而且，这种依据法律规范的扩张解释来扩大原告资格范围的方式，从现有法律规范出发，受限于法律规范的文本，不能突破狭义法律解释可能的范围，所以不会“走得太远”而让人无法把握。

五、"王春案"在实务和学理上可能的推进

判例研究所得的观点、思路等，必须回归到实务和学理中进行进一步思考和审视，才能更加凸显其价值。王春案中利害关系判定思路的要旨是，通过法律解释判断法律规范所保护的利益，以此在被诉行政行为与原告诉请保护的利益之间建立利害关系判定所要求的关联。这一判定思路在实务中是否得到了回应与发展？其在学理上又有何意义？本文将在此部分对上述问题进行探讨。

（一）实务："王春案"判定思路的参考适用

"行政诉讼原告资格认定标准的阐述不仅仅是立法机关的'专利'，司法机关亦负有不可推卸的责任。"〔90〕在本文所分析的王春案中，最高人民法院正是承担了这一责任，在个案中对原告资格认定标准进行了阐述，发展出了"利害关系"标准判定的新思路。那么，王春案于实务而言可能的意义即在于，作为在事实上具有参考价值的最高人民法院判例，其裁判思路在之后的审判实践中是否可以借鉴适用？

1."王春案"类似判例梳理

笔者在梳理2016年和2017年最高人民法院关于"利害关系"的判例中发现，王春案中利害关系判定思路的要旨在最高人民法院之后的审判实践中得到了回应与延续，有7个案例与王春案的裁判思路类似，整理如下（见表2）：

---

〔90〕 参见蔡金荣、陈晓忠：《理念·制度·实践：完善行政诉讼原告资格的三维路径》，《江南社会学院学报》2009年第2期。

表 2 7 个案例的裁判思路

案件名称	裁判要点概括
聂延飞诉中国证券监督管理委员会再审案	1. 利害关系具备与否，不仅要看当事人所主张的合法权益是否可能受到行政行为的不利影响，还要看此种合法权益是否受到特定行政领域的法律规则所保护 2. 证监会在批准公司合并时，法律规则的重点是审查公司公开发行股票的条件，而并不要求直接考虑股票持有人的利益
褚庆明、孙桂方诉江苏省苏州市人民政府再审案〔91〕	国有土地使用权登记发证行为所依据的法律规范不要求登记发证机关在行政程序中特别考虑土地承租人的权益
刘广明诉张家港市人民政府再审案	1. 以行政机关作出行政行为时所依据的行政实体法和所适用的行政实体法律规范体系，是否要求行政机关考虑、尊重和保护原告诉请保护的权利或法律上的利益，作为判断是否存在公法上利害关系的重要标准 2. 相关规定并不要求发展改革部门在作出项目审批行为时必须保护或者考量项目用地范围内的土地使用权人权益保障问题，故发展改革部门在作出项目审批行为时也无须审查项目用地范围内的征地拆迁、补偿安置和单个土地、房屋等权利人的土地使用权和房屋所有权的保护问题
关卯春诉浙江省住房和城乡建设厅再审案〔92〕	城乡规划主管部门核发选址意见书的目的在于为相关部门批准或核准建设项目提供决策参考，关卯春等人所主张的环境利益并非城乡规划部门核发选址意见书时需要重点审查的权益
刘英超诉上海市人民政府再审案〔93〕	房屋所有权初始登记法律规定中并未要求房屋登记机关在初始登记时考虑未来潜在的房屋买受人相关权属纠纷问题；人民法院对房屋初始登记行为是否合法作出评价，主要依据申请人申请房屋所有权初始登记时提交申请材料是否完备、房屋登记部门是否依法履行审慎审查义务等行政行为作出时的事实和法律状态，而非初始登记以后形成的事实和法律状态

〔91〕〔2017〕最高法行申 56 号。
〔92〕〔2017〕最高法行申 4361 号。
〔93〕〔2017〕最高法行申 4295 号。

续表

案件名称	裁判要点概括
王龙英诉常州市金坛区人民政府再审一案〔94〕	行政机关依第三人申请为其颁发村镇房屋所有权证时,没有法律法规规定必须要考虑普通债权人的权利保障问题,王龙英作为债权人不是被诉行政行为的利害关系人,不具有原告资格
赵幸峰诉河南省人民政府再审案〔95〕	《中华人民共和国企业国有资产法》第66条第2款关于"任何单位和个人有权对造成国有资产损失的行为进行检举和控告"的规定目的在于维护公共利益,并非保障举报人自身的权益。

从上述判例可以看出,通过解释法律规范所保护的利益来判断利害关系是否存在的判定思路在审判实践中已经有了初步的积累。

2."王春案"的参考作用

表2中的相关判例梳理显示了王春案的裁判思路在审判实践中具有一定的参考作用。从笔者梳理所得的判例来看,王春案中的判定思路主要用于对行政行为相对人之外的第三人利害关系的判定,而这正是行政诉讼原告资格判定中的难点。因此,王春案的裁判思路在实务中不仅具有推广适用的可行性,更具有推广的价值性和必要性。

那么,如何在实务中促进对王春案裁判思路的借鉴适用呢?前文提及,作为最高人民法院的判例,王春案具有事实上的影响力;但这一"影响力"仅仅是一种参考,其发挥的作用是有限的,下级人民法院或者最高人民法院的其他法官不可能了解、参考最高院所有判例的裁判要旨。对此本文的建议是,最高人民法院可以将王春案作为公报案例或者指导性案例予以发布,将"最高法的司法意见稳定化"〔96〕,使王春案中利害关系的判定思路在实务中发挥更大的参考、引导作用。

〔94〕〔2017〕最高法行申4983号。

〔95〕〔2017〕最高法行申4076号。

〔96〕有论文指出:有学者将最高人民法院发布的指导性案例分为两类,一类是"稳定的司法意见最高化",另一类是"最高法司法意见稳定化"。见黄锴:《行政诉讼中举报人原告资格的审查路径——基于指导案例77号的分析》,《政治与法律》2017年第10期,第142页。

(二)学理:保护规范理论的引入

在提炼可供借鉴适用的裁判思路之外,判例分析的意义“还有可能是揭示判决所包含的内在法理”[97]。王春案及相关判例的出现绝非偶然,其裁判思路的背后蕴含着“保护规范理论”的内在法理。

1.保护规范理论

日本将原告资格问题称为“原告适格”问题。在解决原告适格这一问题上,日本借鉴了德国的保护规范理论[98],并基于本国的规范条文,通过判例积累和学说发展,将这一理论予以“本土化”,将该理论下原告适格的判定思路和方法反映到了立法中。从此意义上说,保护规范理论虽不起源于日本,但是在日本行政诉讼“原告适格”发展中考察、理解了保护规范理论,于我国更有参考意义。

日本行政诉讼中的原告适格标准最初规定在1962年《行政事件诉讼法》第9条[99],即“法律上的利益者”标准。但与我国目前的法律规定相同,《行政事件诉讼法》并未规定如何判定“法律上的利益者”,这一问题交由判例和学说进行发展。最高人民法院对此形成了相当的判例积累。对于何为“法律上的利益者”,学界存在“法律上所保护的利益说”和“法律上值得保护的利益说”两种观点。[100] 最高法院采前一观点,审判实践中出现了“新潟空

---

〔97〕 同前注〔53〕。

〔98〕 保护规范理论起源于德国。主观公权利是德国行政诉讼法中判定原告资格的重要条件。为了判断当事人是否享有主观公权利,德国发展出了保护规范理论,其基本分析框架是:是否存在一项规定行政主体特定义务的法规范;该法规范在追求公共利益的同时,是否至少也旨在保护相对人及第三人的私益。德国行政法院基于上述学理,在审判实践中形成了对原告诉权判断的三个步骤:第一,存在一项权利,而非纯粹的兴趣、即时利益等;第二,该权利是属于原告的主观权利,以区别于公众的权利或第三人的权利;第三,该权利是否可能受到了被诉行政行为的侵害。参见方颉琳:《行政诉讼制度的解释学发展进路——以行政诉权为视角》,中国政法大学出版社2017年版,第100-108页。

〔99〕 1962年日本《行政事件诉讼法》第9条规定:“处分的撤销之诉和裁决的撤销之诉,只有对请求该处分或者裁决的撤销具有法律上的利益(包括在处分或者裁决的效果因期间经过及其他原因而消失后仍具有以处分或者裁决的撤销来恢复的法律上的利益者)才能提起。”

〔100〕 “法律上所保护的利益说,就原告适格的范围,试图通过对处分的根据法规是否保护被侵害利益来判断。与此相对,法律上值得保护的利益说则不将原告的利益限定于由法律保护的利益,认为有事实上的利益就足够了。”参见[日]盐野宏:《行政法Ⅱ·行政救济法》,杨建顺译,北京大学出版社2008年版,第87页。

港诉讼”[101]等典型的判例,保护规范理论成为判例中较为一贯的标准。根据保护规范理论,判断原告适格与否主要看起诉人所主张的利益是否属于“系争行政处分所依据的行政法律规范作为其个别利益加以保护的利益”。具体判断则包括如下三个要件:第一,不利要件,起诉者是否因被诉行政行为而受到利益侵害;第二,保护范围要件,该利益是否被纳入该行政法规的保护范围;第三,个别保护要件,该行政法规是否把它作为个别性利益来加以保护。[102] 同时在“新潟空港诉讼”判决中,就如何确定法律规范是否保护不特定多数人的具体利益问题,最高法院认为“应该在由该行政法规范及与之具有共同目的的相关法规范的有关规定所形成的法体系中”进行决定。[103] 在之后的判例中,法院在坚持“法律上所保护的利益说”同时,通过灵活、积极的解释扩大“法律上利益者”的范围。判例的这一动向最终也反映在了立法中,《行政事件诉讼法》在2004年修改时,在第9条新增了第2款[104],为解释行政法律规范所保护的利益提出了如下步骤:法令—宗旨和目的(包括目的共通的法令)—利益(内容和性质以及受侵害的形态和程度)。

将本文所解释的王春案判定思路与日本的保护规范理论进行比较,可以发现如下共同之处:第一,两者都将原告资(适)格的判定问题转化为法律规范所保护利益的解释问题;第二,在具体的解释方法上,两者都采取了“扩张”的态度,在解释时在具体条文之外还对立法宗旨与目的、相关的法律体

---

[101] 有日本学者观认为,新潟空港诉讼的判决是最高法院采“法律上所保护的利益说”判定原告适格的定型化的代表判例。在新潟空港诉讼的判决中,最高法院认为:“‘有法律上的利益者’,是指自己的权利或者法律上受保护的利益因该处分而受到侵害或者确实有可能受到侵害的人。这里所谓的‘法律上受保护的利益’,是指这样一种利益:规定了该处分的行政法规,不是把它作为不特定多数人的具体利益来吸收和解消于一般公共利益之中,而是把它作为个人的个别利益来加以保护。”参见[日]盐野宏:《行政法Ⅱ·行政救济法》,杨建顺译,北京大学出版社2008年版,第88页。

[102] 同前注[65],第57页。

[103] 参见[日]盐野宏:《行政法Ⅱ·行政救济法》,杨建顺译,北京大学出版社2008年版,第89页。

[104] 2004年日本《行政事件诉讼法》第9条第2款规定:“法院在就处分或者裁决相对一方以外的人是否具有前款规定的法律上的利益进行判断时,不能只根据该处分或者裁决所依据的法令规定的文本,还应当考虑该法令的宗旨和目的以及(行政机关)在该处分中应当考虑的利益的内容和性质。在考虑该法令的宗旨和目的时,与该法令有着共通目的的相关法令存在的,还应当斟酌相关法令的宗旨和目的;在考虑该利益的内容和性质时,还应当斟酌该处分或者裁决违反其依据的法令时蒙受侵害的利益的内容和性质以及侵害的形态和程度。”

系等予以关注。王春案中利害关系的判定思路正是保护规范理论在我国行政审判实践中运用的体现。

2.通过判例引入保护规范理论

如果以审判中行政诉讼的出现作为我国行政诉讼制度发展的开端，那么从 1982 年《民事诉讼法（试行）》至今仅有 30 多年的时间。在注重“本土意识”，注重解决“中国问题”的同时，我国行政诉讼制度的发展也需要借鉴国外的法学理论。王春案正向我们展示了通过判例借鉴、引入国外法学理论的可行路径——如果国外的理论可应用于我国的审判实践实际解决问题，那么该理论在中国的行政诉讼中就可能是有价值、可发展的。以保护规范理论为内在法理，王春案中利害关系的判定思路既面向实务保证了可操作性，又面向未来使原告资格的发展保有灵活性，这说明保护规范理论在我国行政诉讼中具有实用价值。

在实践给出态度的同时，不妨再以我国已有的行政法理论对保护规范理论进行检视。1991 年，最高人民法院的工作报告中首次提出了“依法行政”〔105〕概念。之后，依法行政成了行政法中最基础、最重要的原则。其首先要求行政行为必须有法律依据，因此，行政机关作出行政行为就必然离不开法律规范。“依法行政”所提出的另一项要求是行政行为必须接受司法监督，即原则上对有关法律的争议，行政机关并无最终决定权，行政机关必须服从司法的裁判。而在行政审判中，法院一般采合法性审查原则，对于行政行为是否合理的部分，除非法律有特别规定，否则应当尊重行政机关的判断。在法院判断被诉行政行为是否合法时，其所依据的亦是相关的法律规范。而保护规范理论下的利害关系判定思路也是以法律规范的解释作为重点的。因此保护规范理论所提出的要求与当前我国行政和审判实践中所主张的“依法行政”和“合法性审查原则”都具有契合性。

首先，通过判例引入的保护规范理论，其意义不仅体现在指导审判实践、为原告资格判定提供可行的思路上，也体现在对行政法学研究的影响中。保护规范理论下原告资格判定的关键在于，解释被诉行政行为所适用

---

〔105〕“做好民事、行政审判和告诉申诉工作，保护公民、法人的合法权益，维护国家行政机关依法行政。”

的法律规范具有保护原告利益的目的。这将为行政法的解释带来更多的关注。对于我国行政法学研究的范式，学界有“立法法学”的观点，也有学者认为应“以规范性研究为中心”。[106] 这两种观点都以制度性的研究为重点，注重从立法论的角度进行行政法学的研究。“立法论”研究在行政诉讼制度从无到有的建构阶段是具有重要意义的。但目前我国行政诉讼制度已经完成了初步的构建，想要再有进一步地发展，需要“解释论”提供“体系性”和“精致性”的现有法律框架内的改进方案。[107] “解释是行政法理论与实践中的一个核心课题。它标志着行政法工作者借助现有知识解决行政法律问题的能力。从法哲学、法律理论和法社会学的角度发展一般的注释理论从而为行政执法和行政审判提供方法是法学研究的一个前沿问题。”[108]保护规范理论所能带来的对法律解释的推动，将不仅为解决原告资格问题，也为研究其他行政法学问题带来有益影响。

其次，以保护规范理论来判定利害关系，强调了对公民、法人和其他组织合法权益的保护，强调了《行政诉讼法》权益保护的立法宗旨。在《行政诉讼法》修改时，有意见指出，应当将利害关系标准解释为判断诉讼原告是否有诉讼利益存在。[109] 在十一届全国人大代表议案和建议中，曾明确提出以“法律上的利益”作为原告资格的判定标准，而法律上的利益即相关法律要求行政机关作出行政行为时应当考虑且通过诉讼值得保护的实质利益。[110]

---

[106] 持“立法法学”观点的学者主要希望通过法治发达国家的制度介绍促进我国立法发展，以立法需求作为行政法学研究的服务目标。参见何海波:《中国行政法学研究范式的变迁——问题、方法与知识》，载:中国法学会行政法学研究会编:《中国行政法之回顾与展望——“中国行政法二十年”博鳌论坛暨中国法学会行政法学研究会2005年年会论文集》，中国政法大学出版社2006年版，第386-388页。认为我国行政法学研究“以规范性研究为中心”的学者则主张，行政法学研究其主要解决法律应当是什么并据此为立法的修改与完善提供建议。参见金自宁:《直面行政法学研究中的“价值”问题——反思“以规范性研究为中心”的中国行政法学》，载:罗豪才主编:《行政法论丛》(第6卷)，法律出版社2003年版，第100页。

[107] 参见方颉琳:《行政诉讼制度的解释学发展进路——以行政诉权为视角》，中国政法大学出版社2017年版，第6页。

[108] 参见[德]汉斯·J.沃尔夫、奥托·巴霍夫、罗尔夫·施托贝尔:《行政法》，高家伟译，商务印书馆2002年版，第312页。

[109] 参见江必新、邵长茂:《新行政诉讼法修改条文理解与适用》，中国法制出版社2015年版，第84页。

[110] 参见全国人大常委会法制工作委员会行政法室编:《行政诉讼法立法背景与观点全集》，法律出版社2015年版，第64页。

上述意见都将利害关系判定的落脚点放置在原告利益的保护上。而王春案中利害关系的判定思路以原告诉请保护的利益为基础，连接考察中解释的重点亦为法律规范所保护的利益，也正体现了对行政诉讼权益保护之立法目的的强调。

3. 小结

综上，本文认为，王春案在我国行政法学理论上可能带来的推进是：引入、运用保护规范理论来解决行政诉讼中的实际问题，在解决问题的同时引导行政法学研究更加重视解释论的发展，强调行政诉讼制度保护公民合法权益的立法目的。

六、结语：通过判例发展法律

原告资格判定是行政诉讼中的一大难题。本文通过对王春案的评释，就目前我国行政诉讼原告资格的“利害关系”标准进行了研究，研究的出发点和重点在于，从审判实践中提炼、解释出更有价值的利害关系判定思路。王春案利害关系判定思路主要分为三个要件：第一，“利益要件”，确定原告诉请保护的利益；第二，“规范要件”，明确行政机关作出被诉行政行为时所适用的实体法律规范；第三，“连接要件”，判断原告诉请保护的利益是否为该法律规范所保护。这一判定思路的价值体现在两个方面：第一，面向实务，为今后审判实践中判定原告资格提供裁判思路的借鉴参考；第二，面向学理，引入保护规范理论，展示通过判例引入国外法学理论的可行路径，并为行政法学研究中的解释论和行政诉讼权益保护的立法目的带来更多关注和有益影响。

行政诉讼具有发展法律的功能，“司法裁判是发展法律的重要源泉”〔111〕。王春案在提出新的利害关系判定思路、引入法理的同时，也为“利害关系”标准法律规范的发展提供了可能。日本《行政事件诉讼法》第9条对“法律上利益者”规定的完善，也是在判例长期积累和学理充分讨论的基

〔111〕 同前注〔43〕中何海波书，第53页。

础上完成的。面对“利害关系”这一抽象、原则性的、不确定的法律概念,我国亦可基于判例积累和学说发展,制定司法解释对其进行完善。在2014年修改《行政诉讼法》时已有较多意见认为应当对“利害关系”进行明确规定。〔112〕根据前文对王春案的评释,本文尝试拟写如下司法解释条文,作为“利害关系”标准的补充规定:

“《行政诉讼法》第二十五条第一款中的‘有利害关系’,是指起诉人向法院诉请保护的利益,直接、特别地包含于被诉行政行为所适用的法律规范所保护的利益范围内。前款对法律规范所保护利益的解释,应当重点考察该法律规范的具体规定和立法目的,参酌相关法律规范体系的立法宗旨,同时考虑被诉行政行为的目的、内容和性质。”

当然,最终对法律规范进行补充或修改,仅有王春案和本文所梳理的相关判例作为实践基础是不够的,还需审判实践中有更多的判例积累。新的判例在参考适用王春案利害关系判定思路的过程中,也有可能对此判定思路进行补充和完善,为保护规范理论在中国的发展、为法律的发展提供新的源泉和动力。

【推荐人及推荐理由】

行政诉讼原告资格判断标准一直是行政诉讼理论与实务中的难题之一。《行政诉讼法》仅仅给出了“利害关系”这样一个抽象标准,如何使这个抽象标准具体化,使之具有可操作性,就需要在“判例—学理”这一框架中获得。本文选取王春案作为研究对象,在分析判例的裁判思路基础上,认为王春案是行政诉讼原告资格判断标准从原来的“因果关系论”转向了“保护规范理论”,从而推进了行政诉讼原告资格判断标准的理论发展。

——推荐人:章剑生(浙江大学法学院教授,博士生导师)

Abstract: The plaintiff qualification is the main condition for the prosecutor to become a plaintiff. How to judge plaintiff qualification is the basic issue of administrative litigation, and also it is difficult. The standards for the plaintiff qualifications have been continuously developed along

〔112〕同前注〔110〕,第46、143、154、224页。

with the evolution of the legal norms, and the scope of the plaintiffs has gradually expanded. The Administrative Procedural Law in 2014 established the "interest" standard in law, but there are many opinions on "what is the interest" and "how to judge the existence of interest" in theory and practice. After combing the main points of view, it is found that administrative act, rights and interests and causation constitute the basic framework for the judgment of interest. However, the uncertainty of the above three factors increases the difficulty of judging the interest.

In the "Wang Chun case", the Supreme People's Court presented the following ideas for judging the interest: first, determine the interests the plaintiff wants to protect; second, find the substantive legal norms that the administrative organ makes the administrative act according to; third, judge whether the foregoing interest is within the protected scope of legal norms by legal interpretation. By increasing the substantive legal norms as the "transfer device", "Wang Chun case" transfers the focus of judgment from the causation to the interpretation of the interests protected by the legal norms. The ideas for judging the interest in "Wang Chun case" are more operative, and also take the flexibility into consideration, which provides a useful reference for trial practice. In terms of academic development, "Wang Chun case" introduced the theory of protective norms with case law. This will help guide administrative law research to pay more attention to the development of interpretation theory and emphasize the legislative purpose of protecting legal rights and interests in administrative litigation. In the end, this paper points out the possible significance of "Wang Chun case" to the development of law, and gives suggestions for improving the "interest" standard through judicial interpretation.

Keywords: plaintiff qualification; interest; "Wang Chun case"; the theory of protective norms

（特约编辑：朱可安）

行政程序轻微违法研究

——基于《行政诉讼法》第74条第一款第(二)项

李 让*

内容提要 我国1990年《行政诉讼法》规定对违反法定程序的行政行为一律予以撤销，如此“一刀切”的做法在理论和实践中都遭到了广泛的质疑。因此，2015年《行政诉讼法》改变了这一规定，在“违反法定程序”条款之外，新增“程序轻微违法”条款。而“程序轻微违法”作为一个不确定法律概念，在内涵及外延认定等问题上不甚清晰，本文从法律规定和修法前后的司法实践入手，比较和分析了“程序轻微违法”与相关概念的联系和区别，探究该款项的实质。2018年出台的司法解释，虽然对“程序轻微违法”作出了进一步的解释，但对于该条款的认定标准仍有很大的完善空间。根据立法原意和目前司法实践现状，在认定“程序轻微违法”时，应分别判断“轻微违法”和“对原告权利不产生实际影响”这两个要件。同时，在司法适用过程中，可以尝试基于被诉行政行为的种类及其所影响的原告权利的重要性程度，进行类型化区分。

关键词 行政程序；轻微违法；认定标准；确认违法

一、引 言

2015年《行政诉讼法》改变了1990年《行政诉讼法》中对于程序违法的行政行为一概予以撤销的单一处理模式，首次引入“程序轻微违法”概念，

---

* 李让，浙江工商大学法学院宪法学与行政法学专业2015级硕士研究生。

对构成程序轻微违法的行政行为予以确认违法判决。在此之前，只有少数学者的相关论述中曾出现过"程序轻微违法"这一用语，且在理论和实践中，它长期以来是和"程序瑕疵""程序轻微瑕疵"等相似概念混为一谈的。而今法律已作出了规定，"程序轻微违法"成为正式的法律概念。出于理解和适用该规定的需要，以下问题是值得关注的：程序轻微违法究竟是什么？它和此前常用的"程序瑕疵"存在何种关系？在司法实践中，哪些情形可以被认定为属于"程序轻微违法"？这一规定的适用存在哪些问题？能否为它的适用提出较为客观的、可操作的标准？在本文中，笔者将对这些问题一一进行论述。

二、行政程序轻微违法入法概说

我国1990年《行政诉讼法》规定对于程序违法的行政行为一律予以撤销，彼时成文法上并没有"程序轻微违法"的概念，但学界已有对程序违法行为中违法程度较为轻微的行为采取判决撤销以外的法律后果的观点。这一观点被新《行政诉讼法》所吸收，对于程序轻微违法的行政行为，确认违法判决，这是对各方利益和价值进行权衡之后的结果。

（一）1990年《行政诉讼法》："违反法定程序"可撤销

1."违反法定程序"可撤销：行政程序观念确立

1989年4月4日，七届全国人大二次会议通过了《行政诉讼法》，并公布该部法律将于1990年10月1日起施行。此时的《行政诉讼法》对于我国而言，还是一部相对陌生的法律，它的施行意味着具有中国特色的行政诉讼制度在我国正式建立。

行政诉讼法是行政法的重要组成部分，1990年《行政诉讼法》的出台在我国的法治建设中具有里程碑式的重大意义：其一，《行政诉讼法》为行政机关的"自我完善"提供了动力，"行政诉讼制度的建立，一方面标志着政府制

约机制的初步形成，另一方面，标志着建立理想政府的一个重要条件的设定”。[1] 行政诉讼制度设定了行政机关作出违法行政行为的消极后果，对行政机关及其工作人员提出了更高的要求，能够促使其增强自我约束意识、提高行政执法水平。其二，《行政诉讼法》为公民的权利救济提供了新的途径，“民告官”由一项政治理论转化成了可操作的法律实际，行政相对人在认为自己合法权益受到行政行为侵害时，拥有了新的应对方式。相对于传统的“信访”等形式，此种对行政机关的行为采取提起诉讼，由与争议本身无利害关系的作为第三方的法院作出裁断并形成具有法律效力的某种结果的形式，对相对人的权利保护而言更具有规范性和公正性。其三，《行政诉讼法》为司法机关对行政行为的司法审查提供了依据和指引。依法行政是法治建设的基本要求，行政机关必须在法律的框架之中运行权力，同时权力的运行需要受到制约和监督。在《行政诉讼法》出台之前，虽然早有对行政权力进行司法监督的理论，但在没有法律支撑的情况下，这一理论是缺乏生命力的，而《行政诉讼法》弥补了这一缺憾，为行政行为设定了一些基本标准和违法的法律后果，使司法审查有法可依。行政诉讼制度的建立，为解决行政争议、促进依法行政提供了重要保障，促进了行政法体系的良好运行。

在1990年《行政诉讼法》中，有一项值得注意的，也是引起本文一系列相关问题讨论的规定，即第54条第二项中的“具体行政行为有下列情形之一的，判决撤销或者部分撤销，并可以判决被告重新作出具体行政行为：……3.违反法定程序的……”。这一条文将具体行政行为中的“违反法定程序”规定为行政诉讼中法院作出撤销判决的法定理由之一，对于历来“重实体、轻程序”的我国而言无疑是一种重大突破。在以往，相比于结果正确，程序正义往往容易被忽略，如果一个行政行为的实体被视为是合法的，即使其在程序上有所偏离，最终也总是被认为合法。这是实践中广泛存在的现象，却不符合法治建设的要求，依法行政不仅要求实体合法，也要求在程序上合法，以保证行政程序的公正与民主。1990年《行政诉讼法》关于撤销程序违法的行政行为的规定，虽然只有短短几字，却意味着我国开始逐渐确立行政

---

〔1〕 江必新：《我国行政法制建设的重要里程碑——〈行政诉讼法〉公布的重要意义》，《现代法学》1989年第3期。

程序观念；程序不再仅仅是实现实体权利的手段，二者皆为判断行政行为是否合法的重要因素。通过这一规定，行政程序规则的独立价值正式得到了我国法律的认可。

2. 对“违反法定程序的行政行为一律予以撤销”命题的争论

1990 年《行政诉讼法》对于违反法定程序的行政行为一律予以撤销的规定，在当时看来，是符合中国行政法治发展的需要的，然而，随着法律的实施，学界对其合理性却逐渐产生了怀疑。对“违反法定程序的行政行为一律予以撤销”这一命题的争论主要体现在以下几个问题上：

(1)公平与效率的冲突

因为行政行为违反法定程序存在违法程度之上的区分，一些程序违法程度较为轻微的行政行为在被法院判决撤销后，由于其程序上的违法没有影响实体结论的正确性，即使行政机关重作行政行为，所得的结论与之前也并无二致。同时，从相关法律规定来看，1990 年《行政诉讼法》第 54 条规定人民法院在判决撤销程序违法的行政行为后，可以判决行政机关重新作出行政行为，而第 55 条又规定了此种情形下行政机关不得以同样的事实和理由作出与原行政行为基本相同的行政行为〔2〕。但其后出台的两部司法解释均又规定了法院以违反法定程序为由撤销行政行为的，行政机关可以不受《行政诉讼法》第 55 条的限制作出同样的行政行为。〔3〕可见法律也并不禁止行政机关作出结论一致的行为。如此一来，对于行政机关和司法机关而言，这种忽视最终结果的正确与否而一律撤销程序违法行为的做法人为地增加了整个行政成本〔4〕，妨碍了行政效率，对于制约单纯的程序违法意

〔2〕 1990 年《行政诉讼法》第 55 条：人民法院判决被告重新作出具体行政行为的，被告不得以同一的事实和理由作出与原具体行政行为基本相同的具体行政行为。

〔3〕 1991 年《最高人民法院关于贯彻执行〈中华人民共和国行政诉讼法〉若干问题的意见(试行)》第 68 条：人民法院以违反法定程序为由，判决撤销行政机关具体行政行为的，行政机关重新作出具体行政行为时，不受行政诉讼法第 55 条规定的限制。

2000 年《最高人民法院关于执行〈中华人民共和国行政诉讼法〉若干问题的解释》第 54 条第二款：人民法院以违反法定程序为由，判决撤销被诉具体行政行为的，行政机关重新作出具体行政行为不受行政诉讼法第 55 条规定的限制。

〔4〕 余凌云：《对行政程序轻微瑕疵的司法反应》，《贵州警官职业学院学报》2005 年第 4 期。

义甚微,“还易导致司法资源和行政资源的浪费”[5]。而对于原告而言,除非其仅仅追求形式上的胜诉,否则此类结果也并不能为其带去实质上的利益。

面对这样的怀疑,有学者认为,当前我国行政法治面临的一个重大难题是,行政权力过于强大而又缺乏有效的约束,因此需要良好的行政程序机制以制约行政机关的权力。“公正与效率兼顾固然是理想的选择,但在二者难以两全的情况下,我国的选择无疑应导向于公正,而不是效率。”[6]但更多的学者认为,公正和效率都是行政法所要实现的价值,如果对不同情形的行政行为程序违法问题不予区分地一律判决撤销,不仅降低了行政效率,也无益于公正目标的实现。“程序违法,从严格法治角度讲,是必须撤销该行为的;但从效率上讲,有条件地维持也是可取的。”[7]

(2)程序工具主义与程序本位主义之争

程序工具主义认为,法律程序只是用以实现某种外在目的的手段或工具,也只有在能实现上述目的时它才具有存在的意义和价值。此处的外在目的首指实体法。边沁是程序工具主义的典型代表,他依据功利主义原理提出,立法者制定法律的主要目标在于对破坏“最大多数人幸福”的人实施惩罚和进行威胁,即有效地进行社会控制。为了实现这个目标,首先必须制定实体法,通过对社会成员明确的令行禁止和惩罚来控制社会关系。但实体法自身并不能保证它的实施,所以立法者必须在实体法之外颁布一种能够实现或者维护实体法的附属性法律,即程序法。程序法与实体法的不同之处在于,它只能通过确保实体法的有效实施来间接完成社会控制的任务,其唯一正当的目的是最大限度地实现实体法。因此,评价程序法的唯一标准,就是该法是否在最大限度上实现了实体法的目的。相对于实体法而言,法律程序只是工具性的,它除了作为实现实体法的手段而有价值外,本身并

---

〔5〕 马怀德主编:《行政诉讼原理》,法律出版社2009年版,第392页。

〔6〕 杨伟东:《行政程序违法的法律后果及其责任》,《政法论坛(中国政法大学学报)》2005年第4期。

〔7〕 罗豪才、应松年主编:《行政诉讼法学》,中国政法大学出版社1990年版,第247页。

没有任何意义。[8] 如果站在程序工具主义的立场上来看程序违法行为，则无须考虑其违法程度，只要该程序违法行为没有影响到行政行为的实体结论或是相对人的实体权益，都不会导致其被认定违法而撤销。

程序本位主义则认为，法律程序并不仅仅是实现某类外在目的之手段，其本身具备一些独立于实体法等外在目的的内在价值。萨默斯是程序本位主义学说的代表，他认为，法律程序可能具有两个方面的价值，即维护实体法的价值和程序自身内在的价值，二者相比而言，后者更为重要，它是程序理论的核心和基石。程序的内在价值具有三个特点：第一，此种价值能够通过法律程序得以实现；第二，此种价值实现于法律程序的运作过程之中，而非体现在最终结果之上；第三，不论此种价值所体现的特征对程序结果是否会产生影响以及产生怎样的影响，它都能够使法律程序更易为人们所接受。按照上述标准，萨默斯认为，程序的内在价值主要包括参与性统治、程序正当性、程序和平性、人道性及尊重个人的尊严、个人隐私、协同性（意见一致性）、程序公平性、程序合法性、程序理性、及时性和终结性。[9] 可以看出，程序本位主义不仅强调依照法律程序可以实现一个好的结果，这一理论更重视的是通过程序的进行可以展示和实现程序法自身所包含的独立价值。

程序工具主义将法律程序完全工具化，忽视甚至否定程序的独立价值，因此受到越来越多的批判，而程序本位主义则为更多的人所接受，程序自身的价值逐渐受到重视。我国 1990 年《行政诉讼法》对程序违法行为一律予以撤销的规定，正是基于程序本位主义，强调程序的独立价值。所以当出现对部分程序违法的行政行为不作撤销的声音出现时，难免会出现这样的担忧：以行政行为的实体结果或相对人的实体权利未受影响为由，对程序违法行为采取判决撤销以外的处理方式，是对程序违法行为的姑息与迁就，使得行政程序再度工具化，与程序本位主义完全背道而驰。这样的担忧虽有一定的道理，但对部分程序违法行为不予撤销，并不意味着就要走向程序工具主义的极端。首先，程序和程序价值并不是同一个概念，程序是程序价值的

〔8〕 参见雷磊：《法律程序为什么重要：反思现代社会中程序与法治的关系》，《中外法学》2014 年第 2 期。

〔9〕 罗豪才、应松年主编：《行政诉讼法学》，中国政法大学出版社 1990 年版，第 247 页。

载体，程序价值依靠程序的开展来实现，但并非所有的程序都体现了或者有助于实现程序的独立价值。程序可分为两个层次，一是基本程序，二是基本程序的辅助程序或组成要素。程序的独立价值往往要通过一个基本程序来实现，欠缺基本程序就无法实现该基本程序所保障的独立价值，但若是一个基本程序在进行过程中欠缺某个辅助性程序或组成要素，或者辅助程序或程序组成要素存在不足，该基本程序所保障的独立价值未必就不能实现。〔10〕例如对相对人进行送达时方式存在问题，但只要相对人知晓了送达的内容，其权利并不会因此受到影响，该问题也不伤及程序的独立价值。其次，任何法律价值都不居于绝对优先的保护地位，实体价值如此，程序价值自然也是如此。不可否认，程序价值具有重要地位，但当其在个案中与实体权利发生冲突时，也是有可能被权衡掉的。因此，即使对部分程序违法行为不予撤销，也不等同于程序工具主义，其与程序本位主义并不冲突。

(3)行政程序违法后果的多元化

对于行政行为存在程序违法情形时的法律后果，学术界一直存在对不同的程序违法行为作出区分并予以不同的法律后果的主张，只是不同学者的观点在立足点或侧重点上有所差异。

具体而言，有的学者立足于程序与实体之间的关联性以及程序违法的程度。如张步洪、王万华主张，如果一个行政行为的程序和实体都违法，就应该被撤销；如果实体结论符合法律规定，仅存在程序违法问题时，则需要根据不同情形区别对待：如果被诉行政行为程序违法程度轻微，原则上可予维持，但需指出该程序问题，责令行政机关限期改正；若程序违法情形严重，那么即使实体上不存在问题，也应该予以撤销。〔11〕有的学者关注的是程序的价值追求及其重要性。如朱新力主张，一个违反法定程序的行政行为的后果，关键要看被违反的程序的价值追求、被违反的程序的重要性和违反程度。其具体标准是：第一，当某个法律出于特定目的规定的程序被违反时，法院必须宣布其无效或予以撤销的，法院应当遵守；第二，当行政机关作出

〔10〕杨登峰：《行政行为程序瑕疵的指正》，《法学研究》2017年第1期。

〔11〕张步洪、王万华：《行政诉讼法律解释与判例述评》，中国法制出版社2000年版，第422页。

的行政行为违反了某一程序并且因此可能对行政行为的内容产生实质性影响时,法院应当撤销该行政行为;第三,当某一程序被违反但不会影响行政行为的实质内容,且可以即时补正时,法院不应撤销此种行政行为;第四,在上述三种标准的基础上,法院有必要在个案上适当保持司法能动性。[12] 有些学者的观点则侧重于行政程序对利害关系人权益的影响。如章剑生主张,对于如何处理违反法定程序的行政行为,应当考虑以下两个标准:第一,该程序违法行为是否损害了行政相对人的合法权益。如果行政机关的程序违法行为损害了行政相对人的合法权益,那么法院应当依法判决撤销或者确认违法;反之,法院应当在判决中认定行政行为已构成程序违法,依法判决维持或者驳回诉讼请求,但法院可以通过提出司法建议给行政机关必要的警示。第二,该程序违法行为是否产生了有利于行政相对人的法律后果。如果行政机关作出的行政行为违反了法定程序,但产生了有利于行政相对人的法律后果,且行政相对人保留这一法律后果也并不违反法律、法规和规章的规定,也不损害国家、社会或者其他公民的合法权益,那么法院不应当依法判决撤销或者确认违法。[13]

综上所述,虽然对于可不予撤销的程序违法行为的具体情形存在不同认识,但学界已逐渐达成的一个基本共识是:违反法定程序的行政行为有多种情形,而只有其中的部分是需要被法院判决撤销的。对违反法定程序的行政行为的法律效果不应一概而论,需要根据具体情况作出区别对待。相比于不考虑具体情形就对程序违法行为一律予以撤销,程序违法后果的多元化既遵循了行政合法原则,又兼顾了平衡行政效率等其他原则,显得更为科学和公正。

与理论上的争议相对应的,在 1990 年《行政诉讼法》实施期间内的司法实践中,行政行为违反法定程序也并不当然产生被撤销的法律后果。基于程序经济理性,当然也不排除含有其他因素的考量,法官在面对行政程序不符合法律法规规定的行政行为时,也并非统一援引《行政诉讼法》第 54 条第

〔12〕 朱新力:《司法审查的基准》,法律出版社 2005 年版,第 397 页。

〔13〕 章剑生:《对违反法定程序的司法审查——以最高人民法院公布的典型案件(1985—2008)为例》,《法学研究》2009 年第 2 期 。

2项的规定判决撤销，对于程序上存有"瑕疵"但不影响实体结论的正确性的行政行为，存在不少法院将其认定为"程序瑕疵"而不否定其法律效力的案例。在这些案例中，部分法院援引了《行政诉讼法》第54条第1项的规定[14]，判决维持行政行为；而在2000年《最高人民法院关于执行〈中华人民共和国行政诉讼法〉若干问题的解释》施行之后，法院开始频繁引用其第56条的规定[15]，对实体正确，程序有"瑕疵"的行政行为，判决驳回原告诉讼请求。面对伴随着"违反法定程序的行政行为一律予以撤销"这一命题所出现的争论和问题，为了适应理论的发展和实践的需要，新的《行政诉讼法》对这一命题作出了改变。

（二）2015年《行政诉讼法》："程序轻微违法"入法

1."程序轻微违法"入法过程回顾——结合二次审议稿

2015年5月1日开始施行的《行政诉讼法》一改1990年《行政诉讼法》第54条对于程序违法的行政行为一律予以撤销的"一刀切"规定，除在第70条规定对于违反法定程序的行政行为的撤销判决之外[16]，还在第74条第一款规定："行政行为有下列情形之一的，人民法院判决确认违法，但不撤销行政行为：……（二）行政行为程序轻微违法，但对原告权利不产生实际影响的。"由此，"程序轻微违法"被写入我国法律之中，成了一个正式的法律概念。

然而，回顾新《行政诉讼法》的修法过程，关于程序违法问题的修改并不顺利，两次审议稿及最终通过的《行政诉讼法》对其都作出了不同的规定：

2013年12月31日公布的《中华人民共和国行政诉讼法修正案（草

---

〔14〕 1990年《行政诉讼法》第54条：人民法院经过审理，根据不同情况，分别作出以下判决：（一）具体行政行为证据确凿，适用法律、法规正确，符合法定程序的，判决维持。……

〔15〕 《最高人民法院关于执行〈中华人民共和国行政诉讼法〉若干问题的解释》第56条：有下列情形之一的，人民法院应当判决驳回原告的诉讼请求：（一）起诉被告不作为理由不能成立的；（二）被诉具体行政行为合法但存在合理性问题的；（三）被诉具体行政行为合法，但因法律、政策变化需要变更或者废止的；（四）其他应当判决驳回诉讼请求的情形。

〔16〕 2015年《行政诉讼法》第70条：行政行为有下列情形之一的，人民法院判决撤销或者部分撤销，并可以判决被告重新作出行政行为：（一）主要证据不足的；（二）适用法律、法规错误的；（三）违反法定程序的；（四）超越职权的；（五）滥用职权的；（六）明显不当的。

案)》将原《行政诉讼法》第54条第2项的内容修改为:“具体行政行为有下列情形之一,人民法院判决撤销或者部分撤销,并可以判决被告重新作出具体行政行为:……(三)违反法定程序,且可能对原告权利产生实际影响的;……”并规定“有下列情形之一的,人民法院判决确认具体行政行为违法或者无效:……(三)具体行政行为程序违法,但未对原告权利产生实际影响的;……”以对原告权利是否产生实际影响为标准来决定程序违法的行政行为是被判决撤销或是确认违法。

而2014年8月31日公布的《中华人民共和国行政诉讼法修正案(草案)(二次审议稿)》则在一次审议稿的基础上作出修改,分别规定“行政行为有下列情形之一的,人民法院判决撤销或者部分撤销,并可以判决被告重新作出行政行为:……(三)违反法定程序,不能补正的;……”“有下列情形之一的,人民法院判决确认行政行为违法:……(三)行政行为程序轻微瑕疵,能够补正的;……”将程序违法问题分为不能补正的程序违法和能够补正的程序轻微瑕疵。

直到2014年11月1日审议通过的新《行政诉讼法》,“程序轻微违法”才真正作为一个与“违反法定程序”区别的法律概念,正式出现在法律文本之中。新《行政诉讼法》中关于“程序轻微违法”的规定是立法机关几经考量的结果,其背后的含义值得深入研究和探讨。

2.行政程序轻微违法入法的意义

2015年《行政诉讼法》新增“程序轻微违法”的规定,对行政程序违法作了“违反法定程序”与“程序轻微违法”之二分,符合我国行政诉讼理论发展的精细化趋势,对我国行政诉讼制度的发展具有重要意义。

一方面,“程序轻微违法”入法完善了人民法院对行政程序违法问题的判决方式。新《行政诉讼法》对程序违法的行政行为以违法程度为标准予以区分,分别赋予撤销与确认违法的法律后果,在判决方式上不再是单一的撤销判决,而是留有余地。人民法院可在不同情形中给予撤销判决或是确认违法判决,这增强了人民法院对行政程序违法行为的司法审查的科学性与可操作性。

另一方面,“程序轻微违法”入法回应了行政诉讼双方当事人的诉求。对于作为当事人一方的行政机关而言,此规定避免了部分行政行为仅因轻

微的程序问题而被撤销的情形，提高了行政效率，增强了行政机关作出行政行为的公信力；而对于行政相对人而言，“对原告权利不产生实际影响”的规定侧重于对相对人的权利救济，保障了相对人的合法权益。

由此可见，“程序轻微违法”的规定是符合实践中多数案件的需要的，这是新《行政诉讼法》在行政程序问题上的一大进步。

3.“程序轻微违法”可不予撤销蕴含的法律理念

新《行政诉讼法》规定的对“程序轻微违法”行为予以确认判决的款项，包含了以下法律理念：

(1)强化司法监督与确保行政实效的博弈

面对强大的行政权力，司法机关的有效监督是必要的，关键在于，如何在二者之间找寻一个平衡点。旧《行政诉讼法》中将程序违法的行政行为一律予以撤销的规定，虽然强化了对行政行为的司法监督，但实践也证明了其对行政实效的影响是不容忽视的。反之，如果为了确保行政实效，将程序违法程度轻微的行政行为不予撤销而维持其法律效力，意味着司法机关对于行政行为的制约作用减弱，其带来的结果很可能是行政机关在行使权力时更加轻视行政程序。“所以，在这个问题上有时我们似乎已陷入了一个两难的窘境。”〔17〕

为了解决这一问题，新《行政诉讼法》将“程序轻微违法”的情形分离出来，规定于确认违法判决的条款之中。从条文的表述来看，“程序轻微违法”的规定意味着只有程序违法程度轻微的行政行为才可能不被撤销，从而实现更为科学的司法监督；而“对原告权利不产生实际影响”的规定则强调人民法院在对违反法定程序的行政行为作出判决时，必须考虑行政机关作出的实体结论正确与否，对程序轻微违法但实体正确的行政行为不予撤销，又有利于行政行为的实效性。同时，虽然此类行政行为可不被撤销，但人民法院仍旧对其作出了否定性的评价即确认违法，这意味着行政机关必须为其违法行为承担不利的后果，如此一来又可避免行政机关忽视行政程序而只追求实体正确的问题。可以说，这一规定在一定程度上解决了司法监督与行政权力失衡的问题。

---

〔17〕 章剑生：《对违反法定程序的司法审查——以最高人民法院公布的典型案件(1985—2008)为例》，《法学研究》2009年第2期。

(2)公正与效率并重的价值目标

公正与效率是法律永恒追求的两个基本价值目标，行政程序自然也应符合这两大价值目标的要求，既不能单纯追求形式上的公正而忽略行政效率的要求，也不能片面追求提高行政效率而削弱行政行为的公正性。旧《行政诉讼法》对程序违法行为一律予以撤销的规定，就存在其过于追求形式公正而没有考虑到行政效率重要性的争论。而新法新增的关于程序轻微违法的规定，目前看来是比较符合公正与效率并重的价值追求的。其一，对程序违法行为中违法程度轻微的部分行为予以确认违法而非一概撤销，维持了行政行为的法律效力，避免了重新作出相同行政行为所导致的行政成本的浪费；其二，对程序轻微违法行为确认违法，体现了立法对程序公正的尊重。公正和效率二者并重，有利于行政程序的良好运作。

(3)行政程序的双重价值

根据程序本位主义，行政程序的价值具有二重性，即其外在价值和内在价值二者是统一存在的。基于此，对于程序违法的行政行为，应采取与实体违法的行政行为不同的处理方式。对程序轻微违法的行为判决违法而非撤销，正是行政程序的双重价值相互协调的结果，体现了立法机关对双重价值的尊重。一方面，对程序轻微违法的判断要结合是否对原告权利产生实际影响，体现对行政程序外在价值的重视；另一方面，只要行政程序违反了法律规定，即使情节轻微，也要被确认违法而非单纯维持其效力，这能够使行政机关和行政相对人双方都认识到行政程序独立价值的重要性，体现出对程序内在价值的保护。行政程序的双重价值在这一规定之下得以统一。

4. 司法解释中关于"程序轻微违法"的规定

为了正确适用新《行政诉讼法》，最高人民法院于 2018 年出台了《最高人民法院关于适用〈中华人民共和国行政诉讼法〉的解释》(法释〔2018〕1号)。其中第 96 条规定："有下列情形之一，且对原告依法享有的听证、陈述、申辩等重要程序性权利不产生实质损害的，属于行政诉讼法第七十四条第一款第二项规定的'程序轻微违法'：(一)处理期限轻微违法；(二)通知、送达等程序轻微违法；(三)其他程序轻微违法的情形。"这是最高司法机关对于"程序轻微违法"所作出的进一步解释和说明，为各级司法机关适用这一条款提供了指导。

可以看出，新《行政诉讼法》关于“程序轻微违法”的规定，相比于旧法，不得不说是一种进步。然而，这一新的规定究竟能否解决随着旧《行政诉讼法》“程序违法行为一律撤销”规定的实施所浮现的疑惑与问题，而司法解释的规定又能否为新法实施后出现的新问题提供准确的指导，这仍有待时间的检验。

三、行政程序轻微违法的边界

“程序轻微违法”作为一个全新的法律术语，首见于2015年《行政诉讼法》之中，然而对于这一概念的具体含义，新《行政诉讼法》并没有作出更详细的解释，2018年新出台的《最高人民法院关于适用〈中华人民共和国行政诉讼法〉的解释》也仅是列举了两种属于“程序轻微违法”的情形。因此，尽管已被写入法律之中，但“程序轻微违法”这一概念的内涵仍具有不确定性。而在新《行政诉讼法》出台之前，理论和实践中已存在与之相似或相关的概念，如“程序瑕疵”“行政行为的补正”等，若要探究“程序轻微违法”的内涵，可从这些相关概念入手，通过比较与分析，确定“程序轻微违法”的边界。

(一)行政程序轻微违法的特点

行政程序轻微违法规定于2015年《行政诉讼法》第74条之中，属于法院判决确认违法的一种情形。结合《行政诉讼法》的相关规定，可以发现“程序轻微违法”具有以下特点：

1. 行政程序轻微违法是对行政程序的消极评价

根据新《行政诉讼法》的规定，对于行政程序存在问题的行政行为，法院有两种判决方式。一类是撤销判决，《行政诉讼法》第70条规定了适用撤销判决的几种行政行为的情形，其中包括违反法定程序的行政行为。行政行为因欠缺合法性要件或明显不当被法院判决撤销之后，该行政行为自始无效。另一类就是《行政诉讼法》第74条的确认违法判决，根据这一条款，当人民法院认定一个行政行为的程序轻微违法时，应采用确认违法的方式而

非撤销。“程序轻微违法”与违反法定程序相同，都是人民法院基于行政程序的违法问题，对行政行为作出的消极评价；其特殊之处在于，对行政程序轻微违法的行政行为，人民法院仅仅是以“确认违法”的方式对该情形作出消极评价，而并不否定其法律效力。

2. 对程序轻微违法的行政行为判决确认违法是利益衡量的结果

程序轻微违法的情形规定于《行政诉讼法》第 74 条第一款第二项，该条款规定了两种对行政行为判决确认违法但不予以撤销的情形，其中第一项的规定为“行政行为依法应当撤销，但撤销会给国家利益、社会公共利益造成重大损害的”。以上两种情形被写在同一条款之中，说明二者是并列的关系，且具有一定的关联性。第一项中的情形被判决确认违法，是由于撤销该行政行为会严重损害国家利益和社会公共利益，即相对于撤销该行政行为所实现的相对人的利益而言，被危及的公共利益此刻居于一个更具优势的地位，在进行利益衡量之后，人民法院选择不撤销该行政行为。与此相似，撤销仅仅在程序上存在轻微违法问题的行政行为，带来的收益要低于负面影响，如降低行政效率、浪费行政资源等，两相比较，用确认违法代替撤销，有助于实现利益的最大化。

(二)行政程序轻微违法与行政程序瑕疵

在《行政诉讼法》修订前，尽管法律条款中没有“程序轻微违法”这一概念，但理论上早已存在与其相似的“程序瑕疵”一词，司法实践中也有不少法院以“程序瑕疵”为由不予撤销程序违法的行政行为的案例。从经验来看，“程序瑕疵”与“程序轻微违法”确实存在重叠之处，也都导致行政行为不被撤销，但并不能据此就认定二者同义，对于二者的关系，还需要通过司法案例和法律文本加以分析。

1. 司法实践中的“程序瑕疵”：“撤销违反法定程序的行政行为”原则的例外

在 1990 年《行政诉讼法》实施期间，虽然法律并没有关于撤销程序违法行为的例外规定，但在司法实践中，存在不少法院以行政行为程序上存在“瑕疵”为由，对程序存在问题的行政行为不作出撤销判决的案例。尽管司法判决中最早采用“程序瑕疵”这一概念进行论述的时间并不可知，但相关

文献中显示，早在1998年2月20日的“黄义侗等4人不服福清市港头镇人民政府关于占用耕地建造坟墓的行政处理决定案”终审判决书中，就已出现了关于“程序瑕疵”的表述。[18]

从旧《行政诉讼法》开始实施到新法的修订这25年的时间里，实践中关于“程序瑕疵”的案例不胜枚举，法院在表达一个行政行为程序上存在瑕疵时，除了直接采用“程序瑕疵”一词外，也有“瑕疵”“失误”这样的表达。而法院认定的“瑕疵”除程序瑕疵外，也包括部分实体上的瑕疵，如“吴磊不服东台市规划建设局行政许可案”[19]中，被告下属的东台市建设规划办公室作为被告的内设机构，在作出建设用地规划设计要点时应当以被告的名义，而该办公室却以自己名义作出了该行政行为，此种主体资格存在问题的情形也被法院认为是“瑕疵”。因此，出于讨论的需要，笔者选取了《中国审判案例要览》(2005—2014年)中关于程序上的“瑕疵”的部分案例，以作说明之用，详见表1。在这些案例中，法院认定的“程序瑕疵”包括以下几类：

(1)书写失误。这类瑕疵一般有两种形式：一是书面记录上的失误，如案例1-1中，被告在出警时间的记录上存在失误，导致原告的误解并提起诉讼，但两审法院均以该失误“不足以影响其处警行为的合法性”“不影响其实际到达时间”为由，驳回了原告的诉讼请求。二是文字表述上的不规范，如案例1-2中，被告作出行政处罚的法律依据是《中华人民共和国治安管理处罚法》(以下简称《治安管理处罚法》)第52条第(二)项之规定，但其在行政处罚决定书中引用该条款时却误表述为“第52条第二款”，因为被告根据此规定作出行政处罚行为在法律适用上是不存在问题的，所以二审法院认为“此瑕疵并非导致本案行政处罚决定应当或者可以被判决撤销或者确认违法及上诉人可以免责的情形”。

(2)超过期限。我国很多法律法规中都对行政行为的作出规定了期限，对于超期作出的行政行为，法院一般也将其认为是程序上的瑕疵。如案例1-10中，被告超出《治安管理处罚法》第99条规定的30日的办理治安案件

---

[18] 《人民法院案例选(1992—1999年合订本，行政卷上)》，中国法制出版社2000年版，第581页。

[19] 《中国审判案例要览(2007年行政审判案例卷)》，中国人民大学出版社、人民法院出版社2008年版，第147页。

的期限所作出行政处罚决定的行为，因未对原告及第三人的权利义务产生实际影响，故“应视为被告在作出具体行政行为过程中的瑕疵”。又如案例1-11中，被告未能举证证明其在中止期间实施了其在认定中止通知中所述“调查行为”，人民法院认为其违背了《工伤保险条例》第20条规定的时限，但“该程序违法并未对原告及第三人的实体性合法权益造成实质性损害”，人民法院最终判决驳回原告的诉讼请求。

(3)方式不规范。在案例1-12中，因原告不提供信息的不配合行为，被告民警无法当场填写“行政强制措施凭证”中关于原告信息的一系列内容，致使被告当场无法按正常程序履行职责，而是等到一审开庭确认原告真实身份后，才将“行政强制措施凭证”送达原告。对于此，法院认为被告“实行扣留行政强制措施程序上虽有不规范之处，但属瑕疵”，因此驳回了原告的诉讼请求。

(4)步骤缺失。行政行为的作出要通过一系列步骤，这些步骤也存在重要程度上的区别。如行政机关为行政行为之时未作出书面受理决定，虽然不符合法律规定，但由于其程序价值较低，法院在审判时一般不会将其作为撤销行政行为的理由。在案例1-18中，对于被告在受理行政许可申请后，未依照《行政许可法》第32条第二款的规定出具书面凭证的行为，人民法院认定其为“一般行政程序性瑕疵”。值得注意的是，对于听取当事人的陈述和申辩这一普遍被认为具有重要程序性价值的环节，人民法院对缺失这一步骤的行政行为，也存在不同的判决结果。在案例1-19中，被告宿迁学院在对原告作出开除学籍的处分决定前，没有依据《普通高等学校学生管理规定》第56条之规定，听取学生或其代理人的陈述和申辩。法院认为，原告已承认自己旷课违纪的事实，被告作出的处分结果和原告的违纪情节相当，“处分决定程序的瑕疵并未导致处分结果显失公正，不宜以此确认程序违法”。而在类似的案例1-20中，对被告南京师范大学作出开除原告学籍的处分，人民法院认为，该处分涉及被处分者的受教育权利，被告应当在作出决定前给予被处分人申辩的权利，以充分保障相对人的合法权益，“被告并无符合法定要求的证据证明其给予了原告此项权利，亦无证据证明其他职能部门已确定原告在涉案事件中需承担的责任为被开除学籍，应属不当”。最终人民法院认定该行为程序违法，作出了撤销判决。这两个案件判决的

时间相近，且审判法院都是江苏省的法院，为何判决结果如此不一致呢？对比两案，王奋凯案中法院认为该处分结果未显失公正，而王圣钦案中法院则认为根据现有证据无法证明该处分决定正确与否。因此笔者认为，法院在决定是否作出撤销判决时，相比该程序的价值，更注重处分结果的正确性。

表1　1990年《行政诉讼法》实施期间司法实践认定“程序瑕疵”的几种情形

具体情形	案例编号	案例名称
书写失误	1-1	金明阳等诉苏州市公安局虎丘分局要求确认不履行救助法定职责违法及请求国家赔偿案（〔2011〕苏中行赔终字第0001号）〔20〕
	1-2	朱家云不服昆明市公安局直属分局治安行政处罚案（〔2011〕昆行终字第88号）〔21〕
	1-3	张祥林不服上海市公安局松江分局交通警察支队行政强制措施案（〔2010〕）沪一中行终字第292号）〔22〕
	1-4	亨瑞特（北京）信用评价事务所不服北京市工商行政管理局作出的登记驳回通知书案（〔2007〕海行初字第00265号）〔23〕
	1-5	北京金洋天蓝科技发展有限公司不服北京市工商行政管理局行政处罚案（〔2006〕海行初字第58号）〔24〕
	1-6	何佰灿不服新昌县工商行政管理局行政处罚案（〔2006〕新行初字第2号）〔25〕
	1-7	北京世纪金源大饭店有限责任公司不服北京市海淀区劳动和社会保障局工伤认定结论通知案（〔2006〕一中行终字第1184号）〔26〕

〔20〕《中国审判案例要览（2012年行政审判案例卷）》，中国人民大学出版社2014年版，第116页。

〔21〕《中国审判案例要览（2012年行政审判案例卷）》，中国人民大学出版社2014年版，第159页。

〔22〕《中国审判案例要览（2011年行政审判案例卷）》，中国人民大学出版社2013年版，第200页。

〔23〕《中国审判案例要览（2008年行政审判案例卷）》，中国人民大学出版社、人民法院出版社2009年版，第22页。

〔24〕《中国审判案例要览（2007年行政审判案例卷）》，中国人民大学出版社、人民法院出版社2008年版，第7页。

〔25〕《中国审判案例要览（2007年行政审判案例卷）》，中国人民大学出版社、人民法院出版社2008年版，第49页。

〔26〕《中国审判案例要览（2007年行政审判案例卷）》，中国人民大学出版社、人民法院出版社2008年版，第283页。

续表

具体情形	案例编号	案例名称
超过期限	1-8	语伴在线(北京)科技有限公司不服北京市工商行政管理局海淀分局工商行政处罚案(〔2011〕一中行终字第1160号)〔27〕
	1-9	冯玉荣不服密云县公安局太师屯派出所不予处罚决定案(〔2011〕二中行终字第730号)〔28〕
	1-10	郝劲松不服北京市公安局海淀分局万寿寺派出所公安行政处罚决定案(〔2010〕一中行终字第01613号)〔29〕
	1-11	吴江市和喜机械有限公司不服江苏省吴江市劳动和社会保障局工伤认定决定案(〔2007〕吴江行初字第0010号)〔30〕
方式不规范	1-12	高毛毛不服响水县公安局交通巡逻警察大队行政强制措施案(〔2013〕盐行终字第0064号)〔31〕
	1-13	个旧市城市建筑安装工程有限公司不服北京市工商行政管理局行政许可案(〔2006〕一中行终字第118号)〔32〕
步骤缺失	1-14	项俊诉北京市工商行政管理局海淀分局要求履行法定职责案(〔2011〕一中行终字第3029号)〔33〕
	1-15	合川区草街镇山松液化气经营部不服合川区商业委员会商贸流通行政处罚案(〔2010〕渝一中法行终字第106号)〔34〕
	1-16	南京天地物业管理有限公司连云港分公司不服连云港市人力资源和社会保障局劳动和社会保障行政确认案(〔2010〕连行终字第71号)〔35〕
	1-17	曙宏不服上海市劳动教养管理委员会劳动教养决定案(〔2007〕)扬行初字第0002号)〔36〕

〔27〕《中国审判案例要览(2012年行政审判案例卷)》,中国人民大学出版社2014年版,第47页。

〔28〕《中国审判案例要览(2012年行政审判案例卷)》,中国人民大学出版社2014年版,第122页。

〔29〕《中国审判案例要览(2011年行政审判案例卷)》,中国人民大学出版社2013年版,第138页。

〔30〕《中国审判案例要览(2008年行政审判案例卷)》,中国人民大学出版社、人民法院出版社2009年版,第422页。

〔31〕《中国审判案例要览(2014年行政审判案例卷)》,中国人民大学出版社2016年版,第183页。

〔32〕《中国审判案例要览(2007年行政审判案例卷)》,中国人民大学出版社、人民法院出版社2008年版,第13页。

〔33〕《中国审判案例要览(2012年行政审判案例卷)》,中国人民大学出版社2014年版,第60页。

〔34〕《中国审判案例要览(2011年行政审判案例卷)》,中国人民大学出版社2013年版,第1页。

〔35〕《中国审判案例要览(2011年行政审判案例卷)》,中国人民大学出版社2013年版,第77页。

〔36〕《中国审判案例要览(2008年行政审判案例卷)》,中国人民大学出版社、人民法院出版社2009年版,第120页。

续表

具体情形	案例编号	案例名称
步骤缺失	1-18	孟国芳、喻仲嘉诉常州市规划局及第三人常州市广景房地产开发有限公司规划行政许可案(〔2007〕新行初字第23号)〔37〕
	1-19	王奋凯不服宿迁学院开除学籍处分案(〔2007〕宿中行终字第0028号)〔38〕
	1-20	王圣钦不服南京师范大学教育行政决定案(〔2007〕鼓行初字第108号)〔39〕
	1-21	宜昌市国际管理认证认可促进会不服宜昌市规划局规划行政许可案(〔2006〕宜中行终字第00022号)〔40〕
	1-22	黄妹姐诉莆田市劳动和社会保障局不予受理工伤认定申请通知案(〔2007〕莆行终字第29号)〔41〕
	1-23	杨镜新不服南通市人民政府行政复议决定案(〔2006〕通中行初字第0011号)〔42〕

从上述案例来看,1990年《行政诉讼法》实施期间,人民法院认定程序是否"瑕疵"的理由,多在于其对实体结果是否造成影响,一般不去关注"程序"本身。而属于程序"瑕疵"的情形,并不限于行政程序违反了法律规定的情形,也包括书写失误这样的"技术性缺陷",这就使得区分"程序瑕疵"和"程序轻微违法"有了必要。

2."程序瑕疵"与"程序轻微违法"的区分

在旧《行政诉讼法》实施期间的案例中人民法院所认定的"程序瑕疵",与新《行政诉讼法》中所规定的"程序轻微违法",这二者的内涵是否相同?

〔37〕《中国审判案例要览(2008年行政审判案例卷)》,中国人民大学出版社、人民法院出版社2009年版,第214页。

〔38〕《中国审判案例要览(2008年行政审判案例卷)》,中国人民大学出版社、人民法院出版社2009年版,第538页。

〔39〕《中国审判案例要览(2008年行政审判案例卷)》,中国人民大学出版社、人民法院出版社2009年版,第549页。

〔40〕《中国审判案例要览(2007年行政审判案例卷)》,中国人民大学出版社、人民法院出版社2008年版,第141页。

〔41〕《中国审判案例要览(2007年行政审判案例卷)》,中国人民大学出版社、人民法院出版社2008年版,第306页。

〔42〕《中国审判案例要览(2007年行政审判案例卷)》,中国人民大学出版社、人民法院出版社2008年版,第386页。

存在什么样的区别呢?

对于二者的关系,学界有不同观点。有学者认为"程序瑕疵"与"程序轻微违法"二者同义,当行政行为程序上的瑕疵既不会影响结果的形成,也不会损害相对人的实体性权利时,它就属于轻微的程序性违法。[43] 有学者以行政行为程序违法的法律后果为标准,将程序违法分为狭义上的程序违法和程序瑕疵,程序瑕疵对行政程序的违反是次要性或细节性的,因此无须被撤销,[44]此种分类与新《行政诉讼法》的规定有相似之处。也有学者认为,将"程序瑕疵"和"程序轻微违法"等同的观念是错误的,前者位于程序合法行为和程序违法行为之间的"灰色地带",其本质上是一种"不规范行为",仅限于"技术性缺陷";而后者却属于违法层面,只是违法程度"轻微"而已。[45]

从我国的立法实践来看,"程序瑕疵"成为一个法律用语,源于2008年出台的《湖南省行政程序规定》,该规章首次将程序瑕疵纳入"法"的范畴,规定了违反法定程序的行政行为应当撤销,但存在例外,即程序上存在其他轻微瑕疵或者遗漏,未侵犯公民、法人或者其他组织合法权利的,应予以补正或者更正。[46]《行政诉讼法修正案(草案)(二次审议稿)》中也吸纳了这一规定,将违反法定程序的行为分为不可补正的程序违法行为和可补正的程序轻微瑕疵,可见二次审议稿是将"程序轻微瑕疵"与"程序轻微违法"视为相同含义的。

而从旧《行政诉讼法》施行期间的司法实践来看,法院认定"程序瑕疵"的情形多样。像文字拼写错误、数字计算错误等瑕疵,严格来说并不属于违法的范畴,如上述提及的在行政处罚中引用法律条款时表述有误,这种情形

---

〔43〕 王长平:《"补正"个案比较分析与制度构建思考》,《法学论坛》2010年第2期。

〔44〕 陈莹莹:《程序瑕疵与程序公正——江苏省工商局处罚南京市煤气公司行政诉讼案评析》,《法学》2001年第7期。

〔45〕 柳砚涛:《认真对待行政程序"瑕疵"——基于当下行政判决的实证考察》,《理论学刊》2015年第8期。

〔46〕《湖南省行政程序规定》第162条:具有下列情形之一的,行政执法行为应当撤销:……(三)违反法定程序的,但是可以补正的除外;……

第164条:具有下列情形之一的,行政执法行为应当予以补正或者更正:……(四)程序上存在其他轻微瑕疵或者遗漏,未侵犯公民、法人或者其他组织合法权利的。补正应当以书面决定的方式作出。

下行政机关已经根据《行政处罚法》第31条[47]告知了当事人作出行政处罚的依据，履行了告知义务，其仅仅在表述上存在瑕疵并不足以被认定违法。而如超过法定期限作出决定、缺失法律规定的步骤等行政行为，明显是违反了法律明文规定的行政程序的，法院在审判时以不影响相对人实体性权利为由，或是出于规避法律的目的认定这些情形为“程序瑕疵”，毕竟根据旧《行政诉讼法》的规定，只要违反了法定程序，就必须被撤销，而对程序违法行为一律撤销在当时已不符合现实的需要。因此，旧《行政诉讼法》实施期间法院所认定的“程序瑕疵”包含但不限于程序轻微违法行为，还包括技术性缺陷这类程序不规范行为，但后者并不属于程序违法行为的范畴。新《行政诉讼法》也抛弃了二次审议稿中“程序轻微瑕疵”这一用语而改用“程序轻微违法”，和“程序瑕疵”一词本身的多义性以及我国的司法实践中对“程序瑕疵”认定的不确定性不无关联。

(三)行政程序轻微违法与行政程序的补正

《行政诉讼法修正案(草案)(二次审议稿)》曾将能否补正作为区分两类程序问题的标准。由于目前我国尚未在法律层面建立起统一的行政程序补正制度，要探究其与程序轻微违法的关系，可从国外相关规定和我国已有的地方政府规章入手进行讨论。

1.行政行为的补正

行政行为的补正制度，是行政机关对其行政行为程序上的瑕疵采取补救措施的一种制度。日本行政法学者盐野宏将行政行为的补正称为瑕疵的治愈，特指行政行为作出后，进行追加、补充其所欠缺的要件——通常是程序性及形式性的要件，其结果确实使瑕疵消除的情况。[48] 我国台湾地区的学者陈新民认为：瑕疵的补正是指行政行为在程序与方式上有瑕疵，透过事后的补正手续，使不合法的行政行为修正成完全合法的，但必须以此瑕疵不构成无效的程度为前提，方有挽救的可能。[49] 应松年教授则认为，补正，在

---

〔47〕《行政处罚法》第31条：行政机关在作出行政处罚决定之前，应当告知当事人作出行政处罚决定的事实、理由及依据，并告知当事人依法享有的权利。

〔48〕[日]盐野宏：《行政法》，杨建顺译，法律出版社1999年版，第116页。

〔49〕陈新民：《中国行政法学原理》，中国政法大学出版社2002年版，第171页。

葡萄牙和我国澳门地区也叫纠正，指对欠缺合法要件的行政行为进行事后补救，从而使违法的行政行为因补足要件，成为合法的行政行为，继续维持其效力。[50] 此处的“欠缺合法要件”仅指行政程序法定要件的欠缺。在补正制度中，当行政行为作出之后，若其程序上存在瑕疵，行政机关可以通过追加、补充手续，使瑕疵消除。违法的行政行为通过补正补足要件，成为合法的行政行为，继续维持其效力。

补正制度起源于德国和法国，又被称作治愈制度。从法、德两国相关的法律规定来看，对可治愈的瑕疵范围，存在着程度上的区分。法国行政法允许治愈的程序瑕疵，仅包括对行政裁量决定不产生实质影响的形式和程序上的瑕疵。根据法国行政法，形式瑕疵原则上是不允许治愈的。但若是从该瑕疵本身的属性来看，不会影响到行政决定的内容，如在文书上没有签字，这样的瑕疵是允许行政机关事后采取补救手段以进行治愈的。[51] 这样的治愈通常被视为是合理的，一般不会存在争议。

与法国法形成鲜明对比的是，德国法上允许治愈的程序瑕疵的范围要宽广得多。德国1976年出台的《联邦行政程序法》规定了针对程序瑕疵的治愈制度。该法第45条规定了数项被视作是对程序瑕疵进行治愈的行为，包括事后提交所需的申请、事后作出必要的理由说明、事后补作听证等。[52] 程序瑕疵经过治愈后即被视为合法，对效力不产生任何影响。从法律规定来看，德国对可以治愈的程序瑕疵的标准是相对宽松的，即使是漏掉了如说明理由、举行听证等这些在我们看来会对相对人权利产生实质影响的程序步

---

〔50〕 应松年主编：《比较行政程序法》，中国法制出版社1999年版，第148页。

〔51〕 余凌云：《对行政程序轻微瑕疵的司法反应》，《贵州警官职业学院学报》2005年第4期。

〔52〕《联邦行政程序法》第45条：1.不导致第44条规定无效的对程序或形式的违反，在下列情况中视为补正：(1)事后方提交引起行政行为所需的申请；(2)事后提交所需的说明理由；(3)事后补作对参与人的听证；(4)须协作的委员会，事后作出行政行为所需的决议；(5)其他行政机关补作其应作的共同参与。2.前款第2至5项所列举的行为，仅允许在前置程序结束前，或未提起前置程序时，在提起行政诉讼之前补作。参见[德]平特纳：《德国普通行政法》，朱琳译，中国政法大学出版社1999年版，第235页。

此条款后来经历了两次修改：1996年德国对《联邦行政程序法》第45条第2项作出修改，将对违反法定程序行为的补正时点从“诉愿程序终结前或向行政法院起诉前”延长至“行政诉讼程序终结前”。在2002年再次修法时，又从“行政诉讼程序终结前”延长至“行政诉讼事实审程序终结前”。参见傅玲静：《论德国行政程序法中程序瑕疵理论之建构与发展》，《行政法学研究》2014年第1期。

骤，也是允许行政机关进行治愈的。因此有许多学者对此表示质疑，认为行政机关在作出行政行为时未履行如义务性听证这类重要的程序，即使在事后进行治愈，被治愈的步骤是否还能对实质结论产生拘束力，是值得怀疑的。[53]

我国台湾地区的“行政法”也规定了对程序违法的行政行为的补正制度。根据该“法”第114条，可以补正的程序违法情形包括(1)当事人未提交作出行政处分所需的申请；(2)未记明理由；(3)未给予当事人陈述意见之机会；(4)应参与行政处分作成的委员会未参与决定过程；(5)应参与行政处分作成的其他机关未参与决定过程。当上述情形经过补正程序后，对行政机关原来违反程序所作出的实体决定不产生影响时，该“程序违反”即因补正而治愈。[54] 我国台湾地区对于可补正的行政程序的规定，几乎是德国《联邦行政程序法》第45条的翻版，可补正的程序违法情形较为宽泛，且以不影响实体结论为限。

大陆法系国家和地区，对程序违法多采取多元处理机制，也都规定了针对行政程序的补正制度。通过分析法国、德国和我国台湾地区的相关规定可以发现，这些国家和地区在设定可补正的行政程序的情形时，除基于对程序违法程度的考量外，更根本的是基于该程序违法是否会对实体决定的内容产生影响。这般规定看似与我国“程序轻微违法”条款中的“对原告权利不产生实际影响”有相似之处，但并不能依此断言“程序轻微违法”的行政行为和可补正的程序违法行为同义。由于对于可补正的行政程序的范围，不同国家和地区的规定也不尽相同，因此要讨论行政程序的补正与程序轻微违法的行政行为之间的联系，还需从我国的相关规定出发。

2. 程序轻微违法与可补正的行政程序的区分

尽管我国法律、行政法规中并未规定行政行为的补正制度，但地方政府规章中却已有相关的规定。关于补正制度的规定最早出现在2008年出台的《湖南省行政程序规定(以下简称《规定》)，根据该《规定》第164条，以下

---

[53] 赵宏：《法治国下的目的性创设——德国行政行为理论与制度实践研究》，法律出版社2012年版，第360页。

[54] 参见翁岳生编：《行政法(下册)》，中国法制出版社2009年版，第1036-1037页。

行政行为是可以被补正的：(1)未说明理由且当事人及利害关系人对事后说明理由不持异议的；(2)文字表述错误或者计算错误；(3)未载明决定作出日期的；(4)程序上存在其他轻微瑕疵或者遗漏，未侵犯公民、法人或者其他组织合法权利的。从该条列举的三项可被补正的程序瑕疵来看，文字表述错误、计算错误等瑕疵，严格来说并不属于程序违法的范畴，而属于广义的程序瑕疵。而对于未说明理由这项程序违法行为，可补正的情形也限于当事人及利害关系人没有异议之时。联系该《规定》第 162 条"违反法定程序的行政执法行为应当撤销，但是可以补正的除外"，可以看出该规章的态度是，对于程序违法的行政行为中违法程度较为轻微的，可以通过补正以避免被撤销。

于 2017 年开始施行的《浙江省行政程序办法》(以下简称《办法》)中也有关于补正的规定。该《办法》第 75 条第一款规定了"行政执法决定存在未载明决定作出日期等遗漏，对公民、法人和其他组织的合法权益没有实际影响等情形的，应当予以补正"。该规定明确列举的可补正的程序只有未载明日期这类情形，而像文字表述错误、计算错误等技术性缺陷，则属于应当更正的情形。[55] 将我国地方政府规章中的补正制度和域外规定作对比，我国对行政程序的补正所持态度较为谨慎。由于行政程序的补正在我国尚处于起步阶段，地方政府在制定规则时并未采取德国法上那样大胆的做法，而是严格限制可补正的程序违反情形。

新《行政诉讼法修正案(草案)》二次审议稿中使用了与《湖南省行政程序规定》相似的措辞，规定对"行政行为程序轻微瑕疵，能够补正的"予以确认违法判决，而后这一款项被修改为"程序轻微违法，但对相对人权利不产生实际影响的"。"能够补正的程序轻微瑕疵"和"程序轻微违法"二者确实存在共通之处，即程序问题程度上的轻微和对相对人权利不产生实际影响。那为何新《行政诉讼法》最终采用了"程序轻微违法"这一表述呢？笔者认为原因有二：一是我国尚无统一的行政程序的补正制度，而各地方政府规章中

---

〔55〕《浙江省行政程序办法》第 75 条：行政执法决定存在未载明决定作出日期等遗漏，对公民、法人和其他组织的合法权益没有实际影响等情形的，应当予以补正。

行政执法决定存在文字表述错误或者计算错误等情形，应当予以更正。

行政机关作出补正或者更正的，可以附记在行政执法决定文书内；不能附记的，应当制作补正或者更正决定书。

虽有规定，但不同地方规定的具体情形存在差异，在规定不明确的情况下，判断哪些程序属于可补正的程序，在不同地方可能会出现不同的结果。二是从新旧《行政诉讼法》实施期间的司法实践来看，被法院认定“程序瑕疵”“程序轻微违法”的情形中包括许多不可补正的情形，如超出法定期限作出行政行为。由于时间是无法倒流的，此类程序问题也自然无法补正，若使用“能够补正的程序轻微瑕疵”的表述，则会遗漏这一类情形。

从新《行政诉讼法》实施之后的司法实践来看，司法机关对于可补正的行政程序的态度，也并非一律将其认定为属于“程序轻微违法”的情形。如在“李海兵道路交通行政强制案”〔56〕中，太原市公安局交警支队小店二大队在作出行政强制决定时，出具的行政强制措施凭证中仅有一个交警签章，违反了《中华人民共和国行政强制法》（以下简称《行政强制法》）第18条“行政机关实施行政强制措施应当遵守下列规定：（二）由两名以上行政执法人员实施”“（八）现场笔录应由当事人和行政执法人员签名或者盖章”的程序性规定。对于该程序违法行为，交警二大队提出了其已于事后作出补正的抗辩理由，一审法院也将其认定为“不必然导致撤销”的程序瑕疵，然而二审人民法院却没有采纳事后补正这一理由，认为该程序违法行为仍属于《行政诉讼案》第70条中的“违反法定程序”的情形，应予以撤销。

因此，我们不能在可补正的行政程序和程序轻微违法之间简单地画一个等号，二者虽存在重叠的部分，但可补正的行政程序问题中可能存在不属于“轻微”的情形，程序轻微违法也并不限于可补正的行政程序。

（四）行政程序轻微违法与违反法定程序：并非非此即彼

新《行政诉讼法》将行政行为“违反法定程序”和“程序轻微违法”两种情形予以二分，分别规定于撤销判决和确认违法判决的不同条款之中，那么这二者之间的关系又如何呢？

从字面意思看来，二者都属于行政程序违法的情形。然而将新《行政诉讼法》与两次审议稿关于行政程序违法的规定进行比对，可以发现二者关系的变化。一次审议稿对二者的表述分别为“违反法定程序，且可能对原告权

---

〔56〕 山西省太原市中级人民法院〔2015〕并行终字第73号判决书。

利产生实际影响的”和“具体行政行为程序违法，但未对原告权利产生实际影响的”；二次审议稿对二者的表述则为“违反法定程序，不能补正的”以及“行政行为程序轻微瑕疵，能够补正的”。尽管两次审议稿在文字表述上略有不同，但其内涵应是一致的：在两次审议稿中，“违反法定程序”和“程序轻微违法”是并列关系，属于行政程序违法行为的两个方面，前者包括一般或者严重的程序违法行为，该程序违法行为会对相对人权利产生实质性的影响；后者则是违法程度较轻、不会对原告实际权利产生影响的、能够补正的程序违法行为。

新《行政诉讼法》与两次审议稿明显不同之处就在于，其第 70 条“违反法定程序”的规定之后并未跟随“对原告权利产生实际影响”“能够补正”等字眼，而“程序轻微违法”规定的含义与此前大致相同。因此，笔者认为，新《行政诉讼法》中，“程序轻微违法”情形是“违反法定程序”的例外，即一般情况下，违反法定程序的行为需要被撤销，但存在一个例外——在违法程度轻微且同时对原告权利不产生实际影响的这一种情形下，程序违法行为也可以被确认违法。

（五）小结

基于上述讨论，“程序轻微违法”作为一个全新的法律概念，与“程序瑕疵”“可补正的行政程序”等概念均有所区别。“程序轻微违法”不等同于“程序瑕疵”，后者范围更广；也不限于可补正的行政程序问题，但二者有一定程度的交叉。它属于应予撤销的程序违法行为的例外，是违反法定程序中较为轻微的一类情形。区分“程序轻微违法”与相关概念，能够帮助我们界定其大致范围，但若要适用这一条款，仅仅讨论其边界是不够的。目前法律上关于“程序轻微违法”的内容限于《行政诉讼法》第 74 条第（1）款第（2）项及 2018 年司法解释第 96 条，由于当前规定的可操作性仍有待讨论，因此进一步探析并完善“程序轻微违法”的认定标准，是当下亟须解决的问题。

四、行政程序轻微违法的认定标准

新《行政诉讼法》规定了针对行政行为程序违法的多元处理机制，新增的“程序轻微违法”条款为法院对行政行为程序违法的司法审查提供了新的

标准。然而,由于新《行政诉讼法》中缺乏对“程序轻微违法”的进一步解释,新法实施后,对于如何认定某项行政行为属于程序轻微违法,各级人民法院仍没有统一的标准。2018年的司法解释中的规定是对“程序轻微违法”的细化,但最高司法机关作出的此项解释,能否解决新法实施后出现的问题,又是否符合立法原意,这些都是值得关注的。

(一)司法实践中行政程序轻微违法的表现形式

1.法院认定“程序轻微违法”的情形

新《行政诉讼法》施行之后,司法实务中存在不少适用第74条“程序轻微违法”规定的案例,笔者选取了中国裁判文书网上的部分相关案例以作说明,案例名称详见表2。在这些案例所体现的程序违法问题之中,以行政程序的要素为标准进行分类,法院认定“程序轻微违法”的情形包括:

(1)步骤轻微违法。行政程序的步骤,是指为完成某一程序所必经的若干阶段,法律法规中有大量关于行政程序步骤的规定,行政机关作出行政行为时若漏掉规定的步骤,则构成步骤违法。那么,因步骤缺失而导致的程序违法在何种情形下才算轻微呢?在案例2-1中,人民法院认为被告国家铁路局在收到行政复议申请后,未按照《中华人民共和国行政复议法》(以下简称《行政复议法》)的规定[57]在7日内将申请材料发送给被申请人,径行作出被诉复议决定的行为,构成步骤轻微违法。在案例2-2中,根据《海南省土地权属确定与争议处理条例》第42条、第43条[58],行政机关在作出土地权属争议处理决定前应当先行调解,而被告儋州市人民政府在作出被诉处理决定前并未依法组织调解,法院认为其步骤存在违法之处,但该处理决定

〔57〕《行政复议法》第23条第一款:行政复议机关负责法制工作的机构应当自行政复议申请受理之日起7日内,将行政复议申请书副本或者行政复议申请笔录复印件发送被申请人。被申请人应当自收到申请书副本或者申请笔录复印件之日起10日内,提出书面答复,并提交当初作出具体行政行为的证据、依据和其他有关材料。

〔58〕《海南省土地权属确定与争议处理条例》第42条第二款:对土地权属争议,乡镇人民政府和土地权属争议调处机构应当先行调解,当事人也可以自行协商。调解或者自行协商达成调解协议的,应当制作调解书。

第43条第一款:土地权属争议经调解达不成协议的,乡镇人民政府应当自受理土地权属争议之日起6个月内提出调查处理意见或者作出处理决定;土地权属争议调处机构应当自受理土地权属争议之日起6个月内提出调查处理意见,报同级人民政府作出争议处理决定书。

并不影响争议各方的实体权益，因此对其应当确认违法。案例 2-3 中，被告在传唤原告及决定给予其行政拘留处罚时，没有依照《治安管理处罚法》的规定[59]通知其家属的行为，也被人民法院认定为程序轻微违法。

(2)方式轻微违法。法律法规中规定了行政程序作出时所必须遵守的形式，未按照法律规定的方式作出行政行为，也属于程序违法的范畴。如案例 2-5 中，人民法院认为，根据《中华人民共和国政府信息公开条例》(以下简称《政府信息公开条例》)的规定[60]，行政机关认为申请公开的政府信息涉及商业秘密的，应当书面征求第三方的意见，国家发改委在征求第三方中国铁路总公司的意见时以电话联系代替书面文件，违反了上述规定，但由于第三方对征求意见的内容无异议，该行为对申请人的合法权益不产生实际影响，故依法确认违法。在案例 2-6 中，城步苗族自治县人民政府在履行公告程序时，告知对象为被征用土地所在社区，而非《征用土地公告办法》第 3 条[61]所规定的“被征收土地所在地的村、组”，但鉴于该程序违法并不影响被征地村民小组所得的补偿安置费用，故法院认定其为方式轻微违法。在案例 2-8 中，涉案土地变更登记依法应由陈秀英本人办理或委托办理，根据司法鉴定，《土地转让申请书》上“陈秀英”署名字迹的真实性无法确定，文昌市政府在办理土地转移登记时，未尽到审查审慎义务就予以颁证，程序违法，但人民法院认为，根据查明事实无法否定土地转移登记就是陈秀英本人的意思，该未尽审慎义务的行为属于方式轻微违法。

(3)顺序轻微违法。行政程序包含多个步骤，这些步骤之间有着先后顺

---

[59] 《治安管理处罚法》第 83 条第二款：公安机关应当及时将传唤的原因和处所通知被传唤人家属。

第 97 条第一款：公安机关应当向被处罚人宣告治安管理处罚决定书，并当场交付被处罚人；无法当场向被处罚人宣告的，应当在 2 日内送达被处罚人。决定给予行政拘留处罚的，应当及时通知被处罚人的家属。

[60] 《政府信息公开条例》第 23 条：行政机关认为申请公开的政府信息涉及商业秘密、个人隐私，公开后可能损害第三方合法权益的，应当书面征求第三方的意见；第三方不同意公开的，不得公开。但是，行政机关认为不公开可能对公共利益造成重大影响的，应当予以公开，并将决定公开的政府信息内容和理由书面通知第三方。

[61] 《征用土地公告办法》第 3 条：征收农民集体所有土地的，征收土地方案和征地补偿、安置方案应当在被征收土地所在地的村、组内以书面形式公告。其中，征收乡(镇)农民集体所有土地的，在乡(镇)人民政府所在地进行公告。

序。顺序违法,即行政机关作出行政行为时颠倒了法律法规规定的部分顺序。如案例2-9中,水利部在受理水土保持方案审批申请之前,即已先行委托水利部水土保持监测中心对方案进行技术评审,违反了《开发建设项目水土保持方案编报审批管理规定》中先受理后审查的规定[62],人民法院认为,该程序问题并未影响到被诉批复的实体结论,属于顺序轻微违法。在案例2-10中,海门市人社局在未作出受理工伤认定申请之时即先行进入调查核实程序阶段,颠倒了《工伤认定办法》规定的工伤认定程序[63]的行为,也因未影响实体结论的正确性而被法院认定为顺序轻微违法。

(4)时限轻微违法。此类程序违法包括两种:一是超过法律规定期限作出行政行为。如案例2-11中,对于国土部超过《行政复议法》规定的60日期限[64]作出行政复议决定的行为,人民法院认定其为时限轻微违法。值得注意的是,法律法规中多规定了行政决定作出后应向相对人送达该决定,实践中认为送达也应在法定期限内完成。在案例2-12中,人民法院认为,《行政复议法》所言"作出"应指对外作出发生法律效力的行政决定,在邮寄送达中,其判断标准应为在法定期限内向当事人寄出行政复议决定而非行政复议决定书的落款签署日期在法定期限内,因此海淀区人民政府在法定期限外寄出行政复议决定书的行为属于程序轻微违法。二是未满法定期间即作出行政行为。在案例2-15中,兴宁市政府在作出强制拆除决定并发出公告后,次日就对毛锡香的违法建筑实施了强制拆除,不符合《行政强制法》第44条[65]行政机关在自行拆除期限届满后,当事人未申请行政复议或提起

---

〔62〕《开发建设项目水土保持方案编报审批管理规定》第9条第二款:有审批权的水利行政主管部门受理申请后,应当依据有关法律、法规和技术规范组织审查,或者委托有关机构进行技术评审。……

〔63〕《工伤认定办法》第9条:社会保险行政部门受理工伤认定申请后,可以根据需要对申请人提供的证据进行调查核实。

〔64〕《行政复议法》第31条第一款:行政复议机关应当自受理申请之日起60日内作出行政复议决定;但是法律规定的行政复议期限少于60日的除外。情况复杂,不能在规定期限内作出行政复议决定的,经行政复议机关的负责人批准,可以适当延长,并告知申请人和被申请人;但是延长期限最多不超过30日。

〔65〕《行政强制法》第44条:对违法的建筑物、构筑物、设施等需要强制拆除的,应当由行政机关予以公告,限期当事人自行拆除。当事人在法定期限内不申请行政复议或者提起行政诉讼,又不拆除的,行政机关可以依法强制拆除。

行政诉讼且不自行拆除的情况下才可以依法强制拆除的规定，最高人民法院认为，《行政强制法》第44条规定的期限是一种法定期间，兴宁市政府的行为属程序违法，但被拆除的房屋已被认定为违章建筑，拆除行为对当事人的权利不产生实际影响，故最高人民法院最终认定该强制拆除行为程序轻微违法。

表2 2015年《行政诉讼法》实施后司法实践认定“程序轻微违法”的几种情形

具体情形	表现形式	案例编号	案例名称
步骤轻微违法	遗漏必经步骤	2-1	大连粮食批发市场有限公司诉国家铁路局行政复议决定案（北京市高级人民法院〔2016〕京行终字第4432号）
		2-2	儋州市三都镇三都村委会大山村民小组与儋州市人民政府行政确认案（海南省高级人民法院〔2015〕琼行终字第74号）
		2-3	王喜瑞与九台市公安局等处罚上诉案（吉林省长春市中级人民法院〔2015〕长行终字第61号）
		2-4	衡阳世昌广隆汽车服务有限公司与衡阳市人力资源和社会保障局、原审第三人赖新怀工伤认定案（湖南省高级人民法院〔2015〕湘高法行终字第612号）
方式轻微违法	未按法定形式	2-5	中华人民共和国国家发展和改革委员会上诉方才民等其他一案（北京市高级人民法院〔2016〕京行终字第4094号）
		2-6	杨松明、杨荣绍等与城步苗族自治县人民政府行政征收案（湖南省高级人民法院〔2015〕湘高法行终字第470号）
		2-7	王书丽等4人与北京市海淀区人民政府信息公开案（北京市高级人民法院〔2015〕高行终字第3210号）
	未尽审慎义务	2-8	卢惠琼、卢美兰等与文昌市人民政府土地行政管理案（海南省高级人民法院〔2016〕琼行终字第306号）

续表

具体情形	表现形式	案例编号	案例名称
顺序轻微违法	顺序颠倒	2-9	孙国友与水利部行政审批案(北京市高级人民法院〔2016〕京行终字第1063号)
		2-10	海门市顿力金属制品有限公司与海门市人力资源和社会保障局等劳动、社会保障行政确认案(江苏省南通市中级人民法院〔2015〕通中行终字第00296号)
时限轻微违法	超过法律规定期限作出/送达行政决定	2-11	傅荣梅等上诉中华人民共和国国土资源部案(北京市高级人民法院〔2016〕京行终字第3540号)
		2-12	北京市海淀区人民政府与刘永珍等行政复议案(北京市高级人民法院〔2016〕京行终字第1489号)
		2-13	常州市晨迪电器有限公司与常州市知识产权局行政处罚案(江苏省高级人民法院〔2016〕苏行终字第1266号)
		2-14	翟留俊与北京市朝阳区人民政府等信息公开案(北京市高级人民法院〔2016〕京行终字第439号)
	未满法定期间	2-15	毛锡香与兴宁市人民政府行政强制案(最高人民法院〔2015〕行提字第28号)

2. 现行规定在实践中存在的问题

通过观察新《行政诉讼法》实施后的司法案例，不难发现，在“程序轻微违法”款项被大量引用的同时，这一规定在适用中存在的问题也逐渐显现，主要体现在：

(1)对相似情形法院的认定可能不同。如前述毛锡香案中，对行政机关未满法定期间即强制拆除违法建筑物的行为，最高人民法院的态度是其属于程序轻微违法。而在苏庆雄与文昌市人民政府行政强制案[66]中，对于与前案类似的未满自行拆除期限就决定强制拆除的行为，一审法院认为其属于瑕疵，并不影响违法建筑物应该被拆除的结果，但二审法院海南省高级人民法院认为，该行为违反了《行政强制法》第44条的规定，应予以撤销，而法院最终判决确认违法的原因也是由于“不具有可撤销内容”而非“程序轻微违法”。可见，对于“程序轻微违法”的认定，实践中存在争议。

〔66〕 海南省高级人民法院〔2015〕琼行终字第208号判决书。

(2)“轻微违法”概念模糊。新法实施以来大量适用“轻微违法”款项的判决书，在说明理由之时却鲜有对“轻微违法”几字的详细说明，多为一笔带过，而人民法院在认定某一行为属于程序轻微违法时，还是以对原告实际权利不受影响为标准，这难免使得“程序轻微违法”沦为“对原告权利不产生实际影响”的表象。而事实上，“轻微违法”侧重于体现程序的独立价值，而“对原告权利不产生实际影响”则侧重于对实体权利的保护，二者并非表里的关系，因此在判断时具有不同的标准，不可混为一谈。

在《行政诉讼法》修改前，法院在认定某项行政行为存在“程序瑕疵”时没有可依据的规范，但在实践中也逐渐形成了以对实体结论或对相对人权益不产生实际影响为认定标准的习惯。而《行政诉讼法》修改之后，尽管法律明确规定了“程序轻微违法”以及“对原告权利不产生实际影响”，但在大多数司法判例中，法院仍然只以后者作为标准，对“轻微违法”的认定也存在不同意见。以上问题的出现，源于“程序轻微违法”这一概念系首次出现在我国行政法律之中，而法律没有进一步规定“轻微违法”的具体情形，导致法院适用该款项时会面临一定的难题。为了解决这一难题，最高人民法院出台了有关的司法解释，但不难发现，司法解释中所列举的两项“处理期限轻微违法”“通知、送达等程序轻微违法”也仅仅是涵盖了司法实践中所出现的部分情形，因此，厘清“程序轻微违法”款项的含义，进一步完善认定标准，在当下是紧迫且必要的。

(二)“轻微违法”要件的判断标准

通过对《行政诉讼法》修改前后相关案例的收集整理，可以发现，在多数案例中，“轻微违法”要件容易被视作“对原告权利不产生实际影响”要件的表象条件，法院在判断一个程序违法的行政行为是否应该被撤销之时，更多的还是基于其是否对原告权利产生了实际影响，也极少对“轻微违法”四字作出说明。如果说在修法之前，因为缺乏法律规范，在认定“程序瑕疵”时以对原告权利不产生实际影响作为唯一标准，尚可视作合理。但在新法明确规定了“轻微违法”的情况下，仍旧只考虑实体，不仅不合理，还将导致对立法目的的违反。因为程序制度的设置有其自身的目标，如果在判断程序违法程度是否轻微时只考虑实体，将会削弱程序功能存在的意义，导致程序的

独立价值无法得到实现。在《行政诉讼法修正案(草案)》一次审议稿中,对于予以撤销的程序违法行为,规定了"可能对原告权利产生实际影响"标准。"在审议过程中,有的常委委员就提出反对意见,认为法定程序具有独立价值,如果强调'可能对原告权利产生实际影响',不利于行政机关程序观念的树立,建议予以修改。"〔67〕而后《行政诉讼法》中删除了这一标准,又对确认违法的程序违法行为规定"轻微"标准,表现了立法机关对于程序独立价值的重视。

关于程序的价值,美国学者萨默斯将程序的价值评判标准分为两类:其一,"好结果效能"(good result efficacy)标准,即如果一个程序有益于实现好的结果,则可以对该程序作出积极评价;其二,"程序价值"(process value)标准,这一标准将程序独立于实体结果之外,如若程序自身蕴含了实现诸如参与性统治、程序理性和人道性等效能,则该程序是一种"好"的程序。〔68〕我们在认定某一行政程序"轻微违法"时,可借鉴如上理论,即法院在认定一个程序违法行为的违法程度属于"轻微"时,应考虑以下因素:

1. 设置该程序环节的目的

如果某一程序环节设立的目的仅在于提高行政效率、实现文明执法,如遵守行政行为作出的期限、表明身份、以书面形式作出行政决定等,这类程序的设置目的并非是形成"好结果"。具体而言,遵守期限的目的在于督促行政机关积极执行法定职责,避免拖延履行;表明身份的目的是促使相对人了解相关状况并积极配合,提高行政效率;以书面形式作出行政决定是为了帮助相对人更清晰、迅速地了解行政决定的内容。对这类程序环节的违反往往只会导致行政效率的降低,并不会影响实体结论,此时可认定为"轻微"。

反之,如果设立某一程序环节的目的在于保护当事人的合法权利,如在作出行政行为之时告知当事人作出该行政行为的理由,说明理由这一程序的目的在于保护当事人的知情权,对该程序的违反就可能影响相对人的知情权,以及陈述申辩权、起诉权等一系列与说理内容密切相关的权利。这类

---

〔67〕 梁凤云:《新行政诉讼法讲义》,人民法院出版社2015年版,第421页。

〔68〕 参见陈瑞华:《通过法律实现程序正义——萨默斯"程序价值"理论评析》,《北大法律评论》(第1卷第1辑),法律出版社1998年版,第183-184页。

程序环节与实体结论的公正性及可接受性息息相关，经由这些程序的行政行为才被视为是公正的，因此，即使在个案之中，对此类程序的违反或许没有对相对人权利带来实质上的影响，但也不能据此认定该程序违法情节是“轻微”的。

2.该程序环节是否具有重要的程序价值

“程序轻微违法”既是一个价值重要性的判断问题，又是一个行为程度问题。〔69〕若某一程序的价值具有基础性地位，或者说该程序是为体现程序正义所不可或缺的环节，则该程序代表了最低限度的程序正义，因此在行政程序中具有重要的意义和价值。这一类程序，在学理上被称为正当程序。

正当程序作为一种法学理论，其本质是对权力的限制，当行政机关对行政相对人作出不利的行政决定之前，必须给予其最低限度的公正。即，正当程序是行政机关必须遵守的最低限度的程序正义底线，其包含三条规则：一为听取意见，二为防止偏见，三为信息公开。〔70〕法律规定行政程序要基于正当程序的要求，当法律缺位时，可引入正当程序理论填补空隙。正当程序可以规制行政机关作出行政行为之时合理运用自由裁量权，避免行政权力过于膨胀。

正当程序包括两个层次，一是予以法律化的正当程序，二是未予法律化的正当程序。在我国，1996 年的《行政处罚法》首次将普通法中的正当程序观念，特别是听证制度正式引入我国法律之中，正当程序观念逐渐被行政机关和公众所接受。而“正当程序”首次作为成文规定，见于国务院 2004 年出台的《全面推进依法行政实施纲要》(以下简称《纲要》)，《纲要》规定了“程序正当”是依法行政的基本要求，且包含了公开，听取意见，回避，保障相对人知情权、参与权、救济权等内容。只是，由于《纲要》是否具有行政法规之地位尚有争议，因此“遵守正当程序”尚不能对行政机关作出行政行为产生法律上的约束力。〔71〕

我国作为成文法国家，各级法院在审理行政案件时，多是严格依据已成

---

〔69〕 梁君瑜：《行政程序瑕疵的三分法与司法审查》，《法学家》2017 年第 3 期。

〔70〕 章剑生：《现代行政法总论》，法律出版社 2014 年版，第 234 页。

〔71〕 章剑生：《对违反法定程序的司法审查：以最高人民法院公布的典型案例(1985—2008)为例》，《法学研究》2009 年第 2 期。

文的法律规范,但实践中也存在依据正当程序进行审判的案例。在最高人民法院公布的典型案例之中,就有法院运用“正当程序”理论撤销行政行为的判决,如“田永诉北京科技大学拒绝颁发毕业证、学位证行政诉讼案”〔72〕中就引入了正当程序作为裁判依据。而“张成银诉徐州市人民政府房屋登记行政复议决定案”〔73〕和“陆廷佐诉上海市闸北区房屋土地管理局房屋拆迁行政裁决纠纷案”〔74〕中,法院更是直接使用了“根据正当程序的要求”“基于正当程序原理”这样的字眼,来认定被诉行政行为违反法定程序。不过,实践中运用正当程序理论的只是少部分法院,更多法院在审理案件时对使用正当程序理论还是极为谨慎。同时,我国案例指导制度中的案例限于最高人民法院发布的指导性案例,《最高人民法院公报》上的典型案例对于各级法院而言,并不能提供有效的指导。因此,行政机关不遵守未规定于法律、法规、规章之中的正当程序的行为能否构成违反法定程序,仍存在争议。

那么,行政机关违反正当程序,是否可能发生程序轻微违法的情形呢?由于正当程序是否包含在违反法定程序的程序之中仍有争议,而正当程序理论在我国又一直处于发展状态,我们可先把争议暂且搁置,根据实践中部分法院的做法,假定违反正当程序的情形是属于《行政诉讼法》中规定的“违反法定程序”的。这样一来,违反正当程序是否可能被认定是“轻微违法”呢?

本文第一部分的案例中有提到,1989年《行政诉讼法》实施期间,实践中对于未遵守正当程序是否能够构成“程序瑕疵”,存在截然不同的态度。在两起类似的开除学籍处分案之中,行政机关未听取相对人的申辩就予以开除学籍处分的行为,其一被认定为“程序瑕疵”,另一则被认定为“程序违法”。究其根源,在于当时《行政诉讼法》中并不存在“程序瑕疵”或是“程序轻微违法”的相关规定,人民法院认定程序违法的行政行为是否属于“程序瑕疵”,是出于实践的需要,其认定标准仅仅是该行为对原告实体上的权利不产生影响。而新《行政诉讼法》新增的“程序轻微违法”款项,除了以往实

〔72〕《中华人民共和国最高人民法院公报》1999年第4期。

〔73〕《中华人民共和国最高人民法院公报》(2005年卷),人民法院出版社2006年版,第530页。

〔74〕《中华人民共和国最高人民法院公报》2007年第8期。

践中法院依据的"对原告权利不产生实际影响"的标准,"轻微"二字也不可忽视。"轻微违法"标准意在强调程序的独立价值,而正当程序是现代法治国家对行政机关行使行政权力最低限度的程序要求,在新法的规定之下,将违反正当程序的行为认定为程序轻微违法,是不符合立法目的的。

因此,当行政机关作出的行政行为违反了正当程序时,是不能适用"程序轻微违法"款项的。这类程序主要或至少包括以下几项:(1)回避,即行政机关在作出行政决定之时应当保持中立,行政机关的回避义务对应自然公正原则中的"任何人不能为自己的法官",其所具有的"底线正义"的重要价值不言而喻。(2)说明理由,行政机关在作出行政决定之时要向相对人说明理由,这一程序的意义除了保障相对人的知情权,同时也在于制约行政机关的裁量权,防止其恣意行使行政权力,以保证行政行为的合理性。(3)听取相对人的意见,在行政决定作出前,行政机关应赋予相对人陈述其意见的机会或举行听证。听证有助于使官方垄断的发言权走向理性对话,所有程序参与者都必须通过事实与理由的阐发来沟通与说服,[75]使得最后结论的形成更易使人信服。(4)将处分决定告知相对人,当行政决定会对相对人产生不利影响时,行政机关应当将结果以合法、合理的方式告知相对人。对以上程序的违反,就造成了对程序正义的严重违反,不论实体如何,该程序违法都没有适用"程序轻微违法"的可能。

新《行政诉讼法》规定的"轻微违法"要件为法院审查行政程序问题提供了衡量程序违法程度的标准,"轻微违法"不再是对实体结论不产生影响的表象。即使某个程序违法行为并未对原告权力产生实际影响,但只要被违反的程序环节本身具有重要的程序价值,法院在审理时就可以将其排除在"程序轻微违法"的范畴之外,作出撤销判决,以维护程序的独立价值。

(三)"对原告权利不产生实际影响"要件的把握

2018年的司法解释将"对原告权利不产生实际影响"解释为"对原告依法享有的听证、陈述、申辩等重要程序性权利不产生实质损害的"。笔者认

---

〔75〕 王锡锌:《程序正义之基本要求解释:以行政程序为例》,载罗豪才主编:《行政法论丛》(第3卷),法律出版社2000年版,第306页。

为，这混淆了“轻微违法”和“对原告权利不产生实际影响”这两个要件。如前文所述，新《行政诉讼法》第74条第一款所规定的这两个要件是并列的，前者侧重于程序性权利，后者则侧重于实体性权利，“对听证、陈述、申辩等重要程序性权利不产生实质损害”是“轻微违法”的必然要求，而对于“对原告权利不产生实际影响”，还需要重新去把握。

从新《行政诉讼法》第74条第一款的文字表述来看，意在将“程序轻微违法”行为分成两类：一类是对原告权利产生实际影响的程序轻微违法行为，另一类是对原告权利不产生实际影响的程序轻微违法行为，只有后者适用确认违法判决。事实上，“对原告权利不产生实际影响”要件，在修法之前就已经在实践中被广泛运用，成为法院认定“程序瑕疵”时的理由。认定一个违法的行政程序对原告权利不产生实际影响，需要考虑以下几个方面：

1. 该要件强调的是原告权利的保护而非实体内容的正确性

虽然这二者之间存在很大的相似性与关联性，实体结论错误往往会导致行政行为侵害当事人的合法权益，司法实践中也存在仅以“程序问题未影响实体结论”为由将程序问题认定为轻微违法的案例。但是，“对原告权利不产生实际影响”和“实体结论正确”这二者的价值取向不同：前者考虑的是行政相对人的权利保护问题，后者考虑的是行政行为的合法性问题。新《行政诉讼法》强调对“原告权利”不产生实际影响，体现了法律对公民权利保障的重视，同时也意在提醒行政机关和司法机关，在作出行政行为或审判之时，除了追求实体结论的正确，更要关注保护公民权利免受不法侵害。

2. “原告权利”包含哪些权利

“轻微违法”要件侧重于程序的独立价值，体现的是对原告程序性权利的保护；“对原告权利不产生实际影响”要件则侧重于对原告实体权利的保护。《行政诉讼法》第12条规定了行政诉讼的受案范围，包括一系列行政机关侵犯公民、法人或其他组织“人身权、财产权等合法权益”的行政行为。〔76〕根据该规定，《行政诉讼法》所保护的行政相对人的实体性权利包括人身权、

---

〔76〕《行政诉讼法》第12条：人民法院受理公民、法人或者其他组织提起的下列诉讼：(一)对行政拘留、暂扣或者吊销许可证和执照、责令停产停业、没收违法所得、没收非法财物、罚款、警告等行政处罚不服的；(二)对限制人身自由或者对财产的查封、扣押、冻结等行政强制措施和行政强制执行不服的；……(十二)认为行政机关侵犯其他人身权、财产权等合法权益的。

财产权等，此处的“等”应是等外等，即应受保护的实体性权利不限于人身权和财产权，还包括宪法、法律、行政法规赋予行政相对人的其他合法权利，如知情权、受教育权、公平权等。

3. 何为“实际”影响

当下理论将“实际影响”限缩在已然造成的影响的范围内，那么“必然”影响是否属于“实际”影响的范畴呢？最高人民法院发布的《行政审判办案指南(一)》对于“受行政行为潜在影响者的原告主体资格问题”写道：“公民、法人或其他组织认为行政行为对自身合法权益具有潜在的不利影响，如果这种影响以通常标准判断可以预见，则其对该行政行为具有原告资格。”就字面意思而言，“潜在”“可以预见”并非我们平时所理解的“实际”，从而可见最高司法机关的态度是，原告权利受到影响包括实际影响和显而易见的潜在影响。从制度的先进性与一致性考量，《行政诉讼法》第 74 条第一款中的“实际影响”应理解为“实际或必然影响”。〔77〕

4. 在判断行政行为是否“对原告权利不产生实际影响”时，可借鉴德国法上的“欠缺因果关系”标准

德国《联邦行政程序法》第 46 条规定了对程序违法的行政行为不予撤销的情形，“如果对程序规定的违反并没有给决定造成明显的实质性的影响，那么就不能主张撤销有程序缺陷的行政行为”〔78〕。该条规定强调的是程序瑕疵与实体结果之间的因果关系，当二者之间缺乏因果关系时，不论行政行为的种类，其效力都不会被程序瑕疵所影响，不导致被撤销的法律后果。那么，要如何判断程序瑕疵和实体决定之间欠缺因果关系呢？首先，在个案中，如果可以认定若没有该程序瑕疵的存在，行政机关就会作出与当前结论不同的决定，程序瑕疵和实体决定就存在因果关系，不能适用第 46 条的规定。其次，因果关系的欠缺必须具有明显性，这种明显性体现在，如果一个无偏见、熟知相关情状的观察者，仅仅借助案件相关卷宗，就可以清晰而客观地判断出因果关系的欠缺，此时就具有明显性；而如果除了阅读相关

---

〔77〕 柳砚涛：《认真对待行政程序“瑕疵”——基于当下行政判决的实证考察》，《理论学刊》2015 年第 8 期。

〔78〕 [德]埃贝哈德·施密特·阿斯曼等：《德国行政法读本》，于安等译，高等教育出版社 2006 年版，第 215-216 页。

文件之外，该观察者还需要通过询问行政机关工作人员以获取证言，则意味着不具有明显性。因此，程序瑕疵和实体结论之间因果关系的欠缺，必须如“跃入眼帘般的”明确。[79] 如果行政机关对于没有该程序瑕疵，其自身是否会作出相同结论的决定存在怀疑，即二者之间不存在明确的因果关系，就不能适用第46条的规定。将这一理论借鉴到我国《行政诉讼法》中关于“对原告权利不产生实际影响”要件的判断当中，可以归纳出相似的标准：首先，如果没有该程序违法行为的存在，行政程序依法运行可能会产生不同的结论，即对原告的权利可能会产生与当前不同的影响，那么该程序违法行为就不能适用“程序轻微违法”的规定。其次，这种可能性必须是明显的，即如果一个中立的、具有与行政机关工作人员一般判断能力的人，通过阅读相关卷宗和文件，可以判断出存在这种可能性，该程序违法行为就应被视作影响了原告的实际权利。

（四）小结

长期以来，行政程序被视为服务于实体目标的工具理性，判断一项程序好坏的标准经常被认为是通过该程序能否获取实体上的正义。尽管我国1990年《行政诉讼法》出于维护行政程序独立价值的目的，规定对于违反法定程序的行政行为予以撤销，但这一规定向来备受争议，而且在现实中，行政法律关系中的行政相对人往往也更加重视实体结果而极少去捍卫自己的程序性权利，因此行政程序的独立价值得不到重视。这种观念投射到司法实践中，就产生了大量仅以实体正确判决不予撤销程序违法的行政行为的案例。

新《行政诉讼法》正是为了改变这一局面，对不予撤销的程序违法行为规定了“程序轻微违法”和“对原告权利不产生实际影响”两个要件，因此特别需要避免将二者混为一谈。实务中常见的问题是，法官在审理一个程序上存在违法情形的行政行为时，总是先去判断实体，在确定该程序问题没有对相对人的实际权力产生影响后，再以其为唯一理由将该行政行为认定为“程序轻微违法”，如此做法难免会使对行政程序的判断再次陷入“重实体、轻程序”的

---

〔79〕 傅玲静：《论德国行政程序法中程序瑕疵理论之建构与发展》，《行政法学研究》2014年第1期。

泥淖。实际上,"轻微违法"要件侧重于保障行政程序自身的价值,"对原告权利不产生实际影响"要件关注的则是相对人的实体权利,需要分别以不同标准认定,而只有同时满足这两个要件,才能构成《行政诉讼法》第 74 条所规定的"程序轻微违法"。

五、行政程序轻微违法司法适用的类型化

由上文可见,在司法实践中正确适用"程序轻微违法"款项是当前需要注意的重要问题。鉴于"轻微"一词本身具有不确定性,而"原告权利"则是相对明确的,故笔者试图从可诉行政行为的种类及其所影响的行政相对人的权利类型入手,探讨程序轻微违法的司法适用并予以类型化,以期对司法实践有些许指导作用。

(一)程序轻微违法的适用:授益性和侵益性行政行为的区分

授益性行政行为是指行政主体为行政相对人设定权利或免除其一定义务的行政行为,如行政许可等。侵益性行政行为,又称负担性行政行为,是指行政机关为行政相对人设定义务或限制甚至剥夺其权益的行政行为,如行政处罚、行政强制等。

行政机关所作的侵益性行政行为是对行政相对人权益的一种限制,所以撤销此类行政行为对于行政相对人而言一般是有利的,也可以将其视作一种变相的授益性行政行为。根据当前规定,当行政机关的侵益性行政行为程序违法时,对其适用撤销判决或确认违法判决,严格遵循"轻微违法"及"对原告权利不产生实际影响"标准,这一般没有什么争议。

而当授益性行政行为程序上存在问题时,是否有适用"程序轻微违法"款项的空间呢?对于授益性行政行为,"若不加限制的允许随意撤销,就会导致行政相对人及其他有关人员法律地位不稳定,从而损害行政法律关系中的国民信赖"。[80] 在各国的现行法律规定中,当司法机关判断是否要撤

---

〔80〕 杨建顺:《日本行政法通论》,中国法制出版社 1998 年版,第 405 页。

销一个授益性行政行为时,往往要比撤销一个侵益性行政行为更为审慎。如在德国法中,对于违法的负担性行政行为可以随时撤销;但对于授益性行政行为,只有在专门法律明确规定允许的情况下才能予以撤销。[81]

事实上,授益性行政行为带来的法律效果,往往是对行政相对人有益的,如果仅因为程序上的轻微违法就撤销该行为,结果是既降低了行政效率,又没有使原告的合法权益得到保障。我们不妨设想这样的一个例子:在某个行政许可案件中,行政机关超过法定期限向行政相对人颁发行政许可,此时法院该如何认定此程序违法行为呢?从行为本身来看,超过法定期限颁发行政许可显然对原告权利产生了实际影响,不符合"程序轻微违法"款项的标准,但若予以撤销,则更不利于保护行政相对人的权利。这一问题的根源在于,《行政诉讼法》的规定是从侵益性行政行为的角度出发,而遗漏了授益性行政行为的情形。因此对于涉及行政相对人授益权的行政行为,法院可以适用"程序轻微违法"款项,并且应该说,在现行《行政诉讼法》没有关于授益性行政行为程序违法的处理规定时,对此类行为适用"程序轻微违法"确认违法,比起撤销判决,是更为合适的一种选择。此时对于该款项的认定标准,可以有一定程度上的放松,即当违反法定程序的授益性行政行为产生了有利于原告的后果,且不损害国家利益、公共利益和第三人合法权益时,即使该行为对原告权利产生了一定影响,也应适用"程序轻微违法"款项而非对原告不利的撤销判决。

(二)程序轻微违法的适用:被诉行政行为所影响的原告权利的区分

前文已述,"程序轻微违法"款项中的原告权利,包括人身权、财产权及其他合法权益,那么法院在认定行政程序是否属于轻微违法时,是否需要根据被诉行政行为影响的原告权利的不同,在认定标准上予以区分呢?

这一疑惑背后可能存在的担忧是,实践中,法官的程序工具主义倾向存在已久,"违反法定程序"款项和"程序轻微违法"款项,其立法原意都在于削弱这种倾向,体现程序的独立价值。如若以受影响的原告权利作为区分,对

---

〔81〕 参见[德]汉斯·J.沃尔夫等:《行政法(第二卷)》,高家伟译,商务印书馆2002年版,第115-116页。

不同的行政程序问题适用不同的认定标准，极易导致对“程序轻微违法”的适用而违背立法初衷，再度落入“轻程序”的窠臼。然而，另一个不容忽视的问题是，不同的原告权利具有位阶上的高低之分，对于位阶较高的行政相对人的权利，法律给予的保护本就要严于其他权利，因此当行政程序的违反影响到与行政相对人自身联系最为紧密的、受到侵害时所需的法律保护最为紧迫的一类权利时，适用严于一般权利受影响时的审查标准，笔者认为是可以被接受的，这也符合《行政诉讼法》保护行政相对人合法权益的立法目的。

根据现有的法律规定，笔者认为，当行政诉讼原告的以下两类权利受到程序违法问题的影响时，应适用更为严格的标准：

1. 人身自由权

人身自由权是公民的基本权利，是公民行使其他一切权利的基础。《中华人民共和国宪法》(以下简称《宪法》)第 37 条规定了公民的人身自由不受侵犯，对公民的人身自由权予以高度保护，对公民的逮捕决定只能由检察院和法院作出，并由公安机关执行。〔82〕《立法法》第 8 条规定了，限制人身自由的强制措施和处罚，只能由法律来设定。〔83〕基本法律对于人身自由的限制只能由法律规定并且只能由公安机关执行的严苛规定，体现了国家对人身自由权的重视和尊重。涉及影响公民人身自由权的行政行为，主要包括行政处罚中的行政拘留以及行政强制中限制公民人身自由的行为，这类行为对公民的权益影响最大，并且在行政诉讼期间也是不停止执行的。因此，法律严格规定了涉及人身自由的行政行为的程序，如《治安管理处罚法》中就规定了公安机关传唤违反治安管理行为人后，应当严格遵守询问查证的时间限制，且应及时通知被传唤人家属。〔84〕可见，限制人身自由的行政行

---

〔82〕《宪法》第 37 条：中华人民共和国公民的人身自由不受侵犯。任何公民，非经人民检察院批准或者决定或者人民法院决定，并由公安机关执行，不受逮捕。禁止非法拘禁和以其他方法非法剥夺或者限制公民的人身自由，禁止非法搜查公民的身体。

〔83〕《立法法》第 8 条：下列事项只能制定法律：……(五)对公民政治权利的剥夺、限制人身自由的强制措施和处罚；……

〔84〕《治安管理处罚法》第 83 条：对违反治安管理行为人，公安机关传唤后应当及时询问查证，询问查证的时间不得超过 8 小时；情况复杂、依照本法规定可能适用行政拘留处罚的，询问查证的时间不得超过 24 小时。

公安机关应当及时将传唤的原因和处所通知被传唤人家属。

为所涉相对人权益尤为重大,行政机关必须谨慎行事,而当法院对此类行政行为进行司法审查时,也必须更为谨慎。

2. 重大的财产权利

涉及行政相对人财产权利的行政行为类型多样,包括暂扣或者吊销许可证和执照、责令停产停业、没收违法所得、没收非法财物、罚款等行政处罚行为和对财产的查封、扣押、冻结等行政强制措施。在判断哪些行政行为会对行政相对人的重大财产权利造成影响时,可依据《行政处罚法》和《治安管理处罚法》的相关规定。《行政处罚法》第42条规定了行政机关作出行政处罚决定前的听证程序,可适用听证程序的行政处罚行为包括责令停产停业、吊销许可证或者执照、较大数额罚款等。[85]《治安管理处罚法》第98条则对《行政处罚法》的规定予以细化,将较大数额罚款限定为2000元以上罚款。[86] 由此可见,立法机关认为当行政机关作出责令停产停业、吊销许可证或执照、较大数额罚款这几项行政处罚行为时,对相对人造成的影响是重大的,需要配以严于一般处罚行为的行政程序,即行政机关在作出上述决定前必须告知行政相对人其拥有听证的权利,且当行政相对人提出要求时,行政机关必须组织听证。因此当这些行政行为的程序存在问题时,人民法院认定“轻微”的标准在程度上也应严于其他行政行为。

涉及以上两类行政相对人权利的行政行为,从所涉权利的重要性来看,是否有适用程序轻微违法条款的余地呢?至少在当前的司法实践中,这一问题的回答是肯定的。如前文提及的王喜瑞与九台市公安局等行政处罚上诉案中,人民法院认为九台市公安局对王喜瑞作出了拘留10日的治安行政处罚事实清楚、证据充分,适用法律正确,但九台市公安局在作出该决定时没有依照《治安管理处罚法》第83条、第97条的规定通知其家属,属于程序轻微违法,但不影响处罚决定的效力。可见司法机关在审查这类行政行为

〔85〕《行政处罚法》第42条:行政机关作出责令停产停业、吊销许可证或者执照、较大数额罚款等行政处罚决定之前,应当告知当事人有要求举行听证的权利;当事人要求听证的,行政机关应当组织听证。……

〔86〕《治安管理处罚法》第98条:公安机关作出吊销许可证以及处2000元以上罚款的治安管理处罚决定前,应当告知违反治安管理行为人有权要求举行听证;违反治安管理行为人要求听证的,公安机关应当及时依法举行听证。

时，并不排除程序轻微违法条款的适用。

鉴于以上原因，法院在认定某一行政行为的程序是否属于程序轻微违法情形时，应根据该行政行为影响的原告权利的不同，在认定标准的宽严程度上有所区分。具体而言，影响行政相对人的人身自由权及重大财产权利的行政行为，在适用程序轻微违法款项时，要有高于其他行政行为的标准。前文已提到，在判断行政行为是否"对原告权利不产生实际影响"时，可借鉴德国法上的"欠缺因果关系"标准，即当一个中立的、具有与行政机关工作人员一般判断能力的人，通过阅读相关卷宗和文件，可以判断出程序违法行为对原告权利产生实际影响的可能性时，不适用程序轻微违法。而在判断某一影响行政相对人的人身自由权及重大财产权利的行政行为存在程序轻微违法时，应对这一标准进行"升级"，即此时这种可能性应该更为明显。当一个成年的、具有独立思考能力的人，可以看出该行政行为存在影响行政相对人权利的可能性时，法院就不能认定该情形属于"程序轻微违法"。

六、结语

为解决 1990 年《行政诉讼法》实施期间对于"违反法定程序的行政行为一律撤销"这一命题的争论，新《行政诉讼法》规定了对"程序轻微违法"的行政行为判决确认违法而非撤销，适应了理论和实践的需要，具有进步意义。"程序轻微违法"属于程序违法的范畴，与此前常被提及的"程序瑕疵""可补正的行政程序"等概念有一定的重合，但也存在可辨明的区别。当前实践中适用这一规定存在的问题是，法院通常只关注程序违法行为是否对原告权利产生实际影响而忽略"轻微违法"所代表的意义；而 2018 年司法解释对于原告权利和具体情形的规定都尚不完善，不能很好地适应理论和实践的需要。因此，在适用这一规定时，应立足于其立法目的，即通过对行政程序二重价值的并重，分别认定"轻微违法"和"对原告权利不产生实际影响"。在认定行政程序"轻微违法"时，应考虑设置该程序环节的目的和其是否具有重要的程序价值；在认定"对原告权利不产生实际影响"时，则需注意对原告权利、实际影响、程序违法和实体结果之间欠缺因果关系等几个方面的把

握。同时,通过对行政行为及其影响的相对人权利的种类进行分析,可以得出在不同情形下适用这一款项的标准也应有所区分。最后,笔者在此建议,法院在认定一个行政行为存在程序轻微违法时,应在文书中加强对轻微违法情形的说理,说明其为何属于轻微,及如何判定对原告权利没有产生实际影响。如此一来,判决理由更易为当事人理解和接受,也可为日后完善这一款项提供一定的参考经验,更好地凸显"程序轻微违法"规定的意义。

【推荐人及推荐理由】

修改后的《行政诉讼法》确立了"程序轻微违法"条款,区分了程序违法的不同程度和相应的裁判种类,这一规定既体现了强化司法权对行政权的监督的立法目的,也蕴含了行政程序具有独立于实体之外的价值、充分保障行政相对人程序性权利的立法理念,意义重大。但如何正确理解和适用该条款,值得深入探讨研究,以期对审判实践提供理论指导。李让同学以程序轻微违法作为主题展开研究,研究目的明确,主要采取了规范分析、实证分析和文献分析等研究方法,努力探究法律规范背后的实质所在,研究内容整体上体现出该同学强烈的问题意识和实证情怀。在"程序轻微违法的边界"部分,通过研读、梳理《行政诉讼法》修改前后的相关案例,用图表展示了"程序轻微瑕疵"和"程序轻微违法"的司法认定,并在此基础上对"行政程序轻微违法"的内涵和认定标准提出了自己的见解。最后一部分探讨了该款项司法适用类型化的可能性,对行政审判具有参考价值。论述重点突出,观点明确,有独立见解,显现了该同学具有较强的研究能力。该论文被评为校级优秀论文。

——罗文燕,浙江工商大学教授、硕士生导师

Abstract: The Administrative Procedure Law of 1990 provided that if a specific administrative act has violated legal procedure, the act shall be annulled or partially annulled by judgment. Such "one-size-fits-all" approach has been widely questioned in both theory and practice. Therefore, the Administrative Litigation Law of 2015 changed this rule. In addition to the "violation of statutory procedures" provision, the new "minor illegality of administrative procedures" provision is also stipulated in this

law, and it shall be judged to confirm the illegality. As a new concept ,it is not clear on connotation and identification of "minor illegality of administrative procedures". So this article begins with the legal stipulation and judicial practice, compares and analyzes the links and differences between "minor illegality of administrative procedures" and other relevant concepts, and explores the essence of "minor illegality of administrative procedures". The 2018 judicial interpretation is a further provision of "minor illegality of administrative procedures", but there is still a lot of room for perfection. According to the current judicial practice and legislative intent, the two elements—"minor illegality of administrative procedures" and "no actual impact on the plaintiff's rights"—should be judged respectively. Meanwhile, on the basis of the types of administrative acts and the rights of the administrative counterparts that it affects, the judicial application should be different for different situations.

Key words: administrative procedures; minor illegality; determinant criteria; confirm the illegality

(特约编辑:朱可安)

法院如何判定行政程序“明显不当”

——基于103份行政判决书的实证分析

赵剑文*

内容提要 2014年《行政诉讼法》修改并增加了“明显不当”审查标准，行政程序在审查要素中处于重要地位，“明显不当”标准的适用范围应当包括行政程序。实证研究发现，法院不仅适用“程序明显不当”标准审查程序裁量行为，该标准更多地被用于审查羁束行政行为。此外，法院对于该标准的适用模式并不一致，实践中主要有“附带适用式”“说理依据式”和“说理依据+判决依据式”这三种适用模式。法院在评判行政程序是否构成“明显不当”的过程中，主要考虑公正与效率的辩证关系，判断行政程序是否违反正当程序原则与基本程序规则，以及是否尊重既存行为与相关文书之效力等因素。我们应当对法院的适用行为予以客观、理性的分析，为保持对行政事务必要的谦抑，法院仍应对适用“程序明显不当”标准持谨慎态度。

关键词 明显不当；程序裁量；正当程序；审查标准

一、问题的提出

2014年新修订的《行政诉讼法》对于人民法院可判决撤销或部分撤销行政行为之司法审查标准新增规定“明显不当”一项。新司法审查标准的确

---

* 赵剑文，四川大学法学院宪法学与行政法学专业硕士研究生。本文选题为2017年12月于公法案例研究课程中，由四川大学法学院周伟教授在点评最高人民法院指导案例88号“张道文、陶仁等诉四川省简阳市人民政府侵犯客运人力三轮车经营权案”时提出。周伟教授与谢维雁教授先后对本文提出了重要的修改意见，在此谨致谢忱。当然，文中所有欠妥之处，均由笔者负责。

立,使得实践中的一些行政争议得到实质性解决。〔1〕 但究竟何为“明显不当”,应当如何理解该审查标准的内涵,在具体的实践中适用该审查标准应当考虑何种因素,修订后的《行政诉讼法》均未予以明确。立法中曾经想借鉴国外经验,明确“明显不当”的具体审查标准,例如违反平等对待原则、畸轻畸重等,但基于种种考量,最终决定留待司法实践后总结经验。〔2〕 此后,于 2015 年 4 月 20 日通过的《最高人民法院关于适用〈中华人民共和国行政诉讼法〉若干问题的解释》以及于 2017 年 11 月 13 日通过的《最高人民法院关于适用〈中华人民共和国行政诉讼法〉的解释》亦未对“明显不当”的内涵及具体审查标准作出规定。

现有研究认为,每一个司法审查根据均包含两个部分,即“审查要素”和“审查标准”,“审查要素”可分解成事实和证据、行政程序以及处理结果等几个方面。〔3〕 目前,学界对于“明显不当”审查标准的研究,大多是在综合所有审查要素的基础之上对其进行讨论,〔4〕而单独对某一具体审查要素如何适用“明显不当”标准,学界所做之研究为数不多。在诸多审查要素中,行政程序的地位可谓十分重要。有学者认为,程序之治是法治区分于人治的最主要标志。〔5〕 即便实体完全正确,但如果在程序上给予相对人不公正的对待,从直观上看将很难让相对人对行政处理结果乃至整个行政管理体制感到满意并进而服从。把对于“明显不当”审查标准的研究限定在行政程序这一审查要素之上,一系列问题便接踵而来:“明显不当”标准是否可以适用于行政程序这一审查要素?何种情形下可以适用“程序明显不当”标准进行裁

---

〔1〕 例如,在“艾新清与济宁市社会保险事业局行政给付上诉案”中,被上诉人(一审被告)济宁市社会保险事业局对于艾新清补缴养老保险的申请并未作出实质性的明确回答,如若适用 1989 年《行政诉讼法》,并无改判的法律依据,而适用 2014 年《行政诉讼法》中新增的“明显不当”审查标准进行改判则避免了程序的空转。参见张鹏:《明显不当的行政行为应予撤销》,《山东审判》2015 年第 3 期。

〔2〕 参见童卫东:《进步与妥协:〈行政诉讼法〉修改回顾》,《行政法学研究》2015 年第 4 期。

〔3〕 参见何海波:《论行政行为“明显不当”》,《法学研究》2016 年第 3 期。

〔4〕 例如,张峰振:《论不当行政行为的司法救济——从我国〈行政诉讼法〉中的“明显不当行政行为”谈起》,《政治与法律》2016 年第 1 期;史笔、曹晟:《新〈行政诉讼法〉中行政行为“明显不当”的审查与判断》,《法律适用》2016 年第 8 期;于洋:《明显不当审查标准的内涵与适用——以〈行政诉讼法〉第 70 条第(六)项为核心》,《交大法学》2017 年第 3 期。

〔5〕 雷磊:《法律程序为什么重要?反思现代社会中程序与法治的关系》,《中外法学》2014 年第 2 期。

判？法院应以何种模式适用该审查标准？法院如何评判行政程序上的“当”与“不当”，需要考虑哪些相对于其他审查要素来说较为特殊的因素？

立法目标的实现不仅依赖设计良好的规范本身，还倚重于法律适用过程对既定路径的遵循和与相应管制环境的有效衔接。〔6〕无论法律文本规定得如何完善，公民合法权益的实现很大程度上依然需要依靠司法裁判活动。由于相关法律规定的不明确性与理论研究的缺乏，我们应当考虑改变思路，转而运用实证研究方法，对实践中法院适用“程序明显不当”进行裁判的情形、模式以及适用过程中的考量因素进行分析与总结，进而为立法的完善提供有益的经验。为了解司法实践中法院适用该审查标准的现状，笔者在中国裁判文书网与无讼案例网这两大案例数据库中进行案例检索，具体检索条件设置为：(1)案件类型——行政案件；(2)文书类型——判决书；(3)关键词——程序明显不当。截至2018年5月20日，笔者以该检索方法在两大数据库中分别检索出330份与286份相关行政判决书，剔除重复与无关的判决书后，剩余103份于“本院认为”部分出现“程序明显不当”一词的判决书可供研究。〔7〕需要说明的是，原告主张被告的行政行为“程序明显不当”而法院未予明确回应的案例，不在本文的研究范围之内。诚然，该种检索方式可能会有所遗漏，因为笔者发现一些判决书使用了“程序上明显不当”“程序有明显不当的情况”等表述方式，但此类判决书只是少数，因而并不影响该种检索方法的可行性与有效性。

二、法院适用“程序明显不当”标准的情形

“明显不当”标准能否用于审查行政程序问题，并非本文探讨的重点，但该问题可谓本文诸多问题的起点。如果不能对该问题得出肯定的结论，本

〔6〕 郑春燕：《论“行政裁量理由明显不当”标准——走出行政裁量主观性审查的困境》，《国家行政学院学报》2007年第4期。

〔7〕 笔者发现，2014年《行政诉讼法》生效之前已有法院于判决书的说理部分使用“程序明显不当”进行说理。此类判决书中法院使用“程序明显不当”的表述尚无明确的法律依据，本应排除在研究范围以外。但考虑到此类判决书中法院使用“程序明显不当”的表述时所涉及的考量因素仍有可鉴之处，笔者认为不应过分强调审结日期，因此在检索时未将文书的审结日期限定于2015年5月1日之后，而将此类判决书予以保留，有效的103份判决书中有18份属于此类。

文通过实证分析对“程序明显不当”标准的适用情形、适用模式以及具体考量因素所作的总结只能是徒劳无功。目前，国内关于该标准能否用于审查所有审查要素的探讨主要存在以下三种具有代表性的观点：(1)广泛适用说。该说认为，由于行政裁量并不仅存于案件的最终处理结果中，而且存在于行政行为的各个步骤与环节，因而用于审查行政裁量合理与否的明显不当标准理应可以广泛地用于审查行为的形式、方法、程序等诸多因素。〔8〕(2)部分适用说。该说认为，部分审查要素并不存在裁量问题，因而针对裁量行为进行审查的明显不当标准自然无法适用于这些要素。〔9〕(3)实体裁量说。该说认为，明显不当标准仅适用于行政实体处理上的“效果裁量”。〔10〕以上学说均有其独到的见解。值得注意的是，最高人民法院于2017年11月15日发布的第17批指导性案例中，第88号案例“张道文、陶仁等诉四川省简阳市人民政府侵犯客运人力三轮车经营权案”成为第一个于“本院认为”部分出现“程序明显不当”一词的指导性案例，这意味着最高人民法院通过指导性案例的方式对明显不当审查标准可用于审查行政程序问题予以了肯定。实践中一些法官认为明显不当标准仅可用于解决实体性问题，因而在面对行政程序合理性问题时不愿或不敢适用该标准判案，这种误解应当随着张道文案的出现得以消除。

何种情形下可适用明显不当标准对行政程序进行审查？一般认为，行政程序上的裁量空间所在即“程序明显不当”标准的适用空间所在。目前，

〔8〕 例如有学者认为，不当行政行为包括目的不当、错误的事实认定、不适当的考虑、法律适用不当、不作为和程序不当六类。王振宇、郑成良：《对自由裁量行政行为进行司法审查的原则和标准》，《法制与社会发展》2000年第3期。杨建顺教授同样认为要从行政过程论的角度全面把握行政裁量的存在形态，行政裁量不仅存在于实体性权力之中，而且存在于程序性权力之中，不仅存在于要件选择阶段，而且存在于效果选择阶段。参见杨建顺：《行政裁量的运作及其监督》，《法学研究》2004年第1期。

〔9〕 余凌云教授曾在文章中指出，行政裁量不宜泛化到对案件事实的判断、取舍以及将法律规定的标准适用到案件事实这两个环节之中。参见余凌云：《对行政机关滥用职权的司法审查——从若干判案看法院审理的偏好与问题》，《中国法学》2008年第1期。

〔10〕 例如何海波教授认为，根据司法审查标准的体系逻辑以及对审查根据的习惯性理解，明显不当标准不适用于事实认定、行政程序等问题。而在违反正当程序原则是属于违反法定程序还是程序明显不当这一问题上，应考虑扩大“违反法定程序”的内涵，使之包含正当程序原则的要求。所以在目前观念下，该标准主要适用于实体处理的裁量，日后则可能扩展至法律适用条件的裁量。参见前引〔3〕，何海波文。

学界对于行政裁量空间的看法较为一致。姜明安教授认为:“出现在法律无具体、详尽的规定和限制,或虽有规定但允许执行者裁量选择的场合。”〔11〕郑春燕教授则认为程序裁量是在法律无明文规定的情况下,行政主体对行为的程序种类与形式作出自由选择,自主确定行政过程的内容。〔12〕以上均为学者们于理论上观点之探讨。司法实践中,法院在何种情形下适用该审查标准?笔者对搜集到的103份于“本院认为”部分出现“程序明显不当”一词的判决书进行阅读与梳理后发现,实践中法院并不仅仅针对程序裁量行为适用该标准,大部分判决书将“违反法定程序”与“程序明显不当”画等号,针对羁束行政行为适用该标准。

(一)审查对象为程序裁量行为

笔者经统计发现,在上述103份行政判决书中,有41份判决书针对程序裁量行为适用“程序明显不当”标准,占样本总数的39.8%。由表1列举的案例可以发现,该种情形下存在四类具体情形,现分述如下:

表1　法院适用“程序明显不当”标准审查程序裁量行为案例举隅

编号	案例名称	案号	典型表述
1	张道文、陶仁等诉四川省简阳市人民政府侵犯客运人力三轮车经营权案〔13〕	最高人民法院〔2016〕最高法行再81号	对于1996年的经营权许可行为,行政机关作出行政许可等授益性行政行为时,应当明确告知行政许可的期限……未履行相应的告知义务,致使张道文等人误认为其获得的经营权没有期限限制,并据此作出选择。因此,市政府1996年的经营权许可在程序上存在明显不当,直接导致与其存在前后承继关系的本案被诉的《关于整顿城区小型车辆营运秩序的公告》和《关于整顿城区小型车辆营运秩序的补充公告》的程序明显不当

〔11〕 姜明安主编:《行政法与行政诉讼法》(第六版),北京大学出版社、高等教育出版社2015年版,第518页。

〔12〕 参见郑春燕:《服务理念下的程序裁量及其规制》,《法学研究》2009年第3期。类似观点参见王珉灿主编:《行政法概要》,法律出版社1983年版,第113页。

〔13〕 案情:1994年简阳市政府以通告的形式对辖区内客运人力三轮车实行限额管理,1996年市政府开始实行经营权的有偿使用,但收取相关规费后,未向张道文等401名客运人力三轮车车主告知许可的期限(实际上应为两年)。1999年市政府针对有偿使用期限已届满两年的客运人力三轮车发布《公告》与《补充公告》,要求原本已经具有合法证照的三轮车经营者重新进行登记,并缴纳新的有偿使用费。张道文等人认为《公告》与《补充公告》的规定形成重复收费,侵犯其合法经营权,因而提起行政诉讼。

续表

编号	案例名称	案号	典型表述
2	高素萍与南通市通州区人力资源和社会保障局、南通市人力资源和社会保障局行政复议纠纷案	江苏省南通市中级人民法院〔2017〕苏06行终13号	通州人社局没有证据证明事先已通知高素萍和新建公司，通州人社局的行为剥夺了高素萍和新建公司的知情权、参与权，违反了正当程序原则，影响了高素萍的实体利益。综上，通州人社局作出的〔2016〕第K-28号《认定工伤决定书》事实不清，程序明显不当
3	周银城不服被告揭阳市榕城区民政局、揭阳市民政局民政其他行政行为案〔14〕	揭阳市榕城区人民法院〔2015〕揭榕法行初字第12号	被告揭阳市民政局受理原告不服被告揭阳市榕城区民政局对其作出《榕城区民政局关于周银城同志信访事项意见书》(以下简称《答复》)，应依据行政复议法等规定程序作出复议决定，但其依据信访程序，对原告作出《关于周银城同志信访事项意见书》(以下简称复查》)的行政行为，程序明显不当
4	宁津县张大庄乡东生木器加工处与德州市人力资源和社会保障局行政确认纠纷案〔15〕	德州市中级人民法院〔2015〕德中行终字第54号	被上诉人主张上诉人未在举证期限内提供证据，应当承担举证不能的不利后果，但被上诉人在受理李印浩的工伤认定申请后，于2014年7月3日向上诉人送达了限期举证通知书，要求上诉人于2014年7月4日前提交证据，未给上诉人预留合理的举证时间，事实上剥夺了上诉人的举证权利，程序上应属明显不当
5	铜陵市杰森玻璃有限公司与铜陵市人力资源和社会保障局劳动和社会保障行政管理纠纷案	铜陵市铜官区人民法院〔2017〕皖0705行初3号	在法人和法定代表人发生人格混同时，如果允许法定代表人再对外代表法人，在法人和法定代表人的利益发生冲突时，就无法保证法定代表人对公司和其他股东的忠实履行职责的义务；被告铜陵市人力资源和社会保障局应当知道这种人格混同可能会影响用人单位或其他股东的知情权、参与权和救济权等合法权益，将应送达给铜陵市杰森玻璃有限公司的《认定工伤决定书》送达给黄小花……属于行政行为明显不当

〔14〕 案情：原告向被告榕城区民政局申请因见义勇为而牺牲的周洁鹏为烈士，并给予一次性抚恤金。被告认为发放抚恤金不属于其信访受理范围，因而作出揭榕民信复〔2014〕3号《答复》。原告不服，向另一被告揭阳市民政局申请复查，揭阳市民政局作出揭民信复〔2015〕第1号《复查》，对《答复》的内容予以肯定，原告以《答复》和《复查》违法为由提起行政诉讼。

〔15〕 类似的案件还有：孔佰南与国家工商行政管理总局商标评审委员会行政纠纷案，北京知识产权法院〔2016〕京73行初4727号；宁津县杜集兴隆木器厂与德州市人力资源和社会保障局、德州市人民政府行政纠纷案，宁津县人民法院〔2015〕宁行初字第19号等。

续表

编号	案例名称	案号	典型表述
6	安阳市丽纯商贸有限公司与安阳市人力资源和社会保障局资源行政管理纠纷案〔16〕	河南省安阳市中级人民法院〔2016〕豫05行终153号	安阳市人社局依据申利娜诊断证明等证据认定申利娜的摔伤是在工作时间和工作场所内因工作原因造成，主要证据明显不足。安阳市人社局对丽纯公司提供的证人未依法调查，程序明显不当

1. 法律未对行政程序作出明文规定

任何法律体系包括法律程序都存在不同程度的漏洞，尤其是我国尚未制定专门的行政程序法，法律对于行政程序的规定不可能面面俱到，很多情况下不得不将行政程序上的选择交由行政主体自行决定。该情形也是此种适用方式下最主要的情形之一。如案例1中，被告未在作出行政许可时向被许可人告知许可的期限，使得张道文等人误以为其获得的经营权没有期限限制，并据此作出申请许可的选择。依据《行政许可法》第30条的规定："行政机关应当将法律、法规、规章规定的有关行政许可的事项、依据、条件、数量、程序、期限以及需要提交的全部材料的目录和申请书示范文本等在办公场所公示。申请人要求行政机关对公示内容予以说明、解释的，行政机关应当说明、解释，提供准确、可靠的信息。"可见，法律并未要求行政机关需将行政许可的期限明确告知相对人，行政机关在告知程序上享有裁量权。此时，无法以"违反法定程序"作为裁判依据。为保护相对人的合法权益，保障公共利益，最高人民法院于再审判决中认定该许可行为"程序明显不当"。案例2中，《工伤保险条例》与《工伤认定办法》等相关法律、法规或规章均未明文规定人力资源和社会保障局在工伤认定过程中须向当事人履行告知义务，因而即便该行为事实上剥夺了当事人的知情权与参与权，也不构成程序违法，法院认为该违反正当程序原则的行为属于"程序明显不当"。

2. 法律规定两种及以上行政程序供行政主体在实践中进行选择

在案例3中，被告榕城区民政局以信访程序对原告申请发放一次性抚

〔16〕 人民法院查明：丽纯公司在接到工伤认定协助调查通知书后，向人力资源和社会保障局提供了两名证人，但人力资源和社会保障局未对其中一名证人调查询问，并且对另一证人刘志文调查以后，未将调查笔录提供给原审法院。

恤金的申请作出《答复》，原告向被告揭阳市民政局申请复查后，市民政局同样以信访程序作出《复查》。当事人不服行政机关的决定时，法律规定了信访程序、行政复议程序、行政诉讼程序予以救济。区、市两级民政局试图避开复议程序，选择权利救济功能相对较差的信访程序作出处理，不利于官民纠纷的有效解决，其在程序的选择上不具备合理性，法院认为该行为“程序明显不当”。而在“醴陵市泗汾中心卫生院与被告醴陵市市场和质量监督管理局、醴陵市人民政府质量监督行政管理纠纷案”中，〔17〕法院认为原告对特种设备的检验机构和颁发特种设备的安全监督管理部门理解有误，且其不属于重大、复杂案件，被告选择不采取听证方式进行审理并无不当之处。依据我国《行政复议法》第 22 条与《行政复议法实施条例》第 33 条之规定，〔18〕复议机关认为有必要时，可以在书面审查与对有关人员进行调查之间作出选择，也可以在处理重大、复杂案件时，选择是否采取听证方式进行审理，复议机关此时享有程序裁量权，法院即可对复议机关程序选择的合理性作出判断。可见，当行政机关所选择的程序路径不利于当事人合法权益的保护时，法院有适用“程序明显不当”标准撤销该程序裁量行为的可能。

3. 法律允许行政主体在规定的时间跨度内凭借自身判断进行裁量

案例 4 中，被上诉人德州市人力资源和社会保障局于 2014 年 7 月 3 日向上诉人送达了限期举证通知书，要求上诉人于 2014 年 7 月 4 日前提交证据。法律虽然允许行政机关在具体的举证期限上进行程序裁量，但作出最终的裁量结果前仍应综合考虑实际情况，在期限的选择上应当符合人之常情。该案行政机关在举证期限的裁量上选择仅给予相对人一天时间，超出了行政机关的惯常做法，明显不符合常理，因而法院认为该行为未给上诉人预留合理的举证时间，事实上剥夺了上诉人的举证权利，程序上应属明显不当。

---

〔17〕 醴陵市中级人民法院〔2016〕湘 0281 行初 40 号。

〔18〕《中华人民共和国行政复议法》(1999 年)第 22 条：“行政复议原则上采取书面审查的办法，但是申请人提出要求或者行政复议机关负责法制工作的机构认为有必要时，可以向有关组织和人员调查情况，听取申请人、被申请人和第三人的意见。”《中华人民共和国行政复议法实施条例》(2007 年)第 33 条：“行政复议机构认为必要时，可以实地调查核实证据；对重大、复杂的案件，申请人提出要求或者行政复议机构认为必要时，可以采取听证的方式审理。”

4.行政程序符合法律规定但却不合理

在案例5中，被告将其作出的《认定工伤决定书》送达给原告公司的法定代表人黄小花，该行为符合民事法律有关送达的相关规定。但该案中，黄小花作为受害人的妻子，以个人名义申请工伤认定，其提交的材料同时反映其作为原告公司之股东与法定代表人的身份，发生了法人与法定代表人的人格混同。此时黄小花与原告公司存在利益冲突，双方在举证事项上甚至存在相互矛盾的意见，被告无法辨别黄小花在整个行政行为过程中，哪些行为是个人行为，哪些行为则代表公司。在这种情况下，将《认定工伤决定书》送达给黄小花不利于原告公司知情权等合法权益的保护，因而法院认定该送达行为"程序明显不当"。可见，即便行政行为在程序上完全符合法律法规的相关规定，法院亦有可能因该行为在现实中缺乏合理性而适用"程序明显不当"标准将其撤销。

(二)审查对象为羁束行政行为

除去41份针对程序裁量行为适用"程序明显不当"标准的判决书，剩余的62份判决书中，法院均以该标准审查非程序裁量行为，占样本总数的60.2%。可见，学理上的观点与实践中的操作并不完全一致。在这些案例中，行政主体对于法院适用"程序明显不当"标准所裁判的行政行为并无程序上的裁量权。相反地，这些行为多是羁束行政行为，行政主体并无选择的余地。

表2　法院适用"程序明显不当"标准审查羁束行政行为案例举隅

编号	案例名称	案号	典型表述
7	爱尔迪有限两合公司等与国家工商行政管理总局商标评审委员会其他行政纠纷案	北京知识产权法院〔2015〕京知行初字第1001号	在商标驳回复审阶段，被告仅针对两原告之一的爱尔迪公司的复审申请进行实质审理，被诉决定载明的申请人亦为爱尔迪公司。在此情况下，被诉决定的作出显然不符合2014年《中华人民共和国商标法实施条例》(以下简称《商标法实施条例》)第55条的规定，程序明显不当

续表

编号	案例名称	案号	典型表述
8	魏任凭与临湘市人民政府行政登记纠纷案〔19〕	湖南省高级人民法院〔2015〕湘高法行再终字第3号	根据上述规定，临湘市政府在办理涉案土地使用权属变更登记时，应依法通知抵押人魏任凭、抵押权人长城公司、土地使用权受让人方孝会三方到场，但临湘市政府在前述人员均未到场的情况下，仅凭长城公司出具的函及虚假的《协助执行通知书》就更换土地使用权证书，程序明显不当……综上，临湘市政府在为汪辉颁发涉案土地证时程序严重违法
9	曾素燕与连平县民政局民政行政管理（民政）纠纷一案〔20〕	东源县人民法院〔2016〕粤1625行初48号	本院认为……原告与李国利于2007年10月22日在连平县民政局登记离婚，由于曾素燕与李国利当时均为香港居民，连平县民政局错误地给李国利与曾素燕办理了离婚登记手续并在2010年11月18日给曾素燕补办了离婚证，程序明显不当，超越了职权

由表2列举的案例可以发现，法院适用“程序明显不当”标准所审查的羁束行政行为大多构成“违反法定程序”。如案例7，在两原告均提起复审申请的情况下，被告仅就其中一个申请进行处理。根据《商标法实施条例》第52条的明文规定，〔21〕被告理应对两项申请均进行实质审理，被告对此并不享有程序裁量权，因而该行为应属“违反法定程序”，但法院以“程序明显

〔19〕 该案判决所依据的相关规定主要是：《城市房地产转让管理规定》（2001年建设部令第96号）第7条，《土地登记规则》（1989年国家土地管理局发布）第37条、第40条，《湖南省土地登记办法》（1996年湖南省人民政府第128次常务会议通过）第11条、第26条等。

〔20〕 《婚姻登记工作暂行规范》（民发〔2003〕127号）第5条：“婚姻登记管辖按照行政区域划分。（一）县、不设区的市、市辖区人民政府民政部门办理双方或者一方常住户口在本行政区域内的内地居民之间的婚姻登记。省级人民政府可以根据实际情况，规定乡（镇）人民政府办理双方或者一方常住户口在本乡（镇）的内地居民之间的婚姻登记……婚姻登记机关不得违反上述规定办理婚姻登记。”依据该规定，被告无权受理曾素燕的离婚登记申请。

〔21〕 《商标法实施条例》（2014年）第52条：“商标评审委员会审理不服商标局驳回商标注册申请决定的复审案件，应当针对商标局的驳回决定和申请人申请复审的事实、理由、请求及评审时的事实状态进行审理。”

不当”作出判决。案例 8 与案例 9 均属此类情形。案例 8 中，根据《城市房地产转让管理规定》《国家土地管理局关于变更土地登记的若干规定》等规章的相关规定，被告市政府应当依法通知抵押人魏任凭到场后再办理土地权属变更登记，被告未遵循上述程序规定即为长城公司更换土地使用权证书，已经构成程序违法，但法院认定该行为“程序明显不当”。案例 9 中，法院同样在被诉行为违反《婚姻登记工作暂行规范》第 5 条的规定，已构成程序违法的情况下认定被诉行为“程序明显不当”。

至此，由表 1 和表 2 列举的案例大体可以归纳出法院适用“程序明显不当”标准的情形，即针对程序裁量行为与羁束行政行为，法院均有适用“程序明显不当”标准的可能，该两种情形下共计存在五类具体情形，如图 1 所示：

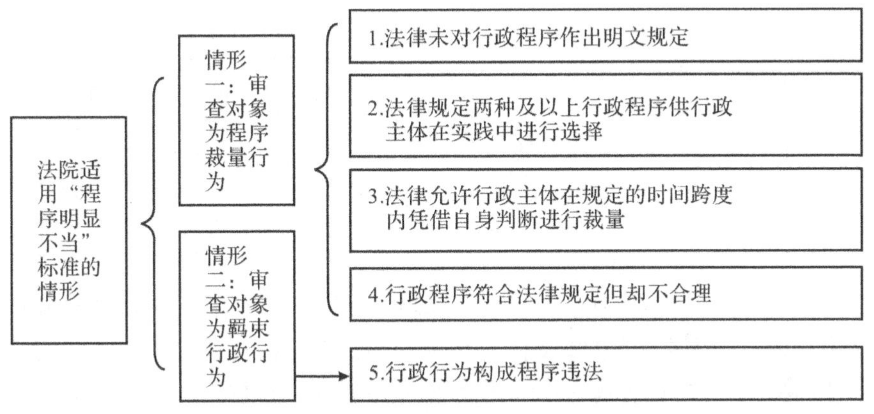

图 1　法院适用“程序明显不当”审查标准的情形

三、法院适用“程序明显不当”标准的模式

从我国的司法实践来看，法院通过适用“程序明显不当”标准加强对行政程序的司法审查这一趋势不会改变。通过对检索的案例进行归纳与分析可以发现，在实践中，法院对于该标准的适用事实上已经形成了相对固定的模式，笔者将其归纳为以下三种：

(一)附带适用式

该模式下,法院于判决的说理部分将“程序明显不当”附于“违反法定程序”之后,并且裁判依据部分针对某一行为的程序问题同时适用 2014 年《行政诉讼法》第 70 条第(三)项与第(六)项。案例 10 与案例 11 均能体现该种适用模式。此模式下,当审查对象事实上构成“违反法定程序”时,“程序明显不当”的表述以及以适用 2014 年《行政诉讼法》第 70 条第(六)项作为裁判依据均不是必需的,其作用仅在于对行政程序的违法性予以确认,增强判决的说服力。而当审查对象不构成程序违法时,则单独适用“程序明显不当”标准即可。因此,该模式大有“多此一举”之嫌。

表 3 法院以不同模式适用“程序明显不当”标准的案例

编号	案例名称	案号	典型表述
10	何金友与南陵县国土资源局行政纠纷案〔22〕	南陵县人民法院〔2016〕皖 0223 行初 6 号	综上,被告作出的《交出土地决定书》决定违反法定程序,明显不当,理应予以撤销。故依据《中华人民共和国行政诉讼法》第 70 条第(三)项、第(六)项判决如下……
11	集贤县市场监督管理局与宁玉芝等 38 人、集贤县人民政府、第三人王广德、陈志广等行政处罚及行政复议纠纷案	黑龙江省双鸭山市中级人民法院〔2017〕黑 05 行终 15 号	该公司股东变更及公司由其他股东注资,属于民事范畴,公司登记机关不应对股权变更予以撤销……故 1 号决定书违反法定程序,明显不当……依据《中华人民共和国行政诉讼法》第 49 条第(一)项、第 70 条第(三)、第(六)项判决如下……
12	许燕飞、章宝书等与绍兴市上虞区人力资源和社会保障局、绍兴市上虞区人民政府行政复议纠纷案	新昌县人民法院〔2016〕浙 0624 行初 57 号	被告上虞区人力资源和社会保障局没有通知章建奇近亲属参与工伤认定程序,在作出不利于死者的工伤认定决定后,也未对近亲属进行送达,违反《工伤认定办法》第 22 条关于送达之规定。综上,被告上虞区人力资源和社会保障局作出 2016-6 不予认定工伤决定的主要证据不足、程序明显不当,依法应予撤销……依照《中华人民共和国行政诉讼法》第 70 条第(一)项、第(三)项之规定判决如下……

〔22〕 案情:原告所使用的集体土地位于省政府批准的征地范围内,被告县政府依法进行了征收土地方案公告。省政府于 2011 年 5 月 5 日作出征地批复后,县政府未按照批复的要求组织实施征地补偿安置工作,在交出土地决定中,给予原告的补偿款按照置换价格计算而来,数额过低,实际只给予原告实物安置补偿方式,剥夺了原告选择货币安置的权利。

续表

编号	案例名称	案号	典型表述
13	周文志、全鸿志与江永县人民政府拆迁行政强制决定违法及行政赔偿一审行政赔偿判决书	永州市中级人民法院〔2015〕永中法行初字第20号	被告作出的决定对二原告有直接的法律利害关系，但被告并没有提供证据证明在作出21号《江永县人民政府关于强制拆除江永永明水晶加工厂违法建筑的决定》之前曾告知和听取二原告的意见，行政程序明显不当……根据《中华人民共和国行政诉讼法》第70条第（三）、（四）项的规定，判决如下……
14	满朝钢与酒泉市公安局肃州分局治安管理处罚纠纷案	酒泉市肃州区人民法院〔2015〕酒肃行初字第26号	被告肃州公安分局依照《治安管理处罚法》第49条的规定对满朝钢作出行政拘留15日的行政处罚，属于从重处罚，但从重处罚的事实及法律依据未在处罚决定中列明，被告陈述及辩解对原告从重处罚的事实证据不足，程序明显不当……综上，依照《中华人民共和国行政诉讼法》第70条第（一）、（六）项之规定，经本院审判委员会讨论，判决如下……
15	陈栋林、黄美玲等与全南县卫生和计划生育委员会计划生育行政管理一案〔23〕	龙南县人民法院〔2017〕赣0727行初9号	本案中，全南县金龙镇人民政府将征收社会抚养费决定书及告知书同时向原告送达，未充分保证原告陈述和申辩的权利，程序明显不当……依照《中华人民共和国行政诉讼法》第70条之规定，判决如下……
16	陈耀林与广州市南沙区横沥镇人民政府乡政府行政纠纷案	广州铁路运输第一法院〔2017〕粤7101行初11号	被告认为原告的房屋属于违法建筑，遂责令原告自行拆除涉案房屋，并告知逾期不拆被告将依法强拆，但被告作出涉案通知书前未听取原告意见，作出之后亦未向原告送达，程序明显不当……综上所述，依照《中华人民共和国行政诉讼法》第70条第（一）项、第（六）项的规定，判决如下……

〔23〕 该案涉及的条文中，《江西省社会抚养费征收管理办法》（2003年江西省人民政府令第127号）第13条第二款已经规定：“县级人民政府计划生育行政部门或者其委托的乡（镇）人民政府、街道办事处（以下统称征收机关）在作出书面征收决定前，应当告知当事人作出征收决定的事实、理由、依据和征收数额。当事人享有陈述和申辩的权利。”

(二)说理依据式

该模式下,法院于判决的说理部分以“程序明显不当”作为说理理由,同时以其他条款作为裁判依据,其中以 2014 年《行政诉讼法》第 70 条第(三)项“违反法定程序”和第 74 条“确认违法”为主。如案例 12 中,法院认为被告上虞区人社局没有通知章建奇近亲属参与工伤认定程序,在作出不利于死者的工伤认定决定后,也未对近亲属进行送达的行为属于程序明显不当,但却依据 2014 年《行政诉讼法》第 70 条第(三)项“违反法定程序”撤销被告作出的不予认定工伤的决定。案例 13 同样体现了这种适用模式。此模式下,法院给出的裁判理由与裁判依据并不一致。尽管最高人民法院在《最高人民法院关于裁判文书引用法律、法规等规范性法律文件的规定》(法释〔2009〕14 号)中确认了“说理依据”与“裁判依据”的二分法,〔24〕但其并未明确当某一司法审查标准应当被用作裁判依据时,法院可选择仅将其作为裁判依据,而同时适用另一司法审查标准作为说理依据,该种适用模式的正确性值得商榷。

(三)说理依据+判决依据式

该模式下,法院于判决的说理部分以“程序明显不当”作为说理理由,同时以 2014 年《行政诉讼法》第 70 条第(六)项作为判决依据。该种适用模式与“附带适用”模式一样,需要根据审查对象的不同做进一步区分。案例 14 中,被告对满朝钢作出行政拘留 15 日的处罚,属于从重处罚,但相关事实及依据未在决定中列明,该行为违反了《治安管理处罚法》的相关规定,〔25〕构成程序违法,但人民法院在说理部分及裁判依据部分均使用“程序明显不当”的表述。而案例 15 中,虽然向当事人告知事实、听取其陈述与申辩等要

〔24〕 该规定第 6 条:“对于本规定第三条、第四条、第五条规定之外的规范性文件,根据审理案件的需要,经审查认定为合法有效的,可以作为裁判说理的依据。”

〔25〕 《中华人民共和国治安管理处罚法》(2012 年)第 96 条:“公安机关作出治安管理处罚决定的,应当制作治安管理处罚决定书。决定书应当载明下列内容:(一)被处罚人的姓名、性别、年龄、身份证件的名称和号码、住址;(二)违法事实和证据;(三)处罚的种类和依据;(四)处罚的执行方式和期限;(五)对处罚决定不服,申请行政复议、提起行政诉讼的途径和期限;(六)作出处罚决定的公安机关的名称和作出决定的日期。决定书应当由作出处罚决定的公安机关加盖印章。”

求均为正当程序原则的内容，但由于《江西省社会抚养费征收管理办法》已对之作出明文规定，因而该要求已转化为法定程序，被告的行为已构成程序违法，但人民法院同样以该模式进行了处理。可见，当被审查的行政行为构成“违反法定程序”时，该适用模式事实上即在判决中以“程序明显不当”完全替代“违反法定程序”，模糊了两大审查标准的界限，其正确性同样值得怀疑。而当被诉行为不构成程序违法时，此模式则为最理想的适用模式，案例16即为例证。

本文的目的，并非在于以司法实践中数量有限的案例证明法院适用“程序明显不当”标准之情形与模式的正确性。通过上文已经列出的案例亦不难看出，法院错用或乱用该标准者不在少数，其在该标准的适用情形与模式上仍存在诸多问题亟待解决。综合表3所列举的体现不同适用模式的案例不难发现，以上三种适用模式存在一个共同点：将“不当”与“违法”等同。三种适用模式均体现法院对“不当”一词的宽泛理解，将其内涵与“违法”画等号，甚至在应当使用“违法”的地方用“不当”完全取而代之。与“程序明显不当”相对应的是“程序并无不当”，从“丰祥公司诉上海市盐务局行政强制措施案”等三个最高人民法院公报案例可以看出，法院使用“程序并无不当”一词往往也只是在表达被诉行政行为是合法的。〔26〕可见，从正反两个侧面，法院大多将“当”与“不当”同“合法”与“违法”相联系。

需要说明的是，隐藏于裁判文书背后的法官思维方式比形式上的适用模式更值得关注。表2和表3中的案例显示，从基层人民法院到高级人民法院，由一审、二审到再审，法官均习惯于在审查对象为羁束行政行为且该行为事实上构成“违反法定程序”的情形下，通过上述三种模式适用“程序明显不当”标准。笔者认为究其根本原因，在于法官对“正当性”一词的日常语

〔26〕“丰祥公司诉上海市盐务局行政强制措施案”中，人民法院认为：“丰祥公司将盐由外省调入本市是一种持续行为，该行为应以货物运至本市后为完成，完成时《上海市盐业管理若干规定》已施行，盐务局适用该规定及《盐业行政执法办法》的有关规定，对丰祥公司调入本市的工业盐予以扣押，并将扣押通知书送达丰祥公司，适用法律正确，执法程序符合规定，并无不当。”《最高人民法院公报》2003年第1期。“无锡美通食品科技有限公司诉无锡质量技术监督局高新技术产业开发区分局质监行政处罚案”和“上海全能科贸有限公司诉上海市知识产权局专利侵权纠纷处理决定案”中均有类似的表述，两案的详细内容分别参见《最高人民法院公报》2011年第1期与2013年第7期。

义和专业语义产生了混同。专业语义上的“正当”基本可以理解成合理或恰当，而日常生活中我们谈及事物正当与否，不仅要对其合理性进行判断，往往还涉及其合法性。〔27〕法官在判案时习惯于以日常语义代替专业语义，将会使“程序明显不当”成为“违反法定程序”的上位概念，导致“违反法定程序”的适用空间受到极大的压缩。〔28〕为正本清源，维持法条的内在逻辑，笔者认为应当将“违反法定程序”限定于审查程序方面的羁束行政行为，由“程序明显不当”标准审查程序裁量行为，从而统一司法实践对于审查标准的适用方法，避免出现上述适用情形与适用模式中的混乱。

四、法院评判行政程序“当”与“不当”的考量因素

在法院适用“程序明显不当”标准的情形与模式逐渐明晰以后，法院所面临的问题就是如何评判行政程序上的“当”与“不当”，即适用“程序明显不当”标准时需要考虑哪些具体因素。正所谓有行政裁量的地方就有司法裁量，行政主体需要对某一事项进行裁量后作出决定，当此决定被诉至法院后，法官不可避免地要对该事项进行二次裁量。而裁量行为往往包含主观色彩，需要法官进行价值判断或道德评判。正如休谟定理(Hume's Law)指出的那样，“规范性陈述”需要人们主观上的价值评判，其不可能具备纯粹的客观基础，我们没有办法且没有权利去评判究竟何种理解是“唯一正确的答案”。〔29〕但裁量的主观性特征并不意味着难以确定一个相对客观的评判标

〔27〕《现代汉语词典》将“正当”一词解释为“合理合法的”。参见中国社会科学院语言研究所词典编辑室:《现代汉语词典》(第七版)，商务印书馆2016年版，第1671页。

〔28〕有学者在研究“滥用职权”审查标准时亦发现了相同的问题，法官在运用“滥用职权”审查标准时常常游走在专业语义与日常含义之间，并大多选择对“滥用职权”进行宽泛地理解，将其与“违法”一词互换使用。参见施立栋:《被滥用的“滥用职权”——行政判决中滥用职权审查标准的语义扩张及其成因》，《政治与法律》2015年第1期。

〔29〕参见[英]大卫·休谟:《人性论》，贺江译，台海出版社2016年版，第286-288页。

准。关于“明显不当”的评判方法,学界已有较多讨论。〔30〕然而,对于某一问题的研究应当是理论理性与实践理性的统一,实践中法官可能拥有比学者们更为广阔的想象空间,人民法院在具体案件中适用“程序明显不当”标准所考虑的因素应当得到法学界的充分重视。根据检索,人民法院在评判行政程序恰当与否时主要考虑公正与效率的辩证关系、正当程序原则、基本程序规则以及是否尊重既存行政行为与相关文书之效力等因素(见表4)。

(一)公正与效率的辩证关系

有学者指出,一个良好的社会除了符合秩序、公正、自由等基本要求之外,还必须是高效率的社会。〔31〕甚至有观点认为,公正的第二种含义即是效率。〔32〕行政主体在作出行政行为时,不但要追求结果的公正,还应重视程序上的高效。依据德国法学界的一贯见解,行政程序除了服务于宪法中的基本性规定之外,还担负实现行政效率的功能,即要求程序的简单与“形式自由”。〔33〕当行政主体享有程序裁量权时,其对于公正与效率之辩证关系的合理考量,理应是评判程序裁量“当”与“不当”的重要因素。司法实践中,法院关于该因素主要有以下三个方面的考虑:

---

〔30〕 例如沈岿教授认为,要判断裁量是否考虑相关因素、是否与立法目的和精神一致、是否遵守正当程序、是否符合比例要求、是否保障信赖利益、是否平等对待各方利益主体等。沈岿:《行政诉讼确立“裁量明显不当”标准之议》,《法商研究》2004年第4期;全国人大常委会法工委的相关立法资料中认为,明显不合理或不公正是指行政行为违背一般常理、违背平等和比例原则、违反一般公平观念的情况。全国人大常委会法制工作委员会行政法室:《行政诉讼法立法背景与观点全集》,法律出版社2015年版,第320页;江必新教授则认为明显不当标准需要考虑行为的结果是否显失公正、是否违背国家基本方针政策、是否为地方利益而影响大局工作。参见江必新、邵长茂:《新行政诉讼法修改条文理解与适用》,中国法制出版社2015年版,第265页。

〔31〕 参见张文显:《法学基本范畴研究》,中国政法大学出版社1993年版,第273页。

〔32〕 [美]波斯纳:《法律的经济分析》,蒋兆康译,中国大百科全书出版社,1997年,第31页。

〔33〕 [德]弗朗茨-约瑟夫·派纳:《德国行政程序法之形成、现状与展望》,刘飞译,《环球法律评论》2014年第5期。

表 4 法院基于公正与效率之考量适用“程序明显不当”标准的案例

编号	案例名称	案号	典型表述
17	宁津县杜集兴隆木器厂与德州市人力资源和社会保障局、德州市人民政府行政纠纷案	宁津县人民法院〔2015〕宁行初字第19号	被告……于2015年2月11日向原告送达了限期举证通知书，要求原告于2015年2月12日前提供有关证据材料……该限期举证通知书指定的举证期限未给原告预留合理的举证期间，违反了程序正当性原则，侵犯了原告的程序权利，程序上应属明显不当
18	詹现方、东阳市公安局行政强制纠纷案	浙江省高级人民法院〔2013〕浙行再字第1号	原审被上诉人在2000年5月24日对原审上诉人委托进行精神疾病鉴定次日，即将其送入医院接受强制治疗，直至6月12日才获得原审上诉人为“偏执性精神病”的鉴定结论，其程序明显不当
19	五指山金圣房地产公司诉被告五指山市人民政府、五指山市国土环境资源局土地行政管理纠纷案	海南省第一中级人民法院〔2015〕海南一中行初字第194号	五指山市国土局在行政程序中虽然委托了评估机构评估，但在评估机构尚未作出正式的（海南）宏诚〔2015〕土（估）字第B011号《土地评估报告》之前，径行对评估结果进行会审并作出由原告补缴土地差价款的处理方案向市政府请示，程序明显不当
20	穆冬梅与如皋市国土资源局政府信息公开纠纷案〔34〕	如东县人民法院〔2015〕东行初字第00087号	既然被告已经先行启动了与原告的特殊需要是否相关的审查程序，并得出与原告特殊需要无关的结论，又启动向权利人征询意见的程序显属多余。可见，被告如皋市国土资源局作出涉诉答复的程序明显不当

〔34〕 法院查明：2014年11月6日，原告穆冬梅通过市政府信息公开网站向被告提交依申请公开信息详细表，被告市国土资源局作出〔2014〕皋国土资依告第150号政府信息公开补充申请告知书。11月29日，原告向被告补充提交了“需要说明”。被告在得出相关信息与原告特殊需求无关的结论之后，于12月18日作出〔2014〕皋国土资依询第12号权利人意见征询单，向利害关系人丁广成征询其是否同意向原告公开案涉信息，丁广成表示不同意提供案涉信息。

1. 不强人所难

西方法谚云:“法律不强人所难。”法律不可以要求任何人去完成不可能完成的事项,[35]行政主体在进行程序裁量时,同样不可以对相对人提出不可能履行的要求。案例4与案例17中,被告均在限期举证通知书中要求原告一天之内提供有关的证据材料。该行为过度追求行政效率而忽略了程序公正的要求,原告几乎不可能在一天时间内提交所有的证据材料,事实上这已经剥夺了原告的举证权利,因而人民法院认定该行为属于“程序明显不当”。

2. 获取必要的结论

在案例18中,原审被上诉人东阳市公安局在原审上诉人委托进行精神疾病鉴定的次日,即将其送入医院接受强制治疗,之后才获得原审上诉人为“偏执性精神病”的鉴定结论,再审法院认定该行为“程序明显不当”。案例19与案例18极其类似,五指山市国土局在行政程序中虽然委托了评估机构进行评估,但其未等评估机构作出正式的《土地评估报告》即径行对评估结果进行会审,并作出了相应的处理方案,法院认为该行为“程序明显不当”。以上两个案例中,行政机关均在尚未获取必要结论(精神病鉴定意见和评估报告)的情况下,即作出相应的行政行为,虽然提高了行政效率,但却严重侵害了相对人的合法权益。如案例18中,原审上诉人詹现方并无严重危害公共安全或他人人身安全的行为,公安机关却急于对其采取保护性约束措施,该行为违背《中华人民共和国人民警察法》的立法目的,不当地限制了詹现方的人身自由,因而该行为在程序上不具备合理性。

3. 避免启动多余程序

法律基于某种目的,要求行政主体在作出行政行为时必须启动某项程序,当该程序实现立法意图的功能已经无法实现或被其他程序所替代时,再行启动该程序则并无必要。案例20中,关于原告是否基于特殊需要而申请政府信息公开的问题,被告已经先行启动审查程序,并且得出了相关信息与原告特殊需要无关的审查结论,但被告又启动向具有利害关系人的第三人

〔35〕 参见张明楷:《刑法格言的展开》(第三版),北京大学出版社2013年版,第396页。

征询意见的程序。《中华人民共和国政府信息公开条例》第 23 条规定了向第三方书面征询意见的程序,〔36〕目的是保护第三方主体的合法权益。但案例 20 中,被告经审查后认为相关信息与原告的特殊需要无关,因而作出不予公开相关信息的答复,不可能损害到第三方的合法权益。此时征询意见的程序已不具备实现立法意图之功能,被告依旧启动该程序不恰当地降低了行政效率,法院认为该程序显属多余,被告作出的涉诉答复“程序明显不当”。

江必新教授认为,由于行政程序的专业化程度较低,其正当性较实体行为而言比较容易把握,综合各种客观因素可以作出相对合理甚至唯一正确的判断选择,因而法院不宜过度干预。〔37〕 在“铃王公司诉无锡市劳动局工伤认定决定行政纠纷案”中,〔38〕根据《工伤认定办法》第 5 条、第 8 条之规定,劳动主管部门受理工伤认定申请后,对申请人提交的材料进行审查,根据需要对证据进行调查核实,可见调查核实不是工伤认定程序中的必经程序,劳动主管部门对此享有程序裁量权。法院认为,在掌握了大量证据的情况下,劳动局在重新启动的工伤认定程序中根据需要未再进行调查,径行通知原告举证的做法并不违背法律规定。而在“苏州鼎盛食品公司不服苏州市工商局商标侵权行政处罚案”中,〔39〕在《行政处罚法》对听证次数未作明确规定的情况下,工商局进行多次听证。虽然在效率上有所减损,但法院依然没有支持原告的请求,对被诉行为在程序上的正当性予以确认。〔40〕 通过对上述案例的观察可以发现,在如何平衡公正与效率之关系的问题上,法院

〔36〕《政府信息公开条例》(2007 年)第 23 条规定:“行政机关认为申请公开的政府信息涉及商业秘密、个人隐私,公开后可能损害第三方合法权益的,应当书面征求第三方的意见;第三方不同意公开的,不得公开。”

〔37〕 参见江必新:《行政程序正当性的司法审查》,《中国社会科学》2012 年第 7 期。

〔38〕《最高人民法院公报》2007 年第 1 期。

〔39〕《最高人民法院公报》2013 年第 10 期。

〔40〕 类似的案例还有“赵东红、张如一及第三人邹继豪与国家知识产权局专利复审委员会专利无效行政纠纷案”,二审人民法院认为被诉决定所依据的证据均已在口头审理时进行了质证,被上诉人根据上诉人的质证意见对证据进行的审查核实并不违背《专利审查指南》的相关规定,因而法院对被诉决定的程序合法性予以确认。由于《专利审查指南》未规定专利无效案件在口头审理后,专利复审委员会是否可直接根据当事人的质证意见对证据进行审查而无须再进行正式的质证环节,所以被上诉人对该程序有选择的余地。上诉人在口头审理中已充分表达自己的意见,被上诉人为提高效率而不再进行正式的质证并不影响当事人的合法权益,因而该行为并无不当。《最高人民法院公报》2012 年第 10 期。

始终坚持公正优先,行政主体为提高行政效率的行为,永远不能越过公正的底线。当行政主体在程序裁量时一味追求效率而忽视相对人合法权益的保护时,“程序明显不当”应当作为法院最有力的武器发挥作用。在程序公正得到保证的前提下,只要行政主体没有过分地对行政程序增加或者减少,没有损害到利害关系人的合法权益,如上述苏州鼎盛食品公司案中,工商局进行多次听证反而有利于充分听取当事人意见,查明案件事实,此种情况下,法院仍应恪守司法有限审查原则,对行政主体的决定予以必要的尊重。而一旦程序裁量超越了人类的常理、常情或社会的一般认知,法院则应适用“程序明显不当”标准将该行为撤销。

(二)正当程序原则

“正当程序”理念是一个能够通过行政程序体现公平与公正的价值观念,〔41〕其体现了行政法治对于行政程序最低限度的价值标准与要求。正当程序作为行政程序的基本原则固然重要,但其始终未得到立法的确认,仍然只是学理概念,主要原因即在于其内涵的不明确性。目前学者们较为一致地认为,正当程序原则包含两个基本要素,一是任何人或团体在行使权力可能使别人受到不利影响时必须听取对方意见,每一个人都有为自己辩护和防卫的权利;二是任何人或团体不能作为自己案件的法官。〔42〕具体而言即回避、告知、说明理由、听取陈述与申辩这5项内容。

关于正当程序原则如何在行政审判中适用的问题,笔者通过阅读和梳理相关案例发现,在最高人民法院公布的典型案例中有7个涉及正当程序原则的适用,〔43〕且法院均以“违反法定程序”作为最终的裁判依据。以“定

---

〔41〕 关保英:《行政程序滥用研究》,《现代法学》2015年第3期。

〔42〕 王名扬:《王名扬全集:英国行政法、比较行政法》,北京大学出版社2016年版,第131页。

〔43〕 分别是“田永诉北京科技大学拒绝颁发毕业证、学位证行政诉讼案”“宋莉莉诉宿迁市建设局房屋拆迁补偿安置裁决案”“益民公司诉河南省周口市政府等行政行为违法案”“张成银诉徐州市人民政府房屋登记行政复议决定案”“陆廷佐诉上海市闸北区房屋土地管理局房屋拆迁行政裁决纠纷案”“定安城东建筑装修工程公司与海南省定安县人民政府、第三人中国农业银行定安支行收回国有土地使用权及撤销土地证案”“山西省安业集团有限公司诉山西省太原市人民政府收回国有土地使用权决定案”。学者们已对上述案例进行过较多分析,本文在此不做讨论。

安城东建筑装修工程公司案”的裁判摘要为例，法院认为行政机关作出对当事人不利的行政行为，未听取其陈述、申辩，违反正当程序原则的，属于1989年《行政诉讼法》第54条第(二)项第3目“违反法定程序”的情形。〔44〕但这些案例大多于2014年《行政诉讼法》颁布前即审理完毕，当时并无“明显不当”标准可供法院适用。据笔者统计，103份相关判决书中有24份不同程度地涉及正当程序原则的适用，占样本总数的23.3%，可见正当程序原则是现有相关判决书中法院予以较多考虑的因素之一。此外，由表5列举的4个不同类别的案例亦可以看出，现有案例已经涉及正当程序原则的全部4项具体内容。但必须说明的是，该24份判决书中仅有3例是以上文所述“说理依据+判决依据式”的模式适用“程序明显不当”标准，〔45〕其余21份判决书均仅以“程序明显不当”作为说理理由，而在判决依据部分适用2014年《行政诉讼法》第70条第(三)项“违反法定程序”，或依据第74条的规定确认其程序违法。由此可见，人民法院已经逐渐形成以“程序明显不当”标准审查违反正当程序原则之行为的意识。

但依然需要警醒的是，该标准对于人民法院的适用模式并不理想。未来，正当程序原则在司法裁判中的适用方式究竟如何发展，需待司法实践继续总结经验，以及学界共同观念的形成。

表5 法院适用“程序明显不当”标准审查违反正当程序原则行为的案例

编号	案例名称	案号	类别	典型表述
21	刘华等7人诉四川省国土资源厅不履行法定职责上诉案	四川省高级人民法院〔2014〕川行终字第231号	未回避	本案中，峨眉山市国土资源局作为被举报人之一不仅参与了调查，最终还以该局的名义回复举报人，程序明显不当

〔44〕《最高人民法院公报》2015年第2期。

〔45〕该三份判决书分别是：张杰、涡阳县房地产管理局城乡建设行政管理纠纷案，安徽省亳州市中级人民法院〔2017〕皖16行终45号；曾某与揭西县国土资源局资源行政管理纠纷一案，广东省揭阳市榕城区人民法院〔2017〕粤5202行初11号；彭厚威、广东恒州路桥建设有限公司劳动和社会保障行政管理纠纷案，广东省韶关市中级人民法院〔2016〕粤02行终152号。

续表

编号	案例名称	案号	类别	典型表述
22	瓜州县富民水电有限责任公司诉瓜州县人民政府土地行政撤销上诉案	甘肃省高级人民法院〔2017〕甘行终206号	未告知事实	虽然瓜州县政府辩称在作出被诉撤销决定前与上诉人富民水电公司的法定代表人阎光有进行过口头告知和询问，但并未制作告知笔录和询问笔录，故瓜州县政府无证据证明保障了上诉人富民水电公司的程序参与权，其作出的被诉撤销决定不符合正当程序的要求，程序明显不当
23	张杰、涡阳县房地产管理局城乡建设行政管理纠纷案	安徽省亳州市中级人民法院〔2017〕皖16行终45号	未听取陈述、申辩	被上诉人未给予其行使陈述、申辩权的机会，未能保障上诉人充分行使陈述申辩权，行政行为程序明显不当
24	李某与永嘉县人力资源和社会保障局行政确认纠纷案	永嘉县人民法院〔2016〕浙0324行初43号	未说明理由、依据	行政机关作出影响行政相对人权利义务的决定，负有说明理由的义务，被告以“本机关局长办公会议讨论研究认为”作为作出不予认定工伤规定的理由，属滥用程序裁量权，程序明显不当

(三)基本程序规则

除正当程序原则以外，程序法则上还存在一些重要的基本程序规则，如资讯公开、抄阅卷宗、经调查后作出决定、以书面方式送达相关文书等。它们同正当程序原则一样，是判断行政程序运作状态合理与否的重要标尺。通过基本程序规则，可以在行政案件的审理中更好地体现宪法尊重与保障人权的基本精神与制度，为相对人提供更为有效的保护。根据检索，可以发现以下4个被法院运用的基本程序规则：

表 6 法院对违反基本程序规则的行为适用“程序明显不当”标准的案例

编号	案例名称	案号	典型表述
25	辽宁省高速公路管理局不服其行政强制执行决定被上诉案	铁岭市中级人民法院〔2013〕铁行终字第 00015 号	原审被告未提交其如何认定“辽宁××药业有限公司违法建房占用公路控制线 1837 m^2 这一事实的证据。上诉人所作的行政强制执行决定违背了“先调查取证、再作出行政行为”的基本原则，行政程序明显不当
26	茂名市电白区望夫镇民乐村了塘经济合作社、茂名市电白区人民政府资源行政管理纠纷案	广东省高级人民法院〔2016〕粤行终 910 号	被告在受理第三人提交的发证材料时，对该不真实的材料不作审核查实，就予以颁证，显然未尽谨慎审查义务，其发证程序明显不当。
27	孟昭有、孟宪恒诉哈尔滨市道外区人民政府房屋补偿决定案	黑龙江省高级人民法院〔2017〕黑行终 225 号	道外区政府未尽到审慎调查核实义务，即简单认定涉案被征收房屋为“所有权人不明确”，进而作出《关于对被征收房屋所有权人不明确的喷号为 1-3-111 号房屋的补偿决定》（哈外房征补决定〔2015〕第 371 号）的行为，主要证据不足，程序明显不当
28	东莞市立顿洗涤用品实业有限公司与国家工商行政管理总局商标评审委员会其他纠纷案	北京市高级人民法院〔2016〕京行终 2888 号	商标评审委员会未对联合利华公司提出的被异议商标的申请注册违反 2001 年《商标法》第 41 条的复审理由进行评述，属于漏审复审理由，程序明显不当
29	郑州升升机械制造有限公司与郑州市人力资源和社会保障局劳动和社会保障行政管理纠纷案	郑州市金水区人民法院〔2017〕豫 0105 行初 15 号	该工伤认定决定仅向第三人送达，未向原告送达，也未收回原告原决定书。2016 年 6 月 2 日原告起诉来院请求撤销豫(郑)工伤认字〔2014〕0400108 号工伤认定决定，在审理过程中，本院认为被告程序明显不当

续表

编号	案例名称	案号	典型表述
30	陶能文与深圳市杰瑞表面技术有限公司、深圳市人力资源和社会保障局、深圳市人民政府其他行政纠纷一案	广东省深圳市中级人民法院〔2016〕粤03行终765号	在未受理工伤认定申请和未通知涉事用人单位深圳杰瑞公司对陶能文所称的其在该日所受伤害事故进行调查的情况下，市人力资源和社会保障局2015年9月就对陶能文在2015年6月18日是否受伤和是否构成工伤进行相关调查，并针对该事故作出涉案的工伤认定书，却不对其所受理的陶能文所反映的其于2015年7月10日下午因拆装机器部件而被压伤胸部的伤害进行调查，上述调查处理程序显然不当

1.经调查取证后作出决定

我国台湾地区学者吴庚认为："举凡行政机关行使公权力作成各种行政行为，首须确定其所欲规制之事实关系，而事实关系之确定则端赖调查事实及证据。此一阶段程序之重要性，于行政程序与诉讼程序无分轩轾。"〔46〕可见，行政程序作为一个整体必须受调查原则(inquisitorial)支配。〔47〕案例25中，原审被告无法向人民法院提交其如何认定"辽宁××药业有限公司违法建房占用公路控制线1837 m^2"这一事实的证据，因而无法证明其是在行政程序中进行调查取证后再作出相应的行政行为，法院认定该行为属于"程序明显不当"。根据"以事实为依据"这一公理性的原则，即便某一法律法规并未提出先调查取证，后作出决定的要求，行政主体也必须先通过调查取证的方式了解案件事实，再决定是否作出行政行为。如若行政主体颠倒该顺序，则违背了行政程序在时间上的要求。在未经充分调查，没有掌握充足证据的情况下，行政主体无法保证最终决定的正确性，极易损害相对人的合法权益。对于违反该基本程序规则的行为，法院有适用"程序明显不当"标准的可能。

〔46〕 吴庚：《行政法之理论与实用》(增订八版)，中国人民大学出版社2005年版，第354页。

〔47〕 [荷]勒内·J. G. H. 西尔登、弗里茨·斯特罗因克：《欧美比较行政法》，伏创宇、刘国乾、李国兴译，中国人民大学出版社2013年版，第130页。

2. 对当事人提交的材料及提出的理由审慎审查后作出回应

案例 26 与案例 27 中，被告均未对原告提交的发证材料和证据进行审慎审查，导致其基于不真实的材料作出颁证行为，法院判决该行为"程序明显不当"。[48] 而在案例 28 中，法院认为商标评审委员会未对原告提出的复审理由进行评述，属于漏审复审理由，程序明显不当。可见，行政主体应当对当事人所提交的材料进行合理的审慎审查，[49]对尚不明晰的案件事实进行审慎调查，对当事人提出的理由或依据予以评述和回应，以及在存在对方当事人的情况下，组织必要的证据交换与质证，[50]以上内容均是基本程序规则的要求。

3. 向适当的主体送达书面决定书

案例 29 中，被告仅向第三人而非原告送达工伤认定决定书，并且未收回原决定书，法院认为被诉行为"程序明显不当"。而在前文所列案例 5 中，被告在铜陵市杰森玻璃有限公司与黄小花发生法人与法定代表人混同的情况之下，依旧将《认定工伤决定书》送达给黄小花，法院认为此时法人和法定代表人的利益发生冲突，无法保证黄小花对公司及其他股东忠实地履行职责，被告将决定书送达给黄小花的行为将影响公司及其他股东的知情权、参与权和救济权等合法权益，因而送达程序明显不当。可见，有时严格地依据法律规定将决定书送达给相关当事人亦可能造成现实问题。此时，形式上合法的受送达主体并非适当的受送达者，行政机关应作出相应的变通，否则

〔48〕 类似的案例还有"嵩县益众气体商贸有限公司与嵩县国土资源局资源行政管理纠纷案"，栾川县人民法院〔2017〕豫 0324 行初 18 号；"南通安居家用纺织品有限公司与南通市通州区人力资源和社会保障局行政确认纠纷案"，江苏省南通市中级人民法院〔2014〕通中行终字第 0195 号。

〔49〕 "合理审慎审查"义务的主要依据是《最高人民法院关于审理房屋登记案件若干问题的规定》(法释〔2010〕15 号)第 12 条："申请人提供虚假材料办理房屋登记，给原告造成损害，房屋登记机构未尽合理审慎职责的，应当根据其过错程度及其在损害发生中所起作用承担相应的赔偿责任。""合理审慎审查"义务要求行政机关基于其专业地位与日常工作经验的积累，努力提高对申请人可能提供的虚假材料的辨识能力，尽到对申请人可能提供的虚假材料的注意义务，从而实现义务与行政机关的职责和能力相适应之要求。

〔50〕 如"盛焕华诉国家工商行政管理总局商标评审委员会商标争议行政纠纷案"中，商标评审委员会在商标评审程序中未就北京出版公司所提交的补充证据向盛焕华进行证据交换和限期质证，法院认为该行为在程序上"明显不当"。北京市第一中级人民法院〔2013〕一中知行初字第 37 号。该案虽于 2014 年《行政诉讼法》生效前审结，但法官在判决书中对于"程序明显不当"一词的理解与运用仍可为我们提供借鉴意义。

其送达程序将构成“明显不当”。但以书面方式送达相关文书并非一项绝对的规定,在“北京希优照明设备有限公司不服上海市商务委员会行政决定案”中,[51]商务部的相关文件并未规定以网络方式作出行政决定的,还要另外向相对人送达书面的处理决定书,因而是否送达书面决定书可由被上诉人进行程序裁量。考虑到行政处理方式网络化的特殊性,希优公司通过查看招标网上公布的信息即可知道重新评标后的决定,因而法院最终并未支持希优公司的主张。

4. 不对尚未受理的案件予以调查

在案例30中,被告在尚未受理原告所称其在2015年6月18日因救助工友罗某而受伤的工伤认定申请的情况下,即对原告在2015年6月18日是否受伤和是否构成工伤进行相关调查,并最终针对该事故作出涉案的工伤认定书。受理行为是行政主体针对相对人的申请作出相应行政行为的开端,受理申请以后行政主体即负有依法调查的职责,反之则无权对案件事实进行调查。行政主体针对尚未受理的案件进行调查,同时不对已受理的案件展开调查,法院最终认定该行为“程序明显不当”。

(四)尊重既存行政行为与相关文书的效力

1. 不得随意变更政府文件的内容

案例31中,被告惠农区政府于2005年1月23日召开的第十三次常务会议上形成《政府常务会议纪要(9)》,对原石嘴山市建材厂的农户和对应的耕地确定了补偿标准、安置办法。其又于2005年8月5日召开的第27次区长办公会议上形成《区长办公会议纪要(2005·第27次)》。后者所确定的补偿标准明显与《政府常务会议纪要(9)》所确定的补偿标准不同,法院认为该行为属于行政程序明显不当。该案的《政府常务会议纪要(9)》虽然并非行政裁量基准或行政惯例,但作为在政府会议上形成的、对外具有公示效力的文件,其规定了耕地征收的补偿标准与安置办法,该文件对于公众而言将产生信赖保护的效力。一般认为,经过利益衡量,如若存在恰当的理由,一定程度地偏离已

[51] 《最高人民法院公报》2011年第7期。

形成的基准或惯例是可以被接受的。但该案被告在没有任何事实依据的前提下，即以形成新会议纪要的方式，擅自改变已有文件确定的补偿标准和补偿范围，可谓超出了公民的合理预期，应属行政程序明显不当。法院的观点表明，不论某一先前行政行为、规范性文件、政策或政府的承诺是否能够称得上是基准或惯例，只要其合理地产生公众对于行政机关将来某种行为的预期，〔52〕并且不对公共利益造成损害，在新的行政活动中就应该给予足够的尊重，不可出现截然不同的决定或随意以新的文件取而代之。

2. 处理既存行政行为后再作出新决定

如果行政主体在作出某一行政行为之前，已经存在同一种类的其他行政行为，且两个行为之间将发生冲突，则行政主体应当先行处理既存行政行为，后再作出新的行为。如案例 32 中，被告在颁发经营权证时，未对涉案土地以前的权属进行变更，即径行颁布新的经营权证，法院认为该行为"程序明显不当"。案例 33 同案例 32 相类似，被告未充分保护原审原告的信赖利益，在原审原告持有的《自留山使用证》尚未被撤销的情况下，即对涉案争议土地重新确权。而在案例 34 中，被告已于 2016 年 4 月 7 日作出《撤销工伤认定决定书》，在该决定书尚未生效的情况下，被告就第三人吴曙照的工伤认定申请作出新的《认定工伤决定书》，导致就同一申请作出两份完全相反的决定书，法院同样认为该行为"程序明显不当"。

表 7 法院对未尊重既存行为、文书效力之行为适用"程序明显不当"标准的案例

编号	案例名称	案号	典型表述
31	殷万林、汪淑琴与石嘴山市惠农区人民政府、石嘴山市人民政府土地行政征收及行政补偿纠纷案	石嘴山市中级人民法院〔2017〕宁02行初39号	在《区长办公会议纪要(2005·第27次)》作出之前，石嘴山市惠农区人民政府于2005年1月23日召开了政府常务会议，并形成了《政府常务会议纪要(9)》。该纪要对原石嘴山市建材厂的农户和对应的耕地，确定了补偿标准、安置办法。《区长办公会议纪要(2005·第27次)》所确定的补偿标准明显与《政府常务会议纪要(9)》所确定的补偿标准不同，行政程序明显不当

〔52〕 参见余凌云：《行政法上合法预期之保护》，《中国社会科学》2003 年第 3 期。

续表

编号	案例名称	案号	典型表述
32	余克翠与巴东县金果坪乡人民政府、第三人高清汉林地行政确认纠纷案	巴东县人民法院〔2015〕鄂巴东行初字第00005号	颁证的职能部门在颁布经营权证时未对该地以前的权属依照法定程序进行处理变更而径行颁布了经营权证,其程序明显不当
33	叶世伦与习水县人民政府、邹应全林地行政裁决纠纷一案	遵义市中级人民法院〔2015〕遵市法行终字第9号	本院认为:原审原告邹应全持有的习府自山字第53号《自留山使用证》系被上诉人习水县人民政府于1981年7月26日向其颁发的,依法具有法律效力,非经法定程序不得撤销。被上诉人习水县人民政府在未经法定程序撤销该第53号《自留山使用证》的情况下,仅凭其在向邹应全颁发习府自山字第53号《自留山使用证》时未上山指界,就将该证四至范围内的争议林地"新产"山林确认属陈月珍的自留山,程序明显不当
34	枞阳瑞璋环保设备工程有限公司与枞阳县人力资源和社会保障局劳动和社会保障行政管理纠纷案	枞阳县人民法院〔2016〕皖0722行初13号	被告在2016年4月7日作出《撤销工伤认定决定书》后,在该决定书未生效的情况下,就第三人吴曙照的工伤申请作出编号为2016-1-2034号的《认定工伤决定书》,导致就同一申请作出两份行政决定,程序明显不当
35	沈乃璋与义乌市国土资源局行政处罚纠纷案	浙江省金华市中级人民法院〔2013〕浙金行终字第112号	本案中被上诉人针对上诉人的行政处罚行为并未作出合理、规范的立案呈批表,以及对被上诉人超过生效判决确定的2个月的期限作出新的处罚决定,均属不当……综上,上诉人作出具体行政行为时主要证据不足,适用法律、法规错误,且程序明显不当

3. 不得超出生效裁判文书确定的期限作出行政行为

依据2014年《行政诉讼法》第70条之规定，法院判决撤销或部分撤销行政行为后，并可判决被告重新作出行政行为。同时，法院还可在判决书中写明重新作出行政行为的期限。基于行政判决的拘束力，行政主体对生效裁判所确定的内容应当予以承认和尊重。〔53〕如果行政主体超出该期限作出新行政行为，法院可将其认定为“程序明显不当”。案例35中，已生效的法院判决要求被告于2个月内重新作出行政处罚，但被告超过此期限后才作出新的处罚决定书，一审法院认为法律没有关于超过期限作出处罚属于无效行政行为的相关规定，因而被告超出期限处罚属于程序瑕疵，二审法院则认为该行为属于“程序明显不当”。

综上，从司法实践来看，法院在适用“程序明显不当”标准的过程中所考量的因素远比学理上的探讨丰富得多。其中，正当程序原则与基本程序规则具有较高的考量频率。可以预见的是，随着程序理念不断深入人心，正当程序原则与基本程序规则在今后仍然会在法院适用“程序明显不当”标准的过程中发挥重要作用。此外，在具体的案件中，法院通过对公正与效率之辩证关系的考虑，以及判断行政主体是否尊重既存行政行为与相关文书之效力，从而在适用“程序明显不当”标准的说理与判决等方面充分发挥司法能动性，进行“创新型”裁判。

五、法院适用“程序明显不当”标准的价值与展望

上文结合司法实践，分别从法院适用“程序明显不当”标准的情形、模式以及考量因素的角度探讨了法院如何适用该审查标准的问题。本文的答案是，在适用情形上，当审查对象为程序裁量行为或程序上的羁束行政行为时，法院均有适用该标准的可能，这与学理上的探讨发生龃龉。在适用模式上，法院的做法并不一致，实践中主要有“附带适用式”“说理依据式”“说理依据＋判决依据式”这三种模式，且各种适用模式均存在不同程度的问题。

〔53〕 前引〔11〕，姜明安书，第512页。

在具体的“考量因素”上，法院主要考虑公正与效率的辩证关系、正当程序原则、基本程序规则、尊重既存行政行为与相关文书之效力这4个重要的因素。上文用司法实践中具有典型意义的案例予以证明。诚然，本文无法将所有的相关案例全部列举出来，而只是将其中最具研究价值、具有代表性的案例予以展现。不可否认的是，除本文所探讨的问题之外，法院在适用该标准的实践中仍存在诸多问题需要解决。例如，如何在实践中区分“程序明显不当”和“滥用行政程序”，两者之间的区别是否仅在于一个是主观审查，而另一个是客观审查？我们应当如何判断程序瑕疵的“明显”与否？对于该问题，国内外学者均有其独到的解释。例如有德国学者认为：“如果一位无偏见、熟知相关情状的观察者，仅借助于卷证或其他文件，即可清晰地客观判断因果关系欠缺，此时具有明显性。”〔54〕还有观点认为：“如果有关合法或者违法存在着疑义，行政行为的瑕疵就不明显。”〔55〕但无论是哪种解释，似乎都并非尽如人意，正常理性的人对某一程序瑕疵的可接受程度依旧只能在具体的实践中才能确定下来。这些问题值得学界做进一步的探讨与研究。

接下来，与法院如何适用“程序明显不当”标准这一问题相比，如何认识与评价法院适用该审查标准的行为，并对法院的适用行为提出合适的发展路径则显得更为重要。由上文可知，司法实践与学界理论之间存在龃龉，应当如何评价已存在的司法实践，成为学界不得不正视的问题。该问题如果不能得到有效解决，再多的个案也无益于法学理论与司法实践的进步。因而，笔者在此欲对法院的适用行为做一番价值评论与未来展望。

第一，法院适用“程序明显不当”标准的司法实践能否促进法律条文内涵的丰富？对此我们应保持理性的期待。“明显不当”在内涵与外延上并不明确，立法机关并未在理论尚不成熟的情况下规定其具体审查标准，而是选择将该标准的适用方法与考量因素留给司法实践进行总结。根据检索结果可以发现，法院对“程序明显不当”标准的日常性适用确实丰富了“明显不

---

〔54〕 Ziekow, a. a. O. (Fn. 11), § 46 Rn. 11; Kopp/Ramsauer, a. a. O. (Fn. 11), § 46 Rn. 36. 转引自傅玲静：《论德国行政程序法中程序瑕疵理论之建构与发展》，《行政法学研究》2014年第1期。

〔55〕 [德]汉斯·J. 沃尔夫等：《行政法》(第2卷)，高家伟译，商务印书馆2002年版，第83页。

当"的内涵,其对于 2014 年《行政诉讼法》第 70 条第(六)项的理论研究具有重要意义。但法官们在司法实践中的探索与创新是否能够得到"顶层设计"的肯定,尚需时间的检验。应当明确的是,法院探寻界限的过程是一个缓慢量变的过程,[56]但无论如何,我们不应过高地期待司法实践对于法律制度之完善所能起到的作用。为更好地通过适用"程序明显不当"审查标准来实现《行政诉讼法》保护公民、法人和其他组织合法权益的立法目的,仍需立法机关及时总结司法实践的经验,完善立法与法律适用,从而使法官的创新性发挥体现其应有的价值。

第二,法院应谨慎适用"程序明显不当"标准。德国现代行政法学奠基人奥托·迈耶指出:"在'法律控制'中,法院不是以自己的决定来作出新的创造,而是通过对普遍性标准的适用来进行审查。"[57]余凌云教授则认为,立法机关基于行政机关专业、技术能力能够胜任等因素的考虑而授予其裁量权,法院一般只查明裁量过程有没有发生偏差,此为"控制航向"而非"越俎代庖",这是分权主义要求法院必须遵守的干预界限。[58] 法院一方面要对行政机关的决定予以必要的尊重,在维护行政自主性与保持司法对行政的必要监督之间寻求一个合适的平衡点;另一方面亦要正确认识行政程序的作用,不应过分强调程序规范的独立价值,而忽略了实体规范的要求。如若行政行为于实体上完全正确,但在程序上存在不同程度的瑕疵,对于该类行为法院应当如何判决?国内学者尚不能形成较为一致的观点。德国行政程序法上,行政程序主要服务于实体决定,只要实体正确,程序的功能即可实现,程序上的瑕疵原则上得予忽视。[59] "程序明显不当"作为程序瑕疵的一种表现形式,法院在审理具体案件之时,应综合考虑各方因素,在实体正确的情况下,谨慎适用"程序明显不当"标准将行政行为撤销。此种情形下,法院应当倾向于使用"程序并无不当""程序基本正确""程序并不违法"等表

---

〔56〕 邢斌文:《法院如何援用宪法——以齐案批复废止后的司法实践为中心》,《中国法律评论》2015 年第 1 期。

〔57〕 [德]奥托·迈耶:《德国行政法》,刘飞译,商务印书馆 2013 年版,第 167 页。

〔58〕 前引〔9〕,余凌云文。

〔59〕 参见应松年主编:《外国行政程序法汇编》,中国法制出版社 2004 年版,第 98-99 页。

述对行政行为作出评判，从而控制自身对于程序裁量行为的司法审查强度。〔60〕行政程序虽有其独立的价值，但对于程序至上的法律形式主义我们仍应有所取舍。法院在司法实践中，应当综合考虑行政程序的合理性问题对公共利益的影响程度、对当事人合法权益的损害程度、对行政效率的减损程度等因素，避免滥用“程序明显不当”标准，致使行政权变为司法权的附庸品。

第三，人民法院应以“程序明显不当”标准而非“违反法定程序”标准对违反正当程序原则的行为进行审查。主要理由如下：

首先，法定程序与正当程序是两个独立的概念。有学者认为：“尽管法定程序与正当程序在制度上和实践中可能出现交叉或者重合，但在理论上是两个不同的概念，必须加以区别。”〔61〕尽管2014年以前的司法实践中法院往往用“违反法定程序”的表述对违反正当程序原则的行为作出判决，但从逻辑上看，没有相关法律文件对行政程序作出明文规定时，理论上就已经进入了程序裁量的范畴，〔62〕而裁量一般只涉及合理性问题。如果某一正当程序的要求得到立法确认，那么其将转化成为法定程序，从而只涉及合法性问题，不再对其作出合理与否之判断。因此，用以判断程序合理与否，且尚未通过立法转化为法定程序的正当程序与法定程序之间应当是并列的关系。违反正当程序与违反法定程序不能等同，〔63〕以审查行政程序合理性的“程序明显不当”标准来判断程序的正当与否更为恰当。

---

〔60〕 对于该问题，最高人民法院公报典型案例“宜昌市妇幼保健院不服宜昌市工商行政管理局行政处罚决定案”即能给我们很好的启示。该案中工商局作出的处罚决定没有具体载明据以认定保健院违法行为存在的证据名称，其处罚决定书的内容并不完备。但鉴于实体上并无错误，人民法院认为行政行为仅构成轻微瑕疵，该瑕疵没有达到侵害行政管理相对人合法权益的程度，因而不影响其处罚决定的有效成立。参见《最高人民法院公报》2001年第4期。

〔61〕 胡建淼：《行政法学》（第四版），法律出版社2015年版，第616页。

〔62〕 参见郭兵：《行政程序裁量的司法审查标准》，《政治与法律》2015年第4期。

〔63〕 从语言学的角度进行理解，“不当”一词意为“不合适、不恰当”。参见前引〔27〕，中国社会科学院语言研究所词典编辑室书，第106页。可见，正当与否所指向的正是对象的合理性，“不合适、不恰当”与“不合法”不可等同。打一个可能不太恰当的比方，例如一个杯子装有半杯水，我们可以将其理解为半杯水，但同时也完全可以将其解释成一个半空的杯子，但无论何种解释，真正能对人类生活起到作用的依旧是半杯水。同理，无论怎样理解现有立法语言的内涵，即便将“明显不当”解释成违法，以便与2014年《行政诉讼法》第6条所确立的合法性审查原则相适应，“明显不当”标准所审查的依旧是行政行为的合理与否。

其次，应当尊重人们对于各个审查标准的习惯性理解。如何确定“违反法定程序”标准中“法”的范围，学界存在分歧。一般认为，法定程序中的“法”包括法律、法规和规章，[64]亦有学者认为应当将合法有效的规范性文件纳入“法”的范畴。[65] 可见，不同学说所讨论的行政程序之“违法”，其意义均在于判断某个行政程序是否违背了成文法的明确规定。不难看出，学界对于“违反法定程序”标准已经形成了较为稳定的理解，而旨在解决行政程序实质内容问题的正当程序原则往往是在没有形式上的法定程序时才予以适用。行政诉讼法修改以前尚无“明显不当”标准，狭隘地理解“违反法定程序”标准确实导致了理论与司法实践中的一些困境，学界也因此出现了扩大“违反法定程序”的内涵，使之包容程序裁量之要求的观点。[66] 而现在用于审查行政行为合理性的“明显不当”标准已经得到立法确认，以该标准审查违反正当程序原则的行为，维持人们对于“违反法定程序”标准的习惯性理解是更为合适、稳妥的选择。

最后，对于不同审查标准的理解应当注意内在逻辑上的自洽。如果以“违反法定程序”标准审查违反正当程序原则的行政行为，势必要扩大该标准的内涵，这就意味着“违反法定程序”标准既可以审查违反法律、法规以及规章明文规定的行政程序的行为，也可以审查并不违反明文规定，但在程序上缺乏合理性、正当性的行为。此时，后一种行为可以同时被“违反法定程序”和“明显不当”这两个标准审查，导致不同的审查标准在适用对象上发生交叉，不利于在各个审查标准之间划分相对清晰的界限，在司法实践中对于审查标准的适用也将出现混乱。有学者在研究“滥用职权”标准时发现，该标准被滥用的重要原因之一即“滥用职权”一词在语义上被过于宽泛地理解。[67] 可见，对于是否要扩大某一审查标准的内涵，我们应当持谨慎态度。

总而言之，法院适用“程序明显不当”标准的行为仍会继续存在，而法院

---

〔64〕 参见章剑生：《对违反法定程序的司法审查——以最高人民法院公布的典型案件(1985—2008)为例》，《法学研究》2009 年第 2 期。

〔65〕 参见于立深：《违反行政程序司法审查中的争点问题》，《中国法学》2010 年第 5 期；前引〔11〕，姜明安书，第 517 页。

〔66〕 章剑生主编：《行政法与行政诉讼法》，北京大学出版社 2014 年版，第 493 页；前引〔3〕，何海波文。

〔67〕 参见前引〔28〕，施立栋文。

应当如何适用该标准值得学界做进一步探讨。从实证的角度出发,法院适用该标准的情形、模式与考量因素可能在较长时间内不会有实质性的改变,我们应当客观、理性地评价法院的适用行为,并及时总结其中的有益经验,为立法的完善提供鲜活的“素材”。笔者相信,通过不断地总结与积累司法实践经验,以及学界共同观点的发展,“程序明显不当”标准可以成为法院审查行政程序的有力武器,恰当地适用该标准可以有效推动法治在正确的道路上不断前行。

(责任编辑:沈广明)

“经抢救无效死亡”的法律判断

王　军*

内容提要　用法解释的方法将“积极抢救”“必然死亡”等内涵植入到该条文中。同时，整理既往判决事例中的司法认定，可以发现最高人民法院的司法认定实质上包含了以“行为-后果”为框架，以行为要件、后果要件和原因要件为内容的规范，其适用范围还需要在《工伤保险条例》的基础上进一步通过个案与规范的互动关系进行确定。最后，纵观规范、学术和司法认定三者，可以归纳出作为工伤认定拟制条款的《工伤保险条例》第15条第1款第1项的运用应以解释论为立场，在尊重医疗机构专业判断基础上严格适用。

关键词　经抢救无效死亡；工伤认定范围；工伤保险条例；判例研究

2011年1月1日实施的新《工伤保险条例》体现了作为条例修订者的国务院“扩大工伤保险适用范围”“调整扩大工伤认定范围”的多种立法意图，[1]这从主观上为这部立法成为“良法”提供了基本的条件。同时，考虑到法的实践品格，还有必要从现实效果的角度进一步观察法的实施状况，这与古希腊哲人亚里士多德关于“法治”对于制定良好的立法应该得到普遍服从的双重要求也是相符合的。

具言之，在我国工伤保险参保人数已逾1.5亿大关之后，有必要对工伤

---

* 王军，华东师范大学法学院讲师、法学博士。

〔1〕 胡晓义：贯彻实施新的《工伤保险条例》推动工伤事业新发展——人力资源和社会保障部副部长胡晓义在全国学习贯彻新的《工伤保险条例》动员部署视频会议上的讲话（胡晓义主编：《工伤保险条例释义与实务》，中国劳动社会保障出版社2011年版，第27-36页）。

保险的认定范围进行整合与反思，特别是其中关涉工伤认定的拟制条款——明知不属于工伤而在立法上故意将之视为工伤——的情形，更值得以学理与实务相结合的视角进行研究。毕竟其一方面直接影响到工伤认定范围的“最外边缘”，并且会成为该范围扩大或缩小的重要标志；另一方面在实践中已出现了对于该拟制条款如何适用的多种理解，特别是着眼于《工伤保险条例》第15条第1款第1项中“48小时之内经抢救无效死亡”的规定引起的争议，更是层出不穷。例如，不少劳动者和实务人员都提出了“48小时”不能成为工伤认定的“门槛”、“工伤之殇”的观点，〔2〕并借此认为立法需要将此时间的硬线加以改变，方能适应现实的发展。〔3〕更有甚者，个别行政机关已经试图突破该条文的规定，在48小时以外也径行适用该条文，这实际上是为现有的立法做了一条例外的“修正”。〔4〕同时，还大量存在着对于“经抢救无效死亡”的不同观点。有鉴于此，《工伤保险条例》第15条第1款第1项中关于如何认定“48小时之内经抢救无效死亡”就是一个需要进一步明确的内容。

本文采取以对《工伤保险条例》第15条第1款第1项中“48小时之内经抢救无效死亡”的法解释为基本立场，首先对作为研究起点的规范基础和学术进展进行归纳整理，继而以具有指导意义的典型判决——“山东金宇建筑集团诉山东省东营市劳动和社会保障局工伤行政确认案”（以下简称“金宇案”）〔5〕为对象，试图分析最高人民法院对于“48小时之内经抢救无效死亡”作出的司法认定，并进一步结合15条第1款第1项所涉既往判决中的

---

〔2〕张森林：《“48小时”不该成工伤认定的“门槛”》，《人民法院报》2011年2月20日，第2版；王涵：《工伤认定“48小时”时限之殇》，《民主与法制时报》2012年11月5日，第A04版；张灿灿、程振楠：《工伤之殇：48小时之外谁买单》，《检察日报》2012年11月5日，第4版。

〔3〕晏扬：《48小时的硬线为何不能改变》，《法制日报》2012年11月2日，第7版。

〔4〕比如2008年4月，厦门建安公司工程师肖文旭开会发言时突发脑溢血，抢救无效三天后死亡，后因工伤认定问题发生争议。厦门市劳动和社会保障局认为，出于人性化的考虑，利用呼吸机延续病人生命超过48小时后死亡的，也应给予办理工伤手续。案中行政机关的做法即是突破了立法关于48小时的时间要求。

〔5〕最高人民法院行政审判庭主编：《中国行政审判案例》第2卷，中国法制出版社2011年版，第132-136页。该书中，最高人民法院行政审判庭在“编辑说明”中提到：《中国行政审判案例》所载案例具有示范和指导意义，供全国法院行政审判人员参考，以提高行政审判人员的办案能力和水平，推动行政审判工作规范化建设。本文亦认同该观点，认为所载案例对于全国的法院具有“指导意义”。

司法认定，来构筑在该问题上所形成的司法认定所应具备的要件及其适用范围，并借此观察司法与立法二者在法的适用过程中所体现出的互动关系。

一、法规范演进与学术展开

（一）法规范演进：拟制条款的出现

针对工伤认定范围中与“48 小时之内经抢救无效死亡”有关的内容，我国的立法曾经历了以《企业职工工伤保险试行办法》为标志和以《工伤保险条例》（2004 年、2011 年）为标志的两大转折，两者在规范内容、工伤范围等方面都存在着很大的差异。

1996 年，劳动部下发了劳部发〔1996〕266 号文，也就是《企业职工工伤保险试行办法》。其在第二章“工伤范围及其认定”中规定了可以认定为工伤的情形和范围，其中值得关注的是第 8 条第 4 项内容的后段：“……由于工作紧张突发疾病造成死亡或经第一次抢救治疗后全部丧失劳动能力的。”也即，“工作紧张”和“第一次抢救治疗后全部丧失劳动能力”是认定工伤的两大要点。从字面解释出发，“工作紧张”本身并不易界定，因为其涉及劳动者本身的主观精神状态，所以即使在有些场合下能通过外在的行为反观到当事人内在的紧张状态，但那也是在推定视角下作出的判断。同时，“第一次抢救治疗后”和“全部丧失劳动能力”这样具有空缺结构的立法语言可能也会给实务操作带来较大困难，这也为之后《工伤保险条例》的制定者、修订者所注意到。[6]

2004 年开始实施的《工伤保险条例》相较于 266 号文，首要的改变在于将上述原本列于“工伤范围”的情形放置在“视同工伤”的规定中，这实际上体现出立法者对于将该类情形认定为工伤的谨慎态度。同时，在《工伤保险条例》第 15 条第 1 款第 1 项中，规定的内容也发生了变化：“职工有下列情

〔6〕 参见国务院法制办公室政法人力资源社会保障法制司、人力资源和社会保障部法规司、工伤保险司主编：《工伤保险条例释义》，中国法制出版社 2011 年版，第 44 页。

形之一的,视同工伤,……(一)在工作时间和工作岗位,突发疾病死亡或者在48小时之内经抢救无效死亡的",这在2011年实施的新《工伤保险条例》中被完整地保留了下来,也说明了立法者对于该条款的"坚持"。同时,考虑到该条款中仍存在可能引起争议的概念,比如疾病的类型、48小时的起算时间等,劳动部在2004年还发布了《关于实施〈工伤保险条例〉若干问题的意见》(劳社厅发〔2004〕16号),其在第3条规定中对《工伤保险条例》第15条第1款第1项的适用作出了解释,条例第15条规定:"职工在工作时间和工作岗位,突发疾病死亡或者在48小时之内经抢救无效死亡的,视同工伤。"这里"突发疾病"包括各类疾病。"48小时"的起算时间,是以医疗机构的初次诊断时间作为突发疾病的起算时间。因此,在"48小时之内经抢救无效死亡"的命题中,疾病的类型已经被确定为各类疾病,而不问发病的原因、〔7〕疾病的来源等,〔8〕这也体现在了相应的案例中。同时,48小时的起算时间也有了定论:自初次诊断时间开始。

可以看出,我国的相关立法从"由于工作紧张突发疾病造成死亡或经第一次抢救治疗后全部丧失劳动能力的"发展到了"48小时之内经抢救无效死亡",规范的性质也由工伤范围的规定变为视同工伤的规定,因此后续的研究皆要以此为出发点和归依。

(二)学术展开

为因应立法的变迁,学术研究呈现出由少及多的态势,讨论的问题也从初始聚焦在48小时本身规定的合理性上逐渐变得丰富,虽然传统研究的进路还都集中在立法论上,也即从如何完善立法或者修改立法的角度展开研

〔7〕 比如劳动者在下班后突发疾病死亡,而该疾病系可以追溯到之前在工作时间、工作岗位上的疾病,那么法院仍然认可适用该条文,这在"陈朝琼、彭宁成、彭亮、彭娅与广州市越秀区人力资源和社会保障局""朱甲、朱乙、朱丙与某市劳动和社会保障局""佛山市顺德区锐亚机械有限公司与佛山市劳动和社会保障局""李a、李b、李c、龙a、张a与陆a"等案件中都有体现,分别参见〔2012〕穗中法少行终字第57号行政判决书、〔2012〕浙温行终字第28号行政判决书、〔2006〕佛中法行终字第131号行政判决书、〔2009〕闵民一(民)初字第400号民事判决书。

〔8〕 关于疾病发生的原因,法院认为不排除先天性疾病或者可以不问疾病的原因,这在"新民市某加工厂与新民市人力资源和社会保障局""谢维九、刘英与东莞市社会保障局"等案件中有体现,分别参见〔2012〕沈中行终字第49号行政判决书、最高人民法院行政审判庭主编:《行政执法与行政审判》2006年第2集,第164-169页。

究,但已经出现了为数不少的对从事法解释的研究。

自2004年《工伤保险条例》实施以来,学界就有对第15条第1款第1项中48小时规定合理性的研究,这从引言中大量的报纸评论即可窥见一斑,而就专业文章来讲,也不乏该类研究的例证。比如,有学者从48小时的规定可能与现实社会所要求的公平存在很大张力入手,认为在可供选择的路径中就包含了"取消48小时的限制"或者"修改立法,增加例外条款"的选择。〔9〕也有学者直接从《工伤保险条例》如何进行修改的角度进行思考,认为现行48小时的规定不利于保护劳动者的合法权益,还会挑战社会道德的底线,因此建议直接将其改为类似于266号文所规定的"工作紧张"这样的内容。〔10〕从上述学术关注点可以发现,其研究主要从现行规定的缺陷入手,试图分析这些缺陷并提出相应的对策建议,这可以归纳为立法论上的研究。

除了立法论立场上的已有研究,近年来还出现了一些运用法解释作为研究方法的成果,特别是从以法院为主的实务部门人员所做研究中,我们可以明显看出其试图在承认现行法规范效力的基础上,采取对规范概念、适用范围等进行解释的方法作为应对方案,比如很多学者认识到了该视同工伤的规定存在需要解释的空间,因为可能会出现引发道德风险的局面,而且这样的解释需要全面理解工伤立法的精神和价值取舍,不能随意扩大或者缩小工伤认定的范围。〔11〕有的学者针对"抢救"的界定,认为"抢救"本身需要具备争取时间和救治的双重特征,〔12〕而且其是连接"突发疾病"和"死亡"的连贯过程。〔13〕有的学者立足于如何认定"死亡",认为我国采取的不是脑死

〔9〕章群、牛忠江:《工伤保险条例"48小时"规定的合理性检视与完善的路径选择》,《中国劳动》2011年第6期;牛忠诚、牛忠江:《我的工伤谁做主》,《现代人才》2010年第1期。

〔10〕董保华:《〈工伤保险条例〉修改的若干思考》,《东方法学》2009年第5期。

〔11〕参见张先明:《职工突发疾病间接就诊后死亡不应视同为工伤》,《人民司法》2009年第8期;刘峥:《如何理解"视同工伤"规定》,《中国审判》2009年第4期。

〔12〕参见滦居沪、韩丽芸:《如何界定"48小时之内经抢救无效死亡"》,《中国劳动》2010年第5期。

〔13〕参见凤周:《突发疾病死亡的工伤认定》,《中国劳动保障》2009年第8期;金丽:《如何理解48小时内抢救无效死亡视同工伤》,《中国审判》2009年第4期。

亡而是心肺死亡的标准。[14] 也有的学者认为这里的"死亡"应当理解为经由医疗机构判断后的推定死亡或者继续抢救已经没有意义后的死亡。[15] 这一类研究都以现行法为出发点,在立法适用的过程中试图通过各种解释方法将不确定的法律概念涵盖到立法目的和精神之下,从而可以将其总结为解释论上的研究。

通过对规范和学术观点的梳理可见,对于"48小时之内经抢救无效死亡"的研究以法解释学的方法为最优,这一方面是出于对立法"坚持"的尊重,另一方面也是着眼于实务问题的妥善解决。同时,由于立法已经有了对于疾病类型,48小时的起算点的明确规定,那么该条文的适用核心就落在如何认定在初次就诊后的48小时之内有无"经抢救无效死亡"的情形,换言之,"经抢救无效死亡"的认定成为法律适用的重中之重。

二、典型判决事例中的司法判断

(一)案情与争点

2006年8月23日7时,孙家岭在工作时突发疾病入院就诊。家属于8月25日放弃治疗,该日凌晨1点孙家岭死亡。第三人王桂彩——孙家岭之妻遂向被告东营市劳动和社会保障局提出工伤认定申请。被告经审查认为孙家岭与原告山东金宇建筑集团有限公司之间劳动关系明确,且孙家岭是在工作时间和工作岗位突发疾病,医疗机构初次诊断时间为2006年8月23日8时30分,死亡时间为25日凌晨1时,符合《工伤保险条例》第15条第1款第1项的规定,认定孙家岭的死亡情形视同工伤。原告不服该认定提起诉讼,一审人民法院判决维持涉案工伤认定。原告不服提起上诉,二审人民法院维持原判。

---

〔14〕 参见吴鹏程:《"脑死亡"或"心肺死亡"是工伤认定标准吗?》,《中国医疗保险》2012年第7期。

〔15〕 参见许建兵、刘德生:《48小时内抢救无效死亡的工伤认定》,《人民司法》2008年第1期;王清、曹芳:《亲属放弃治疗能否认定工伤》,《中国社会保障》2009年第7期。

本案中争议的焦点是在家属放弃治疗的情形下，孙家岭的死亡能否适用《工伤保险条例》第 15 条第 1 款第 1 项的规定。进一步讲，双方最直接的冲突在于涉案情形是否属于“经抢救无效死亡”。

(二)两审法院的思路

一审东营区人民法院认为，关于“工作时间”、“工作岗位”和“48 小时内死亡”这三项事实可通过对证据的审查获致，无须多论。本案特殊之处在于“家属放弃治疗”这一事实是否会影响工伤认定结论。就家属向医院递交的“拒绝治疗申请书”而言，一审人民法院认为其是“在患者只能依靠器械维系生命之际，家属感到生命无望而作出的主动放弃行为，其一方面是出于无奈，另一方面也不为法律所禁止”。言下之意，尚没有相关禁止性规定将这一主动放弃行为列入法律应当杜绝的行为。更何况，医院方面出示的“诊断证明”也载明了经抢救无效死亡的结论。综上，一审人民法院从“法无禁止”和“尊重医院专业判断”的角度得出结论认为应当适用视同工伤的规定。

二审人民法院也从家属放弃治疗的情形入手，认为“死者生前已经处于救治无望的状态。其家属放弃治疗的无奈之举不仅是可以理解的，也是法律所未禁止的”。揣度字里行间的意思，二审人民法院似乎更加强调放弃治疗的无奈性：即使不放弃治疗，孙家岭也是无法通过救治免于死亡。当然，法律禁止性规定的阙如进一步补证了放弃治疗行为本身的合法性。

综上，两审人民法院的审判中都将“家属出于无奈而放弃”的行为定性为具有合法性和合理性的行为，也即认为家属的放弃行为系基于病人病情的客观状况而延伸出的主观放弃行为，不具有可苛责性，因此应当认定为符合视同工伤的规定。

(三)最高人民法院的司法认定：积极抢救后的必然死亡

最高人民法院在案件附带的“评析”部分集中阐述了其司法认定的理由

与结论：[16]

其一，从严格执行视同条款的表述中可以推断，“48 小时”这一时间的硬性要求不能再做解释，即其作为“框”的作用不容改变，这也是从“视同”这一法律拟制条款本身具有的特点出发提出的要求——该立法已经包含了对于劳动者倾斜保护的立法意图，那么在执行时就应当对其不折不扣地予以执行。

其二，对于“48 小时”的起算时间和死亡时间如何计算。最高人民法院通过引用劳动部 2004 年第 256 号《关于实施〈工伤保险条例〉若干问题的意见》，以法定的初次诊断时间为起算时间，这是没有争议的。接着，对于死亡时间的认定，考虑到现实情形的复杂性和对于医疗机构专业性判断的充分尊重，最高人民法院明确地将医疗机构的判断（25 日凌晨 1 点）作为死亡时间的确定依据。同时，最高人民法院认为，不能仅仅为了防止出现一些极特殊的更改病历或违规操作的情形，就将医疗机构的专业判断随意地置之不理，更不会轻易启动新的死亡时间鉴定程序。借此，“48 小时之内经抢救无效死亡”这一法律用语中“48 小时”的适用条件及时点计算问题怠无纠纷，关键点就落在如何认定“经抢救无效死亡”情形的发生上。

最后，对于“经抢救无效死亡”的讨论，最高人民法院始终围绕着涉案情形——家属的放弃治疗行为是否可以涵摄到《工伤保险条例》第 15 条第 1 款第 1 项之中从而认定为视同工伤而展开。最高人民法院在此作出的司法认定中包含了如下因素：

1.“抢救”的行为，而且必须是“积极的”抢救

这也就意味着，不存在一种想当然的“无效死亡”，而是在先行抢救的基础上方存在讨论后果的可能性，否则就会一头陷入对于死亡时间和死亡结果“剪不断理还乱”的纠葛之中而置问题的关键于不顾。

2.“死亡”的后果，而且其可以是“必然死亡”，并未要求即时死亡

揣度最高人民法院字里行间的意思发现，其实际上释放出积极治疗尚

[16] 之所以将“评析”部分的内容看作最高人民法院的“判决”，是因为本书在“编辑说明”中所提到的这些案例的示范和指导意义，进一步讲，最高人民法院体现在这些案例中的司法认定就可以看作是假如最高人民法院作为审判法院时其作出的判决。最高人民法院行政审判庭主编：《中国行政审判案例》第 2 卷，中国法制出版社 2011 年版，第 132-136 页。

不足的讯号，因为还需要进一步考察行为的后果。那么，就后果而言，其可以是“推定必然死亡”，也就是本案中反复提到的“无继续存活可能性”“救治无望”等情形的同一类表达。当然，这样的推断必须有充足的证据——特别是医疗机构的证明——来加以佐证，这构成了对于“死亡”后果的司法认定。

可以看出，最高人民法院对于“经抢救无效死亡”的判断是包含了双重要求的：一方面审查积极抢救的行为有无得到施行，另一方面审查抢救的后果是否不可逆转地出现推定必然死亡的情况。只要具备这两项要件，那么在前述“工作时间”“工作岗位”“48 小时之内”条件达标的前提下，适用《工伤保险条例》第 15 条第 1 款第 1 项的规定就不存在任何障碍。这也意味着，在“经抢救无效”得以证成的情况下，当事人的放弃治疗就不再产生阻却视同条款适用的效果。充其量，家属的放弃治疗可能会引发法律判断以外的各种猜想，比如家属与死者生前的关系是否紧张等，但这可以理解为最高人民法院要求家属的放弃治疗决定必须基于医疗机构的诊断证明而作出，而非出于故意杀害、为财害命等为刑法所禁止的目的而作出，也即其是在向社会宣示一种为病人积极治疗的正面理念，实现法律适用的同时在道德标准上找到归属点，以增强判决本身的可接受性。

三、既往判决事例中的司法判断

“金宇案”代表了在“经抢救无效死亡”问题上最新的典型司法判断，特别是其刊载在体现最高人民法院态度的相关著作中，更是说明了其所具有的指导意义。同时，实践中还存在其他针对此问题的判例，对它们进行梳理能更加清晰地了解司法认定的发展脉络，而且还能为最新的司法判断提供源流上的重要支持。同时，对于既往判决事例的梳理，本文采取的是对判决理由进行研究的方法，因为其才是可能产生事实上拘束力的内容。[17]

---

〔17〕 参见[英]鲁伯特·克罗斯、哈里斯：《英国法上的先例》，苗文龙译，北京大学出版社 2011 年版，第 46 页。

(一)判决事例的选定

以法学研究中较为常用、案例收集也较为权威的“北大法宝”和“北大法意”为基础数据库,共计获得判决事例65件。经过一一阅读,涉及《工伤保险条例》第15条第1款第1项的判决为15件,排除争议点为“工作时间”“工作岗位”“劳动关系”“疾病类型”“突发疾病死亡”的7件事例,最终获得涉及“经抢救无效死亡”判断的判决事例8件,其中对“抢救”作出认定的有5件,对“死亡”作出认定的有3件。

(二)判决事例中的司法认定

如上所述,8件判决事例可以分为对“抢救”和对“死亡”进行认定两部分,前者涉及的主要是“抢救”这一行为的存否和性质,后者则牵扯到死亡的判断标准。

1. 对于“抢救”的认定

在抢救未施行的情况下,能否适用“经抢救无效死亡”。在“李某与重庆市江北区人力资源和社会保障局案”中,李某系某人力资源公司的员工,在上班期间感觉身体不适后请假回家休息,次日被发现死于出租房中。其子提起工伤认定申请遭到拒绝后遂提起诉讼。法院在审判中认为在证据能够证明“劳动关系”“工作时间”和“工作岗位”三项内容的情况下,“李某在感觉身体不适后,并未前往医疗机构诊疗及抢救,而是直接返回其租赁房屋,随后被其亲属发现在租赁房内死亡,李某的死亡不符合《工伤保险条例》第十五条第一款第(一)项的规定”。[18] 可以看出,欠缺了抢救的行为,也就不存在“经抢救无效死亡”条款适用的可能性。

从发病到抢救(治疗)的全过程中如果存在一些时间上的间隙,能否适用“经抢救无效死亡”。在该问题上,既往判决事例中存在着两种不同的观点,一种是要求从发病到抢救整个过程的连贯性,其代表案件为“黄某与武汉市人力资源和社会保障局案”和“上海市闸北区中心医院与上海市闸北区劳动和社会保障局案”。另一种则相反,只要间隔是合理的或者原来发生在

〔18〕〔2012〕江法行初字第00091号行政判决书。

工作时间和工作岗位上的疾病未得到治愈,那么治疗过程的中断并不影响"经抢救无效死亡"条款的适用,其以"舒丽娟与常德市人力资源和社会保障局案"和"重庆市某某有限公司与重庆市涪陵区人力资源和社会保障局案"为代表。

在前一种观点中,法院认为,"从病人出现疾病的症状、接受检查至对其作出诊断结论进行治疗,是一个前后连续、不可分割的过程",〔19〕也即强调"发病与抢救、抢救与死亡之间有紧密的先后顺序和逻辑关系",〔20〕因此,那些在这一过程中具有间歇的抢救(治疗)活动,就不符合《工伤保险条例》第15条第1款第1项中对于"抢救"的要求,也不应该属于认定为视同工伤的情形。与之相反,后一种观点则会把一些间歇认定为具有必要性的或者未对疾病本身产生影响的活动,从而不能产生阻却适用《工伤保险条例》第15条第1款第1项的结果。比如在"舒丽娟与常德市人力资源和社会保障局案"中,胡湘皆参加完升国旗仪式后,身体感觉不适随即到桃源县人民法院医务室应诊,之后回到学校继续教学,下午4时许又感头晕、胸闷,再次到法院医务室就诊。下午6时许因病情尚未缓解,随后到桃源县人民医院治疗,因该医院病床位紧张,且作为高三班主任其日常教务工作尚待处理,后赶回学校继续工作到晚上查寝完毕后方回到家中。次日早上6点半许去学校上班的途中,再次发病,随即被送往湖南省桃源县人民医院救治,后因抢救无效死亡。法院认为"在工作时间、工作岗位突发的疾病后,虽然进行过简单治疗,有中断治疗情形,但实际上疾病并没有得到治愈,致使次日病情再度恶化,经抢救无效死亡,属于在工作时间、工作岗位突发疾病后,在48小时内经抢救无效死亡情形",〔21〕也就是说,法院将案中的三次治疗行为所存在的间歇并未认定为超出《工伤保险条例》第15条第1款第1项所规定的"抢救"应有的内容,因为这些间隙仍然属于原有疾病的延伸。另外,法院在"重庆市某某有限公司与重庆市涪陵区人力资源和社会保障局案"中也把前往医疗机构进行抢救前回家收拾衣物等合情合理的情况认定为符合《工伤保

〔19〕〔2008〕沪二中行终字第135号行政判决书。

〔20〕〔2011〕汉行初字第00067号行政判决书。

〔21〕〔2012〕武行初字第26号行政判决书。

险条例》第15条第1款第1项所规定的“抢救”。[22]

2. 对于“死亡”的认定

即时死亡还是必然死亡的问题。涉及该问题的两件判决事例中，法院采取的都是必然死亡的司法认定。在“毛荣轩与重庆市北碚区劳动和社会保障局案”中，梁艳系毛荣轩的服装店员工。2006年4月28日21时30分，梁艳出现头晕等现象并于22时30分入院治疗。经抢救，4月30日11时梁艳自主呼吸已停止，处于脑死亡状态，抢救存活的可能性几乎为零。医院多次向梁艳家属交代病情后，家属表示放弃治疗，梁艳于4月30日11时死亡。后北碚区劳动和社会保障局将该情况认定为视同工伤，毛荣轩不服起诉。两审法院在判决中都认为应当适用《工伤保险条例》第15条第1款第1项所规定的“48小时之内经抢救无效死亡”条款。[23] 虽然法院并未明确阐述其采取的认定标准，但是从判决的表述可以看出，其实际上认为家属在病人必然死亡的情况下采取的放弃措施，完全不影响相关条文的适用。另外，在“上海某制品有限公司与上海市某区人力资源和社会保障局案”中，原告认为某员工系其家属放弃治疗回家才造成了死亡的结果，因为医院的诊疗结论中只有“未愈”的表述而没有提及“死亡”的内容。法院认为“家属放弃的行为是医院抢救无效后作出的，也属于《工伤保险条例》第15条第1款第1项所规定的‘无效死亡’”。[24] 因此，可以看出两件判决事例中的法院，都对必然死亡的司法认定似乎有一些认识，但都未明确表述于判决中，这可能与这两件判决事例中死者的即时死亡时间也没有超过48小时有关。如果上述两案中的案情中包含了放弃治疗时间尚处于48小时之内，而死者的即时死亡时间超过48小时的情况，法院就很可能会做出更为明确和清晰的判断了。

脑死亡还是心肺死亡的问题。长久以来，我国医学界、法学界对于法律规定的死亡的认定方式都存在着很多争议，其焦点往往是究竟采取心肺死亡还是脑死亡的标准来判定法律上的死亡，这在《工伤保险条例》第15条第

〔22〕〔2012〕渝三中法行终字第00136号行政判决书。

〔23〕〔2007〕渝一中法行终字第50号行政判决书。

〔24〕〔2010〕沪一中行终字第133号行政判决书。

1款第1项的适用中也有反映。在"翁某与上海市某区人力资源和社会保障局案"中,上海某公司售后维修中心工人顾某在5月20日上午被送往医院抢救,于6天后医治无效死亡。某区人力资源和社会保障局工伤认定认为涉案情形不符合《工伤保险条例》第15条第1款第1项的规定,也不符合工伤认定和视同工伤范围。就原告提出的死者在48小时之内已经出现了脑死亡的状态,因而应当认定为视同工伤的诉求,一审人民法院认为,"脑死亡并非医学上的死亡标准,实际上是一种特殊的生存状态",因而死亡的认定"应以医疗机构作出的死亡医学证明书上记载的死亡时间为准(本案中医院出具的死亡医学证明书中明确记的某死亡时间为5月26日)",所以远远超过了48小时的规定,这也得到了二审人民法院的支持。[25] 可以看出,两审人民法院的司法认定中都对脑死亡不属于《工伤保险条例》第15条第1款第1项所规定的"死亡"的标准作出了判断。

(三)既往的司法认定

通过上述既往判决事例中法院的司法认定,可以发现它们对《工伤保险条例》第15条第1款第1项的理解大致上包含了"抢救"和"死亡"两大部分内容,并相应形成了一定的认定标准和内容。

其一,不但要有抢救的行为,而且要强调抢救的连贯性,但有例外情况。一方面,法院都审查了抢救行为的有无,这大部分可以通过事实判断得出结论,另一方面,抢救行为本身必须处于"发病—抢救—死亡"的逻辑链条中,起到连贯前后的作用,这是一般情况。同时要注意,也有法院将就诊前的合理间隙比如收拾衣物等时间排除在造成逻辑的不连贯之外。此外,也有法院以疾病是否得到完全治愈为观察视角来审查抢救行为,只要疾病一直持续未痊愈,那么数次抢救行为之间虽然有中断,但也不影响其适用《工伤保险条例》第15条第1款第1项的规定。

其二,对死亡的认定似乎更倾向于必然死亡,因为法院未将家属在医院抢救无效后放弃治疗的行为列入阻却适用《工伤保险条例》第15条第1款第1项的事由之中,但是判决事例中的案情尚不能完全推论出法院确定地

〔25〕〔2011〕沪一中行终字第306号行政判决书。

采取了必然死亡的认定。另外，脑死亡的标准很明显地被法院从《工伤保险条例》第15条第1款第1项的适用中排除出来，这是可以在之后相同或者类似案件处理时加以运用的司法认定。

四、司法判断的规范构成与适用范围

如上所述，最高人民法院在“金宇案”中的司法认定属于最新的、典型的司法认定，因而一方面需要对其所昭示出的具有指导意义的司法认定及其构成进行解析、归纳，另一方面还需要对这些司法认定能够适用的范围进行分析。唯有如此，关于“司法认定是什么”以及“司法认定如何运用”的问题才能得到圆满的答复，而在这一分析过程中，规范演进、学术进展和既往判决事例中的司法认定就有“用武之地”了，其对于司法认定本身的构成以及其适用范围都在很大程度上具有或扩大或限缩的功能。

(一)司法认定的规范构成:“行为-后果”为框架

“金宇案”中，最高人民法院的司法认定从总体上看是在“行为-后果”框架下展开讨的，一方面从行为要件出发对“抢救”进行限定，因为并不是所有去医院的行为都可以被纳入进来；另一方面从后果要件出发对“死亡”作出说明，也即什么标准、什么情形下的“死亡”才能构成《工伤保险条例》第15条第1款第1项所规定的内容，这也就形成了其司法认定具有规范性意义的内容构成。

1.行为要件:积极抢救，而非消极抢救

考虑到“金宇案”中双方当事人争议的焦点之一即是死者家属的放弃行为是否可以阻却《工伤保险条例》第15条第1款第1项的适用，最高人民法院以此为突破口，首先对“抢救”的性质进行了审查，并提出了积极抢救的行为要求，因为这一方面符合传统观念和道德规范，另一方面其也考量了法律执行后对社会和大众取向所带来的规范引导效应。

虽然最高人民法院始终强调要尊重医院经过诊断作出的专业判断，但实际上，其核心的认定理念仍然是围绕着什么样的抢救是符合《工伤保险条

例》第15条第1款第1项所规定的"抢救"这一问题。显然,消极的抢救甚至恶意的阻止抢救等行为是不能纳入到条文之中的。学界的研究和既往的判决也都对此有了充分的认识,对于抢救的有无和抢救的积极与否已经有了形成一致共识的结论:必须要有积极的抢救。因此,最高人民法院于此作出的判断,完全可以对应已有的认识,并且进一步加固这一认识,最终将其融为司法认定的必要内容。

2.后果要件:必然死亡,而非即时死亡

如果说既往判决事例中司法认定对于必然死亡的态度还不是很明显,那么最高人民法院则相对直接地提出了将必然死亡嵌入到《工伤保险条例》第15条第1款第1项之中的司法认定。"金宇案"中,一、二审法院的判断突出强调了家属放弃治疗行为的无奈性和迫不得已性,其实际上仍是在强调放弃行为不影响《工伤保险条例》第15条第1款第1项的适用。而最高人民法院在论述中,几乎没有提到这一点,而是另辟蹊径,从医院作出"抢救无效"的诊断入手,认为只要存在这一情形,那么就可以认为其已经具备了48小时之内"死亡"的条件。也即,虽然尚没有出现死者即时死亡的后果,也能够适用《工伤保险条例》第15条第1款第1项关于"经抢救无效死亡"的规定。实质上,最高人民法院在这里进行了概念上的解释和转换,将死亡这种在现实生活中常见的情形作为一种法律判断进行处理,并排除了即时死亡这一通常的观点,用对必然死亡的认定来解释条文中"死亡"的概念,这比即时死亡更符合立法目的,也回应了前已有之的对于"为何48小时零1秒就不认定为工伤"的质疑。

3.原因要件:排除人为故意造成的死亡

在上述行为与后果要件完全具备的情况下,一般不存在原因阻断的情形。但是,最高人民法院提到了某些当事人可能因为与病人生前关系紧张等原因而故意采取放弃治疗的行为,以至于死者的死因不再单纯是疾病,而很可能是治疗不足或者不及时。所以,还需要对行为与后果之间加上归因性的连接,也即死亡的原因是疾病的抢救无效,而非其他。假如死者家属在死者生前与其有极大过节,从而希望借工作受伤之际宣泄私愤继而采取消极措施或其他措施在抢救期间致死者死亡,那么就不能再适用《工伤保险条

例》第15条第1款第1项的规定了。

(二)司法认定的适用范围

最高人民法院的司法认定具备了上述三个要求的构成之后,接下来的问题就是对这一司法认定如何适用的讨论。在此需要整理的是,"金宇案"中"行为-后果"框架将积极抢救和必然死亡植入对《工伤保险条例》第15条第1款第1项解释的思路,能在多大的范围内继续发挥作用,特别是对于涉及如何认定死亡的案件,有什么样的借鉴意义。

通常来讲,讨论某一规范的适用范围,可以从最狭窄的适用范围开始,并进一步为其设置底线——在此基础上形成规范适用的可能空间,也就是建立这一规范适用的最窄范围和最广范围,继而再将一些新的事例纳入讨论,从而得出其是否适用该规范的结论。

就本案而言,从判决内容与相应条文的关系上说,最高人民法院的司法认定无疑是能够适用于其后一切涉及《工伤保险条例》第15条第1款第1项中关于"48小时内经抢救无效死亡"的事例,特别是在"抢救"和"死亡"的认定上有重大争议的事例中。这也可以看作是司法认定最狭窄适用范围,属于在"金宇案"中本身讨论和解决的问题。同时,考虑到最高人民法院在论述中着重强调了立法对于劳动者的倾斜保护,也即在排除某些质疑科学性的前提下,《工伤保险条例》第15条第1款第1项即使做不到绝对的公平,那么其在追求相对公平的取向上还是作出了很大努力的,所以最高人民法院在案中对条文的解释还是暗合了这一目的——对必然死亡的认定其实保护了死者的合法权益,而未将该类死亡排除到工伤认定范围以外。因此,如果要设置该司法认定的最宽泛适用范围,那么其底线就在于不能损害死者的合法权益,否则不能适用这一司法认定。比如,根据相关规定某一农村的村民在死亡后没有继承人的情况下,应当收回其宅基地。那么当该村民被医院诊断为必然死亡的情况下,有关机关能否以此为据要求在村民尚未即时死亡的情况下收回宅基地呢?答案显然是否定的。

基于上述两点,最高人民法院在"金宇案"中司法认定的最狭窄适用范围和最宽泛适用范围有了大致的界限,但这仅仅是相对概括的、推论而来的范围,面对具体问题时可能还需要有所调整甚至是有所扬弃。这不是该司

法认定本身存在的问题,而是其面对纷繁多样的现实社会所必然遇到的情形,这是正常的,也是可以预见的。基于此,"金宇案"中的司法认定在最狭隘的适用范围中很可能得以适用,在最宽泛的适用范围中很可能不得以适用,所以,本文认为就可能的适用范围而言,仍然需要大量的作为个例出现的判决的累积,包含涉及《工伤保险条例》第 15 条第 1 款第 1 项的判决事例和其他涉及死亡认定的事例,这些都可以不同程度地对该司法认定适用范围的外延产生或扩宽或限缩的作用。

五、代结语——兼对适用工伤认定拟制条款的反思

首先,通过对"金宇案"的分析,我们可以发现最高人民法院对《工伤保险条例》第 15 条第 1 款第 1 项中"48 小时之内经抢救无效死亡"的司法认定实际上是在"行为-后果"框架下展开的阐释,其包括"积极抢救"的行为要件、"必然死亡"的后果要件以及行为对后果的可归因性要件。这可以为规范本身提供更为丰富的条文内涵,同时也回应了已有的学术研究中的新进展。另外,相比于既往判决事例中的司法认定,最高人民法院的司法认定最突出的特点在于将必然死亡的标准相对明确地提出,特别是涉及病人被诊断为抢救无效的情况下家属放弃的情形下,这一认定具有很大的意义。可以看出,立法一经发布生效,接下来对该立法解释适用的重担就必然落在了法院的肩上,这也是法院对条文进行解释的空间和动力所在,但这些解释和适用必然要受到附着于立法之上的规范目的、立法精神等内容的限定而不能随意解释,这也体现了立法与司法在现实中的互动关系。

同时,着眼于嗣后法院在面对《工伤保险条例》第 15 条第 1 款第 1 项时的困惑,本文的研究可以为这一困惑提供不同维度的借鉴,也可以看作是对适用《工伤保险条例》第 15 条第 1 款第 1 项的反思。首先,应当以法解释的基本立场来面对这一条文,而不能在立法论上纠缠过多。实践中,不管是普通公众还是研究人员,从《工伤保险条例》开始实施的那一刻起,便对第 15 条第 1 款第 1 项的内容多有诟病,特别是对于该条文意欲实现的立法目的与条文本身无法实现这一目的之间的张力更是作出激烈的回应。诚然如

斯，这些观点或者研究是应该有的，也可能会形成社会呼吁从而最终影响到立法的完善。但是，就理论与实践相结合的角度来看，还是更应当着眼于实务中该条文如何发挥“良法”的功能，因为一方面法官不得以法无规定或者法不明晰为由拒绝裁判，更何况该规定本身就存在着可以容许法官发挥自由裁量权的空间；另一方面，在一部法案已经生效后，法院能做的仅仅是适用这部法案，而不能再去探究立法的过程如何、立法者的参与程度如何等。[26] 同时，仔细观察《工伤保险条例》从 2004 年到 2011 年的变化，第 15 条第 1 款第 1 项是完整地被保留了下来的，这种立法的“坚持”更提醒我们，应当暂且离开立法论的“战场”，转而从法解释的角度为条文的适用积累大量的经验，最后才有可能对条文本身起到反馈甚至倒逼作用，也才可能为立法的完善提供良好的机会。概括起来讲，法官能做的，也就是所谓的“将眼光往返于透过规范方案及规范领域而研拟出来的法规范以及个别化之后的案件事实之间”。[27]

其次，应当采取严格适用的态度来面对这一条文，而不能言必称需要保护劳动者的合法权益进而随意拓宽工伤认定的范围。这样做的理由，一方面是由立法保护和执法保护的区分决定的，也即立法者在立法时已经采取了对劳动者的倾斜保护——将原本不属于工伤保护范围的事项，故意通过立法纳入工伤范围来加以保护。从字面来理解，关于工伤的法规范的最初目的在于为劳动者在劳动过程中所受到的“伤”提供社会保障，而对“病”是否应当纳入讨论范围还存在着很大争议。因此，《工伤保险条例》第 15 条第 1 款第 1 项作出视同工伤的规定，已经将立法的天平向劳动者作出倾斜，所以执法者在适用该条文时，理应严格执行而不能再随意扩张，这也与最高人民法院在“金宇案”中的态度相吻合。另一方面，这也是《工伤保险条例》第 15 条第 1 款第 1 项作为“拟制条款”而具备的特性所要求的。通常，立法中的拟制条款是立法者用来定义隐藏限制的方法之一，[28]其本身就暗含了“明知不同而等视之”的立法思维，因此在适用过程中要从严把握条文的覆

〔26〕 Edinburgh Railway v. Wauchope (1842)8 cl. and F. 710 at 724-725.

〔27〕 [德]卡尔·拉伦茨：《法学方法论》，陈爱娥译，商务印书馆 2003 年版，第 13-14 页。

〔28〕 黄茂荣：《法学方法与现代民法(第五版)》，法律出版社 2007 年版，第 205 页。

盖范围。其实,在适用拟制条款之前,法院很可能也已经考虑到了相关的理由:因裁判之法律事实必然不属于其所引用之法条规定的类型,同时也不相类似。否则,法院在容许的情形,当运用类推适用的方法。〔29〕所以,对于《工伤保险条例》第 15 条第 1 款第 1 项的解释必须牢牢把握住这一规则,否则很容易出现违逆立法原意和引起社会动荡的后果。

最后,应当尊重医疗机构的专业判断来适用这一条文,而非以另寻证据或者另做鉴定的方式加以证成或者排除其适用。《工伤保险条例》第 15 条第 1 款第 1 项的条文中包含了涉及医疗专业的"抢救""死亡"等概念,再加上这些概念在日常生活中也久已形成了较为固定的通俗认识,所以一旦专业判断与生活常识之间有相互交错之处,那么就会增加案件的争议性和复杂程度。最高人民法院在"金宇案"中的司法认定非常值得肯定,其充分考虑到了作为"专家"的医院所具备的专业知识一定超过普通人甚至鉴定机关,因此对其作出的诊断结论只需要做表面审查即已足够,因为这样足以在很大程度上将那些存在违规操作或者更改病历的违法情形排除在外,从而在一般意义上诊断结论认定具有法律上的有效性,可以避免人民法院在自身能力不足以判断该类专业技术的情形下作出替代式审查,因而这也是一种对司法资源的有效节约。

(特约编辑:沈广明)

〔29〕 黄茂荣:《法学方法与现代民法(第五版)》,法律出版社 2007 年版,第 206 页。

"咨询":政府信息公开申请的否定认定

——以上海市149件判决为分析对象

吴嘉懿*

内容提要 "咨询"被法院用于拒绝政府信息公开,具体表现为以疑问句形式申请、申请内容不属于政府信息公开范畴、申请不明确、申请不符合政府信息公开制度的目的等4种形式。在法释义学上,法院采用疑问句形式、经主观判断确定答复内容两个标准进行判断。但"主观判断"标准与司法解释相悖,不宜适用。在司法政策引导下,公开"所有信息"的申请、不符合立法目的的申请和滥诉被归入咨询,但为切实保护当事人知情权和诉权,应当谨慎适用。

关键词 政府信息公开;咨询;判断标准;司法政策

最高人民法院公报案例"孙长荣诉吉林省人民政府行政复议不予受理决定案"中,最高人民法院认定原告的申请"在性质上属于咨询,不属于《政府信息公开条例》调整的范畴",〔1〕使用"咨询"排除信息公开。"咨询"不是实定法中的概念,审判实践中也未形成体系化的判断标准。上海市人民政府是全国最早实施政府信息公开制度的省级政府。上海市法院审理信息公开诉讼过程中,也积累了丰富的判定"咨询"的审判经验。本文拟以上海市

---

* 吴嘉懿,华东政法大学硕士研究生。本文写作过程中获得华东政法大学陈越峰副教授、浙江工商大学罗文燕教授的指导,并得到华东政法大学"行政法研习营"师友的帮助,在此表示感谢。

〔1〕 参见金诚轩:《准确界定政府信息理性框定复议诉讼范围——孙长荣诉吉林省人民政府行政复议不予受理决定再审案》,《中国法律评论》2016年第4期。

2013年至2018年3月[2]法院认定原告的申请属于咨询的149件终审判决为分析对象,体系化整理"咨询"的适用标准。

一、咨询:排除受案范围的另一概念工具

以往上海市各级人民法院多依据《中华人民共和国政府信息公开条例》(以下简称《条例》)第2条和《上海市政府信息公开规定》(以下简称上海市《规定》)第21条,通过论证信息公开申请不符合政府信息的构成要件或者申请要求,驳回诉讼请求。通说认为,政府信息的构成要件包括行政主体制作或获取,在履行职责的过程中产生、已完成制作和获取、以一定形式记录和保存。[3] 结合法院裁判,上述要件被进一步整理为行政职权的行使、行政机关的实际持有和信息的实际记载。[4] 关于申请内容的要求,信息公开申请应当标明文件名称,不知道名称的应当注明合理范围,便于行政机关寻找。[5] 类似的观点在后来的文献中被称为"申请内容描述明确"。

借助"咨询"这一概念工具的裁判思路则不同。如果法院认定原告的申请构成咨询,就会绕过不符合信息公开申请要件,直接将其排除出行政诉讼的受案范围,不予受理或者驳回起诉。然而,"咨询"尚缺乏统一、明确的认定标准,法院适用时又往往与论证信息公开申请要件的传统思路杂糅在一起。因此有必要建构一套与前述思路不同的、"咨询"独有的解释和适用体系。

《条例》、各地方行政立法乃至司法解释中均未使用"咨询"的概念,学理上目前利用词典中"询问磋商;征求意见"的释义作文义解释。结合日常用法,有观点认为咨询是希望被咨询者提供关于专门知识的意见或建议等智

---

〔2〕 上海市各级人民法院2013年使用"咨询"概念的案件突然增加,经检索"北大法宝"案例库,2012年上海市使用"咨询"概念的案件共计6件,2013年有14件。故本文选取自2013年起的案例进行分析。

〔3〕 参见叶必丰主编:《行政法与行政诉讼法》(第三版),高等教育出版社2015年版,第28页。

〔4〕 参见王军:《"政府信息"的实际认定——基于86件判决的分析》,《华东政法大学学报》2014年第1期。

〔5〕 参见应松年、陈天本:《政府信息公开法律制度研究》,《国家行政学院学报》2002年第4期。

力服务；信息公开制度语境下，咨询类申请指申请人通过政府信息公开途径，要求行政机关就政策文件、法律规定、行为活动或特定事项等提供指导和解释的申请。[6] 类似地，还有认为咨询特指公民、法人或者其他组织以政府信息公开申请的形式向行政机关提出的就特定事项进行询问并要求提供解释、说明或者答复的行为。[7] 在咨询申请的表现上，有观点将典型表现形式概括为以提问的方式要求行政机关即时进行具体的法律检索、适用、判断并特别制作答复。[8] 也有观点将形式上的咨询申请分为要求行政机关就问题作出选择性答复、要求提供解释两种；并认为更值得研究的是依申请内容是否明确进行分类的两种咨询申请。[9] 具体而言，则有询问行政行为是否合法有效、询问相关执法领域有无特定情况发生或者询问案外第三人的行为是否合法、要求联系信息公开以外的法定职责、信息公开申请与咨询一并交叉提起4类。[10] 结合上述解释和表现，关于司法认定路径或者标准出现了两种观点。一种认为有三个步骤：(1)根据是否是设问形式或者需要提供解释、选择性答复，判断是否属于咨询类申请；(2)判断申请是否明确；(3)判断是否仅有特征描述而未指向特定政府信息。只有通过上述三个步骤的申请内容不明确的咨询类申请才能以非政府信息公开申请的理由予以拒绝。[11] 另一种认为咨询的司法认定标准包括申请和受理主体、以信息公开申请的形式提出、缺乏内容描述、不合信息公开的目的。[12] 前者将咨询的实质范围限定于"不明确"，后者仍然没有脱离信息公开申请的要件，而且两者均未凸显咨询这一概念工具的特别意义。

信息公开诉讼经过十年的实践发展，既出现原告由于不掌握申请方法，提出的申请有瑕疵等可以通过法律解释和适用解决的情形，也暴露出借助

---

〔6〕 参见肖卫兵：《咨询类政府信息公开申请探析》，《法学论坛》2015年第7期。

〔7〕 参见李震：《政府信息公开申请语境下"咨询"的司法认定和裁判选择》，《深化司法改革与行政审判实践研究(下)——全国法院第28届学术讨论会获奖论文集》。

〔8〕 参见梁艺：《"滥诉"之辨：信息公开制度异化及其矫正》，《华东政法大学学报》2016年第1期。

〔9〕 参见前引〔6〕，肖卫兵文。

〔10〕 参见前引〔7〕，李震文。

〔11〕 参见前引〔6〕，肖卫兵文。

〔12〕 参见前引〔7〕，李震文。

信息公开制度纠缠行政机关,实现其他利益诉求等需要司法政策干预的问题。因此裁判中咨询的内涵和外延以及表现形式是否需要更新、适用的判断标准及误用、咨询的实质认定,都值得进一步梳理分析,以体系化咨询的解释和适用。

本文的写作思路是首先整理上海市149件判决,概括咨询的表现形式;其次抽象出法院适用的法释义学上的判断标准,并剔除不应归入咨询的部分;最后分析司法政策引导下的咨询,以期对咨询做体系化整理。

二、咨询的表现形式

截至2018年3月21日,笔者在“北大法宝”司法案例库中以“政府信息公开”“咨询”为关键词全文搜索2013年至2018年3月上海市终审案件,并排除“不属于被告公开的职责权限范围,建议向某行政机关咨询”后,共得到案件210件。其中法院明确认定为咨询的案件共计149件。

(一)以疑问句形式申请

此标准由咨询文义中“询问”的含义而来,法院凭借申请的疑问句形式而非实质内容认定咨询。例如〔2016〕沪02行终461号案件中原告申请告知“某农村宅基地使用证是否合法有效”,法院认为原告“以提问方式咨询问题”。

(二)申请内容不属于政府信息公开范畴

这类案件表现为两个方面:一是申请的信息不以一定形式记录、保存;二是申请内容应当通过其他程序获取,不宜由政府信息公开制度解决。

样本案例中,法院认定内容不属于政府信息的申请为咨询。如前所述,政府信息的构成要件包括主体要件、职责要件和存在要件,〔13〕而案例中的申请又集中于不符合存在要件的要求上,因此从表现上看,“不以一定形式记录、保存”才是法院认定咨询的原因。〔2017〕沪03行终893号案件中,原告申请公开“2002年12月份上海保监局国家财政支出全部职工工资及福

〔13〕 参见前引〔3〕,叶必丰书,第28页。

利待遇的明细账目”,法院认为“其申请的信息系对相关情况的描述,没有指向具体的政府信息载体,不符合政府信息的定义”。〔2017〕沪 03 行终 381 号、〔2017〕沪 03 行终 126 号案件中,原告申请公开局长、副局长的工作安排,法院认为“显然并非申请‘以一定形式记录、保存的’政府文件本身”“没有指向具体的政府信息载体”。更多案例仅仅完整援引了政府信息的定义,并未指出原告的申请具体不符合哪个要件,但比照申请内容仍可判断出不符合存在要件。例如申请公开原告“被‘软禁’期间产生的款项由哪部门支付,多少费用”“对举报事项全程执法监督所使用的法律依据”。这些申请与被申请的行政机关行使职权相关,但不会被实际记载。

原告申请公开与信访程序有关的信息时,由于该信息应当通过询问信访工作机构而非信息公开机关获得,因此被认定为咨询。〔2017〕沪 03 行终 311 号、〔2017〕沪 03 行终 406 号案件中,原告申请公开“‘信访事项是否受理告知’的方式和途径”“对信访人发出书面受理通知的行政机关名称、联系方式”,法院认为这两件申请“实质是就信访相关问题提出咨询”。

(三)申请不明确

《条例》第 20 条第 2 款第(二)项规定政府信息公开申请应当包括“申请公开的政府信息的内容描述”。上海市《规定》第 21 条第(二)项进一步细化,规定申请书应当有“明确的政府信息内容,包括能够据以指向特定政府信息的文件名称、文号或者其他特征描述”。

“明确”的目的在于行政机关根据申请人的描述能快速、准确、完整地找到目标信息。既方便申请人尽快获得信息,又能够减轻行政机关负担,提高行政效率。因此原告应当阐明清晰具体、准确直接、能指向特定信息的特征,例如文件名称、文号。“不明确”具体表现在行政机关凭借描述无法检索查找,或者原告在庭审中表示不知道申请的信息的具体形式和内容。〔2015〕闵行初字第 115 号案件中,法院认为申请人提出申请时,应当明确信息的名称、文号等,信息指向应当具备特定性和唯一性。原告提出的“涉及闵房地〔2013〕108 号房屋拆迁裁决书对沪泾字第 00687 号证不做裁决的依据及相关证明的信息资料”的申请“需要被告在对其申请事项进行综合判断后自行确定,实质上属于一种咨询”。

属于咨询的不明确申请,主要有 4 类。第一类,不框定准确的范围。这类申请往往带有“所有”“相关”“情况”等不限定具体范围的词语。〔2013〕沪高行终字第 41 号案件中,原告申请公开“车牌(私车额度)拍卖所得拍卖款每一笔支出的所有批准文件的文号”,法院认为“该申请所涉文件并不特定,不属按上述规定予以公开的政府信息,也无法按规定的方式予以公开”,认定属于咨询。第二类,描述的信息需要行政机关分析、加工。〔2016〕沪 02 行终 461 号案件中,原告申请公开某农村宅基地使用证是否有效。〔2013〕沪二中行终字第 302 号原告申请公开“不予信访查询的理由”。第三类,描述文件中某条、某部分或者整体内容,希望行政机关据此提供文件全文。〔2013〕沪二中行终字第 248 号案件中,原告申请公开“对动拆迁遗留历史问题的化解所适用的政策”,法院认为“赵某某要求静安房管局公开的政策文件,在赵某某的政府信息公开申请中无相应文件名称、文号,依据赵某某所描述的信息特征,不能指向特定的规范性文件”。第四类,描述可能存在于某文件中的具体信息,但对文件描述不清。〔2016〕沪 0101 行初 317 号案件中原告申请公开某房屋“1956 年以前的房屋权利人信息、房屋权属性质”,法院认为“缺乏具体的文件名称、文号或者特征描述”,且原告在审理中表示“无法获知具体的信息形式和内容”,印证了申请实为咨询。

(四)不符合政府信息公开制度的目的

根据国务院法制办的释义,《条例》的立法目的包括保障依法获取政府信息,提高政府工作透明度、加强监督,促进依法行政,发挥政府信息的服务作用四点。[14] 部分案件中当事人通过申请公开行为、答复的依据寻求个案救济,甚至意图通过重复、琐碎的信息公开申请和诉讼不断向行政机关施加压力,以实现知情权以外的诉求。在“陆红霞案”中此种诉讼被定性为“滥诉”,这属于明显不符合政府信息公开制度立法目的的情况。

这种咨询表现在两个方面。一方面,在申请内容上,申请公开职权依据、事实证据、实体规范、解释原因。原告的思路是,如果行政机关不能给出

〔14〕 参见曹康泰:《中华人民共和国政府信息公开读本》,人民出版社 2009 年版,第 22-24 页。

依据，则证明该行为不合法。〔2017〕沪03行终934号案件中，被告作出行政裁决后，原告申请公开该行政裁决“被申请人的要求与本市房屋拆迁的有关政策相悖”的表述中“有关政策”的信息。法院认为该申请“实质是对有关房屋拆迁裁决的合法性提出质疑，就裁决中认定的相关事实的法律依据提出咨询”。另一方面，在申请数量上，同一原告对协商某一事项全过程的多个环节都提出了公开依据的申请，或者多人提出内容重复的申请，表现出琐碎的特点。例如赵某针对房屋征收补偿一事的相关情况申请信息公开，此后向法院提起至少70起信息公开诉讼。又如朱某、李某、庄某等8人各自就“拆迁期限内的签约率”“补偿安置资金总额”“是否同意动迁的‘两轮征询’情况”三项内容提起信息公开申请，此后分别向法院提起共计21起诉讼。

（五）小结：“咨询”的表现形式已突破文义

如前所述，咨询在文义上指询问和征求意见，征求意见又具体表现为指导、解释说明和答复，实质上和政府信息公开截然不同。内地在制度上尚未形成与“咨询”相关的专业名词，但我国香港、澳门特别行政区及英、美、加等国家政府决策过程中的公众咨询制度施行已久。我国港澳地区公众咨询制度的基本内容是政府出台公共政策前，通过讨论、走访、听证、问卷调查等方式充分听取社会各界的需求、意见、建议。〔15〕公众咨询以提出疑问为形式，以获得公众主观的意见为结果，并参考这些意见作出决策。由此可见“征求意见”的关键在于要求被咨询人进行基于个人知识、经验的主观判断之后给出参考性的答复。

不论“以疑问句形式申请”还是“申请内容不以一定形式记录、保存”，行政机关均无法直接提供不加处理的“第一次信息”。但行政机关如果出于服务性政府的理念，可以向公民解释说明。此时的答复是工作人员经主观判断和逻辑推理给出的主观性、参考性的指导、意见，也不如政府信息确切。通俗地说，这样的提问和解答是便民咨询。目前政府网站中也设置了“便民服务”或者“便民问答”等栏目。该栏目大多解答诸如某工程施工进度如何、

---

〔15〕参见娄胜华：《澳门公共政策的公众咨询：范围、方式与文本》，《国家行政学院学报》2010年第1期。

住房公积金缴纳滞缴后是否可以补缴等[16]需要行政机关分析、判断、汇总,指向的内容不属于政府信息的问题。因此这两种情形下,原告的申请实质上在咨询的内涵范围内。

“明确”是出于行政效率和信息提供准确性对内容描述提出的要求,暗含着申请的内容满足“属于政府信息”要求的前提,但不符合信息公开申请的要求。然而,描述不明确的申请具有形式上的瑕疵,客观上造成了行政机关予以便民答复时需要工作人员根据自身主观判断确定申请内容指向的政府信息并公开的结果。因此“申请不明确”的情形仅仅表现出咨询的特点,已经脱离了咨询最核心的内涵。

而“不符合信息公开目的和原意”的申请被归入咨询更是完全脱离咨询的内涵和外延。“滥申请”或者“滥诉”的原告并不在乎能否获得信息或者答复,所以从文义角度而言和咨询毫无关系,被纳入咨询的范畴是出于司法政策的考虑。这一点后文将继续分析。

三、咨询在法释义学上的判断标准

从咨询的表现形式中可建构法院的判断标准。下文一方面将提炼出裁判中采用的法释义学上的咨询判断标准,另一方面剔除现有裁判中已经归入咨询,但实则不应归入的几种表现形式。

(一)以疑问句形式提出

“疑问句形式”是判断咨询的形式标准。提问的形式符合询问的文义,本应当全部归入咨询。但出于《条例》第5条规定的便民原则,对于不掌握信息公开申请方法的申请人不应予以苛求,如果经解释申请内容后可以确定指向的信息,可以将该申请剔除出咨询。具体而言,若以该疑问句申请的疑问词可以指向特定的信息内容,例如“什么时间”“什么地点”,而其他部分的描述又能够将该信息内容限定在具体的范围之内,则行政机关和法院通过解释该申请,可以将疑问句转换为陈述句,突破这一形式标准。

---

〔16〕 参见宁波市人民政府网站:http://gtog.ningbo.gov.cn/col/col122/index.html? uid=3471&pageNum=2,2018年8月12日最后访问。

至于“选择性答复”[17]申请，即预设几个选项希望行政机关择一的申请，同样呈现出疑问句的形式，符合询问的文义。从信息描述的角度看，这种描述并不指向信息，而是指向行政机关检索到的信息或者作出的判断与其预设的选项比照之后的结果。故这并不是单纯的检索政府信息并公开，多出了选择结果的一步。因此“选择性答复”应当归入咨询。

(二)经主观判断确定答复内容

如前所述，有观点认为只有不明确的咨询类申请才可以以非政府信息公开申请的理由拒绝，但从搜集的案例来看，咨询的范围已经远远超过不符合上海市《规定》第 21 条第二款“明确性”的申请的范围。“申请内容不以一定形式记录、保存”“描述不明确”的两大类申请的共通点在于行政机关工作人员只能通过主观判断确定信息内容和描述的指向，最终提供参考性解答，而不能通过检索政府信息给出确切的答复。这符合咨询文义中“征求意见”的含义，故经主观判断确定答复内容是法院采取的、咨询的另一判断标准。

“主观判断”具体表现为法律、法规、规章的解释和适用，基于个人逻辑、经验的推理等等。值得注意的是，“法规范的解释和适用”针对的是说明理由、公开依据的申请，应当区别于对照申请内容并依据法规范后能确定申请指向的情形，将后者归入“主观判断”，未免太过苛求。〔2013〕松行初字第 68 号案件中，原告申请公开其“提交的《上海市门弄号管理办法》第 5 条规定的申请资料”。该《上海市门弄号管理办法》第 5 条明确规定“申请资料”包括建设工程规划许可证、规划平面图纸或者居住房屋改为非居住使用凭证，从而可以直接定位到特定的文件，法院以此认定不属于“咨询”，判决行政机关败诉。虽然同样适用地方性法规，但适用的条文是确定的，条文指向的文件也是确定的，推导指向的过程中没有主观操作的空间，自然最终得出的结论也是确切的，不仅仅是参考性质的。

---

〔17〕　肖卫兵在《咨询类政府信息公开申请探析》一文中将例如“上海燃气市北销售有限公司营业所是有独立法人资格能以自己名义承担法律责任的分公司，或没有独立法人资格不能以自己的名义承担法律责任的分公司”和“上海市 12319 城建服务热线是否由上海市城乡建设和交通委员会主管或主办”的申请命名为“要求行政机关就其提出的问题作出选择性答复”。前引〔6〕，肖卫兵文。

(三)排除:司法解释规定应当受理起诉的情形

按照法院的裁判思路,申请内容不以一定形式记录、保存和描述不明确的,系咨询,因而行政机关的答复不影响原告的权利义务,不属于行政诉讼的受案范围,故驳回起诉。这一裁判结果与最高人民法院《关于审理政府信息公开行政案件若干问题的规定》相矛盾。依据该《关于审理政府信息公开行政案件若干问题的规定》第 2 条,申请内容不明确的,只有行政机关要求补正时才不属于受案范围;第 12 条规定,不属于政府信息的,且被告已经履行法定告知或者说明义务的,人民法院应当判决驳回原告诉讼请求。由此可知,必须在实体审理中审查申请是否不属于政府信息和描述不明确,不能直接利用"咨询"概念将起诉排除出受案范围。

另外,"不以一定形式记录、保存"本来也不符合"咨询"的文义。政府信息存在要件的认定标准在于"信息本身是否具有实际记载性并且已经实际进行了记载",实践中争议集中于未记录的口头信息、逾期销毁的信息、预期产生但未记载的信息三类。[18] 不论认定标准还是表现形式,信息内容和性质都是确定的,与"主观判断"无关。样本案例将"公开依据"等需要主观判断的申请也归入了"不属于政府信息",这是对政府信息概念的误用。

(四)其他被误定性为咨询的申请

按上述法释义学上的判断标准,样本案例中存在被误定性为"咨询"的申请,有必要在此排除。

描述不知所云或者仅仅陈述客观事实的申请。〔2017〕沪 03 行终 381 号案件中原告申请内容为"2015 年 2 月上海保监局聘任常年法律顾问"。人民法院认为该申请没有指向具体的信息载体,不符合相关法律规定中对政府信息的定义,属于"咨询"。但该申请仅仅是对客观事实的描述,与获得答复无关,自然不能归入"咨询"的范畴。更合适的裁判是,认为申请内容的指向不符合政府信息的定义,涉案申请明显与政府信息公开无关,排除政府信息公开。

---

〔18〕 前引〔4〕,王军文.

含有“所有”“全部”的申请，请求行政机关公开描述范围内的所有信息。法院以审查信息公开申请要件的思路进行裁判时认为“所有”“全部”意味着所涉的文件不特定，不属于予以公开的政府信息，从而属于咨询。但以“主观判断”的判断标准而言，“所有”“全部”的文义是确定的，指描述范围内的每一条信息。因而不能以“所有”“全部”为由认定申请需经主观判断进而归入咨询。

关于政府信息公开以外的程序的信息。〔2017〕沪03行终311号、〔2017〕沪03行终406号案件中，对于“‘信访事项是否受理告知’的方式和途径”“对信访人发出书面受理通知的行政机关名称、联系方式”，法院认为两件申请“实质是就信访相关问题提出咨询”，倾向于信访程序中的信息理应由信访单位提供，与政府信息公开制度无关。最高人民法院的裁判中认可信访处理过程中形成的信息应当优先适用特别法国务院《信访条例》查询和办理，不应通过申请信息公开的方式。〔19〕与〔2017〕沪03行终311号、406号案件不同，最高人民法院的判决和《上海市信访事项查询办法》针对的都是受理之后以及复查、核查过程中的有关进度、记录、通知等卷宗信息。当事人实际在行使卷宗阅览权，因而适用特别程序，即信访查询程序。信访也是信访单位履行职责的行为，过程中产生并记录、保存的信息同样是政府信息。因此卷宗阅览以外的信息，例如上述两案中受理告知的方式和途径，则不能以卷宗阅览或者应适用《信访条例》查询为由归入咨询，排除信息公开。

（五）小结：“咨询”在法释义学上的实质认定

通过与司法解释比照、排除的方法发现，法院采取的“经主观判断确定答复内容”的标准太过宽泛，实际上无法适用。符合“主观判断”标准又与法规范契合的情形仅有“描述的信息需要行政机关分析、加工”一种。《最高人民法院关于审理政府信息公开行政案件若干问题的规定》第2条，要求行政机关对若干政府信息进行分析、加工，行政机关予以拒绝的，不予受理。人民法院完全可以适用这一条排除政府信息公开，不必借助“咨询“的概念加

〔19〕　参见〔2018〕最高法行申3684号行政裁定书。

以排除。至此,“主观判断”标准丧失适用空间。因此咨询在法释义学上的判断标准仅有“以疑问句形式提出”。

四、司法政策引导下的咨询

除上述法释义学意义上的“咨询”之外,公开某类信息的全部内容的申请、不符合信息公开制度目的的申请以及“滥诉”在司法实践中也被纳入“咨询”。这一做法是出于司法政策的考量。

(一)政府信息公开的目的和价值

《条例》的立法目的包括保障依法获取政府信息,提高政府工作透明度、加强监督,促进依法行政,发挥政府信息的服务作用。但学理对于《条例》将保障“信息获取权”和规范政府工作定位为立法目的颇有异议。〔20〕学理上认为,政府信息公开的法理基础和宪法根源在于知情权这一基本权利。一方面,根据社会契约论,人民与政府的关系表现为委托代理关系。〔21〕人民将权力委任给被推选出的政府,由其代为行使。〔22〕因而人民必须知道各方事实与意见以有效地参与政治。〔23〕“信息公开从出发点开始就将基础置于民主主义之上。”〔24〕基于此,日本《信息公开法》中虽然也没有明确规定“保障知情权”,但将立法目的更加具体描述为“政府就其诸项活动向国民的说明责任”,“关于行政运营的信息作一般公开,使国民每个人能够在思考后,

---

〔20〕 有观点认为,提高政府工作透明度、促进依法行政是公开政府信息客观上的作用,促进依法行政又是所有行政立法和行政活动的共性功能,发挥政府信息的服务功能是《条例》实施的必然结果,三者均非立法目的。参见戚红梅:《我国政府信息公开制度立法目的之探讨》,《河北法学》2013年第5期。另有观点认为根据“保障依法获取政府信息”的规定,获得政府信息的法律基础不是知情权,公民能获取的信息取决于立法规定的可公开信息范围,申请获得政府信息时还要受制于第13条的规定。参见王万华:《开放政府与修改〈政府信息公开条例〉的内容定位》,《北方法学》2016年第6期。这些问题表明,立法目的中回避明确规定“保障知情权”是《条例》的缺陷,这一立法缺陷导致我国政府信息公开不足。

〔21〕 前引〔20〕,戚红梅文。

〔22〕 参见[日]芦部信喜著:《宪法》,林来梵、凌维慈、龙绚丽译,北京大学出版社2006年版,第5页。

〔23〕 前引〔22〕,芦部信喜书:第153页。

〔24〕 前引〔22〕,芦部信喜书,第217页。

形成正确的意见，从而使国民对行政的监视、参加得到充实”。[25] 此外从知情权的更深层次需要而言，也可理解为公众希望汇聚各方意见形成对行政过程有约束力的公共舆论，优化决策的理论基础，以知情倒逼决策理性，保障和维护权益。[26] 另一方面，作为表达自由的延伸，个人通过了解信息增长知识、发展人格。[27] 综上，政府信息公开的价值在于公共利益。有观点将知情权涉及的公共利益概括为以下五类：(1)公共健康、安全和环境保护；(2)监督公共资金的使用；(3)个人信息的准确性；(4)弥补间接民主可能与公共利益相悖的缺陷，支持公民参与政治生活；(5)监督公务活动。[28]

(二)申请公开“所有信息”

如前所述，范围描述上不需要主观判断，但要求提供“所有信息”的申请，不能通过法解释纳入“咨询”的范畴。法院是在司法政策的引导下认定这种情形为“咨询”的。政府信息无时无刻不在产生，可想而知某事项的所有信息的数量之大。行政机关如果按申请内容提供所有信息，可能承受极大的负担。加之《条例》不限制申请的公开形式，如果原告再要求以复印等书面方式予以提供，或者数个申请人提出提供“所有”信息的申请，在行政资源和物质资源上都是极大的负担和浪费，甚至可能影响信息公开制度的正常运行。

首先，知情权保障的是公共利益，但行政机关的正常运行和公开信息所花费的资源同样是公共利益，这就需要进行两种公共利益的价值衡量。〔2013〕沪高行终字第41号案件中，原告申请公开“车牌(私车额度)拍卖所得拍卖款每一笔支出的所有批准文件的文号”，若“批准文件”的确存在，行政机关则要将每一项文号挑出提供给原告，这无疑给行政机关带来大量工作。而原告仅获得文号也不能了解拍卖款的走向，无法真正实现监督公共资金使用和参与政治生活的目的。所以此案中知情权背后的公共利益小于行政资源的利益，法院选择支持行政效率和公共资源。其次，在裁判方式的

[25] 参见刘杰：《日本宪法上的知情权与信息公开》，《法学家》2007年第3期。

[26] 参见秦小建：《政府信息公开的宪法逻辑》，《中国法学》2016年第3期。

[27] 前引[22]，芦部信喜书，第152页。

[28] 参见王敬波：《政府信息公开中的公共利益衡量》，载《中国社会科学》2014年第9期。

选择上,《条例》中除法定不予公开的信息外,均没有限制申请公开的内容和形式要求;"三需要"判断标准不统一,且有取消的趋势;[29]关于公共利益的利益衡量论证也有困难,故通过实体审查路径判决原告败诉有难度。因此从法政策和后果考量的角度认定"咨询"有利于减轻行政机关负担和法院的裁判负担。

(三)不符合立法目的的申请和"滥诉"

既然政府信息公开制度的目的和价值在于保障知情权及相应的公共利益,那么即便是"监督""促进依法行政"、维护自身利益的目的,也与原告在个案中请求公开依据、解释理由甚至纠缠以寻求救济、实现其他诉求无关。[30] 原告的申请不是行使知情权,行政机关的答复本来就不影响当事人的权利义务,因此不属于行政诉讼的受案范围。

学理上对于政府信息公开诉讼中"滥诉"的考虑因素抑或判断标准尚未形成通说。"滥诉"的多数情形与提起诉讼的数量相关,"陆红霞案"中判定滥诉的考虑因素可概括为申请信息相同、类似或者包罗万象,申请明知不属于政府信息范畴的信息,造成公共资源的不正当负担和浪费。[31] 除此之外有观点补充原告不能向法院合理说明申请具有合理需要。[32] 滥用诉权的标准为主观上有过错或者恶意、客观上有为了获取违法利益而实施的诉讼行为。主观恶意意味着当事人违反诚信原则,提出琐碎的、多余的、大批量的、不可能胜诉的、骚扰的甚至诈欺的诉讼。[33]

---

〔29〕《中华人民共和国政府信息公开条例》(修订草案征求意见稿)中已取消"三需要"的规定。

〔30〕盐野宏教授认为,行政程序中也存在公开的要素,例如文书阅览、理由附记等。行政程序从对国家权力的防御权思想出发,且制度构成上具有权利、利益受某种具体处分的侵害的案件性,这两点与信息公开相区别。参见[日]盐野宏著:《行政法总论》,杨建顺译,法律出版社 2008 年版,第 217 页。

〔31〕参见沈岿:《信息公开申请和诉讼滥用的司法应对——评"陆红霞诉南通市发改委案"》,《法制与社会发展》2016 年第 5 期。

〔32〕参见耿宝建、周觅:《政府信息公开领域起诉权的滥用和限制——兼谈陆红霞诉南通市发改委政府信息公开案的价值》,《行政法学研究》2016 年第 3 期。

〔33〕参见章剑生:《行政诉讼中滥用诉权的判定——陆红霞诉南通市发展和改革委员会政府信息公开答复案评释》,《交大法学》2017 年第 2 期。

虽然对“滥诉”尚缺乏统一的判断标准，但可以明确的是单个或者多个原告提出大量内容重复或者类似的、不符合政府信息公开要求的申请并提起诉讼，耗费大量行政和司法资源，已经成为制度施行过程中亟待解决的严峻问题。“上海市高院的调查报告显示少数当事人（多为上访老户及缠讼者）出于非理性动机提起数个乃至数十个信息公开申请及诉讼，法院疲于个案的应对，不仅极大浪费有限的司法资源，还存在社会不安定的隐患。”〔34〕对此，上海市法院采取提高立案门槛的思路。对于主观上滥用诉权意图比较明显，客观上有不当言行和对立情绪，且缺乏合理诉讼理由，又不理会法院的释明和建议，对诉讼请求不加明确解释和说明的，人民法院经审查认为不符合受理条件的，裁定不予受理或者驳回起诉。〔35〕最高人民法院在行政审判工作的报告中提及一些当事人随意起诉、重复起诉，耗费大量行政审判资源。〔36〕此后进一步指出“当事人不以保护合法权益为目的，长期、反复提起大量诉讼，滋扰行政机关，扰乱诉讼秩序的”，明显违反《条例》的立法目的，反复、大量提出政府信息公开申请进而提起行政诉讼的，人民法院依法不予立案。〔37〕

目前“恶意诉讼”“滥诉”还停留在司法政策的层面，《行政诉讼法》及司法解释、《条例》、《最高人民法院关于审理政府信息公开行政案件若干问题的规定》、上海市《规定》中均未规制，学理上也尚未形成统一意见。在此情况下，从信息公开方面入手论证不符合受理条件无疑增加了法官的说理复杂程度和难度，也不契合法院在“案多人少”的情况下快速、批量处理这类起诉的效率要求。于是，法院倾向于直接从正面将此类申请定性为咨询，行政机关对咨询的答复对原告的权利和义务不产生实际影响，故依法驳回起诉。这种论证路径在保证裁判结果正确的前提下，首先绕开了信息公开制度的说理，并批量排除了此类起诉，减轻法院负担，是高效的解决方式。赵某提

---

〔34〕 参见李广宇著：《政府信息公开司法解释读本》，法律出版社2011年版，第91页。

〔35〕 参见上海市高级人民法院：《政府信息公开法律问题研究》，《行政执法与行政审判》（第一集），人民法院出版社2008年。转引自前引〔34〕，李广宇书，第91页。

〔36〕 参见周强：《最高人民法院关于行政审判工作情况的报告——2015年11月2日在第十二届全国人民代表大会常务委员会第十七次会议上》。

〔37〕 参见最高人民法院《关于进一步保护和规范当事人依法行使行政诉权的若干意见》（法发〔2017〕25号）。

起的70余起案件中,2017年上海市第三中级人民法院裁判赵某短时间内提起的26件案件时,一律采用了“实质是对某某某的合法性提出质疑,就法律依据/事实依据/职权依据向静安区房管局提出咨询”的判决内容。利用“咨询”排除受案范围也有利于引导拆迁、信访等矛盾突出的案件起诉人采取其他途径,促使争议获得真正解决。〔38〕

司法是权利救济的最后一道防线,诉权对当事人的权利保护具有重要意义。滥用诉权将起诉人挡在实体审理的大门之外,故适用时应当十分审慎。尤其需要注意的是,政府信息公开制度作为“客观法性质的制度”,一般不考量申请提起的目的和需要,“从最大限度保护当事人诉权角度,‘恶意’‘违法权益’的概念,应当遵循最小范围原则从严解释”。〔39〕有学者认为,信息公开诉讼旨在维护公共利益,原则上没有滥用诉权的问题,申请人是“形式性或技术性原告”,仅启动了诉讼,之后的审查更多是以信息公开决定合法性的客观审查。〔40〕对于最高人民法院认定为滥用诉权的“张红玲、张红艳诉北京市海淀区人民政府信息公开案”,该观点主张该案中的重复起诉行为完全可以通过司法解释“重复起诉不予立案或者驳回起诉”的规定解决,无须进一步定性为滥用诉权。〔41〕认定滥用诉权、恶意诉讼的情形时,尚且需持谨慎态度,从提起的数量、周期、目的、是否具有正当利益等方面从严掌握标准,〔42〕何况以单件请求公开依据的申请和单起诉讼认定不符合立法目的和原意从而认定为“咨询”。因此审查单件请求公开依据的申请时不宜采取立法目的的思路,仍然应当以行政机关需要基于主观判断进行法律解释和适用为由,认定属于“咨询”。

五、结语

2017年6月6日,《条例》的修订草案征求意见稿公布。《中华人民共

〔38〕 前引〔7〕,李震文。

〔39〕 前引〔33〕,章剑生文。

〔40〕 参见王贵松:《信息公开行政诉讼的诉的利益》,《比较法研究》2017年第2期。

〔41〕 参见王贵松:《论行政诉讼的权利保护必要性》,《法制与社会发展》2018年第1期。

〔42〕 参见最高人民法院《关于进一步保护和规范当事人依法行使行政诉权的若干意见》(法发〔2017〕25号)。

和国政府公开条例(征求意见稿)》第33条规定“申请人以政府信息公开申请的形式提出咨询要求,进行信访、投诉举报等活动,行政机关应当书面告知申请人不予处理”,在实定法中赋予了咨询一席之地。“咨询”与“信访”“投诉举报”并列规定,因而信访和投诉举报的申请应当与咨询相区别。“以信息公开形式进行信访和投诉举报等活动”的判断标准则需要在案例中进一步整理和归纳,帮助明确不符合立法目的的申请、“滥用诉权”的信息公开诉讼是否归入咨询。

咨询与信息公开申请要件相关联,但最终走向不属于受案范围进而驳回起诉的结论和出口。正因为关乎争议是否进入实体审理,所以要谨慎适用。从样本案例来看,裁判超越司法解释的规定,呈现误用乃至滥用“咨询”的倾向。不属于政府信息、描述不明确的申请,仍应适用信息公开申请要件审查和判断。认定“咨询”时,人民法院也应先予以立案,听取被告陈述、举证和两造辩论后再做判定。如此操作方能充分保障当事人的诉权和立案登记制度在政府信息公开诉讼领域的实施效果。

(特约编辑:沈广明)

禁止授权原则的迷思

[美]Keith E. Whittington* Jason Iuliano** 著
宋华琳*** 李美郡**** 译

内容提要 在19世纪大部分时期和20世纪之初，禁止授权原则被视为遏制美国政府扩张的有力工具。作者阐述了禁止授权原则的学说流脉和宪法基础，检视了联邦最高法院、州法院和联邦下级法院对禁止授权原则的发展和适用。作者制作了1940年之前所有涉及禁止授权原则的案例集，合计超过2000个判例，通过对案例集的数据整理和实证分析，指出禁止授权原则从未能对宽泛的授权加以真正约束。

关键词 禁止授权原则；美国行政法；司法审查

在19世纪大部分时期和20世纪之初，禁止授权原则被当作遏制政府扩张的有力工具。继而在新政时期，联邦最高法院对这一原则加以严格限缩，从而为现代行政国家的兴起扫清了障碍。以上是为我们周知的论断。自19世纪30年代以来，在几乎每个宪法课堂上都会讲授这种论断，这也得到了宪法学者的背书，本文将首度对此叙事加以质疑。

---

* Keith E. Whittington(基斯·E. 惠廷顿)，普林斯顿大学威廉·尼尔森·克伦威尔政治学教授。

** Jason Iuliano(杰森·尤利亚诺)耶鲁大学法学院助理研究员，普林斯顿大学政治学博士研究生，哈佛大学法学院法律博士。感谢理查德·爱普斯坦、塞缪尔·艾斯特莱赫、罗杰·福特、雅各布·格森及丹尼尔·凯利就本文进行的讨论与评述。本文的原始出处是 Keith E. Whittington & Jason Iuliano, *The Myth of the Nondelegation Doctrine*, 165 University of Pennsylvania Law Review 379 (2017). 感谢作者授权翻译此文。

*** 宋华琳，南开大学法学院教授，博士生导师，法学博士。

**** 李美郡，南开大学法学院宪法学与行政法学专业研究生。

我们的研究所运用的原初数据集合，是1940年之前在联邦和州层面所有涉及禁止授权质疑的案例，合计超过2000个判例。审视这些司法判决，我们发现，禁止授权原则从未对宽泛的授权加以真正约束。最后，我们的分析揭示，禁止授权原则背后的传统叙事不过只是迷思。

导 论

关于禁止授权原则的判决遵循着一种可预见的模式。每隔几年便有上诉法院援引该原则，判决联邦法律无效。[1] 联邦最高法院也总是同意发放调卷令，并推翻上诉法院的判决，认定法律案中对立法权的授出，具有合宪性。[2] 联邦最高法院的判决无一例外地引起了宪法学者们的激烈争论。支持者们称颂，联邦最高法院加速了禁止授权原则的消亡，[3]反对者的悲悼是，联邦最高法院未能重振禁止授权原则，未能利用其来限制不断扩展的行政国家。[4]

对于禁止授权原则在当今法律体系中的地位，前述两派学者虽有显著分歧，但都认同该原则在美国历史上曾发挥重要作用。具体而言，他们都赞

---

〔1〕 例可参见 Ass'n of Am. R. Rs. v. U. S. Dep't of Transp., 721 F. 3d 666, 677 (D. C. Cir. 2013)(判定2008年客运铁路投资与改进法"向美国铁路公司授予规制权"违宪)；Am. Trucking Ass'ns v. EPA, 175 F. 3 d 1027, 1038 (D. C. Cir. 1999) [判定美国环境保护署依据对《清洁空气法》(*Clean Air Act*)的解释，来颁布空气质量标准，这"涉及不合宪的立法权授出"]。

〔2〕 例可参见 Dep't of Transp. v. Ass'n of Am. R. Rs., 135 S. Ct. 1225, 1233-1234 (2015)(推翻了哥伦比亚特区法院作出的，认定2008年客运铁路投资与改善法中的授权违宪的判决)；Whitman v. Am. Trucking Ass'ns, 531 U. S. 457, 474 (2001)(裁定"所质疑《清洁空气法》规定的裁量权范围，事实上在禁止授权先例设定的外部限制之内")。

〔3〕 参见 Cass R. Sunstein, *Constitutionalism After the New Deal*, 101 Harv. L. Rev. 421, 494 (1987) (主张"根据一系列的考量，禁止授权原则在一般意义上的复兴，将是个错误"，这涉及授权的合理性，以及法官在运用禁止授权原则时面临的困难)。

〔4〕 参见 Peter H. Aranson et al., *A Theory of Legislative Delegation*, 68 Cornell L. Rev. 1,8-17, 63-67 (1982)(追溯了授权原则的源流，并论述了"更新版的禁止授权原则")；Gary Lawson, Delegation and Original Meaning, 88 Va. L. Rev. 327, 335-343 (2002) (在原旨主义者的立场上守护禁止授权原则)；David Schoenbrod, The Delegation Doctrine: Could the Court Give It Substance?, 83 Mich. L. Rev. 1223, 1249-1274 (1985)(提出了一种改良的检验方法，以判断哪些国会授权是不适当的)。

成这样一种叙事，即在19世纪和20世纪初，面对行政国家不受约束的肆意扩张，禁止授权原则施加了极富意义的监控，[5]到新政时期，联邦最高法院消解了该原则，这为国会授出自己认为适宜的任何权力铺平了道路。[6]

在本文中，我们认为上述叙事是错误的。依据我们自己数据库中超过2000个关于禁止授权原则的判例，我们发现，从未有哪个时期，法院适用禁止授权原则来限制立法权的授出。简言之，我们揭示了禁止授权原则的迷思。在介绍这些发现之前，我们将对新政时期的禁止授权原则予以简要的定位，以阐明我们的分析为何以重要且戏剧性的方式，背离了普遍的智识。

正如学者们长期以来主张的那样，新政改变了美国宪法的图景。宪法学者爱德华·考文(Edward Corwin)将联邦最高法院向罗斯福政府的让步定位为"宪法革命"。[7] 历史学家威廉·洛伊西滕贝格(William Leuchtenberg)观察到，联邦最高法院以及联邦宪法经历1937年的"及时转变"后"重获新生"。[8] 宪法理论家布鲁斯·阿克曼(Bruce Ackerman)将新政界定为转型时刻，认为这标志着美国转为全新的宪政体制。[9] 政治学家霍华德·吉尔曼(Howard Gillman)的结论是，正如训练有素的法律人所理解的那样，在20世纪30年代，联邦宪法被"围困"直至最终"崩塌"。[10]

---

〔5〕 参见Sunstein，前注〔3〕，第447页(指出在新政早期，法院基于禁止授权原则，反对"以法律创设规制机构")；Aransonet al.，前注〔4〕，第8-17页(记述了联邦法院对禁止授权的传统论说，并运用它阻止联邦新政项目的扩张)。

〔6〕 参见Gary Lawson, *The Rise and Rise of the Administrative State*, 107 Harv. L. Rev. 1231, 1237-1241 (1994)(认为最高法院放弃了禁止授权原则这一判定立法违宪的工具)；Sunstein，前注3，第447-448、482页(联邦最高法院终止对新政变革的攻击，宽容宽泛地授权时，"禁止授权原则陨落了")。

〔7〕 参见Edward S. Corwin, *Constitutional Revolution*, Ltd. 112-114 (Am. Offset Printers rev. ed. 1946) (1941) (以下引作Corwin, Constitutional Revolution)(论称联邦最高法院对新政立法的支持，很大程度上弱化了监督"国家立法权"的司法审查权)。

〔8〕 参见William E. Leuchtenburg, *The Supreme Court Reborn: The Constitutional Revolution in The Age of Roosevelt* 233, 235 (1995)(历史学家的共识是，1937年标志着联邦最高法院开启了宪法理论的新时代，且根本上改变了联邦最高法院的事务特征、判决性质及其敌友阵营)。

〔9〕 参见〔1〕，Bruce Ackerman, *We The People: Foundations* 114-115 (1991)(认为新政期间联邦最高法院的转变，是关于宪法修正案影响深远的变革，但不完全是美国宪法特性的变化)。

〔10〕 参见Howard Gillman, *The Constitution Besieged: The Rise and Demise of Lochnerera Police Powers Jurisprudence* 201 (1993)("'1937年宪法变革'的时刻，记录了建国者所构想的，党派无涉的美国共和国的崩塌……")。

将新政与其他时期的宪法变迁相区别的，是对已有宪法原则深度和广度的重新评判。最显著的是，斩断了实体性正当程序与扩展财产权宪法保护之间的关联，在制度上更为支持“具有优先地位的自由”(preferred freedoms)。〔11〕洛克纳(Lochner)案〔12〕体现出的经济权利法律理论，被Carolene Product案〔13〕中蕴涵的关于个人和政治权利的法律理论所取代。同时，为使联邦政府在全国范围内能采取更多行动，来导引社会和经济发展，也需对联邦制的宪法规则予以彻底重构。〔14〕联邦规制权的范围急剧扩张，〔15〕联邦预算机构也被赋予了新的重要地位。〔16〕

新政中宪法变革的又一要素是分权原则的变化和总统权力的扩张。特别地，为了让行政分支的官员就规制政策有实体性的裁量权，联邦最高法院重新打造了禁止授权原则。〔17〕

联邦最高法院在受到责难后，就立法权授出所采取的新进路是，强调在宪法的其他领域中，也可看到在宪法体系中重新定位司法角色的状况。〔18〕此后，对于国会将政策职责分配给其他政府官员的行为，联邦司法采取了袖手旁观的立场。

---

〔11〕 参见G. Edward White, *The Constitution and the New Deal* 198-199 (2000)(记述了联邦最高法院对涉及贸易条款、正当程序和合同条款的政治经济案件，所给出的传统解释)；Howard Gillman, Preferred Freedoms: The Progressive Expansion of State Power and the Rise of Modern Civil Liberties Jurisprudence, 47 Pol. Res. Q. 623, 62S (1994)(当法院放松对立法权干预经济的限制之时，便将个人自由奉为“首要自由”，对个人自由施加特别的司法保护)。

〔12〕 Lochner v. New York, 198 U.S. 45 (1905).

〔13〕 United States v. Carolene Prods. Co., 304 U.S. 144 (1938).

〔14〕 参见Ackerman，前注〔9〕，第121页(“对于新政期间的法官而言，显然在20世纪30年代，已将规制经济关系的传统法则一扫而空……”)。

〔15〕 例可参见Wickard v. Filburn, 317 U.S. 111, 124-125 (1942)(对贸易条款加以解读，使之容许联邦政府对因家庭消费之需所种植的小麦加以规制，因为小麦“对州际贸易有实质经济影响”)；United States v. Darby, 312 U.S. 100, 114-115 (1941)(判定贸易条款赋予了国会规制雇佣条件的权力)；NLRB v. Jones & Laughlin Steel Corp., 301 U.S. 1, 36-38 (1937)(判定当“与州际贸易有密切且实质性的关系”时，贸易条款授权国会对州内的劳动关系加以规制)。

〔16〕 例可参见Helvering v. Davis, 301 U.S. 619, 640-641 (1937)(判定社会保障计划是国会经费开支权力的有效行使，不违反联邦宪法第10修正案)；Steward Mach. Co. v. Davis, 301 U.S. 548, 589-591 (1937)(认为1935年社会保障法中的失业补偿条款是对征税权的有效行使)。

〔17〕 参见Sunstein，前注〔3〕，第447-448页(指出基于禁止授权原则挑战行政机构，这已趋于“瓦解”，导致了“一种有效妥协，借此，其向行政机关的宽泛授权得到了包容”)。

〔18〕 例可参见United States v. Carolene Prods. Co., 304 U.S. 144 (1938).

批评者认为，联邦最高法院将宪法框架转变成了一个行政治理的体系。正如道格拉斯·金斯伯格（Douglas Ginsburg）大法官对这个问题的著名论断：

60 年来，禁止授权原则仅作为宪法中被"放逐"的一部分而存在……此原则处于无限政府的对立面，但关于此原则被放逐的记忆可谓久远，但还有致力于重振此原则的学者，试图维系此原则的活力，希望能回归宪法上的自由秩序……〔19〕

我们认为这一熟知的叙事有误。美国历史上从未有法院强力适用禁止授权原则，去迫使立法者进行艰难的政策抉择。占支配地位的见解认为，在新政之前精致授权原则的运作，也仅是迷思。尽管新政时期的联邦最高法院修正了标准，去评判国会是否不适当地授出了立法权，但这种变化更多是形式的，而非实质的。对于行政国家的发展，将广泛的政策制定权力授予行政官员，联邦法院从未施加过有显著意义的阻碍。就禁止授权原则而言，其在 1937 年宪法变革中的作用，比公认的程度要低许多。

辨别传统意义上禁止授权原则的范围时，须架构起一个庞大的网络。尽管在新政之前的宪法和法律思潮中，禁止授权原则的观念就已被广为接受，但新政之前，联邦最高法院审理了相对非常少的禁止授权案件。在 19 世纪和 20 世纪初，适用和发展禁止授权原则的实际工作，主要由州法院和下级联邦法院来完成。其结果是，就新政之前的传统而言，关于禁止授权原则的法律理论很大程度上是晦涩不明的。本文力图还原禁止授权原则的传统，对其轮廓予以摹绘。在做这项工作时发现，对授出立法权的宪法限制经常出现于理论中，却很少付诸实践。就禁止授权原则而言，无处找回"失踪的宪法"。

本文的旨趣并非致力于规范层面的争论，去探讨法院是否应实施禁止授权原则，相反，我们的目的是描述性的，意在揭示美国建国至新政期间，法院适用禁止授权原则的状况。为实现这个任务，我们汇编了一个资料集，收

---

〔19〕 Douglas H. Ginsburg, *Delegation Running Riot*, 1 Regulation 83, 84 (1995)［对 David Schoenbrod, Power Without Responsibility: How Congress Abuses The People Through Delegation (1993)的评论］.

录了1789年至1940年间联邦法院和州法院所有涉及禁止授权原则的判决。

在本文第一部分，我们详述了禁止授权原则的传统论说。这种论说主张，在19世纪和20世纪早期，禁止授权原则构成了对立法授权的限定，但在新政时期的宪法变革中，它最终被放逐。在本文第二部分，我们检视三个不同领域的发展，如何影响了禁止授权原则的演进。其一，我们解释了禁止授权原则这一宪法原则的理论基础，以及为什么认为其在美国宪政主义中应处于核心的地位。其二，我们检视了联邦最高法院对禁止授权原则的发展和适用，发现联邦最高法院一贯支持国会对政策制定权授出的做法。其三，我们将研究视角转向州法院和联邦下级法院，确证出围绕禁止授权原则存在共通的模式，司法对禁止授权原则的重要意义给出了强有力的论说，但对此原则的实施，司法却呈现出孱弱的状态。在本文第三部分，我们展示了自建国至新政期间，州法院和联邦法院适用禁止授权原则的实证数据。

一、“从宪法中放逐”

普遍认为，19世纪的古典宪法，真正赋予了禁止授权原则以“牙齿”，而作为新政时期争斗的对象，禁止授权原则被拔去了尖牙。对禁止授权原则起初的主张和最终的放弃，都构成关于新政时期宪法转型的传统历史记述。自里根时代以来，自由主义宪法思潮中反复出现如下诱人的观点，即禁止授权原则虽在新政变革中“失踪”，但可能在现今回归，来约束乃至消解当代行政分支。[20] 我们在本部分将回顾这些宪法论说。在之后的部分则将说明这些论说只是迷思。

禁止授权原则在新政时期论证中的重要意义，有赖于联邦最高法院在Panama Refining Co. v. Ryan案[21]和A. L. A. Schechter Poultry Corp. v. United

〔20〕 例可参见Lawson，前注〔6〕。

〔21〕 293 U. S. 388 (1935).

States 案[22]中的作为。在 Panama Refining Co. 案中，联邦最高法院否定了《国家工业复兴法》中的一项规定。[23] 在该法令的授权下，罗斯福政府发布了关于石油行业“公平竞争”的实践规则，并开始为个体石油生产商设定生产配额。[24] 首席大法官休斯(Hughes)对此的质疑是：“国会没有申明任何政策，没有提供任何标准，没有设定任何规则”，就径自将其立法职能赋予行政官员。[25]

在 Schechter 案中，联邦最高法院否定了《国家工业复兴法》中的另一项规定，行政机关依据该规定制定了“活禽条例”(Live Poultry Code)，以规制禽类的养殖、销售、购买和屠宰。[26] 连卡多佐(Cardozo)大法官都激愤地申明“这是一次授权乱象”[27]。联邦最高法院所强调的观念是，究竟能在多大程度上将政策制定权授予行政分支，对此需施加一定的宪法限制，这引发了对整个新政项目的质疑。[28] 联邦司法部长助理罗伯特 · H. 杰克逊(Robert H. Jackson)指出，这“纯粹是司法造法，而非宪法造法”[29]。也许，一个“更为自由派的司法”就会期望放弃禁止授权原则，这也无须正式的宪法修正。[30]

---

〔22〕 295 U.S. 495 (1935). 首席大法官休斯也认为 1935 年烟煤保护法有赖于“取消对立法权授出的所有限制”的理论。Carter v. Carter Coal Co., 298 U.S. 238, 318 (1936)(休斯首席大法官的协同意见)。

〔23〕 293 U.S. at 414-415, 433.

〔24〕 同上注，第 408-410 页。

〔25〕 同上注，第 430 页。

〔26〕 295 U.S. 521-524.

〔27〕 同上注(卡多佐大法官的协同意见)。

〔28〕 例可参见 Daniel B. Rodriguez, The Administrative State and the Original Understanding: Comments on Eskridge and Ferejohn, 8 J.L. Econ. & Org. 197, 200 (1992)(指出“新政及新政之后的诸多规制法律……可能与严肃的禁止授权原则存在冲突”)。

〔29〕 Carl Brent Swisher, *American Constitutional Development* 910 (1943)；亦参见 Patrick W. Duff & Horace E. Whiteside, *Delegata Potestas Non Potest Delegari: A Maxim of American Constitutional Law*, 14 Cornell L.Q. 168, 195-196 (1929)(“这远非一个宪法原则，似乎我们的箴言不曾用于或很少适用于立法机关对政府工作的配置……要断言权力不得被转授的学说是宪法原则，那么只是建立在最薄弱的隐含语义上，或者是不成文宪法的产物。”)

〔30〕 参见 President Franklin D. Roosevelt, *A "Fireside Chat" Discussing the Plan for Reorganization of the Judiciary* (Mar. 9, 1937)(宣布他向联邦最高法院增加其他法官的计划，以使得法院以更友好的姿态对待他的新政主张), in The Public Papers and Addresses of Franklin D. Roosevelt, 122, 133 (Samuel I. Roseman ed., 1941).

相对于禁止授权原则的销蚀，新政革命中更为引人注目的，是同时代对宪法权利和联邦主义进行解释时，学说所发生的变化。对权力分立的重新配置，无疑并不那么明显，因为历经演进后，在新政时期所发生的冲突中，相对于围绕实体性正当程序〔31〕或州际贸易〔32〕展开的论争而言，禁止授权原则的作用要小得多。此外，与针对其他法律领域的做法不同，新政期间的联邦最高法院没有割裂与早先禁止授权原则的联系，它在禁止授权原则上的转向既不突兀，也无戏剧性。美国联邦最高法院判例汇编第301册中，妥帖地涵盖了1937年宪法革命的内容，但其中并未收录任何一个影响深远的关于立法权授出的判例。对分权的重构是渐次开展的，且并未伴有强烈的异议，并未有古老宪法真谛遭到减损的喟叹。

然而当时认为，禁止授权原则的销蚀，是新政时期锻造和重构宪法秩序的重要部分。〔33〕作为罗斯福总统的顾问，宪法学者爱德华·考文(Edward Corwin)在当时观察到"在权力分立原则的支持下……美国宪制政府中的重要架构原则……在新政者之手"中，被显著改变。〔34〕法官们抓住的一个基础性事实是："授权立法实践注定会与政府干预经济的整体观念发生紧密联系。"〔35〕"换言之，政府干预主义意味着，权力分立原则作为防止总统与国会权力集中的屏障，将被减损到最低限度。"〔36〕

罗伯特·库什曼(Robert Cushman)指出，对于禁止授权原则，联邦最

---

〔31〕 参见 Gillman，前注〔10〕，第2-5页(对于洛克纳时代联邦最高法院实体性正当程序的法律理论，就相关学术研究成果进行了归纳)。

〔32〕 参见 Barry Cushman, *Rethinking the New Deal Court: The Structure of A Constitutional Revolution* 139 (1998)(指出与新政贸易条款相关的案件"在'及时转变'的叙事中，具有核心地位")。

〔33〕 另一种由新政拥护者提出的论断是，在罗斯福总统的第一个任期，联邦最高法院已经背离了已有的先例，且向国会不当地施加了新的禁止授权要求。如 Edward S. Corwin, *The President: Office and Powers*, 1787-1984, 147 (Randall W. Bland et al. eds., 5th rev. ed. 1984)(以下简称 Corwin, *The President*)(总结了新政之前的立法授权案件，且认定，"简言之，国会在必要时需授出权力，以实现所欲的结果")。其他意见认为，联邦最高法院否定产业界的准则，这只是个例，针对的是独特的问题，这涉及"政府机关向私人个体"的授权。Hugh Evander Willis, *Constitution Making by the Supreme Court Since March* 29, 1937, 15 Ind. L. J. 179, 182 (1940).

〔34〕 Corwin, *Constitutional Revolution*，前注〔7〕，第102页。

〔35〕 同上注，第104页。

〔36〕 同上注，第105页。科文后来观察到，"最高法院的司法旨趣日渐增长，而禁止授权原则随后则遭到了它的贬谪"。Corwin, *The President*，前注〔33〕，第149页。

高法院的倾向似乎是“鱼和熊掌不可兼得”,一方面支持立法权的授出,认为“这对政府管理具有至关必要的意义”,同时又主张“立法权不能被授出”。[37]《康奈尔法学季刊》的学生编辑观察到,尽管法院“名义上宣称立法权不可授出,但随着政府运营范围的扩张,不能向行政机关授予立法权的限制,成了纸上具文”。[38] 回顾 20 世纪 30 年代立法和司法的发展,一位评论者认为记录“产生的问题是,被授予的权力不能被再授出的信条,在当今宪法中是否还有显著意义”[39]。对于由此提出的问题,认为只具有修辞学上的意义。“这一箴言在实质上已经不那么准确。”[40]

之后关于新政宪法革命的记述便例行关注禁止授权原则的崩塌。[41] 二战期间,历史学家本杰明·赖特(Benjamin Wright)提出的警示是,联邦最高法院并未正式推翻其早先的禁止授权判例,那些判例中体现出的原则依然是缓和国会过度授权热情的“门后猎枪”(shotgun - behind - the - door)。[42] 但是,新政体制历经若干年实践后,行政法学家肯尼斯·卡尔普·戴维斯(Kenneth Culp Davis)劝告律师,在诉讼中提出禁止授权原则“对其客户而言,弊大于利”;“现如今,不应再去认真对待一些陈旧司法判决意见中不切实际的冗辞。”[43]瑟古德·马歇尔(Thurgood Marshall)法官断言,禁止授权原则“和同时代的实体性正当程序进路一样,已处于濒死边缘——联邦最高法院愿意为此写一份讣告……或者更甚”。[44]

近年来,许多保守派学者和律师呼吁禁止授权原则的重生,他们认为该

---

〔37〕 Robert E. Cushman, *The Constitutional Status of the Independent Regulatory Commissions*, 24 Cornell L. Q. 13, 27 (1938).

〔38〕 Jack L. Ratzkin, *Notes and Comments*, 26 Cornell L. Q. 699, 699 (1941).

〔39〕 Charles B. Nutting, *Congressional Delegations Since the Schechter Case*, 14 Miss. L. J. 350, 367 (1942).

〔40〕 同上注。

〔41〕 例可参见 Swisher,前注〔29〕,第 964 页。(发现由于立法草案变得更好,或是由于“法院人事变动”,1937 年后,未因禁止授权而否定任何一部法律的效力);亦见 White,前注〔11〕,第 126 页(将司法机关对行政机构的抵抗,描述为新政必须克服的一部分)。

〔42〕 Benjamin F. Wright, *The Growth of American Constitutional Law* 220 (1942).

〔43〕 Kenneth Culp Davis, *Administrative Law and Government* 55 (1960).

〔44〕 Nat'l Cable Television Ass'n v. United States, 415 U. S. 352, 353 (1974).

原则是在20世纪早期的宪法变革中被废止的。[45] 威廉·伦奎斯特(William Rehnquist)法官带头主张,20世纪30年代的禁止授权判例"遭受了过度司法决策之扰,因此困扰了那个时代的其他判决"[46]。他对同仁的呵责是,"认定违宪的立法授权无效,是我们不容回避的职能,我们不应将其置于关切之外,我们应重振现已被毁损的那些新政前的宪法原则"[47]。

罗纳德·里根总统任内的司法部认为,新政之后联邦最高法院的法律理论也许与"严格的麦迪逊式分权概念"不一致。[48] 曾被提名但未获准出任最高法院大法官的道格拉斯·金斯伯格(Douglas Ginsburg)认为,最高法院在面对国会时过于怯懦,以至于无法执行宪法的基本原则。[49] 金斯伯格法官将赌注置于巡回法院意见的撰写,试图来复兴禁止授权原则。[50] 作为法庭之友,自由主义智库卡托研究所抱怨道,自新政以来,联邦最高法院"很大程度上放弃了"其实施禁止授权原则的责任。[51] 传统基金会(Heritage

〔45〕 例可参见 Lawson,前注〔6〕,第1240-1241页(认为现代行政国家是由"完全空洞的立法"构成,"对宪法中禁止授权原则给出任何看似合理的解释,都能轻易击溃它")。当联邦最高法院否定新政的关键政策时,使得他人转而悲叹,保守主义法律运动导致了"黑色星期一"的回归。Alfred C. Aman, Jr., *Introduction to Symposium: Bowsher v. Synar*, 72 Cornell L. Rev. 421, 426 & n. 29 (1987)(指出联邦最高法院一些保守的判决采用了形式主义的分权进路,不免让人想起巴拿马案和谢克特案);亦见于 Cass R. Sunstein, *Radicals in Robes: Why Extreme Right-Wing Courts Are Wrong for America* 204-205 (2005)("禁止授权原则的大规模司法复兴,对于改善政府运作现状而言收效甚微。反而可能使局面变得更糟,甚至可能非常糟");Eric A. Posner & Adrian Vermeule, *Interring the Nondelegation Doctrine*, 69 U. Chi. L. Rev. 1721, 1722 (2002)("就宪法文本和结构、标准的原初主义源流和健全的政治经济理论而言,禁止授权原则都缺乏基础")。

〔46〕 *Indus. Union Dep't v. Am. Petroleum Inst.*, 448 U.S. 607, 675 (1980)(伦奎斯特大法官的协同意见)。

〔47〕 同上注,第686页。

〔48〕 Office of Legal Policy, U. S. Dep't of Justice, *The Constitution in the Year 2000: Choices Ahead in Constitutional Interpretation* 180 (1988).

〔49〕 参见 Douglas H. Ginsburg & Steven Menashi, *Nondelegation and the Unitary Executive*, 12 U. Pa. J. Const. L. 251, 264 (2010)("在具民主性的立法机关面前,司法呈退缩姿态,在司法的合谋下,允许了授权的蔓延。")

〔50〕 参见 *Am. Trucking Ass'ns v. EPA*, 175 F.3d 1027, 1038 (D.C. Cir. 1999)(裁定《清洁空气法》中的规定及已有行政机关的解释,构成了违宪的立法权授出)。哥伦比亚特区巡回法院将案件发回原行政机关,以期其就决策程序发展出更为适当的、有约束力的标准,然而该案最终却被 *Whitman v. Am. Trucking Ass'ns*, 531 U.S. 457 (2001)推翻。

〔51〕 Brief for the Institute for Justice and the Cato Institute as Amici Curiae Supporting Respondents at 11, *Whitman v. Am. Trucking Ass'ns*, 531 U.S. 457 (2001) (No. 99-1257).

Foundation)的一位作者对当今保守派的普遍观点做了恰当的总结:"行政国家是极度有违宪法的政府形式",这部分因为"将立法权授予"行政机关,有其必要性。[52] 此外,正如加里·劳森(Gary Lawson)所言,"自1935年以来,联邦最高法院便从未以禁止授权原则为根据,否决过一部国会法律,这并非因为缺乏机会"[53]。

二、禁止授权原则的发展

(一)宪法基础

美国联邦宪法虽未明确规定分权原则,但关于权力分立的承诺显见地贯穿于宪政体制及宪法文本的多项规定中。宪法第1条明确规定,"在此赋予的所有立法权,属于合众国议会"[54]。宪法第2条和第3条也包含着授权条款,将"行政权"交于合众国总统的掌控,[55]"合众国司法权……属于最高法院和国会不时规定和设立的下级法院。"[56]宪法由此确认了不同功能权力的存在,根据权力的特征,可将其界定为立法权、行政权或司法权,并将这些权力配置给不同政府机关或官员。

宪法在一定程度上偏离了纯粹的权力分立模型,且允许在不同政府分支间共享部分权力,宪法文本中阐明了这些例外。[57] 例如,无论是在宪法

---

〔52〕 Joseph Postell, *From Administrative State to Constitutional Government*, Heritage Found. 4(Dec. 7,2012), http://www.heritage.org/research/reports/2012/12/from-administrative-state-to-constitutional-government [https://perma.cc/7S7J-YNDD];亦见 Joel Hood, *Before There Were Mouseholes: Resurrecting the Non-Delegation Doctrine*, 30 Byuj. Pub. L. 123 (2015)(一种原旨主义的假设是,宪法要求强有力的禁止授权原则); Lawson,前注〔6〕,第1232页(认为"如今联邦政府的实际架构和运作几乎与宪法没有任何关系")。

〔53〕 Lawson,前引〔6〕,第1240页(省略了原文脚注)。

〔54〕 U.S. CONST. art. I, § 1.

〔55〕 同上注,第2条第1款。

〔56〕 同上注,第3条第1款。

〔57〕 就三种分支的组织模式而言,探讨了纯粹权力分立模式和监督制衡模式的区别,参见 M.J.C. Vile, *Constitutionalism and the Separation of Powers* 13-14 (2d ed. 1998).

体系中引入某种程度的权力制衡机制，还是利用政府效能中某些可能的优势，总统都可通过行使其否决特权，来分享立法权。〔58〕类似地，参议院通过对任命政府官员的提名和同意，来分享行政权。〔59〕

在政府分支间分享政治权力，意味着宪法在控制政府政策的问题上，创设出特定的机制，发出了对“争斗的邀请”。〔60〕不过，宪法也为每一政府分支规定了特定的、不可出让的核心权力与权威。虽然并未明文禁止将立法权授予其他主体，但长期以来认为美国宪法中隐含着这样的规则。

在这些宪法文本的规定中及更为宽泛的分权框架下，禁止授权原则之所以能有容身之地，对此存在诸多论说和解释。分权观念本身可能认为，行政官员应当保持克制，或应禁止行政官员行使立法权，〔61〕长期以来，认为立法和行政职能集于一身，是对自由的严重威胁，自由宪政理论的核心原则之一，便是将明显不同的政府职能分配给不同的政府分支。孟德斯鸠有这样的名言“当立法权与行政权集中在同一个人或同一机关时，自由便不复存在”，〔62〕他认为不仅制宪者要谨慎地分离这两类权力，之后还要禁止政府官员将最初分离的权力再度集中。〔63〕

在此将分权原则和正当程序的关切相结合。法官和普通公民都应知晓规则是什么，进而方能以系统化、可预见的方式来遵守规则。若立法机关发布的命令是模糊的，法官只能径自决定如何适用，这样一来公民面临的风险是，他不是受确定的法律支配，而是个人以个别化判断的方式，对其加以

---

〔58〕 U.S. CONST. art. I, § 7.

〔59〕 同上注，第2条第2款。

〔60〕 Corwin, *The President*，前引〔33〕，第201页。

〔61〕 宪法学者M.J.C.维尔总结道，在现代行政国与政府三种权力分立的传统理论之间，不可能寻求两者之间的有效调和。Vile，前注〔57〕。

〔62〕 Baron De Montesquieu, *The Spirit of the Laws* 202 (David Wallace Carrithers ed., Thomas Nugent trans., 1977) (1748).

〔63〕 一种密切相关的论述强调了正当程序或法治原则。立法和行政权的结合，使个人不是受常规化的、周知的规则约束，而是处于恣意或纯粹裁量权之下的风险。例可参见，Cushman，前引〔37〕，第23-24页（认为联邦最高法院的正当程序是“灵活和务实的学说”，以规制在三个分支间权力融合的尝试）。

支配。〔64〕

更糟糕的是，法官在评判行政官员的行为时，没有确定的标准。广泛授权下的权力行使和简单的恣意裁量之间，几乎不存在实质差别。在这两种情形下，诸如法官的第三方，无法判断政府官员的行为，是否为已有规则所认可，或受已有规则的束缚。罗伯特·库什曼甚至论称，“现在只要法律的正当程序依然得到宪法的有效保障，就可以安全地废止禁止授出立法权的原则”。〔65〕对正当程序和禁止授权原则的考量，将导向同类宪法原则的生成。

略有不同的是，有论者认为，立法职能应专属于代议制机构，认为将立法权转移给可问责性和代表性较弱的机构，是不适当的。〔66〕英国政治学家约翰·洛克(John Locke)的主张中体现了这一点：

立法机关不能将制定法律的权力转让给任何其他机关。因为立法权来自于人民的授权，拥有立法权者不能将其转交给他人……当人民表明，我们要提出规则，并接受特定的人以特定形式制定的法律的管理时，其他任何人不能主张由另外的人为人民制定规则，除了人民选择并授权的主体制定法律外，人民不受其他任何法律的约束。〔67〕

19世纪末的法学家托马斯·库里(Thomas Cooley)在说明如下观点时引用了上述原则，“将高度的特权托付给立法者，但不托付给其他主体，因为立法者具有智慧、判断力和爱国主义精神”。〔68〕

洛克派哲学家对于立法机关不能将法律制定权转移给其他主体这一假

---

〔64〕 授权背离了边沁式的希冀，这希冀是法典化和法律的透明化，与之相伴的是立法者成为重要的政策制定机构。例如 Cecil T. Carr, *Delegated Legislation* 1 (1921) (“我们议会的立法活动越来越依赖补充立法。在这个意义上，超过半数的现代立法并不是对法律的完整表述。”)

〔65〕 Cushman，前引〔37〕，第33页。

〔66〕 David Schoenbrod 做出了一个相关的论断，主张扩张性地授予行政机构立法权，导致了更差的公共政策。David Schoenbrod, *Power Without Responsibility*: *How Congress Abuses the People Through Delegation* 125-131 (1993).

〔67〕 John Locke, Second Treatise of Government §141 (Thomas P. Peardon ed., Liberal Arts Press 1952) (1690).

〔68〕 Thomas M. Cooley, *The General Principles of Constitutional Law in the United States of America* 97 (1880). 在勾勒20世纪中期的美国国家时，西奥多·罗伊把对民主和法治的关注相关联。参见 Theodore J. Lowi, The End of Liberalism 125 (2d ed. 1979) (“在国家法律的统治下，当欠缺标准时，可能会导致多元主义，但这是特权的多元化和渠道的收紧……”)

定，可能会有更为形式主义的解读。洛克指出“只有人民能够约定共和国的形态”，因此没有被统治者的同意，政府官员不能改变相应的形态。[69]“经常被援引的普通法上的箴言是，‘被授予的权力不得再次被授出’”，这常被视为下述公认观点的权威论据：被委以权力者必须亲自执行委托内容，且不能将此权力进一步授予“能力和品格不为授权者所知的其他人，或如果知道其品性，授权者不会出于此目的选择的其他人”[70]。索蒂里奥斯·巴伯(Sotirios Barber)将其完全定位为“宪法至上”。[71]一旦“组建政府的选举行为完成……政府及其隶属部分即不能改变对职位和权力的宪法安排”[72]。国会不能“放弃”制宪者仅仅赋予它的立法权。

当然，对此也有诸多怀疑论者。罗伯特·杰克逊(Robert Jackson)法官认为宪法及其制定者“十分明显地”“考虑到了很大的授权空间”，并且不会为如此必要的治理举措设置阻碍。[73]沃尔特·盖尔霍恩(Walter Gellhorn)在他很有影响力的行政法案例教科书中，指责法院在禁止授权判决表现出“逻辑的匮乏”，这导致他们在名义上坚持一个无法操作的规则时，屡屡诉诸“必要性”。[74]路易斯·贾菲(Louis Jaffe)率直地认为，“‘立法’权的授出是现代治理中的动力源”，对此的法律异议不过是“经济权力持有者”的吹毛求疵。[75]政治学家约翰·罗氏(John Roche)的结论是，原初的分权概念仅基于“针对联邦政府机关所展开的，简单、切合实际的划分”，并未针对向行政机关授出广泛的立法权设置藩篱。[76]一般认定的禁止立法权授出“已为约翰·马歇尔勾勒的宪法逻辑推翻”，国会有着完整的权力，相应地，

---

〔69〕 Locke，前注〔67〕，§ 141。

〔70〕 Joseph Story, *Commentaries on the Law of Agency* § 13 (1839).

〔71〕 Sotirios A. Barber, *The Constitution and the Delegation of Congressional Power* 37 (197S).

〔72〕 同上注。

〔73〕 Robert H. Jackson, *The Struggle for Judicial Supremacy* 92-93 (1941).

〔74〕 Walter Gellhorn, *Administrative Law: Cases and Comments* 175 (1940).

〔75〕 Louis L. Jaffe, *An Essay on Delegation of Legislative Power*, 47 Colum. L. Rev. 359,359 (1947).

〔76〕 John P. Roche, *Distribution of Powers*, in 3 International Encyclopedia of the Social Sciences 300, 305-307 (David L. Sills ed., 1968).

任何对授权的限制应被理解为“政治性的，而非宪法性的”〔77〕。自新政以来，怀疑论者已经占据了主导地位。〔78〕

(二)联邦最高法院对禁止授权原则的适用

在新政前及新政期间的历史上，联邦最高法院在周期性地应对禁止授权原则带来的难题。〔79〕在其早期历史上，最高法院认为该原则的宪法意义在于，限制国会将立法权授予其他政府官员。最高法院会定期要求对禁止授权原则进行详细阐述，在新环境中适用此原则，并评估国会在制定公共政策时，有怎样的立法创新。新政之前，对于国会向其他主体授出规则制定权的决定，最高法院予以了一贯的尊重。新政期间，最高法院曾概略地适用禁止授权原则，来否决国会立法，之后又迅速折返到此前的尊重姿态。最高法院自身的历史说明，新政时期其围绕禁止授权原则展开的战役，应被视为偏离宪法规范的乖僻状态，而非历史上理解和适用联邦宪法时的典型状态。

在杰斐逊时代，最高法院首次以存在违宪的立法授权为由，对联邦法律提出异议。〔80〕饱受争议的贸易禁令为了避免美国卷入英法战争，要求美国船只留在国内，这为 1809 年不接触法案(The Non-Intercourse Act of 1809)取代。〔81〕早先的立法强加了全面的贸易禁运，1809 年不接触法案中的禁运则主要针对英法两国的武力，并授权总统其认为牵涉美国中立的商贸权利时，即可将该禁运令范围扩展到针对任一国家。〔82〕国会在 1810 年对 1809 年法案中的条款做了延展，同时暂缓了该法案的实施，给予了英法两国一段固定的期限，可以来放弃其针对美国航运所采取战时政策的期

〔77〕 同上注，第 306-307 页。

〔78〕 例可参见 Peter H. Schuck, *Delegation and Democracy: Comments on David Schoenbrod*, 20 Cardozo L. Rev. 775, 778 (1999) (“我们可能需要更多地向行政机构授权，而非更少。”)

〔79〕 对关键判例的详细解读，一般地可参见 Andrew J. Ziaja, Hot Oil and Hot Air: *The Development of the Nondelegation Doctrine through the New Deal, a History*, 1813-1944, 35 Hastings Const. L. Q. 921 (2008).

〔80〕 就联邦最高法院早期关于立法授权案件的回顾，参见 Keith E. Whittington, Judicial Review of Congress Before the Civil War, 97 Geo. L. J. 1257, 1291-1992 (2009).

〔81〕 Cargo of the Brig Aurora v. United States, it U. S. (7 Cranch) 382, 382-385 (1813).

〔82〕 同上注，第 383 页。

限。[83] 总统被赋予宣布英国或法国是否与美国达成协议的职责。[84] 英国没有作出让步,禁运令的条款也生效实施。[85] 海关官员随后在新奥尔良港,以从利物浦进口货物违背英国的禁运令为由,扣押了布里格奥里拉货船(brig Aurora)的船货。[86]

货主向联邦法院提起诉讼,除了其他问题之外,主张1810年不接触法案中的条款违宪。[87] 货主论称,尤其不应允许国会"将立法权授予总统",且给予总统宣布"法律实施"的权力。[88] 布里格奥里拉货船的律师质问道:"是否有人听说过附条件的惩戒法律……?"[89]不同寻常的是,首席大法官约翰·马歇尔没有撰写该案的判决意见,而是将这项任务交给了杰斐逊派的法官威廉·约翰逊。[90] 约翰逊法官没有从细节上对任何宪法问题加以检视,他只是观察到,最高法院"没有看到充分的理由,说明立法机关为何不应行使裁量权,来恢复已停止适用的法律……在(立法机关)的判断中,本应以明示或暗示的方式导出相应的理由"[91]。

尽管禁止授权问题是由辩护人提出的,但法官并未就对此种情形的评判阐述任何特定的原则,且很大程度上未予考虑的是,此法律的架构涉及授予"总统以立法权"的框架。[92] 相反,最高法院保留了总统在引发贸易禁运令上的法定角色,并聚焦于立法机关的裁量权力,"如果在随后发生任何事件的组合",在此条件下立法机关有延展禁运的权力。[93] 当强调法律诉讼的事实前提时,作为积极力量的总统权力被淡化。判决意见的架构含蓄地表明,总统仅仅是事实认定者,而非法律制定者。总统"恢复"法律的适用,仅仅是在机械地判断其是否已满足国会规定的事实条件。结果是,马歇尔法院支

---

[83] 同上注,第383-384页。
[84] 同上注,第384页。
[85] 同上注。
[86] 同上注,第382页。
[87] 同上注。
[88] 同上注,第386页。
[89] 同上注。
[90] 同上注,第387页。
[91] 同上注,第388页。
[92] 同上注,第386页。
[93] 同上注,第388页。

持了附条件立法的可能性，但针对过度授出立法权的可能问题，其所言甚少。[94]

在19世纪20年代，最高法院分析了另外两部法律面临的合宪性质疑，其间更为直接地涉及禁止授权原则。第一个是 Wayman v. Southard 案，该案涉及的两个相关问题，由1789年司法法(Judiciary Act of 1789)的妥协性质引发。[95] 该法令要求“若干州的法律”，除另有规定外，“视为美利坚合众国法院作出普通法判决的依据”[96]。国会不是去创设特有的联邦司法程序规则体系，而是倾向于让联邦法院与州法院的规则保持一致。特别是在州法持续演进的背景下，实现上述目标最简单的方式是，借用州法已经形成的司法程序。国会事实上已将制定联邦民事诉讼程序的任务授权给州。而且，这些规则的发展往往依赖于法官，而非立法者。

Wayman 案中的律师强调，实体性利益与规制司法程序利益有关，如违反无效合同的可得救济。[97] 律师主张“制定这些规章的权力专属于立法部门……立法者有制定规则的职责，法官来适用规则”[98]。作为回应，首席大法官马歇尔承认，国会不能“将严格意义上排他性的立法权授予给最高法院，或者其他法庭”。[99] 问题在于，对于可能不是“严格意义上排他性的立法权”的权力，国会也许会选择不亲自实施。[100] 马歇尔认为：

哪些重要事项必须完全由立法机关亲自规范，其界限并不明晰，对于涉

〔94〕 联邦最高法院在处理针对国会反盗版法律提起的合宪性质疑时，同样也在某种程度上触及了隐含的禁止授权问题。参见 United States v. Smith, 18 U.S. (5 Wheat.) 153 (1820). 丹尼尔·韦伯斯特(Daniel Webster)认为国会有义务界定盗版犯罪，不应授权法院界定之。同前注，第156-157页。(“国会必须界定它，而不能任意交由司法解释去界定。”)约瑟夫·斯托里(Joseph Story)大法官的回应是，盗版“是一个具有确定且广为人知含义的术语，且能够对其包含的所有要素进行枚举”。同前注，第159页。在判断何种行为构成盗版犯罪时，法官是在解读和适用法律，而非创造法律。参见同前注。这一问题在后来的案件中反复出现，但都产生了同样的结果。例可参见 In re Kollock, 165 U.S. 526, 533 (1897) (“完全由法律来界定刑事犯罪，由国内税务局局长来认定品牌和标识，仅仅是细节问题。”)

〔95〕 23 U.S. (to Wheat.) 1 (1825).

〔96〕 Judiciary Act of 1789, ch. 20, §34, 1 Stat. 73, 92[当前版本收录于 28 U.S.C. §1652 (2006)].

〔97〕 Wayman, 23 U.S. (to Wheat.) at 13-14.

〔98〕 同上注，第14页。

〔99〕 同上注，第42-43页。

〔100〕 同上注。

及较少利益的事项，也许可由国会制定一般规范，给予执行这些一般规范的机关以权力，令其来填补细节。[101]

在可允许和不可允许的授权之间，有必要确定“精确的界限”，但马歇尔并不打算处理这一“微妙且复杂的问题”。[102] 足以肯定的是“法律制定者会将一些事项交由其他部门裁量”，并且这一特别授权经过了周密考量，且有助于推进当时的国家利益。[103]

史密斯·汤普森(Smith Thompson)法官在几年后的Bank of the United States v. Halstead案中，提及同一问题。[104] 他注意到，司法程序规则仅和法院官员的“部门责任”相关，而不再“是对立法权的分享，且在大量案件中，仅表现为在行使授予每个政府机关的裁量权”[105]。但是汤普森似乎也回避了马歇尔所描述的“微妙且复杂”的问题，没有依据长期历史形成的惯例或实践，去划定适当授权和不当授权间的界限。[106] 若对此类案件中授权的合宪性“有任何质疑”，“应对此前实务中的解释给予足够权重”[107]。根据汤普森法官的论述，法院已在这个规则体系下平安无事地运作了近30年，已不再是质疑国会构建这样的体系是否合宪的时代。[108]

从马歇尔法院末期到19世纪余下的时期，最高法院明显很少论及立法

[101] 同上注，第43页。

[102] 同上注，第46页。

[103] 同上注，第45 46页。当就司法程序向联邦或州层面的立法机关或法官授权时，马歇尔法院掩盖了两者之间的区别。一部联邦法律授权州立法机关在州范围内，设定对联邦土地的矿产规制，联邦最高法院此时更为直接地处理了联邦向州授权涉及的问题，认为设定这样的规制，“就其极致层次而言，也不具有立法属性”，而仅仅是“确定次要问题”。当再次审视相关联邦法律时，它们已存在多年，且围绕着其推定的效力，已聚集了实质性的信赖利益。Butte City Water Co. v. Baker, 196 U.S. 119, 126 (1905).

[104] 23 U.S. (to Wheat.) 51, 61-62 (1825).

[105] 同上注。

[106] 同上注，第62-63页。

[107] 同上注。联邦最高法院后来对国会授予法院立法权的条件做了明确约束：依据宪法第三条设置的法院不能处理案件和争议之外的问题。参见Keller v. Potomac Elec. Power Co., 261 U.S. 428, 441-443 (1923)(主张国会不能授权联邦地区法院设定哥伦比亚特区的公用事业费率，因为这应是立法权而非司法权的运作)。

[108] Halstead, 23 U.S. (to Wheat.) at 63-64.

权授出的问题。[109] 马歇尔法院很大程度上避免了去认真运用禁止授权原则及其标准的局面，最高法院最终在 19 世纪末期直接、有力地应对了这一问题。在镀金时代，联邦政府和州政府都开始尝试新的规制框架和政府机构，这模糊了立法、行政和司法的传统界限。[110] 但作为行政国家的发展，这并未创设出第一例具有显著意义的联邦案例，来应对过度授出立法权的问题。

相反，与最早的禁止授权判例类似，Field v. Clark 案也涉及国际贸易的规制，以及总统介入到法律适用的启动。[111] 1890 年关税法案授权总统以公告的方式，来针对没有和美国展开互惠自由贸易的国家，就其特定货物征收较高的税率。[112] 如同马歇尔法院所做的那样，最高法院在 Field 案中观察到，"自组建政府至今，国会频繁地就贸易和商业事项向总统授权"，且指出"对于处理当下的问题而言，此事实具有重要的权重"[113]。但相对马歇尔法院而言，最高法院在 Field 案中，更注重基础原则的意义："国会不能将立法权授出，这是一项广泛被接受的原则，这对保证宪法导控的政府系统的纯洁与运作，具有至为重要的意义。"[114]这一时期最高法院更愿去尝试探究允许授权和不允许授权间的界限。[115] 哈伦(Harlan)法官解释道：

1890 年关税法案面临的质疑与禁止授权原则的范畴并不一致。该法案并未在真正意义上授予总统立法权……国会制定了法案中的条款……即，总统确信或发现存在不公平不合理时现象，暂停对任何国家生产和出口的特定商品或美国的农产品、其他产品所征收的税费。国会预先规定了征

[109] 联邦最高法院概略性地认识到，如州法院已认识到的，州立法机关将本州土地征收权授予铁路公司，符合适当的公共目的。例可参见 Queensbury v. Culver, 86 U.S. (19 Wall.) 83, 90-91 (1873)（支持为帮助铁路公司获取土地，授权市镇发行债券的一部州法律）；Olcott v. Supervisors, 83 U.S. (16 Wall.) 678, 691 (1872)（"若铁路公司将征收的财产用于公共事务……这样的授权可能就具有正当化根据。"）

[110] Herbert Hovenkamp, *Regulatory Conflict in the Gilded Age: Federalism and the Railroad Problem*, 97 Yale L.J. 17, 107 (1988)（将镀金时代描述为"产业规制的经济和政治都在经历剧烈变化"的时期）。

[111] 143 U.S. 649, 692-693 (1892).

[112] 同上注，第 680 页。

[113] 同上注，第 683 页。

[114] 同上注，第 692 页。

[115] 同上注，第 692-693 页。

收、征集和支付的税款……并不存在权宜，亦非直接将此种立法交由总统决定。[116]

总统"没有裁量权"，而只是"查明是否存在"国会明确规定的、引发一定法律特征的"特定事实"。[117]"当国会宣布，因发生特定的偶发事项，法令即暂停生效时，已在行使立法权。"[118]总统没有行使立法意志，也不是在"制定法律"，而只是"立法机关确定的代理人，来宣布他表达的意愿将发生效力"[119]。最高法院援引了早先州法院的判决，关注的重点放在了"裁量"上。[120] 政府机关无论如何行使裁量权，都是在履行法律制定职能。如果国会具体规定了不同法律规定发生相应法律效果的系列条件，并指定代理人确定是否满足这些条件，那么国会就没有授出法律制定权。[121]

几年后，最高法院的确触及了行政国家下的普遍问题，但也掩饰了法官们此前讨论禁止授权原则时的质疑。在处理涉及州采矿规制的案件时，最高法院遇到了第14修正案中的问题。[122] 法律规定检查人员在"他认为必要且合适时"检查矿山。[123] 最高法院面临的问题是，授予行政官员对矿山加以分类并确定检查时间表的裁量权，是否符合宪法的正当程序要求。[124] 法院没有关注检查人员是否被授予了裁量权，也没关注检查人员"滥用……裁量"的可能性。[125]

在论证此立场时，最高法院的认识是，"立法权不能被授出"，同时"这一规则存在某些例外"，如在 Aurora 案和 Field 案中那样，国会可以制定附条件的法律，让总统得以利用自己的裁量权。最高法院继而转向了本案，在未做解释的情况下，认定矿山规制为禁止授权原则的合理例外。[126] 最高法院

---

〔116〕 同上注。

〔117〕 同上注，第693页。

〔118〕 同上注。

〔119〕 同上注。

〔120〕 同上注，第693-694页。

〔121〕 同上注。

〔122〕 St. Louis Consol. Coal Co. v. Illinois, 185 U.S. 203, 204-206 (1902).

〔123〕 同上注，第208页(着重号为原文所加)。

〔124〕 同上注，第207-209页。

〔125〕 同上注，第209-210页。

〔126〕 同上注，第210页。

主张,"当立法机关发现,出于检查目的对矿山进行分类,不具有可操作性时,即可把此项权力委任给既有矿业实操经验,又熟知做出合理分类所必需细节的专家组。[127] 虽然处于第14修正案的背景下,但最高法院关于禁止授权原则的主张是一般化的。对于多久要对特定矿山检查一次的特定事实,由具备必要"实务知识"的"行政官员"做出决定,似乎"显然是有必要的"。[128]

不久之后,一个将掺假茶叶逐出美国市场的案件,涉及财政部长的裁量权,最高法院结合了Field案中的推理,来应对关于行政官员的专家知识这一新关切。[129] 在Buttfield v. Stranahan案中,最高法院援引Field案,以说明"国会就某一问题立法时,达到合理可行的程度即可",并否认国会行使权力以赋予行政官员裁量权,会功能性地宣告"国会不能有效地全权行使在对外贸易监管方面的权力"[130]。对于行使列举权力而言,向行政官员授予裁量权,是一种必要且合理的手段。行政官员行使裁量权"是运用了自己的判断,忠实地执行,"最高法院对行政官员的裁量基准与国会意图是否一致这一问题,没有作出裁决。[131]

最高法院此后认可,如果个别桥梁阻碍州际贸易,由国会决定是否展开调查和处理,亦由国会决定是否对每一座桥梁的规制加以立法,或是否颁布"一项一般性规则,并授权战争部长,查明特定情形是否属于国会规则所及的范围"[132]。只要战争部长"将执行国会明确表达的意志","不能认为他行使了严格意义上的立法权或司法权"[133]。"鉴于广泛且多样化的利益团体都不时要求国家立法",由国会亲自调查私人行为是否阻碍了州际贸易,不具有可行性。[134] "航行应免受不合理的阻碍"是对行政官员的有效指

---

[127] 同上注,第211页。

[128] 同上注;也参见Douglas v. Noble, 261 U.S. 165, 169-170 (1923)(判决支持了授权行政委员会制定牙医许可标准的决定)。

[129] 参见Buttfield v. Stranahan, 192 U.S. 470 (1904).

[130] 同上注,第496页。

[131] 同上注,第496-497页。

[132] Union Bridge Co. v. United States, 204 U.S. 364, 386 (1907).

[133] 同上注。

[134] 同上注。

引。〔135〕若国会做不到这一步,将“影响政府机构的运作”,且“即使不引起瘫痪,也会引发公共事务领域中的混乱”〔136〕。

在随后的一个案件中,最高法院走得更远,认为只要行政官员的“行事没有超出法令积极要求的范围,或者行事也未被认为违法”,“就不是在立法”。〔137〕若行政官员“将自己限定在法令涵盖的范围内”,即使国会没有明示由行政机关制定具体规则,也并无关紧要。〔138〕

在进步时代,最高法院愿意将政府官员的几乎全部行为认定为非立法性的。当州际贸易委员会要求其规制的所有企业采用统一的会计系统时,最高法院认为这只是“在实施法令的细节”,由被规制企业向该委员会提交年度报告。〔139〕国会“仅对该委员会的导引,设定一般化的规则”,也就足够了。〔140〕

在另一个案件中,授权一个委员会对“没有教育意义、有违道德观念的、无趣的或有恶意的电影”进行审查,而没有针对审查者的“恣意、突发奇想和反复无常”提出制约,最高法院去检视其是否违反禁止授权原则。〔141〕最高法院通过说明“要赋予如此一般性规定以精确意义,需求助于人们的感觉和经验,来缓和这种担忧”。〔142〕最高法院的推理是,若要求立法者向行政官员授权时,应作出更为明确具体的表述,“州和联邦政府创设的大量行政机构的效用将被剥夺,且政府在其诸多最为重要的领域,将无法行使自己的权力”。〔143〕

类似地,在 Mahler v. Eby 案中,最高法院主张,尽管“行政机关在没有

---

〔135〕同上注。

〔136〕同上注,第 387 页。在谢尔曼反托拉斯法(the Sherman Antitrust Act)中,“一般法律规定”可能存在更多问题,但联邦最高法院迅速表示,法官所承担的只能是“政府部门起初就运用的职责”,且只能去判定“特定行为是否落在特定禁止范围”。Standard Oil Co. of N. J. v. United States, 221 U. S. 1, 69-70 (1911).

〔137〕United States v. Grimaud, 220 U. S. 506, 518 (1911).

〔138〕同上注。

〔139〕Interstate Commerce Comm'n v. Goodrich Transit Co., 224 U. S. 194, 215 (1912).

〔140〕同上注。

〔141〕Mut. Film Corp. v. Indus. Comm'n of Ohio, 236 U. S. 230, 245 (1915).

〔142〕同上注,第 245-246 页。

〔143〕同上注,第 246 页。

国会授权的情况下，不能行使驱逐外侨的权力”，但国会可能授予其驱逐“在美国不受欢迎的居民”的权力。[144] “‘在美国不受欢迎的居民’这一表述是足够明确”的授权，且能为行政分支提供导引。[145] 毕竟，美国的“历史经验已经赋予了‘不受欢迎的居民’以共识，这使其有了公认的判断标准”[146]。

在另一个案件中，国会全面授予了联邦无线电委员会分配无线电频率的权力。[147] 最高法院认为，若法院将这项授权解释为“为了公共便利、公共利益或必需”，而非“不确定地授出无限定的权力”，则认为该委员会是在执行国会意志，而非行使立法性的裁量权”[148]。进一步地，在 Wisconsin v. Illinois 案中，最高法院向与密歇根湖毗邻的州保证，战争部长会颁发建设运河的许可，这降低了密歇根湖的水位，此时不是在行使立法权，因为这类问题是“非常专业的问题”，“自然属于行政职能”。[149] 上述所有案件体现的基本原理，都是限制禁止授权原则的适用。特别若某些事务“由国会处理不可行”，那么可将其作为“行政职能”授出。[150]

值得注意的是，首席大法官威廉·霍华德·塔夫特（William Howard Taft）在 J. W. Hampton, Jr. & Co. v. United States 案中，试图提出一种更为清晰有力的学说，来评判立法权的授出。[151] 在 1922 年的关税法案中，国会创设了一种“灵活的关税规定”，即授权总统调整进口商品的关税，以弥补美国国产商品和他国竞争产品之间的差价。[152] 最高法院的推理是，在实践中，国会很难去判断相关成本的差异，并及时作出调整关税的回应，因此，将此权力授予海关税则委员会，令其作出此类判断，并设定相应关税，具有合理性。[153]

---

〔144〕 264 U.S. 32, 40 (1924).

〔145〕 同上注。

〔146〕 同上注。

〔147〕 Fed. Radio Comm'n v. Nelson Bros. Bond & Mortg. Co., 289 U.S. 266, 276 (1933).

〔148〕 同上注。第 285 页。

〔149〕 278 U.S. 367, 414 (1929).

〔150〕 参见 United States v. Shreveport Grain & Elevator Co., 287 U.S. 77, 8S (1932)（支持联邦食品药品管理局有权根据包装上货品数量应“明显且醒目”的要求，来判断“偏差是否合理”）。

〔151〕 276 U.S. 394, 400, 404-405 (1928).

〔152〕 同上注，亦见 Tariff Act of 1922, ch. 356, 42 Stat. 858（修订后汇编 19 U.S.C. § 1526 (2012)）（无论这样的价差存在与否，都要求总统征收关税）。

〔153〕 Hampton, 276 U.S. at 404-405.

相较于最高法院此前的做法，首席大法官塔夫特在说明此结果的正当化根据时，对禁止授权原则做出了更为详尽的论述。塔夫特引用了“众所周知的箴言‘被授予的权力不得再次被授出’”，〔154〕他论称，“国会若放弃其立法权，并将其交给总统，就会构成对联邦基本法律的违背”〔155〕。“对于请求援手的活动而言，只要在宪法领域内，不被认定为其他分支的活动”，国会就可以自由地向其他分支“寻求支持”，“请求其援手”。〔156〕判断立法机关是否走得太远，其关键是“根据常识的判断，以及政府部门协作的固有必要性”〔157〕。“国会应当通过立法行为，针对被授权设定此类费率的个人或机构，设定可理解的原则，这样的立法行为就不构成被禁止的立法权授出。”〔158〕若“不涉及私利，或仅仅是将这类立法的运营交由行政官员决定”，行政官员就不是在行使“立法权”。〔159〕在这种情况下，无论允许行政机关行使多大的裁量权，它也“只是法律制定部门的代理人”。〔160〕“可理解原则”标准被保留下来，成为最高法院的主要工具，来评判是否存在不被允许的立法权授出。〔161〕

在1935年之前，最高法院从未因不合宪地向行政机关授权，而否决任何一部联邦法律的规定。当最高法院对《1933年联邦工业复兴法》中的规定进行考量时，它意图适用其在禁止授权案件中一贯适用的同一标准。〔162〕最高法院的分析是，Panama Refining 案所涉争议的法条“赋予了总统无限

---

〔154〕同上注，第405页。

〔155〕同上注，第406页。

〔156〕同上注。

〔157〕同上注。

〔158〕同上注，第409页。

〔159〕同上注，第410页。

〔160〕同上注，第411页。

〔161〕例可参见 Mistretta v. United States, 488 U.S. 361, 372-373 (1989)(描述了在一起质疑联邦量刑指南的案件中，对可理解标准的适用)。

〔162〕参见 Panama Ref. Co. v. Ryan, 293 U.S. 388, 430 (1935)(指出，“法院认识到，授权是有限度的，宪法的权威不可逾越……当国会未宣布任何政策，未建立任何标准，未制定任何规则时”，授权法令就超出了所允许的授权范围)；也参见 A. L. A. Schechter Poultry Corp. v. United States, 295 U.S. 495, 541 (1935)(裁定一个条款作出了前所未有的授权，因为它没有规定行为规则和运营标准)。联邦最高法院在 Carter v. Carter Coal Co. 的判决意见中，对此更是模棱两可。多数意见认为“其以最可憎的方式作出了授权”，但关切点是，获得授权的私人团体“对不情愿的少数人的事务加以规制时”，是在行使政府的强制性权力，而非法律制定权。298 U.S. 238, 311 (1936).

的权力，总统可以在他认为合适的情况下，来确定政策取向，决定是否设置禁令”[163]。总之，“国会在未制定任何标准或规则的情况下，将这部分事务交由总统，令总统据其意愿处理”[164]。国会批准了总统的行为，但没有就在何种情况下采取何种行为，制定任何政策。

但即使在否定“热油”(hot oil)条款时，最高法院依然强调，

立法必须适应复杂的环境，而这牵涉到诸多国家立法机关无法直接处理的细节。宪法从未拒绝授予国会必要的资源，以保证国会的灵活性和可操作性，使得国会能履行职能，来制定政策，设定标准，留待特定机构在规定的限度内，来制定次级规则。[165]

然而最高法院始终坚称，国会授出规则制定权的能力受到一定限制。[166] 最高法院认为，新政早期立法的独特性在于，对于总统应否作出某一行为，“未曾设定要求，未曾对相应情形和条件加以界定”。[167] 国会没有制定政策，而是授权总统对特定事务制定政策。国会做了最高法院先前认为国会不应当做的事，它就特定事务，授予了行政官员“无限权力”。[168]

梳理了所谓的学说流变史后，最高法院在 1935 年的判决中，未否定关于禁止授权原则的论述，或许就不足为奇。在 1937 年的“及时转变”后，最高法院又开始使用新政前关于禁止授权原则的一般性论说。例如，最高法院将《1935 烟草检查法》与《国家工业复兴法》相区别，声称“在此，国会并非试图放弃宪法赋予的基本立法职能，也未打算将其授予其他主体”。[169] 最高法院重新强调“立法必须能适应细节丛生的环境，由立法机关来直接处理这些，是不现实的”[170]。

《烟草检查法》中指示，农业部长“针对烟草的种类、品级、规格、条件或

---

[163] Panama Ref, 293 U. S. 415.

[164] 同上注，第 418 页。

[165] 同上注，第 421 页。

[166] 同上注，第 430 页。

[167] 同上注。

[168] 参见 Fed. Radio Comm'n v. Nelson Bros. Bond & Mortg. Co., 289 U. S. 266, 285 (1933).

[169] Currin v. Wallace, 306 U. S. 1, 15 (1939).

[170] 同上注。

其他可能需要确定的特征,设定标准"[171],这是一种"熟稔的立法实践",并足以令国会"制定行政机关需遵循的政策"[172]。类似地,最高法院认为,在1937年农业市场协定法中,通过阐述"国会所追求实现的目的,规定准确实现前述目标的标准,并让受影响者理解这些限定",作出了适当的授权。[173]最高法院指出,"国会说明的详尽程度,以合理可行为限"[174]。在1938年的农业调整法中,国会勾勒了农业部长设定生产配额时应"展开的相关考量",并规定了后续的行政审查和司法审查"以纠错",这足以"抵御"行政官员的"恣意行为"。[175]

关于1935年《烟煤保护法》(*Bituminous Coal Conservation Act of* 1935),最高法院的结论是,"国会制定的调整煤炭价格的标准是经由专业人士之手,其足以实现法律的一般政策和目的"。[176] 最高法院再次警示道,"若宪法强制国会来填补政策细节","细枝末节造成的负担会趋于阻碍法律的实施,剥夺行政机关的灵活,使行政机关的显著优势变得荡然无存"。[177]

战时发布的1942年价格紧急控制法遭遇到了禁止授权原则的质疑,此时最高法院再次强调,该法案体现的是"国会对立法权的行使",这有别于Schechter案中否决的《国家工业复兴法》。[178] 在这部战时立法中,国会"阐明了立法目的,规定了实现该目的的手段,即最大限度地调控价格,且规定了标准,以导控行政机关决定何时行使价格调整权,以及如何设定特定价格"。[179] 与之相对照的是,在《国家工业复兴法》这部大萧条时代的立法中,国会"没有规定以何种方式,来实现制定公平竞争准则的目的,也未能对可允许规定的性质加以界定",并且"没有规定如何遵循这些准则"。[180] 最高法院观察到,"立法职能的要义在于确定立法政策,立法机关应制定和颁布

---

[171] Tobacco Inspection Act, 49 Stat. 731, 732 (1935).

[172] Currin, 306 U. S. 16-17.

[173] United States v. Rock Royal Coop., Inc., 307 U. S. 533, 574 (1939).

[174] 同上注。

[175] Mulford v. Smith, 307 U. S. 38, 49 (1939).

[176] Sunshine Anthracite Coal Co. v. Adkins, 310 U. S. 381, 398 (1940).

[177] 同上注。

[178] Yakus v. United States, 321 U. S. 414, 423-424 (1944).

[179] 同上注。

[180] 同上注,第424页。

明确且有约束力的规则"[181]。联邦宪法"不应对不可能或不可行之事加以要求"[182]。

对联邦法律和州法的质疑,其基础是,认为不应容许向非立法主体授予立法权。回顾最高法院应对质疑的方略,对于一个严格限定的禁止授权原则,是否能构成有效宪法秩序的一部分,并不能提供太多基础。1935 年新政时期的案例不能代表最高法院守护传统分权原则的常规工作,且 1937 年的宪法革命并未发展出关于授出立法权的有效宪法规则。最高法院长期以来认为,不能如此授出立法权,它在 1937 年后继续秉承了这一观点。大法官们也长期坚持,应以务实的方式理解此原则,此原则不应妨碍现代政府的运作。最高法院反复强调,禁止授权原则并未阻碍行政国家的兴起。最高法院指出,国会应在多大程度上授出权力,对此应有一定限定。

法官们怯于为授权厘定明确的界限,当国会将更多权力授予其他政府官员时,法院所阐释的界限也在不断退却,法院也认可了这些变化。其极致在于,国会不能径直将某个政策领域交给行政分支,而未表明行政机关在其权力范围内能做哪些事。从这个角度看,新政时期的判例是特殊的例证,并非传统宪法下的常态状况,因为国会放弃的,恰恰是最高法院长期以来所警示的,本不应放弃的权力。当最高法院再次支持将规制权授予行政机构和行政官员时,毋宁说是对常态的恢复,令联邦宪法中的部分内容置于放逐状态。在相对较少的特别情况下,国会能够提供"充分的"政策指南,说明在何种条件下,法律可以通过最高法院的合宪性审视。[183]

(三)州法院和下级联邦法院对禁止授权原则的适用

在联邦最高法院的历史上,适用禁止授权原则来质疑立法的判例相对较少。所以若梳理最高法院自身对禁止授权原则的解读逻辑,则资料较为匮乏,如若让最高法院去判断政策制定权的授出是否为宪法所容许,给出的也是模糊的标准。在新政时期受到挑战的联邦宪法的一些其他内容,依然

---

〔181〕 同上注。

〔182〕 同上注。

〔183〕 参见 Sunshine Anthracite Coal Co. v. Adkins, 310 U. S. 381, 398 (1940)(当规定的标准超出了先前支持的"公正且合理"标准时,支持授权为煤炭制定合理的价格的做法)。

地位稳固，成为法官们经常审议并加以细致分析的内容。[184] 而禁止授权原则很大程度上变得黯淡无光。

即便如此，禁止授权原则在19世纪仍是被熟知的宪法图景。受人敬仰的法官托马斯·古利(Thomas Cooley)坦言：

宪法中不变的准则之一便是，立法机关不能将被授予的法律制定权转授给其他主体或机关。当将某项权力界定为州的主权时，州必须保有之；除非宪法本身发生了改变，否则法律须由宪法规定的立法机关单独制定。[185]

但古利在界定美国宪法中固有的准则时，很可能讨论的是州最高法院而非联邦最高法院。州最高法院和下级联邦法院有许多机会去审理相关案件，其间的诉讼请求认为，不应容许法律向其他政府机关授出相应立法权，由此司法部门可以去理解"禁止过度授出立法权"的实践意蕴。

在本部分，我们将考察建国至新政时期，州法院和下级联邦法院对禁止授权原则的阐发。这些法院比联邦最高法院更活跃，常常对宪法中的禁止授权原则作出更为清晰、详尽的解释。但这些法院对立法机关授出的重要政策制定权加以限制时，同样显得相对克制。对于现代行政国家的兴起，行政机关在设计和启动规制政策中的作用扩张时，这些法院几乎未设置什么实际的阻碍。

1799年，宾夕法尼亚州最高法院审理了美国首例涉及禁止授权原则的案件。[186] 系争法令由宾夕法尼亚州立法机关通过，授权费城市在其"能够作出适当判断"时，禁止木制房屋的建造。[187] 依照该法令，费城市政府颁布条例，禁止在费城部分地区建造木制房屋，被告菲利普·杜克特(Philip Duquet)被诉违反了该条例。[188] 杜克特承认其建造了木制房屋，但他论称，费

[184] 例可参见 Charles L. B. Lowndes, *The Tax Decisions of the Supreme Court*, 1938 Term, 88 U. Pa. L. Rev. 1 (1939)(探讨了新政时期联邦税收政策的理论创新，评估了晚近对联邦征税权的合宪性质疑)。

[185] Thomas M. Cooley, *A Treatise on the Constitutional Limitations Which Rest Upon the Legislative Power of the States of the American Union* 116-117 (Da Capo Press 1972) (1868).

[186] 参见 Respublica v. Duquet, 2 Yeates 493 (Pa. 1799).

[187] 同上注，第492页。

[188] 同上注，第492-494页。

城无权制定这样的法律。[189] 他主张，该立法权是州议会独有的特权，不能授予给市。[190]

杜克特在论证其主张时，首先提出，宾夕法尼亚州宪法将全部立法权授予了议会。[191] 他接着诉之于普通法箴言"不得转授被授予的权力"，用以说服法院，认为该条例违背了一项基本的宪法原则，即不得将人民授予的权力转授给其他机关。[192] 人民仅将立法权委托给了州议会，州议会之后的任何再授权行为都将是放弃自己的职责。[193] 尽管杜克特展开了冗长的论说，宾夕法尼亚州最高法院还是以如下的陈述来处理禁止授权问题，"我们在本案中未发现此种违宪情形，故支持州的判断"[194]。

于是，第一例基于禁止授权原则的质疑就此停止了。相较于其他州法院审理其他关于立法授权的合宪性案件而言，这早了大约 30 年。然而 30 年后，法院开始更为相信禁止授权原则。在宾夕法尼亚州的上述判决后，联邦最高法院又在 3 个不同的案件中，处理了禁止授权问题，[195]法官们不得不承认禁止授权原则是一项重要原则，并给出论证以说明自己判决的正当性，也就不足为奇。与杜克特案不同，直接宣称法令合宪，却不作深入解读的做法，已不被接受。下一个诉至州法院的案件是 In re Adams 案，[196]该案即昭示了这一转变的开始。

在 1826 年宣判的 Adams 案中，马萨诸塞州最高法院须判断州立法机关能否授权州长及州理事会，"在符合联邦法律的前提下，组织和配置本州的民兵，并在认为必要时，对其作出某种改变"[197]。该法院主张这一授权合宪，因为相反的判决"将带来巨大的困难和尴尬"，进而致使政府无法有效履

---

[189] 同上注。

[190] 同上注，第 493-494 页。

[191] 同上注，第 494 页。("宾夕法尼亚州宪法第一条第一款宣称，立法权授予议会，议会由参众两院组成。")

[192] 同上注，第 494-496 页。

[193] 同上注。

[194] 同上注，第 501 页。

[195] 参见前注第 80-108 页对应的正文。

[196] In re Adams, 21 Mass. (4 Pick.) 25 (1826).

[197] 同上注，第 28 页。(内部报告略过)

行职能。[198]

在得出此结论时，法官强调了这样的事实，即州立法机关向州长授权之前，是美利坚合众国国会作为更高的权威，将组织民兵的权力授予了州立法机关。[199] 因为联邦宪法要求国会而非各州，“规定民兵的组织、装备和训练”[200]，若州立法机关向州长作出的授权违宪，则国会向州立法机关作出的授权也同样违宪。[201] 马萨诸塞州最高法院认为，这将导向一个荒谬的结论。[202]

值得注意的是，法官们留下了一种可能性，即可能存在违宪的授权。法院认为，关键因素是权力的原初持有者是否将“控制权”让渡给了其他主体。[203] 在此实例中，国会或州立法机关都未让渡控制权，故系争法令是合宪的。

法院开始为禁止授权原则描绘更精确的轮廓时，经常借助宪法和法理上的箴言，来确定可容许的授权界限。前述箴言“不得转授被授予的权力”即是其中最有影响力的之一。[204] 尽管一些法院认为该箴言近乎是对授权

---

[198] 同上注，第29页。

[199] 同上注，第28页。

[200] U.S. Const. art. Ⅰ, §8, cl. 16.

[201] 参见In re Adams, 21 Mass. (4 Pick.) at 29.（“如果授权司令在听取州理事会建议的基础上，组织和配置民兵的州法律，被判定为无效的法律，被认为是不适当的授权，则国会规定依据各州立法机关的导引，来配置相关州民兵的法律，也会基于同样的理由，被判定无效。”）

[202] 同上注。（“结果将是，在没有国会特别授权的情况下，民兵组织不会发生不可取的变化。”）

[203] 同上注。（“所有这些都是根据美国宪法中所涉及条款，赋予国会对民兵组织的控制权。”）

[204] 例可参见Franklin Bridge Co. v. Wood, 14 Ga. 8o, 83 (1853)（“立法机关是选民的代理人……除非联邦宪法明确规定可以这么做，否则他们不能将被赋予的权力转让给其他主体。若转授权，将违背法学及政治学领域的一个基本准则，即“不得转授被授予的权力”）；People ex rel. Caldwell v. Reynolds, 10 Ill. (5 Gilm.) 1, 11(1848)（“议会拥有人民授予国家的立法权，仅受联邦宪法和州宪法的约束和控制，被授予的权力不能再授出，这一箴言无疑是正确的，基于此原则，坚称不能再将立法权授给任何人或人民的任何部分”）；Thorne v. Cramer, 15 Barb. 112, 116 (N.Y. Gen. Term 1851)（“由于立法者应当有知识和合理的判断力，因此不能将托付给立法者的信任转授给其他主体。不得转授被授予的权力，是普通法中的固有准则，如今依然有着完全的效力，最应将这一原则适用于关于立法者的案件……”）；Parker v. Commonwealth, 6 Pa. 507, 515 (1847)（“法理、政治和市政管理的原始公理之一是，特别是被授予的权力有赖于对其的信心、信任、合理应对、理解力、知识及操行时，除非有明确授权，否则代理人不能将他被授予的权力转让给他人。应铭记‘不得授出被授予的权力’的箴言。”）

的绝对禁止，[205]但大多法院持一种更为微妙的观点。[206] 正如密歇根州最高法院于 1854 年判决指出的，“至少在某种程度上，立法权的授出可能构成了立法权的固有属性，‘不得转授被授予的权力’并不适用”[207]。类似地，密苏里州最高法院阐述道，“立法机关不能授出自己的立法权，而应亲自履行自己的适当职责”，但就此规则而言，长期以来存在着诸多例外。[208]

这种植根于历史实践的观念强有力地限制了禁止授权原则的范围。[209] 即使州宪法文本似乎通过将所有立法权授予州议会，表达了对禁止授权原则的珍视，但许多法院还是会诉诸历史实践，来说明允许立法授权的正当化根据。[210] 最终，当否决对禁止授权原则的质疑时，法院一般会以实用主义的方式，对于为政府实现目标所必需的授权，予以支持。[211]

尽管已普遍存在此种禁止授权原则的例外，但这些例外并未完全吞噬禁止授权原则。宪法上的分权原则作为一种平衡理论，以制衡立法机关太

---

〔205〕 例可参见 Thorne, 15 Barb. 116(引用了“不得转授被授予的权力”以支持其以下观点，即州立法机关不能授权给选民，令其决定是否在本州建立免费学校)；Parker, 6 Pa. 515-516(依据此箴言得出的结论是，立法机关授权选民，令其决定在特定的县售酒合法与否，构成违宪)。

〔206〕 例可参见 Dubuque Cty. v. Dubuque& Pac. R. R. Co., 4 Greene 1, 2-3 (Iowa 1853)［探讨了前述箴言的拉丁文变体(Deleqare non delegatumest)，但最终判决是，这箴言并不禁止立法机关授权选民，去决定县政府是否应当为铁路建设提供资助］。

〔207〕 People v. Collins, 3 Mich. 343, 368 (1854).

〔208〕 Wells v. City of Weston, 22 Mo. 384, 389 (1856).

〔209〕 参见 Tilley v. Savannah, S. F. 641, 657 (C. C. S. D. Ga. 1881)(主张，对特定“权力的授出，不应认为侵越了立法权不应被授出的箴言，因为应通过美国和英国古老实践的语境，来理解这一箴言，而两国实践一直认可，向市政公司授予特定的地方规制权，是适当的”)；*Wells*, 22 Mo. at 389(“当通过我们的宪法时，被设计得如此稳定，而且每天为美国政府所实践”，故州立法机关须有权向市政公司授出立法权)；Thompson v. Floyd, 47 N. C. (2 Jones) 313, 315 (1855)(立法机关授出其部分立法职能的实践“已存在了太久，且被每一政府部门和人民默许，如今反倒引发了争议和讨论”)。

〔210〕 例可参见 Collins, 3 Mich. at 349(判决认为，尽管宪法规定“立法权授予参众两院，”但立法机关还是能够授权人民，令人民来决定是否应将禁酒的法令上升为法律)。但参见 W. Union Tel. Co. v. Poe, 61 F. 449, 467 (C. C. S. D. Ohio 1894)(否定了一项将税收权授予估价委员会的法律，因为“宪法第 2 条第 1 款规定，州立法权授予议会，议会由参众两院组成”)。

〔211〕 参见 Thompson, 47 N. C. (2 Jones) at 316.

(“事实是，在一个高度文明和精细的社会中，能对所有各种细节加以应对，故普遍认可的是，议会必须拥有通过代理人来行使的权力……若没有该项权力，立法机关将沦为一个笨拙的机构，连其预设目标的一半都完成不了。”)

大的活动幅度。[212] 法院知道，若政府分支能在其认为适当时授出自己的权力，精心构建的制衡体系将会瓦解，人民也将迅速发现自己的自由被削减。宾夕法尼亚州最高法院于1843年作出的一份判决便阐明了这一担忧：

要维护公民自由，有赖于保持界分政府最核心分支的界限；因为，无论何种形式的统一的统治权，在其支配的主题下，常会表现为专制主义……当立法分支放弃其职权，或强夺其他机关职权时，政府也相应加剧了不同权力类型的集中。[213]

人民基于仔细考量过的原因，将特定权力赋予立法机关。法院在支持立法授权的合宪性时，需确保这样的授权不会动摇精巧的分权制衡体系。In re Adams 案为此问题提供了一种解决方案。[214] 具体而言，分权原则并未构成对所有授权的完全禁止。相反，它只是要求拥有权力的原初机关，能保持其在特定领域中的“控制权”。[215] 只要授权时提供了清晰的指引，立法机关就能自由地授出其权力。[216] 若给其他机关的授权伴着恣意的裁量权，则该授权无法通过此检测，且将会被宣告违宪。[217] 在支持一项允许选民决定县城坐落地点的授权时，加利福尼亚州最高法院最早对上述观念加以表述：

根据宪法，要求立法机关针对无法为自己直接行为所影响的事务，作出相应的规定。“不得转授被授予的权力”的法谚无疑是正确的，它适用于立法机关的程度，必须取决于立法的性质和计划、完成计划的必要手段、对立

---

[212] 例可参见 State v. Field, 17 Mo. 529, 532 (1853)（一部法令规定，当立法授权违背宪法规定的“应将国家权力划分为三个部门，每个部门都应交由一位独立的官员之手”时，允许法院拒绝实施该法律。法院否决了这部法令）

[213] In re Borough of W. Phila., 5 Watts &Serg. 281, 283 (Pa. 1843).

[214] 参见前注第196-203页。

[215] 参见 In re Adams, 21 Mass. (4 Pick.) 25, 29 (1826)（指出制宪者的意图是，通过让国会自行组织民兵，会让国会导引他人组织民兵，赋予国会对民兵组织的控制权）。

[216] 参见 Mistretta v. United States, 488 U.S. 361, 372-373 (1989)（主张国会能够授权作为司法分支的一个委员会，来发布有拘束力的量刑指南）。

[217] 参见 Can. N. Ry. v. Int'l Bridge Co., 7F. 653, 6S6 (N.D.N.Y. 1880)（所涉及法律授权法院，让其去查明铁路公司在使用特定桥梁时，是否享有同等的优待。由于该法律的意图是“令决定取决于既定的法律原则和衡平，而非恣意的裁量”，故表明在授权过程中，如果立法机关授出恣意的权力，将构成违宪）。

法机关权力的了解，以及行使这些权力时可能会采取的手段。[218]

换言之，当法院评判授权的合宪性时，应审视立法目的，以及立法机关指示其代理人实现该目的的方式。若立法机关所期望的结果得到明确、合理的界定，实现该结果的方式也看似妥当，这些因素会构成相当大的权重，以支持作出授权合宪性的判决。尽管在 1857 年对此标准予以了详细说明，该标准与联邦最高法院 70 多年后在 J. W. Hampton 案中采纳的“可理解原则”标准，有着显见的相似性。[219] 二者不仅标准类似，而且结果也相似。与联邦最高法院类似，州法院和联邦下级法院很少遭遇授权原则“不可理解”的情况。[220] 但当他们遇到此情况时，也会运用联邦最高法院给出的推理方式，即立法机关向被授权者授予了过多裁量权。[221]

然而准确判断何时构成赋予了过多的裁量权，无疑是一项相对困难的任务。法院针对此的尝试解决方案是，去诉诸几个较易处理的问题，以此判断裁量权是否超出界限。首先，立法机关授权的团体是否能胜任执行被赋予的任务？其次，在授权时，立法机关是否放弃了其对公众的责任，或自身是否规避了选举层面的可问责性？

关于第一个问题，若立法机关将权力授予不适宜行使该权力的主体，法院很可能会裁定授权法律违宪。一般用此项标准来论证向选民的授权无效。许多法院在早期认为，选民无法有效行使立法权。[222] 特拉华州最高法

[218] Upham v. Supervisors of Sutter Cty., 8 Cal. 378, 382-383 (1857).

[219] 参见前注第 151-160 页。

[220] 参见前注第 186-211 页。

[221] 参见前注第 212-218 页。

[222] 参见 Thorne v. Cramer, 15 Barb. 112, 117 (N. Y. Gen. Term 1851)(“允许人民直接行使法律制定权，不会造成任何危害，这种说法貌似言之有理……但几乎不言自明，许多选民并不适合成为治理者或立法者。他们或许有足够的裁量权，来选出适合这些职位的人，但若让他们自己直接投身立法事务，他们将在很大程度感到格格不入。难道我们不能预见授出专属立法权可能导致的危机，甚至是给人民的危机？”)Parker v. Commonwealth, 6 Pa. 507, 520 (1847) (“若参众两院能剥离其立法者角色，并将其交给人民，那么我们对于通过法律还有什么保障性约束呢，也许这是对的，但因为轻率地通过，是否容易滑向错误？留给我们什么手段，来控制轻率、不明智，来防止被利益、狡黠或盲目的狂热所影响和误导？若这一设想付诸实践，将会引发一系列的尝试，若未能在某个时间点及时中止，最后注定会终结于宪法的瓦解。每一个正当性存疑的案件都会被诉诸公决；而被诉诸公决的议会法案，则将屈服于不经思考的喧嚣或党派的怂恿……”State v. Parker, 26 Vt. 357, 364 (1854)案中。(“是否有任何人由于质疑影响全州的一般性政策问题，而怀疑立法机关的完美属性？如果说依据州的公开意志行事，那么我们不知道在哪里能找到这公开意志。”)

院阐述道，

人民欠缺……同时运用明辨和裁量权的能力，或无法通过投票的方式，来行使立法权。因为在这样的情境中，激情和偏见使他们做不到深思熟虑；且煽动者的技巧、激动的情绪、党派间的敌意，以及普选中注定会受到的腐败影响，会消弭理性、深思和判断力。[223]

尽管选民或其他被授权者能力的确切界限为何，对此还有争议，但基础性的准则依然是合理的：要能成为被授权的对象，须能以理性的方式行使被授予的权力。若被授权者不能满足这一条件，则认为立法机关授出了过多裁量权。

许多法院所考虑的第二个问题是，立法机关是否放弃了其对公众的责任。特别地，授权允许如此多的裁量，是否意味着立法机关能合理地放弃对法律的所有权，来规避选举层面的可问责性？若如是，则将会弱化为宪法所要求的，在立法行为与选举层面可问责性之间的联结，而此联结在美国政治体系中处于非常核心的地位。

确保由适当的政府分支对相应行为负责，是如此重要，以至于许多法官担心，"责任的转移将会引起我们体系的革新，这将导致对我们政治构造的倾覆和根本性解构"[224]。法院确信，若令其不受监督，"渴望规避其职位责任的无信的立法者"将会滥用授权，以保障其政治上的存续。[225] 法院知道，这样的行为会严重破坏人民对所选出代表的信任。[226]

为推进对可问责性问题的论证，法院与其他政府分支相类比，发现无论行政机关还是司法机关，都不能授出其权力。事实上，连思忖这样的可能性都是"荒谬的"。[227] 正如纽约州一家法院写到的，

---

〔223〕 Rice v. Foster, 4 Del. (4 Harr.) 479, 489-490 (1847).

〔224〕 Franklin Bridge Co. v. Wood, 14 Ga. 80, 83 (1853).

〔225〕 Parker, 6 Pa. 520.

〔226〕 例可参见 Moore v. Allen, 30 Ky. (7 J. J. Marsh.) 651, 652 (1832)（"向国会议员授予权力是对他们本人的信任，他们不能转让被授予的权力。当要求议员向选民解释其行为时，他们的推脱借口是已将自己的权力授予他人，这进而与我们整个体制产生了紧张关系。"）

〔227〕 参见 Rice, 4 Del. (4 Harr.) at 489（"若能将立法权转让或授予给人民，则也能对行政权和司法权做如此处理。这导致的荒谬景象包括州长付诸全民公决，去决定对死刑罪犯是加以赦免，还是执行死刑。还将会受到普遍奚落的是：法院不是自己去判决案件，而是指派首席书记官，依据公投结果判决原告或被告胜诉。社区会对这一过程的愚蠢、不公和罪恶感到厌恶。"）

允许立法者将其权力转让给选民的推理，意味着认可其他民选官员做同样的事。因此，当涉及州长对罪犯的赦免时，他可能不愿意担当就申请作出决定的责任，而是诉诸选举，并交由人民决定。而无论何时，当法院遇到特别困难的案件，都将可能召集其选民，来探究关于此案的民意……每个人都定能察觉到这样的程序是怎般荒谬可笑！对于诉诸这种方法来回避其正当职责的官员和法院而言，他们应被视为是何等的卑劣。[228]

在一个恶名昭著的授权实例中，密苏里州立法机关通过了一部法律，将中止法律适用的裁量权完全地授予了地方法院。[229] 该立法中未含有任何限制性原则。在任何时候，若法院认为“该法案中的条款不应当被执行”，便能直接拒绝执行之。[230] 密苏里州最高法院判定此项授权违宪，法院强调，“立法机关在其职责范围内，亲自行使相应权力的义务……人民认可了这些权力，并将权力赋予宪法上的代表，而非授权给其他未获人民信任的主体。[231]

在另一个案件中，田纳西州的立法机关授权法院“依据本州法律，为所有选民和财产主体确定应缴税款”[232]。该立法机关没有对税率予以详细规定，甚至没有指明，对于特定类型的财产，是否应当课以比其他类型财产更重或更轻的税赋。仅有的要求是法院须使税收足以“保证本州下一年度的常规开支”[233]。

田纳西州最高法院在审查上述授权的合宪性时，问道：

该法令对苛捐杂税设置了哪些限制……？我们的回答是没有。法院可能会对其辖区的每一英亩土地征税，以实现土地的全部价值，若税款未缴纳，导致土地被卖出，如果没有其他竞标者的话，将会由郡治安官(sheriff)买入……[234]

---

[228] Thorne v. Cramer, 15 Barb. 112, ni6-17 (N. Y. Gen. Term 1851).

[229] State v. Field, 17 Mo. 529, 530 (1853).

[230] 同上注。

[231] 同上注，第 536 页。

[232] Marr v. Enloe, 9 Tenn. (1 Yer.) 452, 453 (830).

[233] 同上注。

[234] 同上注，第 454 页。

在这样的体系下，税率仅由法官恣意确定。[235] 法院判决该授权违宪。

这些案例并非例外。相反，它们是19世纪期间，州法院和下级联邦法院判定授权违宪的代表性实例。如果说禁止授权原则的历史有任何令人惊异之处的话，那便是立法机关曾认为授出如此广泛的权力，具有妥当性；而不是法院认为推翻立法机关的授权，具有妥当性。

从一开始，就始终对禁止授权原则有所限定。但一定程度上，其限定的影响力似乎在减弱，这是因为案件的种类不同了。假如今年，国会将全部征税权授予司法机关，或授权法官让其决定一部法律是否应当被实施，法院无疑会认定作出这些授权的法律违宪。现代法官无论如何都不会遇到此种极度的违宪授权。相反，如今的争议已经非常逼近合宪的边界。

在勾勒禁止授权原则的轮廓时，法院诉诸如下三种形式的依据，来支持其裁判的正当性：(1)先例；(2)箴言；(3)宪法文本。表1列出了采用上述各类依据的联邦法院和州法院案件的比例。正如数据所体现的，法院适用最频繁的是先例，其次是箴言，最后才是宪法文本。

表1 联邦法院和州法院在判定授权合宪与违宪时，援引各形式依据的比例

	先例		箴言		宪法	
	合宪	违宪	合宪	违宪	合宪	违宪
联邦法院	56%	88%	19%	44%	6%	27%
州法院	54%	68%	19%	32%	20%	43%
卡方值	0.44	6.96**	0.0007	2.21	36.19***	4.19*

* $p<0.05$；** $p<0.01$；*** $p<0.001$

该表进一步将判例区分为认定授权合宪的和认定授权违宪的判例。不出所料，否定一部立法时，州法院和联邦法院都倾向于引用先例，采用法谚，或适用宪法文本，来支持他们的判决。卡方检验(chi-square test)也显示，相较于州法院，联邦法院在否定立法效力时，更有可能引用先例。相较于联邦法院，州法院无论判定立法有效与否，都更有可能引用宪法文本。

由于我们已经探讨过箴言和先例在禁止授权案件中的重要性，故在此聚焦宪法文本在州和联邦案件中扮演的不同角色。我们尤其强调其中一种

---

[235] 同上注，第454-455页。“直到县法院依据其命令(显然，这是一项立法法案)征收税款之前，人们既不知道什么是应税财产，也不知道应纳税额是多少，甚至不知道税收规则的调整……”

差别：在美国联邦宪法中，禁止授权原则仅是隐含的原则，但在大多数州宪法中却对此有明文规定。正如加里·劳森的观察，“联邦宪法未以精确的术语对州作出具体规定，（未规定）其他任何主体不能行使立法权，（也未规定）国会不能批准其他主体行使立法权”〔236〕。

由于缺乏对禁止授权原则作出明确规定的条款，学者们便从美国联邦宪法第1条第1款的原则中寻求依据。该款规定，“本宪法所规定的所有立法权，应交由合众国国会之手，国会由参议院和众议院组成”〔237〕。联邦法院从此处推断出了禁止授权原则的存在，〔238〕解读该条款发现，要求法官“警惕立法机关任何将立法权授予其他主体的尝试”〔239〕。

与联邦宪法不同，大部分州宪法运用多种方式，来直接提及不可授出立法权。首先，它们强调州政府处于分权体系之下，因此，一个政府分支不可行使属于其他分支适当范围的权力。德克萨斯州宪法第2条第1款便是典型例证，该条款规定，“应将德克萨斯州政府的权力分为三个不同部门……其中任一部门中的个人或团体，不能行使属于妥当配置给其他部门的任何权力”〔240〕。

其次，许多州宪法禁止立法机关受任何事件或外部权威影响，而通过任

---

〔236〕 Lawson，前注〔4〕，第335页。也参见 Cynthia R. Farina, Statutory Interpretation and the Balance of Power in the Administrative State, 89 Colum. L. Rev. 452, 478 (1989)（认为联邦宪法并未为禁止授权原则设定明确的基础）；Cass R. Sunstein, Nondelegation Canons, 67 U. Chi. L. Rev. 315, 322 (2000)（指出联邦宪法文本没有为传统的禁止授权原则提供明确支持）。

〔237〕 U.S. Const. art. Ⅰ, § 1.

〔238〕 例可参见 Wayman v. Southard, 23 U.S. (10 Wheat.) 1, 42-43 (1825)（“国会不能向联邦最高法院或任何其他裁判机构授出具有严格专属性的立法性权力”）；参见 Andreas v. Clark, 71 F.2d 908, 910 (9th Cir. 1934)（引用 Wayman v. Southard 案，主张国会不能授出其专有的立法权）；United States v. Griffin, 12 F. Supp. 135, 136 (S.D. Ga. 1935)（援引联邦宪法第1条第1款，否决了一项“企图不法地向美国行政机关授予立法权”的法案）。

〔239〕 United States v. Edwards, 14 F. Supp. 384, 393 (S.D. Cal. 1936)[引用了 Marshall Field & Co. v. Clark, 143 U.S. 649 (1892)].

〔240〕 Tex. Const. art. Ⅱ, § 1；亦见Ⅲ. Const. art. Ⅱ, § 1（“立法、行政和司法分支应分离。任何分支都不能行使本应由其他分支行使的权力。”）；S.C. Const. art. Ⅰ, § 8（“在这个州政府中，立法、行政、司法权力应始终分立、彼此区隔，并且任何行使其中一种部门职能的人不应篡夺或剥夺其他机关的权力。”）；Va. Const. art. Ⅲ, § 1（“立法、行政、司法部门应当相互独立、彼此区隔，任何一个部门不能行使应合理属于其他部门的权力，亦不能同时行使一类以上的权力……”）；Wyo. Const. art. Ⅱ, § 1（“州政府权力分属三个部门……任何人……都不能侵夺或行使本属于某一部门的权力……”）。

何法律。例如，印第安纳州宪法第1条第25款作了如下规定："除非宪法另有规定，否则不得因任何权力的左右，来令法律生效。"〔241〕

最后，十多个州明确禁止立法机关授出其任何权力。科罗拉多州宪法第5条第35款的规定颇具代表性："无论是通过信托还是征税，或者履行任何市政职能的其他方式，州议会都不能向任何特别委员会、私人团体或协会授予对市政改造、资金或财产予以促进、监督或干涉的任何权力。"〔242〕

州宪法中如此明确提及禁止授出立法权，这迥异于联邦宪法对其的默示规定。通过州宪法中的这些规定，各州已明了禁止授权原则是个极有价值的工具，法院可以运用它来维持三个分支间的权力分立。由于州宪法对立法授权作了更广泛的探讨，所以州法院在讨论禁止授权原则时，几乎不引用联邦宪法，也就不足为奇。意外在于，尽管禁止授权原则在文本上获得了如此更为强有力的支持，当立法机关的评判认为，授权切实可行且必要时，州法院仍然倾向于对此加以尊重。

三、司法判决中的禁止授权原则

无疑，美国法院长期以来都认可如下宪法基本原则，即不能将立法权授予其他政治主体。民选代表的立法权源自人民的交付，并期待立法机关亲自行使立法权。但此基本原则很快就受到了各种限定。允许立法者"将某

---

〔241〕 Ind. Const. art. Ⅰ, § 25；还可见 Or. Const. art. Ⅰ, § 21("除非联邦宪法有相应规定……否则不应通过任何法律效力需有赖于其他权威的法律。")

〔242〕 Colo. Const. art. Ⅴ, § 35；还可见于 Cal. Const. art. Ⅺ, § 13 (1879) ("立法机关不能授权任何特别委员会、私营公司、公司、协会或个人，不能令其对县或市营公司的发展、资金或财产予以促进、控制、占用、监督，也不能通过信托或其他形式，或通过征税或估价税费，或通过履行任何其他市政职能，来对此进行干预。")对该条款的适用，参见 Mesmer v. Bd. of Pub. Serv. Comm'rs of L. A., 138 P. 935, 935-936 (Cal. Dist. Ct. App. 1913)，此案中适用加利福尼亚1879年州宪中的上述条款，限制了州立法机关的一般性立法权。亦见 Pa. Const. art. Ⅲ, § 31("议会不能授权任何特别委员会、私人团体或协会，以信托、征税或其他履行市政职能的方式，来对任何市政改造、资金或财产加以促进、控制或干预。")；Utah Const. art. Ⅵ, § 28("立法机关不能授予任何特别委员会、私人团体或协会以任何制定、监督或干涉任何市政改造、资金或财产的权力，无论是以信托，还是以征税、选择中心城市位置、履行市政职能等其他方式。")Wyo. Const. art. Ⅲ, § 37("不论是以信托，还是以征税或履行市政职能的任何其他方式，立法机关不能授权任何特别委员会、私人团体或协会，令其促进、监督或干涉任何与市政改造、货币、产权、财物相关的事项。")

仲裁量权交付给其他部门之手”，并令后者为国家政策“补充细节”。[243] 当立法者自行填充政策细节的帮法变得“不可行”时，他们可以合理地求助于“专家机构”。[244] 法院不应迫使立法机关置于“巨大的困难和尴尬”中。[245]“需从美国漫长的实践中理解”禁止授权原则，而频繁容许了向其他实体授出立法权。[246] 简言之，从未认为禁止授权原则是向立法机关施加的实质性负担。在面临如下“微妙而困难的”任务，来确定将立法权赋予其代理人的权力边界时，法院通常表现得非常谨慎。[247]

对宪法原则作出论述是一回事，由司法机关来实施这些宪法限定又是另一回事。现实主义的鼻祖奥利弗·温德尔·霍姆斯将成文法律和司法判决汇编梳理，据此对未来的司法行为进行“系统化预测”。[248] 实证主义学派的法律学人长期以来将“预判法院未来事实上要做什么”作为中心关切。[249] 研究“司法行为”的趋势被下述确信所驱使，即司法见解和学说并未完全涵盖司法实践的现实，并且“泛泛关注法律教义”，并无法充分理解政治权力的实际运作。[250]

本部分中，我们将关注转向了建国至新政期间州法院和联邦法院的司法实践。对“被宪法放逐”的禁止授权原则的怀念，较少同对原则的抽象阐述相关，更相关的是为宪法所制约的现实实践。事实上法官是否在强有力地实施禁止授权原则，来约束立法者的权力和裁量空间？若是，又是在怎样的情形下得以展开？是否有证据表明 19 世纪的禁止授权原则版本有真正的“牙齿”？

我们开始考察建国至新政宪法变革期间，州法院和联邦法院处理的禁

[243] Wayman v. Southard, 23 U.S. (to Wheat.) 1, 43, 46 (1825).

[244] St. Louis Consol. Coal Co. v. Illinois, 185 U.S. 203, 211 (1902).

[245] In re Adams, 21 Mass. (4 Pick.) 2S, 29 (1826).

[246] Tilley v. Savannah, 5 F. 641, 657 (C.C.S.D. Ga. 1881).

[247] Wayman, 23 U.S. (to Wheat.) at 46.

[248] Oliver Wendell Holmes, Jr., *The Path of the Law*, 10 Harv. L. Rev. 457, 458 (1897).

[249] 同上注，第 461 页。

[250] S. Sidney Ulmer, *Judicial Review as Political Behavior: A Temporary Check on Congress*, 4 Admin. Sci. Q. 426, 427-428 (1960).

止授权案件。[251] 除非另有说明，本部分分析运用的数据集，是美国建国至1940年间，联邦法院和州最高法院裁判的2506个案件。这些案件所涉及的质疑，都是质疑立法机关不当授出了立法权。在此期间，421个案件裁判法律条文部分或全部无效。其中超过85%的案件是州最高法院审理的，而否定法律授权规定的判决，90%是州法院作出的。因此，很大程度上是各州造就了禁止授权原则的宪法规定和实践。

图1描绘了数据集中，依据禁止授权原则质疑立法行为的案件总数，及法院否决立法规定，判决其系违宪授出立法权的案件数。[252] 该图还表明了年度相应案件数量。

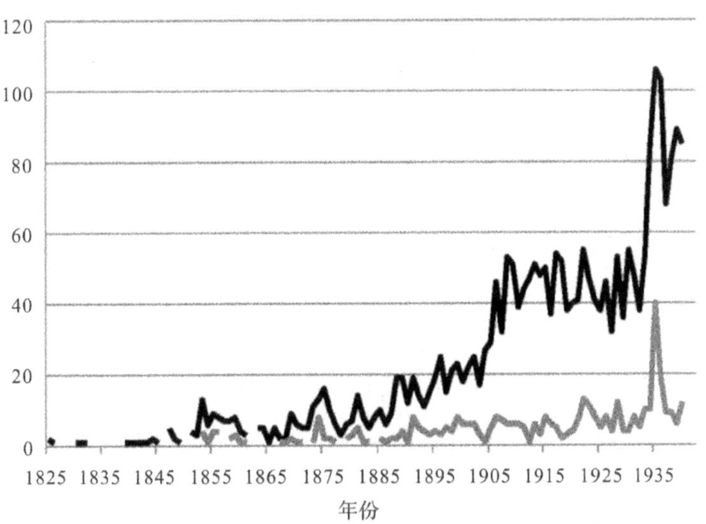

图1　1825—1940年，州法院和联邦法院审理禁止授权案件的数量

图1说明，在新政之前的宪法诉讼案件中，禁止授权原则构成了案件的常规特征，但随着时间推移，它们的发生频率出现了实质性变化。除去两个

---

[251] 为了确证哪些案件是禁止授权案件，我们在Westlaw数据库中，对1789至1940年间的全部联邦和州案件做了如下检索："TO(delegation # of powers) or[delegat! /2 legislative /t (power! r authority)] or (delegate! /2 lawmaking /t (power! or authority)."接着，我们开始检查每一个检索结果是否涉及禁止授权问题。若不涉及，则从案例集中排除出去。若涉及，便依据该部分中探讨的多个维度对其编码。

[252] 由于1825年之前仅有两例禁止授权案件，出于实际需要，该图聚焦于1825至1940年间的案件。

例外,[253]直到19世纪20年代,才出现首批案例,以立法机关不当授出法律制定权为由,对立法提出质疑。然而即使在那之后,在南北战争以前,这类案件依然相对较少。到了19世纪下半叶,禁止授权案件经常性地出现于待决的司法诉讼事件表(judicial dockets)中,且在镀金时代的最后几年稳步增加。20世纪初,禁止授权案件的数量激增,继而在新水平上达到稳定状态,这时每年的案件数量是19世纪时每年审理此类案件的数倍。与关于新政时期争斗的传统论说相符,禁止授权案件的数量20世纪30年代再次激增。在20世纪初,在美国宪制环境中,禁止授权原则成为一个熟稔的特征。

尽管作为一个诉讼领域,禁止授权案件的数量在增长,但司法机关否决立法授权的案件数却几乎没有变化。正如图1所示,19世纪早期至20世纪早期,法院因禁止授权原则质疑而判决法律条文无效的案件数,呈现出几近低平的变化轨迹。由于20世纪前十年间相关诉讼数量的激增,在提出违宪授权质疑的案件数和由此胜诉的案件数之间,出现了巨大的鸿沟。然而20世纪30年代早期可谓少有的例外,迸发出诸多判定立法授权违宪的判例,但恰如其迸发时一样,其消退得也非常快。在1880年以前,判定立法授权无效的案件平均每年少于一件,直至20世纪30年代之前,每年判定立法授权无效的案件数量也是在很低的个位数层面徘徊。

在这个时期,禁止授权案件的数量及案件的构成,都发生了戏剧性的变化。表2描述了在这些案件中,被授予立法权的对象或授权所针对的对象。表2根据图1所呈现的案件数变化水平,将数据分成了两段,将1880年之前的案件和1880年之后裁判的案件相比较。[254] 可以将立法授权的对象分为六类:行政(主要是总统)、行政机构(agency)(包括独立委员会和其他官

---

[253] 参见 Cargo of the Brig Aurora v. United States, 11 U.S. (7 Cranch) 382 (1813); Respublica v. Duquet, 2 Yeates 493 (Pa. 1799).

[254] 表2中描述的转变在19世纪最后几年逐步发生,选择某一个特定点来作为数据的分野,几乎看不出实质变化。故用统计表而非统计图的形式,可以更为清晰地展现这些发展。

僚机构)、司法机关、地方政府、选民及其他。[255]

表2 依授权对象划分

	总统	行政机构	司法机关	地方政府	选民	其他
1880年之前	6%	3%	15%	27%	47%	2%
1880年之后	5%	52%	13%	24%	8%	10%
卡方值	0.04	122.63***	3.01	1.02	297.43***	13.96***

***$p<0.001$

表2反映出随着时间变迁,当立法机关试图向其他政治主体授权时,出现的若干值得关注且具有持续性的问题。显然总统总是可能的授权对象。例如在经典的Field v. Clark案中,就涉及授权总统,令其确定是否符合提高关税税率的条件。[256] 有些出乎意料的是,在联邦最高法院审理的案件中,相对凸显的是向总统授权的案件,但这样的授权案件却始终相对较少。更为普遍的授权对象是司法机关,如乔治亚州立法机关于1843年授权地方法院担负起创建公司的任务。[257] 不论是在这个时期的较早还是较晚阶段,对这类授权案件,都有同样多的质疑。

相当数量的禁止授权案件发生在州层面,涉及州立法机关授权给地方政府部门,这些几乎不为联邦层面知晓。在州层面常见的案例包括,州立法机关能否将一般治安权授予市政当局,[258]或将郡县建筑选址的权力交给郡县专员,[259]这塑造出司法机关对禁止授权原则的含义及其例外的理解。过

[255] 包罗万象的"其他"类别包括了诸如州立法机构这样的特殊对象,例可参见Moore v. Allen, 30 Ky. (7 J.J. Marsh.) 65t, 652-653 (1832)(在所评判的联邦法令中,赋予了联邦罪犯与本州罪犯相同的特权);围绕财产所有者的案例参见City of Chicago v. Stratton, 58 Ⅲ. App. 539, 544-546 (1895)(在所评判的法律中,授权相邻居民允许或禁止马车行的选址);关于私营企业,例可参见Smith Agric. Chem. Co. v. Calvert, 18 Ohio Dec. 583, 587-588 (Ohio Ct. Com. P1. 1908)(在所评判的州法中,授权农业委员会行使规制权)。

[256] Field v. Clark, 143 U.S. 649, 692-696 (1892).

[257] 参见Franklin Bridge Co. v. Wood, 14 Ga. 80, 84-85 (1853)(论称,赋予法院给予"这些公司合法形式"的强制义务,不构成裁量性立法权力的违宪授出)。

[258] 例可参见Sluder v. St. Louis Transit Co., 88 SW. 648, 650-651 (Mo. 1905)(否定了一部授权让私人公司为有轨电车设定限速标准的法律)。

[259] 例可参见Simpson v. Bailey, 3 or. 515, 518 (1869)(支持了立法机关的法案,该法案授权县法院选定的三名特派专员,来为县政府建筑选址)。

去几十年间，在州司法机关受理的案件中，此类案件占据着相对稳定的地位。

表2还使我们关注到，在19世纪早期至19世纪末期之间，授权在两个时段存在重要的不连续状态。从现代的视角看，第一处并不那么令人惊讶。在1880年之前，以立法授权的方式，向行政机构授予规则制定权，仅引发了非常少的诉讼。独立规制委员会和其他专业的专家官僚机构肇始于镀金时代，这些治理和行政的新型机构随即引发了新的宪法争议。

一个早期的例子是，伊利诺伊州于1870年设立铁路和仓储委员会(Railroad and Warehouse Commission)。立法机关依据其在州宪法之下拥有的权力，在谷物检验和对生产者、托运人、接收者保护方面制定法律，授权由三名成员组成的委员会，来构建对本州谷物加以规制和检验的体系。[260]甚至直到1878年，州最高法院仍认为"如今已经太迟，以至于无法再质疑在政府管理中设立此类行政机构的权力，而且，为实现设立它们的目标，向它们授予此种立法权，是适当且必要的"。[261] 从法院的视角来看，设立委员会行使州立法机关的部分治安权，与在熟知的政治图景下，创设"市、镇、村、县、镇区、路区、学区"之类的团体，几乎没有区别。[262]

然而在内战后的几年中，对这类铁路委员会作出最富争议的授权，是授权其确定运费。但即使对于这样的授权，法院仍然呈现通融的姿态。例如，明尼苏达州最高法院的结论是，立法者有必要去决定，是否需要规制运费。[263] 若"主权国家"不想"无助地陷入其自身宪法所带来的困境"，确有必要的是，"立法机关可以把自己能恰当处理，但自己不便处理或处理起来不具优势的事务，授权给他人去做"。[264]

立法将权力授予行政机构，是围绕禁止授权原则展开的现代论争中的

[260] People v. Harper, 91 Ill. 357, 364-365 (1878).

[261] 同上注，第366页。

[262] 同上注。

[263] State ex rel. R.R. & Warehouse Comm'n v. Chi., M. & St. P. Ry. Co., 37 N.W. 782, 787 (Minn. 1888).

[264] 同上注。

典型问题,也是当代禁止授权学说所批判的主要对象。[265] 从19世纪70年代到新政时期,涉及行政机构的案件无论是在绝对数量上,还是在禁止授权案件中的占比方面,都在稳步增长。这类案件数量的增长及作为基础的向行政机构授权的法律,是图1所反映出的,20世纪早期禁止授权案件数量激增背后的主要引擎。

第二处不连续状态不大为人所知,因为它反映的是一种曾普遍存在,但随后几近消失的禁止授权案件类别。而且这类案件存在于州政治中,且具有地方性的,很大程度上游弋于联邦政治和联邦宪法的发展之外。这类案件涉及立法者向选民的授权。尽管这样的案件在数量上较少,但也占据了19世纪前几十年州法院所审理的案件中的一大部分。19世纪中期,州立法者常常运用公投这种新兴手段,授权求诸地方民意中的多数意见,来作出这种有争议性的政策决定,如是否向学校征税,[266]或是否禁止酒精的销售。[267] 这转而要求法官去判断州立法机关是否在运用这种方式推卸责任。

尽管存在这样的差异性,但所有这些案件都与美国宪法中的如下基本问题相关,即立法机关能在多大程度上向其他主体授出权力。核心关切是一以贯之的,即试图理解立法机关必须保留哪些决策权,能将哪些权力分配给其他主体。在所有这些案件中,法官都遵循一种相似的路径,解读宪法授予立法机关立法权的内涵和意义。对于将立法权赋予行政机构的做法,司法展开了分析,并进行了调适,其基础在于,之前对将立法权赋予选民和地方政府实体的方式,也已经展开了分析,并据此加以调适。

法律将权力授予非立法主体,其间的类型变化,不仅仅是因为被授权对象的不同,还因为授出权力类型的不同。表3依据系争权力类型,将这些禁

---

[265] 例可参见 Lawson,前引[6],第1241页(认为"禁止授权原则的消亡,使如今的政府得以崛起——行政机构行使一般立法权,还未曾遭遇严峻的现实——世界性法律或政治的挑战都还没有出现在视野中");参见 Schoenbrod,前引[66],第155-164页(认为,行政机构没有修改宪法使其允许国会向行政机构授权,因此,这类授权是违宪的)。参见 Philip Hamburger, Is Administrative Law Unlawful? (2014)(系统化了当代禁止授权原则的争议性话题,并主张现代美国行政法是不合法的)。

[266] 例可参见 Steward v. Jefferson, 3 Del. (3 Harr.) 335, 336-337 (1841)(支持州成文宪法的下述规定,即经学区内居民表决,可对其征税)。

[267] 例可参见 Parker v. Commonwealth, 6 Pa. 507, 514-515 (1847)(州立法机关授权选民,令其决定销售酒精合法与否,法院判决此授权违宪)。

止授权案件分为四类。表3同样将数据划分为1880年之前和之后两个时间段。根据授出权力的类型,将案件主要分为规制、税收、财政支出及其他四种类型。

表3 依授权所涉事项划分

	规制	税收	财政支出	其他
1880年之前	28%	34%	6%	33%
1880年之后	54%	14%	8%	25%
卡方值	52.07***	54.30***	0.8491	7.392**

p<0.001;*p<0.001

在此再次出现了一些连续处和不连续处。在这一时期的禁止授权案件中,财政支出权的授出占的比例不高,但有着稳定的份额。[268] 包含所有其他情况的"其他"类别占据了相当份额,这通常包括通过权力授出来操控政治架构——如议会授权州行政理事会参与州民兵团体的组建,[269]或立法机关授权当地选民,来决定是应保留还是解散一个新的镇区。[270]

在不同时期,有两种类型的案件互换了其在待决诉讼事件表中的相对地位。在禁止授权案件中,一度最值得关注的主题是对征税权的授出。杰克逊时代的热门话题是,何种主体出于何种目的,能向纳税人征税或课加财产义务。经常要求法院去判定如下这样的问题:立法机关能否授权县法院就公路建设费用征税;[271]或能否基于选民的支持,来实施法律,提高对免费公立学校的征税水平。[272] 然而在内战结束后的几年里,此类案件数量稳步下降,其地位为另一类案件取而代之。

[268] 例可参见 City of Des Moines v. Hillis, 8 N. W. 638, 641 (Iowa 1881)(支持州立法机关授权市政部门,令其为法警设定工资标准)。

[269] 参见 In re Adams, 21 Mass. (4 Pick.) 25, 29 (1826)(国会1792年通过的一部法律,规定在立法机关认为适当的时候,允许州政府组织民兵,法院判决支持了这部立法)。

[270] 参见 Commonwealth v. Judges of Quarter Sessions, 8 Pa. 391, 395-396 (1848)(裁定此类授权合宪)。

[271] 参见 Justices of Clark Cty. Court v. Paris, Winchester & Ky. River Tpk. Co., So Ky. (11 B. Mon.) 143, 151-152 (1850)(裁定此类涉及税收的授权合宪)。

[272] 参见 Johnson v. Rich, 9 Barb. 680, 681-682 (N. Y. Gen. Term 1851)(裁定允许对征税决定付诸公民投票),被 Barto v. Himrod, 8 N. Y. 483, 489-491 (1853)推翻。

表3显示，在20世纪的开端，超过半数的禁止授权案件涉及立法机关对规制权的授出。当然，与规制案件数量增多相伴的，是与行政委员会和行政机构相关案件数量的增多。在一些实例中，立法机关还会向更传统的行政官员授权，如授权美国战争部长，为促进密西西比河的改善，可制定任何必要的规则和规章。[273] 巡回审判法院的拉马尔(Lamar)法官认为，关键的事实不是国会是否就河流的通航，亲自制定了规则和规程，而是国会“指称违反规则构成犯罪，且规定了相应惩罚措施”。[274] 仅能“直接且排他地从国会立法中，推理出的确构成犯罪”，但制定这样的规则，可能会让其他主体来判定何为刑事违法。[275]

同时，立法机关也日益对职业许可委员会等新设机构加以授权。例如，俄勒冈州最高法院发现，在州理发师许可委员会设立时，没有遇到任何阻碍。[276] 立法机关界定了理发师的执业条件，并具体说明，从事此类商业活动，须得到州委员会颁发的许可。如此，让被任命的委员会审查人员来设定标准，判断谁有资格获得许可，就具有妥当性。[277] 类似地，新罕布什尔州最高法院也发现，立法机关能授权州卫生委员会制定“一切必要的规则和规章”，来预防食品生产、储存、交易中的不健康状况。[278] 立法机关保留“一般性的法定权力”，其他一切都可“交给特定的行政官员或机构”[279]。

在美国重建时期以来，禁止授权案例的流变，很大程度上围绕现代规制国家的架构而展开，但重要的一点在于，要认识到这类案件的浮现和延续，是其余不同类型案件杂糅而成的。禁止授权的问题不是现代行政官僚制所创设出的一个独特结果，而是对于如何支配依基本法组成的立法机关，始终有演进的争议，禁止授权原则则构成了一个永恒的相应附属话题。与联邦宪法特别有干系的，是将规制权授予行政机构。然而在美国宪法的发展中，

---

[273] 参见 United States v. Breen，40 F. 402，402 (C. C. E. D. La. 1889)（针对的问题是此类国会对战争部长的授权是否合宪）。

[274] 同上注，第404页。

[275] 同上注。

[276] State v. Briggs，77 P. 750，750-751 (Or. 1904).

[277] 同上注。

[278] State v. Normand，85 A. 899，900 (N. H. 1913).

[279] 同上注，第902页。

联邦法院相对而言是一个后来者，是一个相对不活跃的参与者。在19世纪的历程中，州法院在一系列复杂案件中，在处理禁止授权原则的问题，而联邦法院很大程度上是置身事外。

认识新政之前在发展和适用禁止授权原则时，所遭遇的更为复杂的法律环境，有助于更好地、情景化地，去开展关于禁止授原则权的现代论争。在20世纪早期，曾在19世纪推定为稳健有力的禁止授权原则，常视为20世纪早期进步主义改革的一个重要阻碍。但禁止授权原则的真实历史，并不支持这一预判。

如图1所示，在依据禁止授权原则对立法提出异议的诉讼案件中，判决立法无效的实际案例相对较少。而且，随着现代规制国的建构，立法者对诸如专门规制委员会等创新工具的运用，便立法机关的胜算变得更大，表4展现出上述发展，说明了在这些禁止授权案件中立法机关败诉的概率。

表4 州法院和联邦法院判决授权无效的案件比例

	州法院	联邦法院
总比例	18%	12%
1880年之前	24%	0%
1880年之后	17%	12%

表4区分了州法院和联邦法院审理的案件。如前所述，目前更多由州法院来审判禁止授权案件。[280] 表4中判决授权无效的比率反映了以下事实，1880年之前，只有很少的禁止授权案件由联邦法院处理，且判决均支持政府一方。1880年之后，由于行政国家的建构，联邦法院更为常规化地审理禁止授权案件，并开始作出不利于国会的裁定。不论是在19世纪早期还是晚期，在审理此类案件和作出否定立法授权努力方面，州法院都表现得更为积极。

州法院判决授权无效的比例，体现了19世纪的一种稳健传统，即严格审查立法行为，防止违反宪法禁令而授出立法权，也表明法院在逐步适应立法创新。在19世纪晚期和20世纪早期，法院审理了更多基于对禁止授权

〔280〕 参见前注第265-267页。

原则的质疑，联邦法院最后发现在一些案例中，立法机关走得太远——但即便如此，判决立法授权无效的案例比例仍然相当低。更为活跃的州法院形成了更稳定的行为模式，不大容易受到个案特质的影响，但总体而言，在这个时期后期，州法院相对较少地否定法律条款。因而，当将立法权授予非立法主体时，无论是州法院还是联邦法院，都并未构成太多实际障碍。

表5　在各类案件中依授权对象划分，判决授权无效的比例

	行政机关	行政机构	司法	地方政府	选民	其他
总比例	20%	13%	21%	15%	17%	29%
1880年之前	18%	20%	32%	24%	21%	17%
1880年之后	20%	13%	20%	14%	15%	29%

州法院限制立法授权的意愿下降，部分反映出在这一时期，法院审理的禁止授权案件类型发生了变化。如表2所示，在禁止授权案件中，向行政机构授权的案件比例，在19世纪早期可谓微不足道，在1880年之后，此种案件已为受理案件中的大多数。向选民授权的案件则呈现出相反的轨迹。表5呈现出依授权对象区分的，不同类型案件被判决授权无效的比例。当因禁止授权原则被诉至法院时，各类立法具有的胜算并不相同。案件授权对象不同，授权法律条文被判无效比例也不同，而且随着时间推移，这些比例也在发生变化。尤其值得注意的是，早期，当就向行政机构授权的案件诉至法院时，很可能判立法授权无效。在1880年后，这类案件变得极其普遍，这种类型的授权愈发不易受到攻击。在各类涉及立法授权的案件中，授权给行政分支主体的案件，其败诉率最低。正如禁止授权原则的当代支持者认为的，在秉承禁止授权的宪法理论的经典时代，法院似乎更倾向于认可对行政主体的立法授权，而非对其加以排斥。

表6　在所有案件中，依授权事项判决授权无效的比例

	规制	税收	财政支出	其他
总比例	17%	18%	24%	14%
1880年之前	30%	26%	9%	17%
1880年之后	16%	16%	25%	13%

依授权事项对授权行为加以检视，能发现禁止授权法理中蕴涵的更多意涵。表6反映了在依授权事项类型划分的案件中，法律条款被判定无效的比例。表3表明，1880年之后判决的大多案件都涉及规制条款，这与涉及行政机构案件的增长趋势相吻合。表6说明，关于规制的案件也很有可能获得法院支持。而且随着规制案件在1880年后愈发普遍，此类案件中被判授权无效的比例也迅速下降。如表6所体现的，法院从未特别排斥过规制权的授出。

这不是说法官们从未认定立法机关违背了禁止授权原则。在一个支持授权法律的案例中，法官令人信服地宣称，立法机关并不是简单地交出了“制定法律的权力”，而是下放了“认定事实的权力，或确定法律实施有赖事项的权力”。[281] 但是，确定立法机关采取了何种类型的行为，可能取决于每位法官对案件的定性。

对于行政委员会和行政机构而言，制定必要的规则和规章，是一项司空见惯的工作。但当立法机关授权州公路委员会，令其制定任何其认为州道路交通安全所需的规则时，爱荷华州最高法院却否决了这一授权。爱荷华州最高法院认为如此的授权，会导致立法机关除“开会和创设委员会”外无所作为，还不如让委员会针对特定事务采取行动。[282] 然而更多情况下，法官会认为这样的法律完整自洽，仅将补充细节的空间留给了行政机关。

司法机关对授权的异议通常基于如下的司法判断，即未能很好地行使所授权力。在俄亥俄州，法院担心蒸汽工程师的审查员是一个“拥有无限裁量权的独裁者”；[283]在伊利诺伊州，法院的控诉是，在“社区没有出现天花，也没有理由推测天花正在威胁学校周边，或很有可能在那里盛行”时，教育局强制学校的所有孩子接种疫苗。[284] 有时，立法机关只是逾越了法院所能容忍的限度。缅因州最高法院的法官能接受创设一个委员会的决定，并授权其制定管理渔业的规则和规章，但不能忍受的是进一步规定，上述委员会

---

[281] 参见 State v. Thompson, 60SW. 1077, 1079 (Mo. 190)（全院庭审）（支持审计员向“品行良好”的申请人颁发博彩许可证）。

[282] Goodlove v. Logan, 251 N. W. 39, 43 (Iowa 1933).

[283] Harmon v. State, 64 N. E. 117, 117 (Ohio 1902)（未签名的法院一致判决）.

[284] Potts v. Breen, 47 N. E. 81, 85 (Ⅲ. 1897).

的规章优先于任何与之冲突的州法。[285] 该法院于是裁定立法机关不能授权某个委员会来废止法律。[286]

伴随着现代行政国家的发展，当下审理禁止授权案件的法官似乎并未因这种发展而感到格外困扰。更可能的是，相较于早期对法官或选民的创新式授权，法院更倾向于向行政机构授出更广泛的规制权。州法官和联邦法官都愿意去适应出现于镀金时代，发展于进步时代的新兴制度装置。

结 语

在一本讨论“不受约束的国家扩张”的新书中，前国会议员大卫·麦金托什(David McIntosh)抱怨道，法院已毁损了禁止授权原则，法院这么做，也就放弃了其严格执行权力分立之责。[287] 许多保守派仍在批评现代行政国家，他们一直萦绕于心的观念，是在新政时期那至为重要的宪法博弈中，针对向行政机构和委员会授予规制权，禁止授权原则强有力地施加了重要限制。他们声称，在曾经的黄金时代，法院对不负责任的立法者予以了坚决抵制，不同意将艰难的政策抉择权交给其他主体；并且曾经有法律、学理和政策层面的渊源，来限制立法机关授出制定实体性政策的裁量权。从这个角度出发，严肃的禁止授权原则是在宪法中被放逐的部分，它可以并应当从寒冬中复苏。

但上述论断有违历史，而更像是一种迷思。19世纪宪法学者的理解认为，在人民主权之下授予立法机关以法律制定权，立法机关不能将此权力再授出。但学者们同时也认为，这样的宪法承诺几乎未对行政国家的崛起造成任何阻碍。创设出的行政机构和行政委员会拥有能有效制定规制政策的

---

[285] 参见 McKenney v. Farnsworth, 118 A. 237, 238 (Me. 1922)(认为当法条规定授出废止法律的权力时,“无疑是对宪法的违背”)。

[286] 同上注。

[287] David McIntosh & William J. Haun, The Separation of Powers in an Administrative State, in *Liberty's Nemesis: The Unchecked Expansion of the State* 239, 239-244 (Dean Reuter & John Yoo eds., 2016).

专家,这无疑能以创新的方式重塑经济,这也要求对传统政府形式加以认真反思。而州法官和联邦法官毫不犹豫地支持了这些制度创新。传统的宪法原则也足以包容此种新的行政架构。

在新政之前及新政之后的年代里,禁止授权原则可谓雷声大雨点小,这本身并不会推翻倾向于更为稳健的禁止授权原则的规范论证。因为在逻辑上一个很可能的事实是,现代行政国家很难与基础的宪法结构相一致。如果由立法者来作出现在由被授权行政机构作出的重要决策,或许公共政策会变得更好。作为替代,如果禁止选民代表授权给相对欠缺可问责性的政府官员,不让他们去制定有争议的政策决策,那么代议制民主可能会运行得更好。但是,这种学理改革的倡导者应意识到,这一限定的宪法规则体系将给美国实践带来前所未有的改变,而非回归早期的统治框架。法官们并未发展出某类学说工具,以使他们能在不当放弃立法权和具体行政事务的必要授权之间,作出有意义的区别。而且,法官从未设想在政治上采取什么手段,去抵制行政革新,在政治行动者看来,这些革新是维持现代政府良好运行的必备要素。

若最初的宪法设计与现代行政国家有所背离,这一背离在新政和1937年宪法革命之前,乃至在伍德罗·威尔逊(Woodrow Wilson)总统和进步时代对传统分权观念加以抨击之前,就已浮现。[288] 在19世纪最早的禁止授权案件中,法官们面对利用外部团体来充实政策指令的立法希冀时,呈现出模棱两可的态度。法官们无疑认为,立法者应当认可并尊重禁止授权原则,但法官们据此来阻拦立法者时,却显得踌躇不前。

斯卡利亚大法官在对美国量刑委员会的工作加以考量时,哀叹道,"关于违宪授权的学说,无疑是我国宪法体系中的一个基本要素,且不是一个法院能轻易实施的要素"[289]。司法机关努力阐明和适用禁止授权原则的历史,似乎支持他的上述论断。[290] 斯卡利亚大法官不是第一个表达如下忧虑

---

[288] 更多关于进步时代理论家对权力分立的探讨,参见 John A. Rohr, *To Run a Constitution: The Legitimacy of the Administrative State* 86-89 (1986).

[289] Mistretta v. United States, 488 U.S. 361, 415 (1989)(斯卡利亚大法官的不同意见)。

[290] 斯卡利亚自己也在尝试确证可由法院实施的清晰规则。同上注,第417页。

的人:缺乏严格的禁止授权原则,会导致“第二国会”[291](junior-varsity Congress)的产生,它会在宪法中传统的分权结构之外,来承担国会的立法工作。有人主张,新政时代之前的法官懂得如何避免上述可能性,并保留了建国者原初宪法愿景的关键所在。但如我们所表明的,禁止授权原则的消亡与新政改革并无因果关系。在那之前很久,真正有意义的,能为司法所实施,且构成宪法对立法机关约束的禁止授权原则,也已经消亡。

Abstract: For much of the nineteenth and early twentieth centuries, the nondelegation doctrine served as a robust check on government expansion. The authors talk about the evolution and constitutional foundation of nondelegation doctrine, discuss the doctrine in the Supreme Court, state courts and lower federal courts. The authors draw upon an original dataset they compiled that includes every federal and state nondelegation challenge before 1940, and it includes more than two thousand cases. In reviewing these judicial decisions, they find that the nondelegation doctrine never actually constrained expansive delegations of power. The traditional narrative behind the nondelegation doctrine is nothing more than a myth.

Keywords: Nondelegation doctrine; U. S. Administrative Law; judicial review

(特约编辑:刘雪鹂)

---

[291] 同上注,第427页。

谁具备以薪酬违宪起诉总统的主体资格?

[美]Matthew Hall* 著　章彦英** 译

引　言

在过去227年间相对较少获得公众关注的两个宪法条款突然之间成为新闻热点,为三个针对美国总统的待决案件提供了依据。外国及国内薪酬条款起自于先贤们对于贪污腐败——尤其是对于外国政府或其代理人或者合众国的任何一个州给予联邦公职人员的礼物、报酬或利益所带来的腐蚀作用——的担心。[1] 先贤们将源自此类支付的贪腐风险看得如此严重,以至于他们把禁止收受此类利益的两个条款列入宪法文本之中。外国薪酬条款禁止合众国所有官员未经国会明示同意而收受来自任何外国势力的礼物

---

* Matthew Hall(马修·霍尔),佐治亚大学法学院副教授。从肯特·巴奈特、南森·查普曼和乔纳森·雷米·纳什对初稿给出的诚恳意见以及在太平洋大学麦克乔治法学院的教师研讨会上得到的意见中,我获益良多。在此也要感谢T.J.施特里普以及佐治亚大学法学院图书馆工作人员的帮助。本文的出处是《华盛顿大学法律评论》2017年第3期,总第95卷。感谢作者授权翻译。

** 章彦英,山东财经大学法学院教授,硕士生导师,先后任爱荷华大学法学院、威斯康辛大学麦迪逊分校法学院、佐治亚大学法学院访问学者,主要研究方向为比较法,法学理论,法学教育。

〔1〕 关于对薪酬条款历史的详细讨论,包括先贤们对外国势力干预美国国内事务的担心,参见 Norman Eisen et al., The Emoluments Clause: Its Text, Meaning, and Application to Donald J. Trump 3-4 (2016),http://www.brookings.edu/wp-content/uploads || 12/gs_121616_emoluments-clause.pdf. ;Zephyr Teachout, *Corruption in America: From Benjamin Franklin's Snuff Box to Citizens United* (2014);Lawrence Lessig, Republic, Lost: How Money Corrupts Congress-And a Plan to Stop It (2011);Zephyr Teachout, *The Anti-Corruption Principle*, 94 Cornell L. Rev. 341 (2009)。

或其他利益。[2] 国内薪酬条款则规定，总统的薪金在其任期内应保持不变，而且，总统任内不能从任何州政府或联邦政府的任何部门收受其法定工资以外的任何报酬。[3]

这三个新的诉讼提出的问题是，特朗普总统的商业帝国从外国政府实体处收取数额可观且不断增长的报酬，而总统又持续拥有该帝国，这是否违反了外国薪酬条款。[4] 每一个待决案件都要求联邦法院宣布总统对其企业的持续拥有——连同那些企业未经国会同意收取外国政府资金的行为——违反了外国薪酬条款。[5] 它们因此要求法院要么命令总统转让其企业，要么禁止那些企业未经国会同意接受外国的薪酬，只要总统继续保有其股权。其中两个待决案件还断言总统通过其企业，以直接付款给特朗普集团公司和豁免这些公司分区、环境或其他法律要求的方式，非法收取国内薪酬，因此同样要求法院禁止总统接受该类薪酬。

---

〔2〕 美国宪法第1条第9节第8款规定，在合众国之下拥有任何有收益或信托之职位者，未经国会同意，不得接受来自任何外国国王、王子或政府的任何礼物、薪酬、职位或头衔。

〔3〕 U.S. CONST. art. Ⅱ, §1, cl. 7.

〔4〕 Jonathan O'Connell & Mary Jordan, *For Foreign Diplomats, Trump Hotel Is Place To Be*, *Wash. Post* (Nov. 18, 2016), https://www.washingtonpost.com/business/capitalbusiness‖11/18/9da9c572-ad18-11e6-977a-1030f822fc35_story.html? utm_term=.3871136334d4(引用了外国外交官宣布将生意转至特朗普国际酒店的意图之原话)；Jackie Northam, Kuwait Celebration at Trump Hotel Raises Conflict of Interest Questions, NPR (Feb. 25, 2017, 6:33 AM)), http://www.npr.org/sections/parallels/2017/02/25/517039323/Kuwait -celebration-at-trump-hotel-raises-conflict-of-interest-questions. ；在2017年的前4个月，华盛顿特区特朗普国际酒店的盈利就比特朗普集团公司的预测高出四百万美元，这部分归因于平均每晚652美元的房价，比估算的高出了57%；Jonathan O'Connell, Trump D.C. Hotel Turns $2 Million Profit in Four Months, Wash. Post (Aug. 10, 2017), https://www.washingtonpost.com/politics/trump-dc-hotel-turns-2-million-profit-in-four-months____08/10/23bd97f0-7e02-11e7-9d08-b79f191668ed_story.html? utm_term=.6331cf71901a(注意，特朗普集团公司预测2017年前4个月会有200万美元的亏损，但是正相反，受“客人们情愿支付的不同寻常的房价”的驱动，亏损“已然转变为高额的盈利……”)。

〔5〕 第一桩诉讼由华盛顿责任与道德公民(CREW)于2017年1月提起，后来有所变动，加入三个原告：两个人和一个餐饮业协会。所有原告皆称，他们与特朗普集团公司产业争夺外交的和其他外国政府生意。参见 Citizens for Responsibility & Ethics in Wash. v. Trump 案第二份修正后的诉状，案号17-cv-00458-RA(纽约南区联邦地区法院2017年5月10日立案)(下文称“CREW诉状”)。第二桩诉讼由马里兰州和哥伦比亚地区于2017年6月12日提起。D.C. v. Trump 案诉状第1-4页，案号17-cv-01596-PJM(马里兰联邦地区法院2017年6月12日立案)(下文称“州诉状”)。第三桩诉讼由196名民主党国会议员于2017年6月14日提起。Blumenthal v. Trump 案诉状，案号17-cv-01154(哥伦比亚特区联邦地区法院2017年6月14日立案)(下称“布卢门撒尔诉状”)。

这些待决案件提出了在宪法鲜被论及的领域内有趣而且重要的价值问题。[6] 但是，一所联邦法院在触及那些问题之前，必须先解决启动这些诉讼的原告是否是提起这些诉求的适格主体这一首要问题——换言之，他们是否具备宪法第三条所规定的主体资格。联邦最高法院此前从未有机会处理究竟谁可以将薪酬条款付诸实施的问题。[7] 这一问题之所以未曾出现过，是因为绝大多数总统都有着相对简单的资产投资组合，而且还因为，近几十年来，所有总统都使用了保密信托或其他机制来确保其作为总统的决策不会因对其自身投资可能造成的冲击而受到影响。[8] 但是，特朗普总统

---

〔6〕 案子的是非曲直问题已经由迈克尔·多尔夫、马蒂·莱德曼及其他人进行了妥善解决。例参见 Michael C. Dorf, *Trump Emoluments Argument Mirrors His "Just a Hope" Comey Defense*, TAKE CARE (June 14, 2017), https://takecareblog. comblogtrump-emoluments-argument-mirrors-his-just-a-hope-comey-defense; Marty Lederman, *How the DOJ Brief in CREW v. Trump Reveals that Donald Trump Is Violating the Foreign Emoluments Clause*, TAKE CARE (June 12, 2017), https://takecareblog. com/blog/how-the-doj-vrief-in-cres-v-trump-reveals-that-donald-trump-is-violating-the-foreign-emoluments-clause; 参见前注 1 艾森等文。关于外国薪酬条款应当做狭义解释的讨论，例参见 Andy Grewal, The Foreign Emoluments Clause and the Chief Executive, 102 Minn. L. Rev. (forthcoming 2017); Seth Barrett Tillman, Business Transactions and President Trump's "Emoluments" Problem, 40 Harv. J. L. & Pub. Pol'Y 759 (2017)。

〔7〕 近期关于薪酬条款诉求可诉性的学术成果，参见 Brianne J. Gorod, *Congressional Standing Is Not an All-or-Nothing Proposition*, TAKE CARE (June 19, 2017), https://takecareblog. comblogcongressional-standing-is-not-an-all-or-nothing-proposition; Zachary Clopton, *Emoluments And Justiciability*, TAKECARE(June26, 2017) https://takecareblog. comblogemoluments-and-justiciability; Eric Segall, *Members of Congress Have Standing In The Emoluments Suit*, TAKE CARE(June 24, 2017), https://takecareblog. comblogmembers-of-congress-have-standing-in-the-emoluments-suit; Laurence H. *Tribe & Joshua Matz*, *Maryland and DC Have Standing to Sue Trump for Emoluments Violations*, TAKE CARE(June 12, 2017), https://takecareblog. comblogmaryland-and-dc-have-standing to-sue-trump-for-emoluments-violations; G. Michael Parsons, Raines Check: *Legislator Standing and the Separation of Powers*, TAKE CARE(July 10, 2017)), https://takecareblog. comblograines-check-legislator-standing-and-the-separation-of-powers.

〔8〕 Cynthia Brown & L. Paige Whitaker, Cong. Research Serv., *Conflicts of Interest and the Presidency* 2 (2016)(历史实践表明了相对长期以来存在的一个总统先例，包括林登·约翰逊、吉米·卡特、罗纳德·里根；H. W. 乔治·布什、比尔·克林顿和乔治·W. 布什，他们都自愿对其资产进行了'剥离'); Editorial, Donald Trump's Tangled Web, N. Y. Times (Nov. 16, 2016), https://www. nytimes. com ‖ 11/17/opinion/what-trump-can-do-to-eliminate-his-conflicts-of-interest. html;(当吉米·卡特成为总统时，他把自己相对简单的生意——一座花生农场和货栈——交付信托，赋予独立受托人不经卡特先生同意即可出售货栈和出租农场的决定权); Ronald Reagan, *Announcement of the Formation of a Blind Trust To Manage the President's Personal Assets*(Jan. 30, 1981), https://www. presidency. ucsb. edu/ws/? pid=44168.

已经偏离了那些实践，那么主体资格问题现在就有必要得到解决。在这些事件里面，原告们的诉求和个人利害关系有着显著的差别，但是法院关于竞争者主体资格、州主体资格以及立法者主体资格的法理阐述表明，每一起诉讼的原告都提出了充分的事实来确立其基于宪法第三条的主体资格。

一、Crew v. Trump 案中的竞争者主体资格

3个待决薪酬诉讼中的第1个诉讼是在特朗普总统就任第1天，即2017年1月24日，由非营利组织"华盛顿责任与道德公民"(CREW v. Trmp)提起的。该案后来有所变化，加入了两个个人原告：艾瑞克·古德和吉尔·法纳夫以及一个餐饮业组织"饭店机会委员会有限公司"(ROC)的诉求。CREW案中的原告诉称，总统未经国会同意，接受了各种薪酬，尤其是外国官员使用特朗普集团公司旗下宾馆酒店所产生的利润，这已经违反了外国薪酬条款。原告寻求两种形式的救济：一是由法院作出确认判决，宣告特朗普总统未经国会同意对上述利益的收取"违反了外国薪酬条款"；二是由法院发出禁令，命令特朗普"停止违反外国和国内薪酬条款"。〔9〕

原告诉称，先贤们将外国薪酬条款视为避免官员贪腐，保护每个美国公民利益的必要手段。但是，那种广泛共享的利益本身不足以支撑宪法第三条所规定的主体资格，因为该利益是一种"普遍的不满"，原告因此受到的困扰并不多于其他任何美国人。〔10〕对被告已经违反法律的单纯指控并不足以确立原告的诉讼资格。相反，要确立宪法第三条所规定的主体资格，原告必须指称"作为被告推定不法行为的结果，他们个人已经遭受了某种实际的

〔9〕CREW诉状，前注〔5〕，269节以下。

〔10〕Warth v. Seldin, 422 U. S. 490, 499 (1975)；参见Lujan v. Defenders of Wildlife, 504 U. S. 555, 573 (1992)(注意，原告所指称的损害仅仅涉及"对他和每位公民在适当适用宪法及法律中的利益的损害"，这通常不足以支持其主体资格)；同前注，第577页(注意，如果法院要"将行政官员遵守法律方面那种无法区分的公共利益转化为可在法庭上为之辩护的'个体权利'……它就会将最高行政长官最重要的宪法职责从总统转至法院，以'确保法律得到忠实地履行'")。

或威胁发生的伤害”，并且所请求的救济可能对其所受伤害予以补救。[11]

两位个人原告和饭店机会委员会有限公司基于竞争者主体资格理论宣称其具有起诉资格，并基于一长串的联邦最高院案例，认为市场参与者有资格质疑赋予其竞争者市场优势之政府行为的合法性。法院“照例将改变竞争条件的被告行为所造成的可能经济损害视为足以满足宪法第3条的‘实际损害’要求”。[12] 而且，当竞争条件的改变是由被告的行为所造成，并且可以通过一个有利的法院判决加以消除时，主体资格的因果关系和可救济性要件也就同样满足了。[13] 因此，因被告被指称的非法行为而面临更为艰难的竞争环境的原告公司有法律资格质疑那些行为的合法性。[14]

依据此类最高院案例，这些个人原告和饭店机会委员会有限公司轻松满足了主体资格要求。原告艾瑞克·古德诉称其在纽约城拥有和经营数家高端宾馆和饭店，并与特朗普的产业争夺外交和其他外国政府方面的生意。[15] 原告吉尔·法纳夫诉称，她在华盛顿特区为两家豪华酒店做酒店预订工作，其工作包括预订“涉及外国政府的使馆宴会和政治宴会”以及“外国政府相关组织宴会”。[16]她还诉称，她的报酬与她所做预订的数量与规模直接相关，以至于若她的酒店被特朗普的酒店抢去了生意，她获得的报酬将会

---

〔11〕 Valley Forge Christian Coll. v. Ams. United for Separation of Church & State, Inc., 454 U.S. 464, 472 (1982)［转引自 Gladstone Realtors v. Village of Bellwood, 441 U.S. 91 (1979)］。

〔12〕 Clinton v. City of N.Y., 524 U.S. 417, 433 (1998)（转引自 Kenneth Culp Davis & Richard J. Pierce, Administrative Law Treatise 13-14 (3d ed. 1994)）；参见 Ass'n of Data Processing Serv. Orgs., Inc. v. Camp, 397 U.S. 150 (1970)（当原告方诉称其蒙受潜在的利润损失且客户向竞争对手流失时，“毫无疑问，他们已经满足了宪法第3条的事实损害要求”）。

〔13〕 Wittman v. Personhuballah, 136 S. Ct. 1732, 1736-1737 (2016); Spokeo, Inc. v. Robins, 136 S. Ct. 1540, 1547-1550 (2016); Lexmark Int'l, Inc. v. Static Control Components, Inc., 134 S. Ct. 1377, 1386-1388 (2014).

〔14〕 例参见 Nat'l Credit Union Admin. v. First Nat'l Bank & Trust Co., 522 U.S. 479, 482 注释 4(1998)；Investment Co. Inst. v. Camp, 401 U.S. 617, 621 (1971)（注意，关于原告对一项令其面对不断增长之竞争压力的政府行为提出质疑的资格，“可能并不存在真正的问题”）；Univ. of Cal. Regents v. Bakke, 438 U.S. 265, 280 注释 14(1978)（在另一种语境下，当法庭命令可以营造公平竞争环境时，对因阻碍在公平的环境下竞争所致宪法第3条之损害的认定和对因果关系与可救济性的认定得以满足）。

〔15〕 参见 CREW 诉状，前注〔5〕，第15节，第221节，第228-234节。

〔16〕 同上，第15节。

减少。[17]原告饭店机会委员会有限公司则诉称，其在华盛顿特区经营若干家饭店，与特朗普的产业争夺外国政府生意。[18]

总而言之，每一方原告都指称了竞争者主体资格理论所需要的全部因素：他们与总统特朗普的宾馆和饭店“通过在相同的市场提供相同或相似的服务”[19]，争夺外交的和其他的外国政府生意；总统特朗普通过激励外国政府及其代理人将业务转移到特朗普集团公司名下的产业非法接受外国政府生意的行为已经改变了竞争形势，从而剥夺了原告们在公平竞争的环境中争取该类生意的机会。原告的指称并非仅仅是猜测：他们陈述了事实来表明外国国家已经将生意从竞争宾馆和饭店，包括那些由原告拥有与经营的宾馆和饭店，转移至总统特朗普的宾馆和饭店。[20]原告们的指称足以满足宪法第 3 条的主体资格要求。

2017 年 6 月 9 日，司法部(DOJ)代表总统特朗普提出驳回原告起诉的动议，辩称原告缺乏主体资格。司法部的辩护状称，古德和法纳夫所声称的竞争损害是基于对未出庭第三方即外国政府及其代理人将如何分配其宾馆与饭店开支做出的猜测。[21]但这是对有关竞争者主体资格判例法的误读。法院已经裁定，潜在顾客的选择这一介入性原因并不阻碍竞争者主体资格案件中的主体资格。[22]单是竞争形势被改变这一项就已构成支持主体资格的足够损害，因为当竞争环境变得有利于某一特定企业时，这种改变竞争环

[17]　同上，第 16-17 节，第 221-227 节。法纳夫同样指称，特朗普国际酒店在竞选以后雇用了一个职责与其相似的员工——也就是说，该雇员的工作正是促成与外国政府及其官员的预订。

[18]　同上，第 192 节，198 节，212 节，220 节。

[19]　同上，第 196 节，第 223 节，第 231 节。又同上第 15-17 节，第 61 节，第 221-227 节。

[20]　同上，第 15-19 节，第 192 节(称“因特朗普总统拒绝避免……违反薪酬条款”，直接导致原告各方的生意因失去外国政府业务收入而受损且将持续受损，除非法院给予他们其所寻求的救济)。

[21]　参见华盛顿责任与道德公民诉特朗普一案支持被告驳回起诉之动议的法律备忘录第 19 页，案号 17-CV-00458-RA(纽约南区法院于 2017 年 6 月立案)(以下称“DOJ 驳回起诉动议”)(认为所称伤害纯属“臆测”，因为“第三方作出的不可控和不可预测之决策是……任何关于法纳夫和古德的酒店或酒店类业务将蒙受损害的主张的一个必要部分”)。

[22]　例参见，Nat'l Credit Union Admin. v. First Nat'l Bank & Trust Co.，522 U.S. 479，482-483；又参见 Univ. of Cal. Regents v. Bakke，438 U.S. 265，280-281(认定当法院能够消除原告的竞争障碍时，原告的竞争性损害是可予补救的)。

境的行为“几乎必然‘以一种或另一种形式’损害”竞争企业。〔23〕

证据开示，或许还有即决判决实践，将显示个体原告能在何种程度上以证据支持其不同的指称。然而，在驳回起诉的动议阶段，原告的指称必须被视为是真实的，〔24〕并且原告已经充分宣称了事实，这些事实若被证实，将确定与总统接受外国政府及其代理人对特朗普集团公司名下宾馆和饭店的预订相关的损害、因果关系和可救济性。〔25〕

二、州政府主体资格

马里兰州和哥伦比亚特区于 2017 年 6 月 12 日起诉总统特朗普，诉称他正在违反外国薪酬条款和国内薪酬条款，请求法院对该影响予以司法确认，并责令被告停止进一步侵权的行为。州原告的诉状提出了若干支持其主体资格的独立根据。依据联邦最高院的先例判决，除了一项之外，所有的根据似乎都是充分的。

---

〔23〕 参见 Sherley v. Sebelius, 610 F. 3d 69, 72 (D. C. Cir. 2010)。所称竞争性损害的形式可能会变化；例如，一个面临日益激烈的竞争压力的卖方，其销售额可能会输给竞争对手，或其会被迫降价销售或扩充更多的资源来达成相同的销售额，所有这些都损害了其底线。因为日益激烈的竞争几乎肯定会以这样或那样的方式损害卖方，他无须等到“所指称的非法交易……损害了他的竞争力”之后再去质疑令竞争加剧的政府监管（或者，就该问题而言，放松监管的）决策。同上。

〔24〕 被告驳回起诉的动议质疑原告的资产是否在实际上与己方资产形成竞争关系，在某种程度上因为依其申述，其宾馆、饭店优于对方此类资产。参见前注〔21〕第 17 页 DOJ 驳回起诉的动议。但是，这种事实争议不能在 12(b)(1) 阶段得到解决，并且，依据原告方的专家证言，也不可能在即决判决阶段做出有利于被告的裁决。

〔25〕 CREW 案的另一个原告——CREW 自身——声称具有主体资格，其所基于的理论是，总统的行为使其不得不转移其有限的资源来监控和对抗总统的薪酬违规行为，从而削弱了其完成自身使命的能力。前注〔5〕CREW 诉状第 153 节。迈克尔·多尔夫已经有力地论证了 CREW 的确拥有作为一个组织的主体资格。参见 Michael Dorf, *The Injury in the Emoluments Clause case*, Dorf On Law (Jan. 24, 2017), http://www.dorfonlaw.org-01/the-injury-n-emoluments-clause-case.html. 然而，实际情况是，只要该案中至少一位原告有资格寻求被寻求的各种形式的救济，CREW 的主体资格可能就没那么重要。参见 Town of Chester v. Laroe Estates, Inc., 137 S. Ct. 1645, 1651(2017)（再次重申，只要“至少有一位原告有资格寻求诉状中所要求的各种形式的救济”，宪法第三条的规定就得以满足）；参见 Bowsher v. Synar, 478 U. S. 714, 721 (1986)（认为法院在至少一位原告具主体资格时，可以继续查明案件的是非曲直，而无须确定其他原告方是否具有独立的主体资格）。

(一)外国薪酬条款

州政府原告诉称,因总统对外国薪酬条款的违反,其在主权能力和专有能力方面均已遭受损害,并将继续遭受损害。州政府在联邦法院的诉讼主体资格原则与个体诉讼资格大体上思路相似:州必须表明其所受某种损害,以及因果关系和可救济性。〔26〕但是法院早已"认识到各州并非旨在援用联邦诉讼管辖权的普通当事人"〔27〕,并且"有权在我们的主体资格分析中得到特别关注"。〔28〕各州可以为了保护其主权利益,诸如在实施一项州法或收税方面的利益等,抑或其专有利益,诸如在不动产或契约权利方面的利益等,而提起诉讼。〔29〕在华盛顿特区诉特朗普(D. C. v. Trump)一案中,州原告主张其在主权和专有权利益方面均受到损害。

1. 对州主权利益的损害

原告方诉称,总统对外国薪酬条款的违反已经在多方面损害了他们的主权利益。最明显的诉讼主体资格案例与马里兰州有关。该州声称,总统对外国薪酬的接受减少了马里兰州竞争宾馆和其他企业的生意,从而损害了该州在保护其税收收入方面的主权利益。〔30〕马里兰州对损害的主张类似于 CREW 诉状中对竞争者主体资格的主张,增加的一条是马里兰州的损害源于该州境内所有宾馆或饭店而不仅仅是那些该州拥有所有者权益的宾馆或饭店所遭受的竞争损害。

原告们诉称,在华盛顿特区的特朗普国际酒店是马里兰州酒店的一个直接竞争对手,而那些马里兰州的酒店每年"为州政府和地方政府创造可观的税收收入"近乎数亿美元。〔31〕原告进一步主张,总统对外国薪酬条款的违反通过"使市场竞争环境向特朗普的企业倾斜;使竞争对手及其雇员失掉生

---

〔26〕 Massachusetts v. EPA, 549 U. S. 497, 518-20 (2007).

〔27〕 同上,第 518 页。

〔28〕 同上,第 520 页。

〔29〕 Alfred L. Snapp & Son, Inc. v. Puerto Rico, 458 U. S. 592, 607 (1982)(认为对于违反联邦法的、非公开歧视其公民的行为,波多黎各拥有质疑的法律资格)。

〔30〕 参见前注〔5〕州诉状,第 14 节,第 103-09 节,第 116-118 节。

〔31〕 前注〔5〕州诉状,第 116 节。当然,只有马里兰州以此为据主张诉讼主体资格。哥伦比亚特区并未因该区特朗普酒店业务的增长而主张对其税收收入造成的损害。

意、工资和小费；导致限制和缩减机会、减少税收和收入以及阻碍竞争的一系列市场扭曲现象”，对马里兰州的宾馆造成了“竞争损害”。[32]这种令外国政府将业务转移至特朗普宾馆的诱因转而又减少了马里兰州的税收收入。[33]

1992 年联邦最高院的 Wyoming v. Oklahoma 一案基于这一理论明确确立了马里兰州的诉讼主体资格。[34]该案中，最高院判定怀俄明州具有质疑一项俄克拉荷马法律合法性的主体资格，该法据称减少了对怀俄明州煤炭的需求量并因此减少了该州的税收收入。[35]俄克拉荷马的法律要求该州公用事业公司向本州矿区购买 10% 的煤炭。这些公司此前几乎所有的煤炭都从怀俄明采购。怀俄明州基于隐性商业条款对该法提出质疑，声称其因该法造成对怀俄明煤炭需求的减少并因此减少了该州离职补偿税收收入而受到损害。最高院判定此损害足以令怀俄明具备诉讼主体资格。[36]

马里兰州针对特朗普的诉求与怀俄明诉俄克拉荷马一案中原告的诉求并无显著不同。和怀俄明州一样，马里兰州试图以宪法为依据质疑另一个政府实体的行为是否合法。依其申述，该政府实体的不法行为改变了竞争环境，致原告蒙受损害。另一个相似点是，原告马里兰州试图通过声称因该州境内纳税企业生意的减少导致其损失税收收入来确立必要的个人利害关系。如果这种税收损失给了怀俄明州在其诉俄克拉荷马州一案中的主体资格，那么这种损失在此也足以给予马里兰州诉讼主体资格。

2. 对州专有利益的损害

州原告们还声称，作为在华盛顿特区与特朗普产业相竞争的酒店设施的所有人与经营者，他们的专有利益受到了损害。马里兰州和哥伦比亚特区均称，他们拥有和经营多家活动场馆“通过提供与被告或特朗普集团公司拥有或掌控的那些服务相竞争的服务”来“服务外交界以及外国的和州的政

---

〔32〕 同上，第 118 节，第 114 节。

〔33〕 同上，第 117-118 节。

〔34〕 502 U.S. 437 (1992).

〔35〕 同上，第 448 页。

〔36〕 同上。

府”。[37]而且，原告还陈述了详细事实，涉及：自总统选举以来外国政府在华盛顿特区的特朗普国际酒店所举办活动数量的增长，以及多名外国官员关于“自被告当选总统后”，他们“更有可能在被告的产业而非其竞争者的产业内购买商品和服务”的公开声明。[38]原告因此指称，总统特朗普通过其宾馆产业“对礼品或薪酬的收取或接受”，对原告的竞争产业“已经造成了竞争性损害”。[39]

此处原告各方的主体资格主张与前述讨论的 CREW 案中个人原告提出的竞争者主体资格论点几乎完全相同，而且这些主张足以以相同的理由确立诉讼主体资格。联邦最高院的竞争损害案例表明，作为据称与特朗普集团公司相竞争的酒店业所有者，州原告方基于竞争者资格理论均有资格对任何不合宪行为提出质疑，该行为通过迫使其在一个不公平的竞争环境中竞争而致其损害。[40]

(二)国内薪酬条款

州原告同时依据国内薪酬条款提出一项诉求。国内薪酬条款禁止总统在其任期内“从合众国，或合众国任何一州”，收取“其薪金以外的任何其他薪酬”。[41]该条款被写入宪法，是为了确保任何一个州，或联邦政府的任何一个部门，都不能“通过作用于其必需品而削弱总统的毅力”，亦不能“通过诱发他的贪婪来腐化他的正直”。[42]不同于外国薪酬条款，国内薪酬条款是绝对的——他不允许国会同意总统收取任何国内薪酬。该条款旨在“在保护各州和哥伦比亚特区免受其他州可能从提供薪酬讨好总统的机会中所享受的不公平优势影响的同时，保护各州和特区免受向总统提供薪酬的不当

〔37〕 同前注〔5〕州诉状，第 121 节，第 130-132 节。

〔38〕 同上，第 127 节。

〔39〕 同上，第 128 节。

〔40〕 参见前注〔14〕及随附文本。

〔41〕 U. S. CONST. art. II, § 1, cl. 7.

〔42〕 THE FEDERALIST, NO. 73(亚历山大·汉密尔顿)。

压力，同时也保护他们不会因拒绝这样做而遭到报复……”。[43]

原告指称，总统已然从联邦政府和其他州收取了报酬，包括：州政府及其分支机构为使用特朗普公司的设施而支付的款项；州养老基金对特朗普集团公司项目的投资，以及包括税收抵免、豁免及其他有关环境、城市分区和土地使用保护方面的特许权在内的政府福利。[44]原告声称这些款项和福利构成了被禁止的薪酬，而且，“这些违反国内薪酬条款的行为所带来的一个直接后果”是，原告各方已经蒙受，并将继续蒙受重大损害。[45]据称，总统对国内薪酬条款的违反尤其令马里兰州和哥伦比亚特区陷入令人无法容忍的困境：

要么同意特朗普集团公司对于特许权、免税额、豁免、差别对待等诸如此类的要求并承受因此带来的后果……，包括税收收入损失和环保、分区及土地利用法规执行上的不力；要么拒绝此类要求，并因此被置于相对已同意或将要同意此类特权的州和其他政府实体而言的一个不利地位。[46]

这一无选择余地的选择让原告各方和其它各州“感到被迫（或正在被迫）向总统提供私人经济利益以争得影响和青睐”——这恰恰是先贤们在将国内薪酬条款写入宪法时所力图防范的那种损害。[47]

州原告支持其诉讼主体资格的论据在这一主张上是力道最弱的。主体资格要求原告所受损害是“实际的或迫近的，而非‘推测的’或‘假设的’”。[48]对其所指称的“未被迫去不当争夺影响或青睐方面的政府利益”，并无任何人宣称特朗普集团公司已实际向他们要求任何种类的任何优惠来加以支持。[49]因此，他们尚未迫于压力去跟其他州“争夺”总统的青睐。他们关于损害的主张似乎是基于可能发生也可能不发生的未来事件。在缺少

---

〔43〕 同前注〔5〕州诉状，第 8 节，第 107 节（注意到先贤们的担心，即各州或联邦政府“可能会试图收买总统，以便他可以利用权力为他们谋利益而损害其他州的利益，从而破坏联邦体系的权力平衡”）；参见前注〔1〕，艾森等文，第 3-5 页。

〔44〕 州诉状，前注〔5〕，第 98-99 节，第 107-109 节。

〔45〕 同上，第 142 节。

〔46〕 同上，第 110 节。

〔47〕 同上，第 107 节；参见前注〔1〕，艾森等文，第 3-5 页。

〔48〕 参见 Whitmore v. Arkansas, 495 U.S. 149, 155 (1990).

〔49〕 州诉状，前注〔5〕，第 107 页。

实际或迫近损害之指控的情形下，法院要么可能会否定其提出国内薪酬条款诉求的主体资格，要么以不成熟为由驳回该项诉求。[50]如果原告现在或者将来，能够提出事实表明他们实际上已经被要求支付报酬，或者有将被如此要求的重大风险，则其关于损害的主张就是足够具体的，能够满足宪法第3条关于主体资格的要求。但是，最初的诉状并未包含这样的事实。

三、立法机构主体资格

第三起薪酬条款诉讼是于2017年6月14日，由30个美国参议员和166名众议员提起的。[51]国会原告和其他待决案件的原告一样，提出关于总统特朗普接受报酬的相似事实，但他们基于宪法规定的国会审查和同意(或不同意)联邦官员收取外国薪酬这一作用，宣称自己遭受了一种独特的损害。简言之，国会原告称，总统特朗普使其无法发挥投票同意或拒绝同意他收取外国薪酬这一宪法作用，从而对其造成损害。依据联邦最高院有关立法者主体资格的判例法，这些主张提供了一个令人信服的支持主体资格的理由。

要确立立法者主体资格来主张一项机构损害，当事人通常必须声称其被剥夺了一项立法特权，比如投票被归于无效或者在立法工作方面的投票表决机会被剥夺。[52]例如，在科尔曼诉米勒(Coleman v. Miller)一案中，个

---

〔50〕 参见 Clapper v. Amnesty Int'l USA, 568 U.S. 398, 409 (2013)；也参见 Susan B. Anthony List v. Driehaus, 134 S. Ct. 2334, 2341 (2014)(如果被威胁的损害“肯定即将来临”，或者该损害有将要发生的“重大风险”，那么对未来损害的一项指称可能就足够了)。

〔51〕 见 Blumenthal 诉状，前注〔5〕。该案原告于2017年8月15日提交了一份修正后的诉状，增加了五个额外的国会成员作为原告。见第一份修改后的起诉书，Blumenthal v. Trump，案号17-cv-01154(哥伦比亚特区联邦地区法院2017年8月15日立案)。

〔52〕 关于立法机构主体资格理论的全面讨论，参见 Matthew I. Hall, *Making sense of Legislative Standing*, 90 S. Cal. L. Rev. 1 (2016))。近期有关立法机构主体资格的其他学术研究，参见 Michael Sant' Ambrogio, *Legislative Exhaustion*, 58 Wm. & Mary L. Rev. 1253 (2017)(认为当国会拥有对其所称损害予以补救的立法手段时，其主体资格是不适当的)；Tara Grove & Neal Devins, Congress's (Limited) Power to Represent Itself in Court, 99 Cornell L. Rev. 571 (2014)(认为联邦立法机构的主体资格仅在少数情况下是适当的)；Amanda Frost, Congress in Court, 59 UCLA L. Rev. 914 (2012)(赞成国会更大程度地参与联邦法律诉讼)。

人议员声称，他们被剥夺了依法使其对一项宪法修正草案的投票作数的权利。[53]法院判定，这种将原告投票归于无效的做法损害了后者的利益，而且，原告“在维持其投票有效性方面的利益”足以支持宪法第3条规定的主体资格。[54]

同样，就在2年前，在亚利桑那州议会诉亚利桑那选区重划独立委员会(Arizona State Legislature v. Arizona Independent Redistricting Commission)一案中，法院判定州议会具有质疑一项州宪法修正案合法性的主体资格，该修正案将划分国会选区的权力从立法机构转至一家独立委员会的手中。法院认为，遭质疑的这项修正案“剥夺了立法机构其所声称的启动选区重划的特权”，这构成了司法上可确认的足以赋予该立法机构主体资格的一项机构损害。[55]

布卢门撒尔诉特朗普(Blumenthal v. Trump)一案中，所指称的损害与科尔曼和亚利桑那州政府立法机构案中支持立法者主体资格的那些损害很相似。国会原告们指出，总统未能将被提议的薪酬提交国会批准，已经剥夺了他们的一项单独立法特权：就总统特朗普是否可以接受一项特别薪酬在其接受之前进行投票的权利。[56]依据外国薪酬条款的明文规定，任何想要接受一份外国报酬的联邦官员都必须首先请求国会同意，而每一个国会成员都有权就是否给予同意进行投票。[57]就像在科尔曼案中，每个州参议员都有权使其投票得到正确计算，此处，国会各原告方宣称其拥有接收有关所

〔53〕 Coleman v. Miller, 307 U.S. 433, 435-440 (1939).

〔54〕 同上，第438页；参见Raines v. Byrd, 521 U.S. 811, 824-830 (1997)(在立法机构的特权未被消除时拒绝承认其诉讼主体资格)。

〔55〕 135 S. Ct. 2652, 2663 (2015). 又见前注，第2665页(确认当被质疑的宪法修正案“现在或‘在将来’会使立法机构的任何投票‘完全无效’”时，有资格对消除立法机构“启动重新划分选区之特权”提出质疑)；Coleman, 307 U.S.，第433页(在立法者的投票据称被非法无视时判定其有主体资格)；INS v. Chadha, 462 U.S. 919 (1983)(确认国会有为立法特权辩护的资格)；Goldwater v. Carter, 617 F.2d 697, 702(D.C. Cir. 1979)，因其他理由而无效，444 U.S. 996 (1979)(在总统的单方行为“剥夺了参议员就是否终止一份条约所指称的个人投票权”时，判定后者具有诉讼主体资格)。

〔56〕 参见Bulmenthal诉状，前注〔5〕，第71-77节。

〔57〕 参众两院的议员对于提交至国会的事项拥有个人投票权。参见U.S. Const. art I. §3, cl. 1(每个参议员应拥有一票表决权)；Id. Art Ⅰ. §5, cl. 3(要求参众两院应1/5到场者的请求，将“投赞成票和反对票的议员”记录下来)。

提薪酬之信息以及就是否允许总统接受上述薪酬进行衡酌、讨论和投票的一项单独的权利。[58]总统未能将其所提薪酬向国会披露，亦未经国会批准就接受上述薪酬，其行为完全摒弃了这项权利。而且，该行为将国会作为关于所提薪酬的最初决策人的角色有效转移给了总统。这种将立法权向另一政府工作人员的转移是法院一再允许立法者拥有主体资格的一种情形。[59]

对国会以及国会成员就被提议的薪酬进行考量和投票之权力的排除，使得布卢门撒尔案的诉求相比法院否定立法机构主体资格的那些案件，比如雷恩斯诉伯德案(Raines v. Byrd)，看起来显然更接近科尔曼和亚利桑那州议会案。[60]在雷恩斯一案中，国会成员质疑了单项否决法的合法性，理由是该法案未经许可将立法权转移给了总统。法院首先讨论了科尔曼案，并重申其裁定，即立法者个人在其投票"已完全被归于无效"时拥有起诉行政官员的法律资格。[61]接着，法院裁决原告缺少立法者主体资格，因为无论是现在还是在将来，他们都未被剥夺投票的机会。他们反对单项否决法的投票充分有效；原告们仅仅是在单项否决法颁行时被其同事以多数票击败。此外，法院指出，原告保留了其所有的立法权：国会只能从单项否决法的覆盖范围内免除未来的法律，从而也只能利用立法程序的一般手段对其自身所指称的损害进行救济。法院承认忽略以往的选票和否定投票机会都是可以确认的损害，但却认为这两种损害均未发生在雷恩斯一案的原告身上，因为并无任何选票被归于无效，亦无任何立法权被排除。[62]

相反，此处，原告诉称总统未请求国会同意，或者甚至未披露他接受的那些报酬，这已然剥夺了他们投票决定同意与否的机会。这些指称正好属于联邦最高院和华盛顿特区巡回法院的判例范围。该判例认为，立法者在保持其投票有效性方面享有一份法律上可确认的利益，当他们被剥夺了投

---

〔58〕 参见 McGrain v. Daugherty, 273 U.S. 135, 175 (1927)(注意，立法权必须包括从那些拥有必要信息的人手里收集此类信息的权力)。

〔59〕 参见亚利桑那州议会案，135 S. Ct. 第2663页(判定立法机构有资格质疑将立法权移交给另一政府角色的行为)；Coleman 案，307 U.S.，第433页(判定立法机构有资格对行政机构行使一项据称独属于立法者之权力的行为提出质疑)。

〔60〕 521 U.S. 811 (1997).

〔61〕 同上，第823页。

〔62〕 同上，第824页，第830页注释11；参见前注〔7〕，西格尔文。

票机会时，该利益受到损害。[63]

与雷恩斯一案不同的是，对于被指称的这一损害，并无有效的立法救济。首先，据称总统已经未向国会披露其所获外国报酬——而原告们无法就他们并不知晓的报酬进行投票。[64]其次，即便原告知悉某一特定的报酬，总统被控未经同意接受报酬的行为已经完全剥夺了国会通过简单的不作为拒绝同意的权力。宪法通过要求总统必须经国会同意才可以接受一份报酬，赋予国会一项强大的权力，使其无须汇集任何特定数量的选票即可拒绝同意一份所提报酬；如果两院对所提报酬均未采取任何行动，则为拒绝同意。因此，这一条款赋予国会一项拒绝同意接受报酬的单方权力，该权力可以仅仅通过不作为加以行使。布卢门撒尔一案原告诉状中所指称的总统的行为已经完全排除了该项权力。就目前的情况看，对于已然被总统接受的报酬，国会所保持的唯一立法权是断然颁布一项明确拒绝同意的法律——大概要通过在任何一院的 2/3 多数、确保能够不被否决的票数——不然就要通过弹劾。任一做法都需要绝对多数，而且两者都不会给到原告宪法所赋予他们的：在被告接受一项报酬之前决定其是否应接受该报酬的那项权利，以及无须采取任何积极立法行为即可拒绝做出此种同意的权力。

因此，总统的行为已经以下述 3 种不同的方式对国会成员原告造成了损害。其一，原告已经被完全剥夺了在所提报酬被接受之前就是否同意对该报酬的接受进行有效投票的机会。[65]与雷恩斯案中争议的“对立法权的抽象减损”不同，此处所指称的损害涉及一项特定的、属于每一位国会成员的立法特权。其二，所指称的总统行为已经改变了国会成员原告在未来相关报酬上可能进行的投票的意义。[66]通过被指控的未经国会同意即接受报酬这一行为，总统已经使得国会两院在没有 2/3 投票数的情况下无法阻止

〔63〕 参见亚利桑那州议会案，135 S. Ct. 第 2663 页；Goldwater v. Carter, 617 F. 2d 697, 702(哥伦比亚特区巡回法院 1979 年)，基于其他理由而归于无效，444 U. S. 996 (1979)。

〔64〕 参见 Blumenthal 诉状，前注〔5〕，第 77 节(声称原告并无使用同等投票机会的立法权，在这个意义上，总统拒绝“依宪法之要求寻求原告方的同意”这一行为已经完全剥夺了原告“投出具有约束力的一票的机会……”)。

〔65〕 参见亚利桑那州议会案，135 S. Ct.，第 2663-2665 页；Coleman 案，307 U. S.，第 435-440 页。

〔66〕 参见亚利桑那州议会案，135 S. Ct.，第 2665 页。

其接受一项报酬,从而降低了每个个体议员投票的有效性。其三,通过未经国会同意接受报酬,总统已经排除了国会成员推迟或否决将予同意之法案的权力。在参众两院,个体成员拥有推迟拟议立法案的实质性权力,这正是为何,正如肯尼迪总统的那句名言,在国会通过一项法案远比否决一项法案要困难。〔67〕此外,参议院规则赋予每位参议员阻碍拟议立法案通过的权力。因此,一个单个的参议员,如果有足够的决心,就足以能够阻止某事项付诸表决。〔68〕

总而言之,总统的行为不仅排除了国会作为报酬程序中第一推动者的作用,而且排除了单个的原告们在所提报酬被接受之前对其进行有约束力之投票的权力。就参议员原告而言,该行为还将他们阻止通过准予接受特定报酬之法案的权力归于无效。〔69〕

一些学者最近主张,国会原告提出的诉求归属于国会,而非个体的国会成员,因此只有由参众两院整体做出的多数票决才可能产生提出这些诉求的立法机构主体资格。〔70〕这一观点是建立在误读判例法的基础之上的。首

〔67〕 参见威廉·H.劳伦斯等对美国总统约翰·F.肯尼迪的采访(1962年12月17日),http://www.presidency.ucsb.edu/ws/?pid=9060.在国会,否定一项议案非常容易。通过一项议案则困难得多。通过一个……附属委员会,拿到多数票;一个全体委员会,拿到多数票;去规则委员会,拿到一个规则;去众议院,拿到多数票;在参议院、附属委员会和全体委员会重新再来一遍,而且在参议院,辩论是无限制的。因此,如果对手有足够的决心,你绝不可把一个问题提交表决,即便他们是少数派。在参议院通过法案……是一项极其困难的任务。同上。

〔68〕 参见上注(在参议院,辩论是无限制的。因此,如果对手有足够的决心,你绝不可把一个问题提交表决,即便他们是少数派。)

〔69〕 例参见参议院立法程序,Senate.gov(最新访问日期2017年9月16日),https://www.senate.gov/legislative/common/briefing/Senate_legislative_process.htm(注意,根据参议院的传统,任何参议员都能制约一项立法,阻止其进入投票环节,也同样对于任何拟议立法案拥有阻碍其通过的权利);参见Grove & Devins案,前注〔52〕,第606-607页(毫无疑问,参议员个人拥有相当大的阻止国会内部行动的权力)。

〔70〕 例如,安迪·格瑞沃教授曾主张,Blumenthal案中的原告是"没有受到任何个人损害的立法者个体,因此其将难以得到诉讼主体资格",但是,"国会或许可以作为一个主体提起诉讼"。Tom Hamburger & Karen Tumulty, *Congrssional Democrats To File Emoluments Lawsuit Against Trump*, Wash. Post (June 14, 2017), https://www.washingtonpost.com/politics/congressional-democrats-to-file-emoluments-lawsuit-against-trump-06/13/270e60e6-506d-11e7-be25-3a519335381c_story.html?utm_term=.7f138739eca9(引述格瑞沃教授的话);参见Grove & Devins,前注〔52〕,第574页,第603-608页(在不同的语境下,认为除了有关涉及参众两院内部程序的诉讼之外,国会诉讼案通常要求得到两院的授权)。

先，法院从未认为立法机构主体资格要求由全部议员授权提起一项诉讼，而且事实上，科尔曼案阻止了这样一份判决，该判决涉及一项主张，即立法者投出有约束力之票决的一项权利已被否决。〔71〕

其次，这一观点误读了雷恩斯诉伯德一案(Raines v. Byrd)。该案主审法院称其强调了这一事实，即国会两院均未授权提起该诉讼——而且实际上两院均反对该诉讼，的"某种重要性"。〔72〕那在雷恩斯案中很重要，因为法院将被指称的损害描述为"对国会立法权的抽象减损"，而非对任何个体立法者的某种具体损害。〔73〕相反，布卢门撒尔诉特朗普一案(Blumenthal v. Trump)中所指称的损害是对个体立法者而非国会本身的损害。就像在科尔曼案和亚利桑那州议会案中一样，所指称的损害是对于就一项立法问题进行投票并令该投票作数这一权利的剥夺。据称被归于无效的权力并不是拒绝同意接受任何特定报酬的权力；它就是一种就该问题进行投票的机会，该机会是归属于国会每个个体成员的一项权利。〔74〕各成员原告已经受到损害，因宪法赋予他们的且在报酬被接受之前对其进行投票的权利已经"彻底被归于无效"。〔75〕

即使法院倾向于认为原告要享有立法机构主体资格，就需证明其在立法过程中拥有能达成一项特定结果的足够票数，也并不必然要求有绝对多数才能提出一项外国薪酬条款诉求。由于参议院的规则与规范给了各参议

---

〔71〕 诚然，有些立法特权只能由某个特定机构来行使——比如，参议院，或作为一个整体的国会。立法机构主张此类机构特权的主体资格可能还需要相关机构的参与。参见前注〔52〕，霍尔文，第26页。但是，对于个人特权，例如进行有效投票的权利，从未存在这样的要求。另外，正如埃里克·西格尔曾指出的，此处承认立法机构的主体资格不会带来任何的"闸门"风险。它不会必然导致允许国会在认为总统行为非法时随时起诉。"国会的同意因文本的要求而必要"这一主张不同于一种普遍的说法，即因其未能恰当执行国会制定的法律或者甚至其正在实施的法律本身是违宪的(Raines案中的情形)，总统在进行非法活动。在这两种情况下，国会均能进行投票来纠正所指称的非法行为。该救济仅在薪酬诉讼中无法给予。参见前注〔7〕，西格尔文。

〔72〕 Raines案，521 U.S.，第829页。

〔73〕 同上，第826页。

〔74〕 哥伦比亚特区巡回法院曾经认为，宣称因被剥夺投票权而受损的立法者无须通过证明该投票结果本应如何来确立其主体资格。参见 Goldwater v. Carter, 617 F.2d 697, 703 (D.C. Cir. 1979)("法院一贯维护投票的权利而不首先要求票投出时会达成其预期目的")，基于其他理由而归于无效，444 U.S. 996 (1979)。尽管亚利桑那州议会案中原告是立法机构，法院也并未表示要确立立法机构的主体资格，就必须由机构而非个体成员参与。135 S. Ct. 2652 (2015).

〔75〕 Coleman v. Miller, 307 U.S. 433, 435 (1939)；又参见前注〔7〕，西格尔文。

员阻止一项法案被通过的重大权力，30个参议员原告中的任何一个都能够满足此处的这一要求。[76]回想一下，国会需要通过一项法案或者两院的多数票决议才能批准对一项报酬的接受。参议院长期以来的传统允许参议员个人对立法持"保留意见"，这样会有效防止该法案被通过，而且，参议院规则也允许任何参议员阻止任何拟议立法案的通过。[77]因此，总统特朗普对于国会在同意其收取外国报酬与否方面作用的规避已经将一项属于每一位参议员的个人特权，即阻止将要做出此种许可的任何法案或决议被通过的权力，归于无效。

总而言之，布卢门撒尔一案中提出的诉求在确立立法机构主体资格最关键的方面与科尔曼案和亚利桑那州议会案中的诉求非常类似：被告的行为已经剥夺了那些个人原告特定的立法特权。在这样一种情况下，法院从未否定立法机构的主体资格。

结论

根据对现有判例法的直接应用，原告在上述三个待决薪酬案中的指控，除了华盛顿特区诉特朗普一案中的国内薪酬条款诉求之外，都可能足以在动议驳回起诉的阶段确立其主体资格。如果原告能够用足以通过不可避免的即决判决动议的证据来支持这些指控，法院就能够解决通过原告的薪酬条款诉求提出的重要的实质性问题。

（特约编辑：刘雪鹂）

---

〔76〕 参见 Jonathan Remy Nash, *A Functional Theory of Congressional Standing*, 114 Mich. L. Rev. 339, 378-379 (2015)（主张国会的主体资格应当要求相当数量的成员参与行使据称无效的权力）。

〔77〕 参见前注〔63〕及附随文本。

日本依法独立行使审判权的宪法表达

肖　军*

内容提要　在依法独立行使审判权方面，日本宪法确立了二重规范架构，法官独立行使职权，法院具有规则制定权和司法行政权。大津事件、浦和事件、吹田默哀事件、法官续任被拒事件等成为代表性宪法事件，在国会的国政调查权与法院的司法权、法院的人事权与法官独立行使职权等方面引发争论，形成共识。我们应该修改宪法法律，建立封闭型司法行政体制，同时提高法官人事评价的公开性，完善人大对司法机关的监督，建构二重规范架构，保障依法独立行使审判权。

关键词　审判权；日本宪法；司法改革；宪法修改

依法独立行使审判权是当下司法体制改革的重要目标。日本是亚洲最具代表性的现代法治国家，依法独立行使审判权是日本宪法的重要精神，并为法治国的形成作出了重要贡献。宪法学家宫泽俊义认为，日本于1875年创设了大审院，法院与一般的行政组织完全分离，依法独立行使审判权已现雏形。1886年的法院官制和1889年的明治宪法明确规定了法官的身份保障，依法独立行使审判权原则得到切实确立。在经受住1891年大津事件的考验后，依法独立行使审判权传统延续发展。〔1〕二战后，重新制定的现行

---

* 肖军：上海社会科学院法学研究所副研究员，法学博士。本文系国家社科基金项目(16BFX124)。

〔1〕［日］家永三郎：《司法権独立の歴史的考察（増補版）》，日本评论社1967年，第3页。

宪法《日本国宪法》对司法进行了专章规定，[2]“所有的司法权属于最高法院和依法设置的下级法院”；“所有法官遵从良心独立行使职权，只受本宪法和法律的约束”。《日本国宪法》为依法独立行使审判权提供了精神引领和坚实保障。

一、依法独立行使审判权的二重规范架构

《日本国宪法》用七个条文构筑起一个依法独立行使审判权的宪法规范架构。这是一个二重规范架构，一重规范是司法权专属于法院，实行司法自治，这是基础，集中表现为最高法院的规则制定权和司法行政权；另一重规范是法官独立行使职权，这是核心，直接表达出独立行使审判权的宪法精神。

（一）最高法院的规则制定权和司法行政权

二战后，日本接受美国改造，借鉴英美法，让最高法院获得规则制定权。《日本国宪法》规定，与诉讼程序、律师、法院内部纪律和司法事务处理相关的事项，最高法院有制定规则的权限。最高法院制定的规则，规范诉讼程

〔2〕《日本国宪法》第76条规定：“所有的司法权属于最高法院和依法设置的下级法院。不得设置特别法院。行政机关不得实施具有终审意义的裁判。所有法官遵从良心独立行使职权，只受本宪法和法律的约束。”第77条规定：“就与诉讼程序、律师、法院内部纪律和司法事务处理相关的事项，最高法院有制定规则的权限。检察官必须遵守最高法院制定的规则。最高法院可以将下级法院相关规则的制定权限委任给下级法院。”第78条规定：“法官除通过裁判被认定身心障碍而无法执行职务外，非经弹劾不得被罢免。法官的惩戒处分不得由行政机关实施。”第79条规定：“最高法院由作为首长的法官和法律所定名额的其他法官组成，首长以外的法官由内阁任命。最高法院法官的任命要在任命后首次举行的众议院议员总选举时接受国民的审查，还要在此10年后首次举行的众议院议员总选举时再次接受审查，此后同样。在前款情形中，投票者多数认为罢免法官的，该法官被罢免。审查事项由法律规定。最高法院法官达到法定年龄时卸任。最高法院法官获得与任期相当的报酬。该报酬在任期内不得减少。”第80条规定：“下级法院的法官由内阁在最高法院指定的名册中任命。该法官任期10年，可以续任。但达到法定年龄时卸任。下级法院的法官获得与任期相当的报酬。该报酬在任期内不得减少。”第81条规定：“最高法院是对一切法律、命令、规则或处理具有决定权的终审法院。”第82条规定：“审理与判决公开进行。法官一致认为有可能危害公序良俗的，法院可以不公开审理。但政治犯罪、与出版相关的犯罪、本宪法第三章所保障之国民权利成为问题的事件，必须公开审理。”

序、律师、法院内部纪律和司法事务处理这四个方面的事项:它们是法院正常审判所必要的形式性、程序性、内部管理性、附属性事项。从广义上说,诉讼程序也包括法院组成、管辖权等,但这些是重要法律制度,不应由最高法院的规则来规范,事实上最高法院也没有就它们制定规则,而是就法律规定以外的诉讼程序事项进行规范。[3] 同理,关于律师规则,最高法院不会规范律师资格等事项,而是规范律师参与诉讼的相关事项。

司法行政权是对法官的人事关系、预算执行进行管理,对法官及其他职员的服务进行监督的权力,是对法院内部事项的管理权。司法行政权的归属可以从外侧影响审判权的独立行使。明治宪法时代,司法行政权被视为行政权的一部分,归属司法部,所以法院工作有时受到司法部等的干扰。[4]《日本国宪法》规定,最高法院可以就法院内部纪律和司法事务处理的相关事项制定规则;下级法院的法官由内阁在最高法院指定的名册中任命。《法院法》也规定,法官以外的法院职员,如书记员、执行人员、调查员、事务员等,根据最高法院的规定,由各法院任免。据此,这些人员成为国家公务员法上的特例,不归统管国家公务员人事的人事院管理。另外,《法院法》还规定必须在国家预算中独立法院的预算经费。赋予最高法院以规则制定权和司法行政权,可以让最高法院完全掌控裁判过程,使法院的人、财、物完全由法院自己管理,有利于法院排除外界干扰,依法独立行使审判权。

(二)法官独立行使职权

《日本国宪法》第76条第3款规定:"所有法官遵从良心独立行使职权,只受本宪法和法律的约束。"这意味着法官对具体案件进行审判时,只受宪法和法律的约束,不受任何组织或个人的影响,遵从良心,独立自主地作出判断。"独立行使职权"是指,独自审理裁断,排除行政机关、立法机关、检察

〔3〕 [日]佐藤幸治:《日本国憲法論》,成文堂2011年,第612页。

〔4〕 法官的薪酬、晋升等由司法大臣决定,法院组织法还规定司法大臣或者大审院院长、二审法院院长和地方法院院长监督法官职务外行动;法官有时受到检察机关的压力而丧失独立性,因为现实中司法大臣、司法部官员、法院院长多来自检察机关,法官为自己处境着想,会在审理具体案件时多听取检察官的意见。参见[日]家永三郎:《司法権独立の歴史的考察(増補版)》,日本评论社1967年,第17页。

机关、其他组织和个人的干涉。“只受本宪法和法律的约束”是指，宪法和法律是法官判案的唯一根据，法官判案必须依据宪法和法律，受它们的约束。“遵从良心”是从内心层面对法官提出的要求，即要凭良心判案。这并不是说良心是法源，更不是说良心能超越宪法和法律。法官要在宪法和法律所规范的框架内，自信地、问心无愧地作出决断。就法官良心，学界形成了主观良心说和客观良心说。前者主张，法官良心是各个法官所具有的个人的或主观的自我良心；后者认为，法官良心是身为法官的良心，是身为法官应该具有的良心。客观良心说是现在学界的主流。〔5〕“宪法第76条第3款的法官遵从良心，意指法官不屈服于有形无形的外部压力或诱惑，遵从自己内心的良知和道德感”；〔6〕“所有的法官在法范围内，依据自认为的对而作判决的话，就可以说是遵从良心作判决。”〔7〕最高法院对法官良心的判词对实践产生了重要影响。

要完全实现法官独立行使职权，必须同时配备法官身份保障条款。“法官除通过裁判被认定身心障碍而无法执行职务外，非经弹劾不得被罢免。”“最高法院法官达到法定年龄时卸任。最高法院法官获得与任期相当的报酬。该报酬在任期内不得减少。”“下级法院的法官由内阁在最高法院指定的名册中任命。该法官任期10年，可以续任，但达到法定年龄时卸任。下级法院的法官获得与任期相当的报酬。该报酬在任期内不得减少。”上述宪法规范从罢免、惩戒和报酬这三个方面保障法官身份。

就罢免而言，罢免法官只有两种情形，第一种情形是，法官由于身心障碍而无法执行职务。法官作为普通人，身体或心理罹患疾病是正常现象，当疾病导致无法工作时可以罢免。如何认定因身心障碍而无法执行职务？这需要严密的程序。1947年制定的《法官分限法》对法官的免职和惩戒程序做了安排。根据规定，最高法院大法庭对最高法院和高等法院的法官，高等法院合议庭对辖区内的地方法院、家庭法院和简易法院的法官，就身心障碍难以恢复而无法执行职务进行认定。该法还规定了认定流程。第二种情形

〔5〕［日］高桥和之等编：《憲法判例百選Ⅱ》有斐阁2007年，第404页。

〔6〕最大判昭和23.11.17刑集2.12.1565。

〔7〕最大判昭和23.12.15刑集2.13.1783。

是弹劾。《日本国宪法》第64条规定："为审理遭受罢免追诉的法官，国会设立由参众两院议员组成的弹劾法院。弹劾事项由法律规定。"为此，1947年《法官弹劾法》出台。根据规定，在国会里，由参、众两院议员各10人组成法官追究委员会，任何人、最高法院可以向法官追究委员会提起罢免法官的请求。法官追究委员会要向弹劾法院提交法官罢免追究状。审理程序原则上准用刑事诉讼的相关规定。《法官弹劾法》规定的罢免理由是："(一)明显违反职责或者明显懈怠职务；(二)在职务内外，实施了明显有损法官威信的非法行为"。这些都是重大事由，而轻度的懈怠、违规等只是惩戒事由，达不到罢免程度。有关惩戒，根据《法院法》，法官有违反职责、懈怠职务，或者有辱品位之行为的，要接受惩戒。惩戒的种类只有两种，即警告或者处以一万日元以下罚款。这些惩戒不得由行政机关实施，而是由法院实施。针对报酬，《日本国宪法》对各级法院法官的报酬给予了保障，明确规定法官报酬不得减少，而且报酬要与任期相当。进一步说，法官的收入要与任职时的年龄、级别、职责、时限等相匹配。工作报酬直接影响法官的生活，进而影响其工作心态和工作质量，维持法官工作报酬的稳定性有利于法官独立行使职权。

(三)大津事件

1891年5月，俄国皇储尼古拉为出席西伯利亚铁路远东地区开工仪式，率领舰队前往符拉迪沃斯托克，途中访问日本。日本对访问十分重视，举全国之力接待皇储一行。11日中午，在结束琵琶湖观光回京都途中，尼古拉乘坐的人力车队通过大津町时，担任警卫任务的滋贺县警察部巡查过程中，津田三藏突然拔刀刺向尼古拉，尼古拉头部右侧受伤，但无生命危险。这被称为"大津事件"。为向俄国显示诚意，日本天皇迅速由东京赶往京都，看望受伤的尼古拉。因担心俄国会提出领土割让、巨额赔偿等要求，时任外相的青木周藏与俄国驻日大使，秘密约定对罪犯适用"皇室罪"。政府明确要求类推适用刑法第116条的大逆罪，对罪犯判处死刑。时任首相的松方正义、法务大臣山田显义等为此各方奔走，向大审院(当时的最高法院)和法官施以重压。时为元老的伊藤博文说，对死刑有反对意见时可以发布戒严令。但当时刑法中的皇室罪只适用于日本皇室受到侵犯，不适用于外国皇室，法院因此陷入了窘境。时任大审院院长的儿岛惟谦主张，在法治国家，

法必须得到遵守，刑法中没有外国皇室的规定。于是，在事件发生 16 日后的 5 月 27 日，大审院适用针对一般人的谋杀未遂罪，判处罪犯无期徒刑。

大津事件的判决是大审院顶住各方强大压力，依法独立审判的结果，具有标志性意义，为日本独立行使审判权传统的形成作出了重大贡献。但是，该判决一方面彰显了法院独立行使审判权，另一方面，法官独立行使职权的瑕疵也被人注意到。事实上，当时的主审法官面临着各方面压力，在要不要坚持罪行法定上犹豫不决。最终，主审法官接受了院长儿岛惟谦的劝说，作出了上述判决。院长劝说法官，并最终影响了法官判案，很难说法官在本案中完全独立行使职权。但一百多年前，法院能够顶住各方强烈压力而独立判案，已是司法的巨大进步。

(四)我国一重规范架构的反思

我国《宪法》规定人民法院是国家的审判机关，人民法院依照法律规定独立行使审判权，几乎没有对法官进行规定，只是第 67 条规定全国人大常委会职权时，提到了任免最高人民法院审判员。我国《宪法》确立的只是规范法院的一重规范架构。

长期以来，我们奉行集体主义，个人角色被淡化。尤其是在国家机关层面，机关工作人员代表机关，行为带着机关行为性质，个人特色、才能乃至责任被模糊。法官判案，虽然在实质上是法官的个人劳动，但最终都以人民法院名义公布，更何况很多案件还经过审判委员会集体讨论决定，集体色彩浓厚。所以，我国《宪法》没有对法官作出规定。一重规范架构虽然在我国具有历史合理性，但随着社会的发展，其弊端日益显现。首先，法官个体形象模糊有违司法事实。司法审判过程是法官主导，是法官为审判而忙碌。案件当事人等看得最清楚的就是法官形象。其次，法官个体形象模糊有违司法规律。法官主导审判过程，最熟悉案件，对案件最有发言权，但由于自己个体被忽视，有时案件还交由审判委员会判断，降低了法官深入思考，审慎判决的意愿，这反过来影响法官在整个案件审理过程中的积极性，进而影响裁判质量。换言之，法官个体形象模糊引发法官责任模糊，法官责任模糊引发裁判质量下降，裁判质量下降到一定程度会引发司法公信力危机，直接危及法治国家建设。

在大陆法系国家中，德国基本法规定，法官享有独立的地位，只服从于法律。韩国宪法规定，法官根据宪法、法律和良心独立审判。西班牙宪法规定，司法来自国民，在国王的名义下，由法院的法官行使。法官独立，不被罢免，只对法律负责，且服从法律。法官依法独立行使审判权已成为许多现代法治国家的宪法精神。走到全面依法治国和司法体制深度改革的新阶段，我们应当建设包含法官依法独立行使审判权理念的法治。本次司法改革明确要求落实"让审理者裁判，由裁判者负责"的理念，努力让人民群众在每一个司法案件中感受到公平正义。法院和法官是统一体，而不是对立面，确立法官依法独立行使审判权，并不否定人民法院依法独立行使审判权，两者不但可以并存，而且应当并存。为此，我国宪法中应当确立法官依法独立行使审判权的精神，建立法官、人民法院依法独立行使审判权的二重规范架构，应当在现有条文内容的基础上，较大幅度地增加有关法官独立行使职权的规定，让司法的宪法规定更加丰富饱满。

二、封闭型司法行政体制

如前所述，《日本国宪法》规定，最高法院可以就法院内部纪律和司法事务处理的相关事项制定规则，下级法院的法官由内阁在最高法院指定的名册中任命。最高法院统一行使司法行政权，形成最高法院领导下封闭的司法行政体制。封闭型体制在抵御来自行政机关及其他组织、个人的干扰，保障依法独立行使审判权的同时，在实践中也经历了质疑，质疑后的修改完善成为宪法的延伸表达。

(一)吹田默哀事件与法官续任被拒事件

1950 年 6 月 25 日，朝鲜战争爆发。被美国占领的日本从后方积极支援联合国军。大阪大学丰中校区周边驻扎了美军，邻近的吹田市经常有火车装运支援战事的物资。1952 年 6 月 24 日，大阪府学生自治联合会，在大阪大学丰中校区举行反战集会，提出"立即停战、反对军事基地、要求美军离开日本、反对军备征兵"等口号，后来，集会人员到吹田车站游行，与警察发

生冲突，站台混乱不堪，造成游行人员和乘客受伤。警察逮捕了200人，其中111人以骚扰罪被起诉。1953年7月27日朝鲜半岛停战。在7月29日法院举行的吹田案公开庭审中，被告人向审判长佐佐木哲藏申请鼓掌庆祝停战和为牺牲的朝鲜人默哀。对此，审判长既不支持，也没有反对。这一态度遭到检察官抗议，也引起了法院系统内部的关注。9月26日，最高法院向各级法院院长送达了名为《关于法庭威信》的通知。该通知的内容是，就佐佐哲藏木审判长的诉讼感到"甚为遗憾"。也就是说，最高法院以通知的方式，对独立审判中法官的做法作出了负面评价，并向各级法院传达，让各级法院及其法官引以为戒。很多学者认为，最高法院的做法对法官独立行使职权造成了侵害。

根据《日本国宪法》，法官任期为10年，可以续任；下级法院法官的续任，在最高法院提交名单后，由内阁按照名单任命。一般而言，只要法官有意续任，都能获得任命。但1957年和歌山地方法院长尾法官的续任请求被最高法院拒绝了。这是日本首例法官续任被拒事件。〔8〕此后，1969年6月，广岛地方法院长谷川法官续任被拒；1971年4月，熊本地方法院的宫本法官续任被拒。就这些拒绝决定，最高法院没有说明理由。1971年4月3日，日本律师联合会渡边会长表示，就法官的续任问题，最高法院应该满足法官本人意愿，公开拒绝续任的理由。对此，最高法院抗议说，渡边会长的谈话有干涉最高法院司法行政措施之嫌，实施这些措施的独立性为宪法所保障。〔9〕从法官角度，如果连自己地位都不稳定，何来独立行使职权。但另一方面，宪法将司法行政权完全授权给最高法院，保障司法自治、法院独立行使审判权。在上述法官续任被拒事件中，司法自治与法官独立行使职权发生了冲突。围绕宪法中"任期10年""续任"这些关键词，形成两种看法。一种认为，法官在宪法上得到非常优厚的身份保障，作为代价，任期只能是10年，任期结束后，自然丧失法官身份。这与议员的情况差不多，至于是否续任，则由最高法院自由裁量。第二种是，法官任期与议员任期的性质

---

〔8〕［日］中山研一等:《裁判官の独立をめぐる法的諸問題》,《法律時報》第43卷7号(1971年6月),第54页(阿部照哉发言)。

〔9〕［日］和田英夫:《「司法の自治」と司法権の独立》,《法律時報》第43卷7号(1971年6月),第8页。

不同，任期届满后应当续任，而续任被拒的实质就是免职，下级法院法官的续任问题可以参照最高法院法官的情况。在最高法院法官的国民审查中，虽然信任支持法官的票很少，但只要罢免的票没有过半数，法官身份就自动延续。〔10〕 事实上，长尾法官续任被拒事件发生前，最高法院采用了届满后应当续任的做法。但后来放弃了这一做法，这对法官队伍的稳定产生了消极影响。

(二)法官人事及其改革

日本最高法院行使司法行政权，对全国法官行使实际的人事权，引发了法官续任被拒事件、吹田默哀事件等。虽然日本宪法规定法官续任的决定权在内阁，但内阁是根据最高法院提交的名册来任命。历史上从未出现过内阁否定名册的情况，而名册又是由最高法院事务总局制作。日本《法院法》规定司法行政事务由法官会议决定，即法官会议决定名册是否提交内阁。而实际上，法官会议不会否决事务总局制作的名册。这样，事务总局成为法官任免的操盘手。长期以来，事务总局收集和考察法官人事的信息过程，都不太公开；最高法院决定不再续任法官时也不说明理由。由此，法官对最高法院的人事权产生了一定程度的恐惧，进而影响了法官工作。也就是说，法院的人事权对法官身份造成了冲击，进而影响法官独立行使职权。世纪之交，日本启动司法改革，上述问题受到重视。2001 年，政府组织的司法改革审议会，制作了报告《支撑二十一世纪日本的司法制度》。该报告指出，法官人事评价的透明性和客观性受到批评。对此，应当明确和公开评价主体和评价标准，明确和丰富评价资料，向本人公开评价内容并设置不服申诉程序等；最高法院应当设立法官遴选的咨询机构。为此，2003 年 5 月，最高法院实施《下级法院法官提名咨询委员会规则》，建立和运行下级法院法官提名咨询委员会制度；2004 年 4 月实施《法官人事评价规则》。咨询委员会由法官、检察官、律师、学者等 11 名委员组成，在 8 个高等法院所在地设立分委员会。该委员会收集被提名人信息，审议被提名人是否符合法官资

〔10〕 [日]中山研一等：《裁判官の独立をめぐる法的諸問題》，《法律時報》第 43 卷 7 号(1971 年 6 月)，第 54 页(阿部照哉发言)。

格，向最高法院提供咨询意见。通过上述改革，咨询委员会委员、下级法院院长等的意见得到反映，法官可以对人事决定进行申诉，法官人事评价的客观性和透明度得到了提高。

（三）坚持公开中立专业

长期以来，我国各级人民法院，尤其是基层法院饱受各种干扰之苦。有的是党委或者政府出于“公心”而“指导”法院或者法官审理个别案件；有的是位高权重的党政领导因“私利”对审理具体案件的法院或者法官作出暗示或者明示；有的是财政部门、人事部门，甚至人大或公或私地就个案积极“沟通”；法官被邀请参加各式各样的饭局或者聚会，结果是“吃完原告吃被告”，等等。应该说这种状况源于多种原因，其中之一是司法行政体制不够科学，集中表现为法官的人事权、法院的财权等掌握在政府及其人事财政部门等的手中。修改法律，将这些权力统归法院，建立人、财、物都由法院自我管理和自我约束的体制，可以使法官和法院判案没有后顾之忧，无惧无畏，实现审判权独立行使。

日本封闭型司法行政体制对审判权独立行使极为重要，但最高法院人事权冲击法官身份这一弊端使该体制显得并不完美，而克服该弊端的主要措施是法官人事评价的公开和中立组织的参与。公开是最好的防腐剂。在封闭型体制中，公开的防腐功能就更加凸显。建立咨询委员会这样的中立组织来为法官任免提供重要的咨询意见，提高了决策的客观性、科学性、专业性和公开性，降低了法院内部行政机构的官僚性和抑制专断作风。我国当下的司法改革推行一项重要政策，即省以下法院的人、财、物，由各省高级人民法院统管，逐步建立中国式封闭型司法行政体制。在这个体制中，高级人民法院组织的法官遴选惩戒委员会很重要。为避免出现前述日本体制的弊端，必须加强遴选惩戒委员会中立性、专业性等方面的建设，要在法官人事评价中推行公开制度，还要建立和畅通法官对任命、惩戒等的申诉程序。中国式封闭型司法行政体制的内容应当转化成宪法精神，应当在我国的宪法、法院组织法、法官法上设置相关规定。

三、议会权力与依法独立行使审判权

日本宪法确立了三权分立的政治体制，议会、内阁和法院分别独立行使立法权、行政权和司法权。《日本国宪法》同时规定国会是国家权力的最高机关，这让人们在具体宪法事件中对三权分立体制产生了困惑。议会权力与司法权的边界在哪里？

（一）浦和事件

1948 年 4 月 7 日，由于丈夫擅自将全部家产用于赌博，妻子浦和充子感觉前途无望，决定与三个小孩一起自杀。但在她绞杀死三个小孩后，自己自杀未成功，随后向警察自首。7 月 2 日，法院认为在犯罪动机方面有应该酌情处理的地方，向浦和充子作出了有期徒刑 3 年，缓期执行 3 年的判决。10 月 30 日，参议院法务委员会决定实施“检察与审判运营调查”，浦和事件成为调查对象。法务委员会基于宪法第 62 条的国政调查权，〔11〕作为证人，传唤了浦和充子、她的丈夫和检察官，启动了调查，并于 1949 年 3 月形成调查报告。调查结论是，检察官和法官在犯罪动机及其他事实认定方面不够充分，缓刑 3 年的量刑过轻。对此，5 月 20 日最高法院强烈抗议，国政调查权只不过是国会或各议院行使宪法上立法权、预算审议权等合法权限时，为收集必要资料而使用的补充性权限。宪法上司法权专属于法院，国会以审查批判具体个案中的事实认定、量刑当否，或者以向法院做指示建议为目的而实施前述行为，侵害了法院的司法权，超出了宪法所允许的国政调查权的范围。5 月 24 日，法务委员长发表谈话，国政调查权是国会就全体国政进行调查的独立权能，〔12〕最高法院的抗议是越权行为。最高法院与国会在浦

〔11〕《日本国宪法》第 62 条规定：“两议院各自实施与国政相关的调查，可以就此要求证人出面和作证，以及提交记录。”

〔12〕 辅助权能说主张国政调查权是旨在加强国会之立法、行政监督权等的辅助权能。独立权能说主张国会是国家权力的最高机关，所以国政调查权不是辅助性的，而是独立权能。实践中辅助权能说占据通说地位。参见［日］佐藤幸治：《日本国憲法論》，成文堂 2011 年，第 466 页。

和事件中形成了对立。

(二)司法权遭遇国政调查权

最高法院与国会的对立在各界引发了大讨论。国会方认为,《日本国宪法》第41条规定"国会是国家权力的最高机关",所以,国会对司法权有把关的责任。宫泽俊义指出,侵害独立行使审判权的行为是指,考虑所有的现实条件后,从社会普遍观念来看,事实上对法官只遵从良心独立审判有可能造成重大影响的行为。〔13〕芦部信喜认为,议院或其委员会对裁判内容,尤其是对事实认定、量刑等的调查批判,不管是不是在判决生效前后,都是违宪行为。原因在于:第一,通过批判裁判内容来抑制司法权,不属于立法机关的权限范围;第二,虽然根据《日本国宪法》第41条,一定程度地认可议会对司法的监控权,但也要受到独立行使审判权原则的制约;第三,对裁判内容的审查批判必定涉及事实认定,而事实认定属于法院的专属权力,裁判的事后审查应该只能通过判决来实施。〔14〕就过去的裁判案件或者正在审理的案件,与法院不同目的,与诉讼并行进行的调查并不被禁止,但通过类似审判的程序,即从确定事实,到适用法律,最后到具体量刑这一程序而进行的调查是对司法权的不当干涉,不被允许。在浦和事件中,参议院法务委员会列出了法院的判决,得出了量刑不当的决议,这有超越调查权界限的嫌疑。〔15〕"国会以监督司法权名义,行使《日本国宪法》第41条的权力,必定威胁独立行使审判权原则。针对裁判内容的国会司法监督权不得被认可。"〔16〕浦和事件中,认为国政调查侵害了依法独立行使审判权原则的观点占大多数。

《日本国宪法》第62规定,两议院各自实施与国政相关的调查,可以要求证人出面并提供证言,提交记录。当讨论到国政调查权不得影响司法时,第41条——"国会是国家权力的最高机关"——又成为讨论的焦点。国会方主张国家权力包括司法权,国会作为国家权力的最高机关,议会调查权的

---

〔13〕[日]宫泽俊义:《議院の国政調査権と司法権の独立》,《法律時報》111卷,第37页。

〔14〕[日]芦部信喜:《憲法と議会政》,东京大学出版会1971年版,第162页。

〔15〕[日]长谷部恭男:《憲法》(第4版),新世社2008年版,第360页。

〔16〕[日]斋藤秀夫:《裁判官論》(增补二版),一粒社1982年版,第311页。

行使客观影响到司法并不违反宪法。在三权分立、独立行使审判权观念已经牢固树立的日本，该主张得到的拥护不多。“国家权力的最高机关”这一宪法表述是什么意思？宪法学界对此形成了通说——“政治美称说”，即只是体现其国民代表机关地位和具有的重要权限的修辞性表述，没有特别的法律意义。〔17〕也就是说，在此第41条帮不上国政调查权什么忙。国会不得以监督批判为目的而调查审判事项，不管是判决生效前还是生效后；与审判运行相关的国政调查只能是为司法活动立法，而且不得作为证人传唤负责案件的法官或者直接面见法官询问情况，不得采用审判用统计资料、诉讼记录等方法改变具体裁判。〔18〕议会调查权的边界体现在两个方面，一是不得行使其他国家机关的职权，或者不得给其他国家机关的职权行使造成重大影响，二是国民有权拒绝与调查目的无关的，或者不当与个人隐私发生关联的提问或者资料提交。〔19〕司法权遭遇议会权力后，日本各界的反应值得人们关注。

我国《宪法》规定，全国人民代表大会是国家最高权力机关，国家行政机关、审判机关、检察机关都由人民代表大会产生，对它负责，受它监督。所以，各级人大对各级人民法院有监督权。我国《宪法》还规定，全国人大及其常委会认为必要的时候，可以组织关于特定问题的调查委员会，并且根据调查委员会的报告，作出相应的决议；调查委员会进行调查的时候，一切有关的国家机关、社会团体和公民都有义务向它提供必要的材料。所以，全国人大及其常委会有对特定问题的调查权。这些规定与前述日本宪法规定相似，但有较大差别。两国宪法都树立了议会的最高权威，作为国家权力之一的司法权应当尊重议会的权力。两国宪法都给予议会调查权，调查时组织和个人都有义务提供材料。我国《宪法》明确给予人大以监督司法机关的职权，而日本宪法没有。人大如何监督法院工作？几十年来，我们在这方面有过争论和教训，经过不断探索总结，最终形成了制度。2006年制定的《各级人民代表大会常务委员会监督法》成为新时期人大监督法院工作的重要依

〔17〕［日］佐藤幸治：《日本国憲法論》，成文堂2011年版，第430页。

〔18〕［日］斎藤秀夫：《裁判官論》（增补二版），一粒社1982年版，第311页。

〔19〕［日］佐藤幸治：《日本国憲法論》，成文堂2011年版，第467页。

据。听取和审议专项工作报告、执法检查、规范性文件备案审查、询问和质询、和特定问题调查成为法定监督形式。人大监督司法不是个案监督，不是对具体工作做细致指导和最后裁断，不得有代行审判权之嫌。在现行目标和体制下，严格执行监督法后，人大监督应该不会干扰独立行使审判权。但从长远考虑，还是应当弱化人大对司法的监督，最好不要使用监督一词，可以保留听取和审议法院工作报告这一形式。因为这一形式与其他形式相比，离独立行使审判权最远，若对之再加以严格规范，就会给独立行使审判权带来影响。

《日本国宪法》用二重规范架构全面表达了依法独立行使审判权的重要思想，大津事件、吹田默哀事件、浦和事件等宪法事件，具体形象地展示了法院和法官依法独立行使审判权的高贵品格，当然也呈现出依法独立行使审判权所面临的干扰和困惑。正全面铺开的中国司法改革在理念和制度设计方面与日本的宪法及其实践有许多相通之处，这表明我们的司法改革走在时代的潮流之中。同时，日本依法独立行使审判权所经历的干扰困惑及其解决方案，为我们的改革提供了前车之鉴。我国宪法新一轮修改的窗口期已经打开，符合时代潮流，实践运行中已经较成熟、有效果、有共识的制度和做法可以升华为宪法条文，让我国宪法中的司法内容更加丰富饱满，助力社会主义法治国家建设。

（特约编辑：刘雪鹂）

保障房空间的公平性及其制度保障

凌维慈*

内容提要 住房的权利不仅意味着国家对中低收入人群获得可负担住房提供一种物质保障，而且意味着国家提供这种物质保障应是公平的。我国近十年来，保障房的建设数量得到了飞跃的增长，然而，住房建成后的空间布局却出现了隔离分异的现象，对不同收入人群在居住空间显著不公平。这种空间的隔离和冲突将会带来社会管理的成本及风险。我国通过类似包容性区划的单个项目配建和集中式建设(大型居住社区)来为保障房规划选址，然而"竞配建"模式导致空间分异拉大，大型居住社区规划造成空间分异。究其原因，公平住房权未被制度设计者充分认识，土地财政压力和城乡规划的程序缺陷促成了保障房选址的不公平现象。相应的，美国通过专门的立法——《公平住房法》来确立住房获得的公平性以及通过法院判决带动地方政府对包容性区划的采用，值得我国反思和借鉴。但是，美国历史上公共住房带来的隔离问题、宪法上私人财产权保护条款对包容性规划的限制导致许多州或地方的包容性难以被推行，而平等保护条款又对经济分类束手无策，也成为其解决居住隔离难题的制度障碍，值得我国引以为戒。

关键词 保障房；公平性；城乡规划；居住分异

一、引言

国家保障公民住有所居的义务在现代福利国家已被普遍承认。尽管公

---

* 凌维慈，华东师范大学法学院副教授。本文得到国家社科基金一般项目"住房调控与保障的行政法研究"(批准号14BFX034)的资助。

民针对国家享有的这份权利能否被宪法规范所承认尚存争议，但是各国都通过具体的立法努力实现中低收入公民的住房保障。[1] 作为一项宪法或法律上权利的住房权，其内涵也随着社会和经济条件的发展而不断扩展。如同美国宪法上受教育权从"隔离但平等"发展到"无隔离的一体平等"那样（不仅满足于保障每位适龄儿童获取同等条件的教育，而且包含其有权获得种族融合的教育环境），住房的权利也不仅意味着国家对中低收入人群获得可负担住房提供一种物质上的保障，更意味着国家提供的这种物质上的保障还应在空间上是公平的、融合的。

我国近十年来，保障房的建设数量得到了飞跃的增长，中低收入人群获得国家提供的保障性住房的比率得到了提升。然而，在保障房建设数量难题得到克服的同时，这些住房建成后的空间布局却出现了隔离分异[2]的现象，并导致居住者享有的城市空间和公共设施出现极度不公平的结果。[3] 近期深圳与北京保障房和相邻商品房小区出现的有关隔离的围墙、物业服务的争议就体现了这一问题。[4]

这种空间的隔离和冲突将会带来社会管理的成本增加以及未来更大的社会风险。而其之所以形成必定有法律制度特别是与保障房选址有关的城乡规划法律制度的原因。[5] 因此有必要分析我国不公平现象的制度成因，从制度和理论上论证住房权公平内涵的价值所在，进而发掘确保公平住房权的制

---

〔1〕 参见凌维慈：《公法视野下的住房保障——以日本为研究对象》，上海三联出版社2010年版，第1-6页。

〔2〕 所谓"居住隔离"（residential segregation），又被称为"空间分异"（spatial separation），是指基于肤色、户籍、职业、教育水平、生活习惯、文化水准或财富差异等人口特征关系而相区别的人群，同类或类似的人群相对聚居于特定地区，不相类似的人群则在居住空间上彼此分开。参见Massey, D. S. & Denton, N. A., *The Dimensions of Residential Segregation*, Social Forces, 1988, 67(2), pp. 281－315.

〔3〕 方长春：《中国城市居住空间的变迁及其内在逻辑》，《学术月刊》2014年第1期，第103页。

〔4〕 参见财新网2017年9月12日报道："北京龙湖小区拆墙斗争背后的保障房'黑洞'"，http://china.caixin.com/2017-09-12/101144053.html，最后访问时间2017年9月18日。"业主大战公租户'租售同权'没那么简单"，《中国青年报》2017年8月17日02版。

〔5〕 城乡规划对住宅用地的规制本身会产生排他性，造成隔离，但本文并不展开讨论这一生成机制。相关研究可以参见规划学界关于我国城市人群居住分异的研究，以及法学界关于包容性规划的研究，卢超：《通过市场主体实现住房保障之国家义务——美国包容性规划法律政策的启示》，《比较法研究》2014年第5期。凌维慈：《城市规划与住房保障》，《现代法中的城市规划：都市法研究初步（下卷）》法律出版社2012年版，第504－528页。

度构成。由于美国公共住房造成的隔离问题相当显著,并由此产生了诸多区划法上的创新制度,引发了丰富的学术讨论,所以本文试图以美国区划(zoning)与宪法平等保护的发展历史为参照,来反思我国的制度困局与改善途径。

二、住房权的公平面向

(一)美国区划与公平住房的法律发展

尽管美国宪法上并不具有关于住房权的条款,但是在具体法律制度上,20 世纪 30 年代联邦政府就开始资助、建设公共住房。[6] 20 世纪 70 年代以后诸多住房政策已经从确保公共住房数量的供给转向了如何确保更公平的住房获得权以及(种族和收入上)更融合的居住社区。1960 年国会制定了公平住房法(The Fair Housing Law),区划法上的包容性规划(Inclusive Zoning)[7]的发展以及各州法院的一系列相关判决都为住房权利的"公平"内涵注入了丰富的内涵。

"公平"成为美国住房法律制度领域的重要议题,是联邦政府早期资助的公共住房出现居住隔离现象以及诸多中产阶级社区通过区划排除少数族裔、低收入人群住房的严峻挑战而导致的。由于建立这个制度时赋予了各地方过多选择建造的自由,导致了公共住房多是建造在居民人口收入较低的社区,富人社区则很少,从而造成了居住隔离。[8] 白人社区选民会反对在该社区建造公共住房,而黑人社区的议员出于公共住房是社区福利又会支持在该社区建造公共住房,这样更加剧了居住隔离。此外,住房市场和区划(zoning)本身会构成排他性,造成居住隔离。由地方立法机关通过的区

---

〔6〕 公共住房项目设立于 1937 年,是罗斯福新政期间最后通过的立法之一。参见[美]阿列克斯·施瓦茨:《美国住房政策》,黄瑛译,中信出版社 2008 年版,第 143 页。

〔7〕 包容性规划政策一般要求,商业性住宅的开发建设必须(或者自愿)在该开发单元区域内配建一定比例的可负担性住宅,作为规划许可的附带组成部分,该"强制预留"部分的可负担性住房单元,必须按照预定的限制性售价或者租金售租给中低收入家庭。

〔8〕 参见[美]阿列克斯·施瓦茨著:《美国住房政策》,黄瑛译,中信出版社 2008 年版,第 151 页。

划，具有对土地的使用进行公共限制的法律效力。区划保护了居住用地免受商业和工业用地的负面影响，并避免了过度拥挤、交通堵塞和采光不足等问题，但是也成为现有业主和地方政府禁止低收入人群进入社区的法律工具，以保障物业的价值、社区的优质乃至降低地方政府的财政支出。[9]

面对隔离问题，一方面国会积极立法消除不公平的现象。1960年国会制定了《公平住房法》，其主要内容在于降低限制低收入群体和少数族裔获得住房的门槛，并设有具体条款规定[42 U. S. C. 第3604(a)]，"……任何因为种族、肤色、宗教，……或国家原籍而拒绝给予住房或使其无法得到住房的行为都是违法的"。《公平住房法》的制定与美国20世纪60年代人权法案的制定以及宪法上平等保护条款与被广泛重视的社会背景密不可分。种族的歧视往往与经济上的不平等紧密联结，《公平住房法》也在制度上关注低收入群体住房获得的平等对待问题。此后，国会于1993年启动了希望六号项目，拨款对公共住房项目进行拆除和再开发，实现公共住房租客的多元化，其目标涵盖了"促进经济融合与贫困人口分散化"。[10] 1998年国会颁布《住房质量和工作责任法》以解决贫困集中化问题，促进收入融合，规定地方公共住房管理局在出租空置单元时，应考虑现有住户的收入水平，将收入更高的住户分配到收入更低的项目中，而收入更低的住户则分配到高收入项目中。[11]

另一方面，法院运用宪法平等条款和《公平住房法》有关平等对待的具体条款，对区划的内容排除少数族裔或低收入人群的情形进行了判决。其判决内容还带动了地方政府积极的立法和采取行政措施去减少不同人群在居住上的空间不平等性。

首先，在住房区划涉及种族歧视的领域，法院开始运用降低证明标准的

---

〔9〕 中低收入人群的引入将会带来更多公共服务的支出，这将迫使地方政府提高税收。See Jeffrey M. Lehmann, *Reversing Judicial Deference Toward Exclusionary Zoning: A Suggested Approach*, Journal of Affordable Housing & Community Development Law Vol. 12, No. 2(Winter 2003), pp. 229－269.

〔10〕 参见[美]阿列克斯·施瓦茨著：《美国住房政策》，黄瑛译，中信出版社2008年版，第163－164页。

〔11〕 参见[美]阿列克斯·施瓦茨著：《美国住房政策》，黄瑛译，中信出版社2008年版，第171页。

方式来保护少数族裔获得住房的权利。1977 年美国联邦巡回法院在大都市住房开发公司诉阿灵顿高地村(Metropolitan Housing Development Corp. v. village of Arlington Heights)案件中,法官确立了区分歧视动机和歧视效果的二分判断方法,认为尽管无法证明市镇拒绝批准区划拥有歧视黑人的动机,但其实际上造成了歧视黑人的后果(因为符合联邦资助的低收入人群住房的主要是黑人族裔)。国会制定的《公平住房法》绝不是允许剥夺少数族群获得住房的机会。因此,在一定的条件下,只要有证据显示存在歧视的效果,不需证明歧视动机,就违反了《公平住房法》42 U. S. C. 第3604(a):"……任何因为种族、肤色、宗教,……或国家原籍而拒绝给予住房或使其无法得到住房的行为的都是违法的。"

此后,美国住房和城市发展部(HUD)在 2013 年发布行政规则规定了《公平住房法》上构成歧视效果的具体标准。该规则指出,"《公平住房法》对有歧视效果的行为规定了法律上的责任……哪怕这一行为并不具有歧视动机……具有歧视效果的行为指的是这一行为事实上或可预测将对某一群体具有差别化作用,或者将制造、增加、强化或促进因种族、肤色、宗教、性别、身体障碍、家庭地位或国家原籍而产生的住房隔离"。〔12〕

同时根据《公平住房法》,联邦对州和地方的住房资助必须与"1064 年《民权法案》和《公平住房法》相一致,受资助人应当对住房不公平进行纠偏"〔13〕。这就要求受资助者要调查分析本地不同族裔在住房机会和选择上的影响,发现公平住房选择的阻碍,并采取合适的手段克服这些阻碍,否则就有可能因违法而被提起诉讼。〔14〕

其次,住房的不公平更普遍地表现为对低收入人群的歧视,抑或说在空间上造成了贫富人群居住的隔离。经济(收入)歧视方面,通过新泽西州的劳雷尔山系列案件,自愿或强制性的包容性区划政策得到了广泛的推广,成为解决住房空间不平等(隔离)的重要法律制度。

---

〔12〕 Robert C. Ellickson, Vicki L. Been, Roderick M. Hills (Jr.), Christopher Serkin, *Land Use Controls: Cases and Materials*, Wolters Kluwer Law & Business, 2013, p. 750.

〔13〕 42 U. S. C. 第 5304(b)(2).

〔14〕 United States ex rel. Antidiscrimination Center of Metro New York, Inc. v. Westchester County, 668 F. Supp. 2d (S. D. N. Y. 2009).

许多地方政府都曾经试图禁止穷人居住,不批准联邦住房资助房屋的建设许可,并曾因此被提起诉讼。[15] 也有许多地方的区划内容使可负担的住宅无法在其辖区获得建设许可。但是,对穷人的差别对待在美国宪法审查中不属于嫌疑归类,不适用严格审查,因此很少被联邦或州的法院判决违宪。20世纪70年代,一些学者希望最高法院对宪法平等条款的解释可以引入那种排除低收入群体和工薪阶层住房的区划审查中,但最高法院一直拒绝合作,并坚称住房并不是一项基本权,贫富并不适用嫌疑分类。[16] 1975年新泽西州 Southern Burlington County NAACP v. Township of Mount Laurel 案(劳雷尔山Ⅰ案)中,新泽西州最高法院判决市镇有义务通过区划政策,提供切实的机会来满足地区内中低收入者住房份额需求。但劳雷尔山Ⅰ案确立的"劳雷尔山原则"(Mount Laurel Doctrine),对地方政府确立的仅是消极的住房保障的规划义务。劳雷尔山Ⅱ案中新泽西州最高法院确认地方政府必须承担保障性住房"公平份额"(fair share)的建设义务,认为"公平份额"本应属于行政机关专业的领域,然而由于立法和行政机关的不作为,不得已由司法机关主动提出地方政府应采取具体的积极措施(affirmative action),譬如通过密度奖励(bonus zoning)或者强制预留比例(set-aside)等包容性规划政策手段,来推进中低收入人群的住房建设。[17] 通过这种司法能动方式,新泽西州最高法院借助劳雷尔山Ⅱ案强制推动了包容性住房政策在该州的推广。

在法院判决的影响下,许多州的立法机关开始采取各种手段来鼓励地方政府提供可负担住房,要求地方的区划中纳入某种形式的可负担住房。例如,加利福尼亚州颁布了一项立法,要求每个地方政府都要制订一个综合性的、长期的规划纲要,其中必须包含"住房要素"。而"住房要素"的内容包括评估地方的人口、就业趋势、地方现有和未来的不同收入层次人群的住房需求,其中特别要分享地区内部(regional)人口的住房需求,分析特殊人群

〔15〕 Morales v. Haines, 349 F. Supp. 684(N. D. iii. 1972).

〔16〕 Robert C. Ellickson, Vicki L. Been, Roderick M. Hills (Jr.), Christopher Serkin, *Land Use Controls: Cases and Materials*, Wolters Kluwer Law & Business, 2013, p. 758.

〔17〕 Southern Burlington County NAACP v. Township of Mount Laurel, 92 N. J. 158, 456 A. 2d 390 (1983).

的住房需要，明确满足地区内分享的人口住房需要的具体选址等。如果现有区划无法实现选址，则要更新区划，或者进一步改变区划条件。而地区内分享的住房需求是由地区政府委员会（regional councils of governments）在市镇间分配的。加利福尼亚州的这种地方的综合性规划通过《州区划实施法》的授权得到了强化。当然其在加利福尼亚州境内被普遍接受还是经历了一些时间。1996 年，只有 58%的地方政府采取了这种方式，2011 年左右上升到 67%。除了加利福尼亚州以外，也有一些州也采取了同类办法。

不同于加利福尼亚州这种自下而上的方式，俄勒冈州则是通过自上而下的方式促进可负担住房的建设。州立法机关建立了 19 个州层面的土地利用规制的目标，并要求其地方社区制订与这些目标相一致的综合性规划。其中第 10 项目标就是要求地方的规划要鼓励适合各种经济能力家庭和灵活选址的、多样的、充分的住房供给。地方的规划必须通过州土地保存与开发委员会审查批准。俄勒冈州法院也对第 10 号目标进行非常严格的解释。[18]

（二）公平的价值所在与制度保障

公平在保障房选址的问题上并不仅仅是一项抽象的法律价值，而是意味着可以衡量和计算的社会成本。从美国住房制度的历史来看，保障性住房的集中建设必然会带来居住空间的不平等问题，如果与种族问题相结合，可能会造成居住隔离的更严重后果。这一教训实际上不仅在美国出现，而在二战后广泛接受移民以及大量建设公共住房的法国、英国等国家也普遍存在。迄今为止，美国不同人群之间的居住隔离现象虽有改善但依然不容乐观，公共住房社区的高犯罪率、可负担住房区划难以被中产阶级社区接受的现状是地方政府立法和行政执法时面对的主要议题。[19] 可见，居住的空

---

〔18〕 Robert C. Ellickson, Vicki L. Been, Roderick M. Hills (Jr.), Christopher Serkin, *Land Use Controls: Cases and Materials*, Wolters Kluwer Law & Business, 2013, p. 779—784.

〔19〕 在城市空间上对经济上不同阶层进行融合这一命题也有诸多批评和反对。许多经济和规划领域的自由派学者认为市场的效率必然带来分层，过度矫正，反而危害了经济秩序，没有必要加以规制。甚至有学者还指出，没有人在道德上有义务去负担居住在不适合其负担能力的社区。See Peter Schuck, *Diversity in America: Keeping Government at a Safe Distance*, Harvard University Press, 2003.

间分异一旦形成，将会产生代际传递的作用，而且住宅这一不动产的空间布局很难通过简单的手段加以改变，一旦最初在保障房选址制度上不进行设计，就可能会带来难以改变的空间分异和社会分层，并产生未来难以负担的社会成本。

如上文所述，一方面，美国的联邦政府和州政府在立法和司法上都采取了一定的方式来消减这种“不公平”现象。其中，通过专门的立法——《公平住房法》来确立住房获得的公平性以及通过法院判决带动地方政府对包容性区划的采用是解决这一问题极有价值的制度，值得其他国家反思和借鉴。但是，另一方面，美国历史上公共住房带来的隔离问题，宪法上私人财产权保护条款对包容性规划的限制导致许多州或地方的包容性规划难以被推行，而平等保护条款又对经济分类束手无策，也成为其解决居住隔离难题的制度障碍，值得其他国家引以为戒。

三、我国保障房选址的类型及其空间分异问题

2010 年之后，我国保障房在数量上呈现出飞速的发展，同时带来了居住隔离的现象和未来的风险。因此，有必要反思在保障房的建设上，是何种机制造成了居住隔离的问题，并且，在美国的经验和教训基础上，确认住房保障“公平”的意义所在，以及通过何种制度来确保这种“公平性”。

我国保障房选址的法律制度可以分为单个项目配建和集中建设两种类型。其脱胎于 2006 年建设部为了确保每年度普通住房供给充分，开始实施的强制性配建制度。这一手段被 2010 年国务院开始大力推行的保障房建设所采用，为了确保保障房供给的数量，各地方政府国土资源部门和城乡规划部门都将保障房的套数和面积指标在出让用地上进行了强制性的规定，并在实践中形成了二类规划选址的类型。

（一）单个项目的配建

这一方式是通过在出让土地使用权的环节，要求开发商在房产开发中留出一定比例保障性住房，即以限制建设自由的方式，在规划上设定条件和

比例，强制地提高中小套型普通住房的建设量。这一形式与美国包容性区划制度和英国的规划得益（Planning Gain）制度相似。英国的地方政府根据规划得益制度，也可以规划许可为条件与开发商谈判，要求开发商提供部分的可负担住房。

这种单个项目的配建方式首先要决定何种项目需要配建保障房，以及配建多少保障房。这一决策通常由地方国土资源部门与规划部门、住房保障部门在单个项目土地出让前决定，[20]或制定行政规范确立具体的标准。例如《南京市保障性住房共有产权管理办法（试行）》（2015 年）第 15 条就规定了可建住宅建筑面积在 5 万平方米以上的商品住房项目用地需在出让前由有关部门具体决定配建方案。无论是个别的决策还是设定一定的标准，都要考虑中央政府分配到各地的保障房建设指标、本地的保障房需求以及配建的均衡布局。

2010 年后，上海、北京、广州、深圳等人口流入城市都开展了在具体项目中配建的方式。例如上海市在 2010 年推出多块居住用地出让配建 5%的保障性住房。[21] 杭州市政府《关于进一步做好房地产市场调控工作的实施意见》（杭政函〔2011〕22 号）规定，“2011 年商品住房供地总量中安排10%的土地用于建设或配建保障性住房”。在项目用地出让合同中，明确配建保障房的建设总面积、单套建筑面积、套数、套型比例、建设标准、配合办理产权登记、建成后无偿移交产权等事项。[22]

之后，每个项目的配建比例还通过竞投的方式来决定，即所谓的“限地价、竞配建保障房面积或资金”。根据国土资源部、住房城乡建设部《关于进

〔20〕 国土资源部、住房城乡建设部关于《进一步严格房地产用地管理巩固房地产市场调控成果的紧急通知》（国土资电发〔2012〕87 号）规定，“省级国土资源主管部门接到本通知后，要根据市县保障性安居工程用地和普通商品住房用地计划的落实情况，分别制订督促措施，按月跟进。从 7 月开始，国土资源部将对保障性安居工程用地和普通商品住房用地供应实行月度指导，对落实情况较差的将予以公开通报，年底对各省（区、市）进行目标责任考核”。

〔21〕 参见《东方早报》2010 年 11 月 10 日报道《上海 8 幅土地进行推介 多幅宅地捆绑保障房出让》，登载于 http://sh.sina.com.cn/news/s/2010-11-10/0841161875.html，最后访问时间 2010 年 12 月 7 日。

〔22〕 例如上海市建设用地土地出让合同中具体条款规定，“本合同项下宗地范围内配建保障性住房建筑面积应占该宗地规划总住宅建筑面积的 5%以上，计_平方米以上。受让人同意上述配建保障性住房按规定移交给住房保障机构”。

一步严格房地产用地管理巩固房地产市场调控成果的紧急通知》(国土资电发〔2012〕87号)的规定,溢价率超过50%的房地产用地,包括商服、住宅或商住综合,要及时调整出让方案,采用"限房价、竞地价"或配建保障房、公共设施等办法出让土地。即当出让宅地竞价溢价率达到50%后,转为竞投保障性住房面积或资金停止竞争地价,改为开发商竞争配建保障房面积或保障房建设资金。

然而,由于以上制度在设计上存在问题,这种目标在于增加保障房供给并保障住房空间公平的制度却在结果上促成另一种形式的不公平以及隔离矛盾的升级。

1.强制性不足导致其在土地市场低迷时被异地建设或建设费替代

配建是否能够被开发商所接受与土地市场行情密切相关。例如,2013年到2014年上半年这段时间是杭州土地出让的火热时期,也是商品房配建保障房势头最猛的时间段,其间有近30宗出让商品房地块配建保障房。不过,进入2014年下半年后,开发商拿地热情减退,导致土地竞拍时未到进入保障房竞拍阶段便已完成了拍卖,商品房配建保障房的情况很少再出现。通常会转为异地建设或用支付建设资金替代。

2."竞配建"模式导致空间分异拉大

2018年,深圳和北京都爆发了商品房业主之间与保障房业主的矛盾,两地都表现为商品房与保障房之间存在隔离围墙、互争小区停车位和花园等现象。〔23〕尤其是北京市商品房与限价房建成后,房屋品质、价格、物业管理费用差异巨大,直接导致规划上的配建、包容性社区在现实中被围墙分隔,实质上不但没有实现配建的融合目标,而且导致矛盾更加深化。

上述矛盾的根源在于"限房价、竞配建"的出让和配建规则。由于配建的规模是通过竞投得出的,开发商要回本盈利,只有用商品房的利润平衡配建的限价房,并尽可能将商品房卖出高价。"限房价、竞配建"的方式,往往将这种平衡能力逼至极限,决定了一边是极高密度的保障房,一边是高端商

〔23〕 参见财新网2017年9月12日报道:"北京龙湖小区拆墙斗争背后的保障房'黑洞'",http://china.caixin.com/2017-09-12/101144053.html,最后访问时间2017年9月18日。"业主大战公租户'租售同权'没那么简单",《中国青年报》2017年8月17日02版。

品房，两者形态差异巨大。政府在平抑地价同时竞配保障房的做法，将成本和代价全部转嫁至开发商，进而转嫁给至商品房和保障房业主。[24]

(二)集中式建设

单一配建模式在土地市场较为低迷的时候受到挑战，许多城市选择在郊区土地价格较为便宜的地区集中式建设或收取开发商保障房建设资金来替代。例如上海市是在 2011 年通过《上海市大型居住社区第二批选址规划》来实现集中建设的。杭州市在 2012 年土地市场低迷的时候，也采取了异地建设的形式。[25] 这样就产生了大型居住社区建设，并逐渐形成或将形成中低收入人群集中、单质化、交通负担大、安全隐患、人口贫困化的问题。然而北京、上海、广州、南京、武汉、杭州等城市都采取了这种规划建设模式。

与单一项目配建通过具体出让地块确定配建比例不同，集中建设的模式通过制订专门的规划来确保。以上海市为例，国务院于 2008 年作出 4 万亿元投资决定，其中首要的是保障房的建设。这些保障房的建设数量主要是由国务院与上海市政府签订目标责任书，由上海市承诺实现。当上海市政府将保障房的年度建设数量要求、建设部住房套型结构比例要求和地方土地财政收入纳入保障房建设选址的考量，则上海市国土局制订的《大型居住社区选址规划》便成为最理所当然的选择。这个选址规划中各保障房基地具体选址的用地位置都处于上海市的远郊，而且由于建设指标巨大，远郊土地许多直接从农地转化而来，因此，这些保障房选址都表现为集中式、大型、单一居住用途。

当然，上海市大型居住社区不仅包括保障性住房(主要是经济适用房)，而且包括计划式的配套商品房，即市中心旧区改造拆迁安置房，[26]以及普通商品房。根据上海市大型居住社区规划，2009—2014 年规划大型居住社

---

〔24〕《北京保障房商品房被分割管理 保障房难享"无差别待遇"》，《北京日报》2017 年 8 月 14 日。

〔25〕"配建保障房如何做得更完善？挤在一起不如异地建设"，《浙江在线》2013 年 6 月 6 日，http://zjnews.zjol.com.cn/05zjnews/system/2013/06/06/019386649.shtml，最后访问时间 2017 年 11 月 10 日。

〔26〕上海市征收补偿的房屋置换方式对大型居住社区的形成也起到重要作用，中心城区分散地征收，相对集中地安置在配套商品房基地。

区迁入人口180万左右,选址基本位于上海郊区。以宝山罗店大型居住社区控制性详细规划用地表为例,其用地中居住用途占到47.4%,公共设施占4.3%,绿地23.6%,剩余为绿地、水域、道路广场用地和市政公用设施用地。而居住组团用地中动迁安置与普通商品房保障房用地占到所有居住用地的50%。

从城乡规划的程序上来看,《上海市大型居住社区第二批选址规划》(以下简称《选址规划》)是由市规划和国土资源局会同有关部门和区(县)政府研究,市规划部门编制,市政府正式批准。上海市各区县再根据《住房建设规划》《选址规划》以及住房套型结构比例的规定制订各个大型居住社区基地《控制性详细规划》。从而,这种大型居住社区基地控制性详细规划具备非常明显的自上而下、计划式制订的特点。同时,该规划在极短的时间内编制并公布,选址都在以集体土地为主或已征收进入储备的郊区,缺乏充分的公众参与。而城市总体规划导出人口的思路、扩张型财政政策、地方政府土地财政收入最大化、配建的困难直接影响了《选址规划》和《控制性详细规划》的内容。

根据上海市政府发展研究中心社会文化处与上海大学社会学院开展的"上海大型居住社区居民生活调查",基于2014年对上海六大近郊保障房基地中的5个(宝山顾村、浦东三林、嘉定江桥、闵行浦江、松江泗泾)的调查显示,"大居"居民困难家庭较多、就业率低、上班距离远、收入与财产不足、主观地位评价偏下,属于典型的城市弱势群体。[27] 财政因素也会加重这些社会问题,由于居住人口就业与居住的分离,许多人口导入的区县无能力承担"大居"居民的公共服务。[28]

隔离或者居住空间分异本身是社会阶层分异以后必然出现的空间结果,而我国保障性住房的空间分布加剧了这一分异趋势。空间分异的格局一旦形成便很难改变,低收入群体的居民会越来越缺乏迁居能力,即使通过

---

〔27〕 金桥:《上海五个大型居住社区调查报告》,http://www.china.com.cn/opinion/think/2015-04/15/content_35325797.htm,最后访问时间2017年11月10日。

〔28〕 闵行区政法委《大型居住社区调研报告》(2013年)指出,据区财政局测算,"大居"每导入一名市区居民,本区公共支出每年将增加7100元,综合来看,"大居"居民群众以社会弱势群体为主,医保、社保要求高,同时,大量人口的导入必然带来管理机构和管理人员的增加。

共有产权等方式允许居民出售产权，然而整体上大型居社的居民在收入、就业状况等方面是同质的，长期以来就会阻碍代际流动，形成居住的隔离与歧视，甚至影响社会安全和稳定。[29]

四、代结语：制度根源与美国的启示

党的十九大报告中提出“建立多主体供给、多渠道保障、租购并举的住房制度”。其中，无论是租赁抑或是产权的住房供给，都将涉及如何在提高不同类型住房供给数量的基础上，避免上述保障房选址的空间分异问题。因此，有必要总结导致上文所述现象的制度原因，并结合美国经验教训扬长避短。

（一）我国的制度根源

1.“公平性”未被充分认识

房地产自由开发后建立相应的住房保障对于政府而言是一项较为年轻的职能。其中保障房的快速建设迄今为止也不过十年左右，这十年中主要解决量的供给问题。因此无论是立法还是行政机关都尚未意识到保障房规划选址避免空间分异也是住房保障的应有之义，也未意识到中低收入人群享有的这种住房保障的福利权也需受到宪法平等权条款的约束。从而，导致制度设计特别是规划选址时未能充分考量这一价值选项。

2.土地财政的困局

无论是规划配建还是大型居住社区的保障房选址模式，其制度的形成都受到地方政府土地财政收入因素的影响。大型居住社区的规划之所以大批量地将保障房建在土地成本较低的郊区就是为了实现短期经济成本最低的目标，既能实现中央政府分配的建设数量任务，又能不减少土地出让收入。而在单一项目配建模式中，以融合为目的的配建规划之所以也会产生

〔29〕 参见宋伟轩：《大城市保障性住房空间布局的社会问题与治理途径》，《城市发展研究》2011年第8期，第105-106页。

隔离的冲突，恰恰也是土地财政带来的困局。一方面，考虑到地方财政的压力，配建的方式往往被异地建设替代；另一方面，为了减少保障房用地成本，地方政府通过“竞配建”方式激励开发商多开发配建房，引起同一地块商品房与保障房建设条件差距巨大，继而引发隔离的冲突。

3.城乡规划法律制度促进了“不公平”

《中华人民共和国城乡规划法》(以下简称《城乡规划法》)确立的城乡规划制度为保障房选址的“不公平”提供了制度基础，而这种制度基础在克服保障房选址空间分异问题时应加以充分分析。这种制度基础体现在城乡规划本身，无论在总体规划还是在控制性详细规划上，都过于服务于行政的目标，而无法提供一整套综合协调各方利益的程序。

根据《城乡规划法》第19条规定，“城市人民政府城乡规划主管部门根据城市总体规划的要求，组织编制城市的控制性详细规划，经本级人民政府批准后，报本级人民代表大会常务委员会和上一级人民政府备案”。从各地的制度实践来看，总体规划对控制性详细规划具有较为严格的拘束力。城乡规划的批准主体、程序等制度都决定了其往往成为地方人民政府自上而下通过行政权分配城市空间的重要手段。城乡规划甚至成为实现国家财政政策的重要手段，大型居住社区规划就是其中的典型，为了保障国务院提出的四万亿投资计划，保障房的建设在极短的时间内通过控制性详细规划得到落实。现有的城乡规划的程序中缺少对意见听取制度的充分利用。对于像大型居住社区这样的针对中低收入人群的超大型居住社区本身对周边的居民会带来许多有利或不利的影响，其中诸多利害甚至可能在短期是不能被普通人预想到的，这就不仅需要利害关系群体充分参与，而且需要在规划程序中加入规划、城市发展等各种专家的意见。大型居住社区的规划，尽管在形式上都经过《城乡规划法》关于听证、座谈会等意见听取制度的程序，但是对于这种人口导入区县带来短期经济发展利益、长期人口公共福利支出负担的规划，必须要建立不是只体现当下政府短期利益的规划决策制度，而是充分考虑未来长远利害的决策程序和机制。此外，保障房的单一项目配建方式是在各个具体出让地块灵活地规定配建比例，其规划许可及其所依据的控制性详细规划也多数都未经过必要的考虑各方面利害的程序。

(二)美国的启示

在充分认识到我国保障房空间分异现象背后的制度根源后,结合美国经验和教训,特别是对美国消除居住隔离所采取的制度利弊进行充分认识,可以为我国未来制度的改善提供更中肯的建议。

1.经验

住房权在法律上不仅是物理上住房的保障,还是法律上应受到平等条款约束的权利,其公平性必须通过具体的法律制度加以实现。因此美国历史上制定了《公平住房法》与司法上运用平等保护条款限制导致居住隔离的区划制度,这种立法和司法的理念与措施值得借鉴。其中,特别是通过外在的力量,在美国表现为通过司法的力量,促使立法和行政机关在区划中纳入对不同收入人群融合居住的设计,颇有价值。当然以我国的具体制度而言,这种外在的约束并不一定要通过司法机关,可以通过行政机关内部的机制,例如规划督察或者总体规划中的目标设定,来促使地方政府规划部门形成公平负担不同收入人群居住的制度。美国的包容性区划制度为我国保障房规划配建制度也提供了重要的借鉴对象,无论是自愿模式还是强制模式,都要求规划部门对不同收入人群的住房需求和土地建设空间的供给情况,进行充分的分析和预测,来确保在规划中对不同地块予以"公平分担"。这种"公平分担"的指标和具体选址应通过脱离地方政府财政利益和周边开发商或居民利益束缚的专家及相关程序来形成。

2.教训

美国历史上联邦政府曾经大规模集中建设公共住房,造成了居住隔离的后果,这应成为各国发展保障性住房所吸取的教训。美国违宪审查针对经济上分类的差别对待,适用较为宽松的标准,的确会对区划所造成的对低收入人群获得住房权利的歧视束手无策。但这并不意味着政策形成者无须重视,鉴于不平等的选址导致的社会成本的增加在世界各国都是极为严重的,甚至会成为革命的导火索,必须防患于未然。

此外,美国的包容性区划还要面对是否违反宪法私人财产权保护条款的司法审查,即为了解决中低收入人群的住房问题而要求土地所有权人承担土地利用上的一种限制,这种限制有可能构成一种宪法上对私人财产权

的一种征收。包容性区划还要面对规划程序的复杂考验。由于美国区划通常都要经过地方立法机关的立法程序，而且在此之前还要经过由专家和利益代表等组成的规划委员会审查，无论是地方立法机关的议员还是规划委员会中的利益代表，都极有可能因为他们所代表的中产阶级社区的反对，而导致包容性区划难产。而包容性区划本身也被批评。因为通过容积率奖励来激励开发商建设可负担住房，导致规划变更后整体建筑过高等弊病的出现。

我国土地出让的制度，在出让协议中灵活处理配建的规划内容，可以避免美国包容性规划受到宪法私人财产权保护的挑战这一弊端。并且规划配建的模式采取在出让过程中由开发商自由选择是否接受配建和相应的出让价格的方式，这种方式比美国包容性规划中通过容积率奖励来配建可负担住房，引发的配建地块建筑密度过高，对城市规划本身产生危害更加符合公益的要求。然而，不可忽视我国出让过程中过于灵活的、不受限制的“竞配建”方式也带了加强隔离的问题。因此各地方政府在政策设计中需要充分分析利弊，扬长避短。

（特约编辑：叶敏婷）

行政法判例研读会

“行政法判例研读”是由浙江大学光华法学院教授、博士生导师章剑生老师主持举办、由浙江大学光华法学院公法领域博士生为主的研究生广泛参与的学术交流平台。“行政法判例研读”旨在引导关注中国本土司法实践，鼓励进行司法“判例”、案例研究，“在‘个案—规范’的互动中发现行政法的思想，在‘个案—规范’的分析框架中解释行政行为的合法性”。“行政法判例研读”每学年举办2—4期，自2011年9月以来已举办33期，由博士生报告论文66篇，其中近40篇已在学术期刊上发表，且有多篇被《中国人民大学复印报刊资料·宪法学、行政法学》全文转载。

2019年第1期（总第032期）于2019年4月29日下午14：00—17：30在浙江大学光华法学院（之江校区）5号楼206室开读。本期由浙江大学光华法学院博士研究生肖洒报告：《信息公开缠讼司法规制的实效性考察》，以及由浙江大学光华法学院博士研究生李方报告：《社会保障案件中的规范性文件地位》。

2019年第2期（总第033期）于2019年9月25日下午14：00—17：30在浙江大学光华法学院（之江校区）5号楼206室开读。本期由浙江大学光华法学院博士研究生陈明报告：《政策问题不予审查的展开》，以及由浙江大学光华法学院博士研究生沈广明报告：《政府信息公开申请中的“咨询”认定》。

图书在版编目(CIP)数据

公法研究. 第19卷 / 章剑生主编. —杭州：浙江大学出版社，2019.11
ISBN 978-7-308-19771-7

Ⅰ. ①公… Ⅱ. ①章… Ⅲ. ①公法—研究—文集
Ⅳ. ①D90-53

中国版本图书馆CIP数据核字(2019)第271675号

公法研究·第19卷
章剑生 主编

责任编辑 傅百荣
责任校对 虞雪芬 宁檬
封面设计 杭州隆盛图文制作有限公司
出版发行 浙江大学出版社
(杭州市天目山路148号 邮政编码310007)
(网址:http://www.zjupress.com)
排　　版 杭州隆盛图文制作有限公司
印　　刷 虎彩印艺股份有限公司
开　　本 710mm×1000mm 1/16
印　　张 16.75
字　　数 266千
版 印 次 2019年11月第1版 2019年11月第1次印刷
书　　号 ISBN 978-7-308-19771-7
定　　价 62.00元